KB136909

일본 근세의 새벽을 여는 사람들 II

오다 노부나가·도요토미 히데요시 시기

지은이 **이 계 황** 李啓煌

연세대학교 사학과 졸업
연세대학교 대학원 사학과 석사 졸업
교토 대학 박사과정 졸업
현재 인하대학교 문과대학 교수

일본 근세의 새벽을 여는 사람들 Ⅱ
오다 노부나가·도요토미 히데요시 시기
이계황 지음

초판 1쇄 발행 2019년 11월 21일

펴낸이 오일주
펴낸곳 도서출판 혜안

등록번호 제22-471호
등록일자 1993년 7월 30일

주소 ⑧ 04052 서울시 마포구 와우산로 35길2 (서교동) 102호
전화 3141-3711~2
팩스 3141-3710
이메일 hyeanpub@hanmail.net

ISBN 978-89-8494-638-5 03910

값 26,000 원

<이 책은 인하대학교 2017년 연구비지원에 의해 수행되었음>

일본 근세의 새벽을 여는 사람들 Ⅱ

오다 노부나가 · 도요토미 히데요시 시기

이계황 지음

혜안

일본 국군도

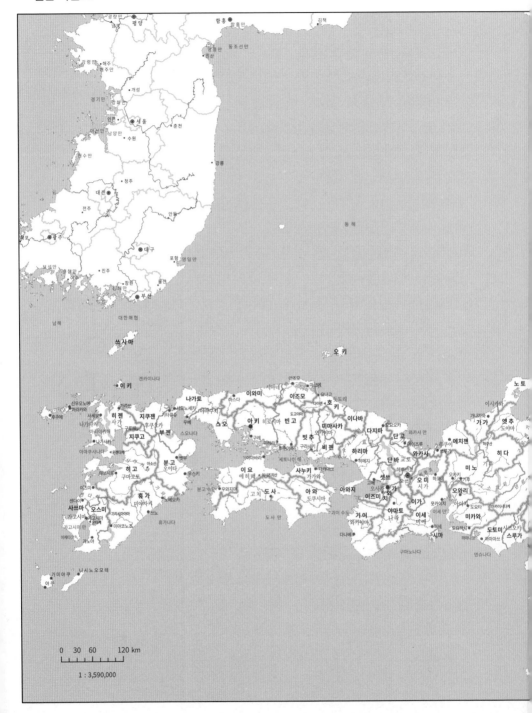

0 30 60   120 km

1 : 3,590,000

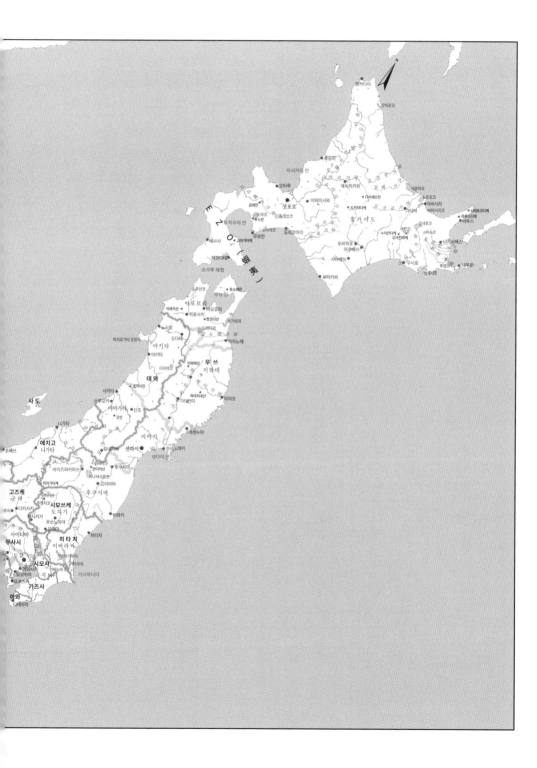

일본 현대 행정구획도

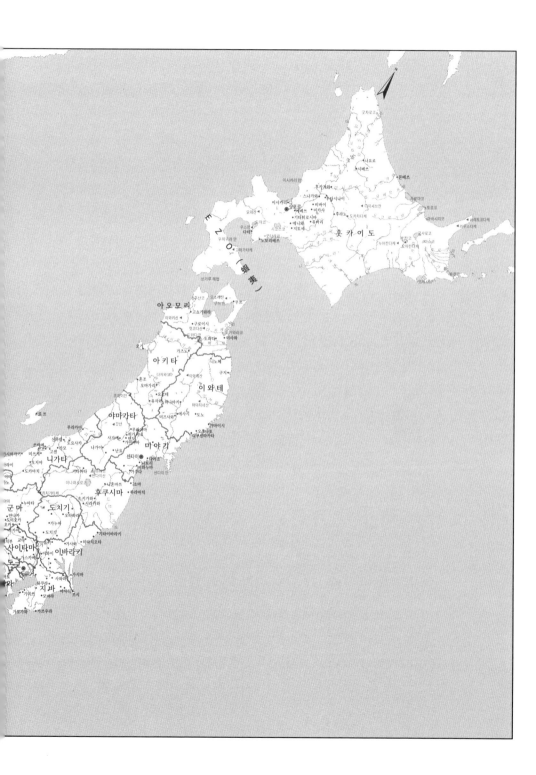

일러두기 ───

1. 외국어의 한글 표기는 2017년 개정된 <외래어 표기법>에 따른다.

2. 일본어 고유명사 중 인명과 지명은 일본어 발음대로 표기한다. 그 밖의 고유명사, 예컨대 천황天皇이나 막부幕府처럼 우리 말로 바꾸어 써도 크게 문제가 없으면 우리 말로 바꾸어 쓰고, 슈고다이묘守護大名, 호코슈奉公衆, 산닌슈三人衆처럼 적당한 번역어가 없거나 센고쿠기戰國期처럼 우리 말로 그대로 옮길 경우 다른 용어와 혼동될 우려가 있으면 일본어 발음대로 표기한다.

들어가며

나이토 고난內藤湖南은 1921년 <오닌의 난에 대하여>라는 강연에서 "대개 금일의 일본을 알기 위해 일본 역사를 연구할 때 고대 일본을 연구할 필요는 거의 없다. 오닌의 난應仁の亂 이후의 역사를 아는 것으로 충분하다. 그 이전의 일은 외국 역사와 동일하다"라 했다. 위 고난의 발언은 일본 역사의 2분법을 나타내고 있는 것이지만, 오닌의 난이 일본 역사에 미친 영향을 강조하는 의미로도 받아들일 수 있다. 오닌의 난에 대한 평가야 어떻든 오닌의 난 이후부터 막번체제 성립 이전까지의 일본 역사를 보통 센고쿠기戰國期 혹은 센고쿠 시대戰國時代라 부른다.

센고쿠기는 자력구제自力救濟의 세계이기도 했다. 자력구제란 국가가 집단과 사회를 완전히 장악하지 못한 상황에서, 혈연·지연·직능 집단이 자신의 권리나 질서를 유지하기 위해 강제력을 동반한 실력행사를 하는 것을 일컫는다. 무로마치 시기室町時期에는 각각의 집단들이 자신의 이익을 지키기 위해 잇키一揆를 맺어 연합체를 형성하였고, 이들 잇키는 지역·직능·계층에 따라 중층적이고 복합적으로 조직되어 있었다. 이 잇키 조직은 지연地緣 결합을 통한 재지농민들의 도잇키土一揆, 재지영주들의 고쿠진잇키國人一揆, 종교를 매개로 한 잇코잇키一向一揆, 홋케잇키法華一揆 등등 다양하게 나타난다. 이렇게 힘으로 대립·분쟁 상태를 해결하려는 경향은 대립·분쟁 사태와 하극상 풍조를 재생산하였고, 대립·투쟁 과정과 명분 여하에 관계없이 승리한 측은 정당성을 확보할 수 있었다. 이러한 경향은 재지영주들과 센고쿠다이묘들에게도 무로마치 막부가 동요하기 시작하는 시점에서 동일하게 적용되었다. 따라서 센고쿠다이묘 영국이 형성되면, 다이묘들은 분국법分國法을 제정하여 이 자력구제의 세계를 타파하고자 했고, 그것을 통해 영국에 대한 일원一元지배를 관철하고자 했던 것이다.

따라서 센고쿠기는 이해관계에 따라 다이묘들, 재지영주들이 이합집산하면서 크고 작은 싸움들이 수없이 벌어지고, 그 과정에서 수많은 하극상이 나타나는 분열과 대립·항쟁의 시기였다. 이러한 부정적인 이미지를 가지고 있는 센고쿠기이지만, 다른 면에서 보면 센고쿠기는 이 혼란기를 살아가는 사람들에게 기회의 시기이기도 했고, 순간의 선택이 운명을 가르는 긴장의 시기이기도 했다. 그런 의미에서 보면, 센고쿠기는 다양한 인간 군상이 나타나는 시기이기도 했다. 이러한 연유로 센고쿠기를 대상으로 한 다양한 문학작품들이 탄생하였고, 이 작품들은 경영전략에 참고하기 위해, 혹은 인생의 유연한 이해와 선택을 위해, 그 밖의 다양한 이유로 많은 사람들의 관심을 받아왔다.

그럼에도 아직 한국의 일본사학계에는 센고쿠기에 대한 전문 연구자도 연구물도 거의 없다. 그러한 학계 상황에 따른 당연한 귀결이기도 하지만 센고쿠기를 소개한 개설서마저도 없다. 이 책은 이러한 상황을 조금이나마 극복하기 위해, 그리고 여러 가지 이유로 이 시기에 관심을 가지고 계시는 분들에게 조금이라도 도움이 될 수 있기를 하는 바람을 담고 있다.

한편, 임진왜란 때 많은 다이묘들이 조선에 파견되어 침략에 간여하였다. 이 다이묘들의 내력을 알면, 더욱 풍요롭고, 다양하고, 심도 있게 임진왜란을 이해할 수 있을 것이다. 그리고 현재는 우리에게 일본이란 외국 같지 않은 이웃 나라이다. 관광을 위해 또는 개인이나 회사의 업무차 등으로 수많은 사람들이 이웃집 가듯 일본을 왕래한다. 그리고 일본 어딜 가든 한글 안내를 볼 수 있다. 그런데 일본은 서구보다 더 외국 같은 이웃나라이기도 하다. 그 이유야 따로 설명할 필요가 없겠지만, 그렇다고 일본을 몰라도 좋다는 뜻은 아닐 것이다. 수많은 한국인이 일본을 관광하고 거리를 거닐 거라면, 일본의 역사나 유적을 돌아보고, 그 의미를 살피는 것도 좋을 것이다. 여기에 도움을 줄 서적이 필요할 것이다. 이 책은 조선침략에 참가한 다이묘들에 대한 이해에 조금이나마 기여할 수 있을 것이라는 희망도 가지고 있다. 그리고 센고쿠키 각 지역의 상황을 서술하고 있는 이 책이 일본 각 지역을 방문하는 한국인들에게 다양한 정보를 제공하는 데 조금이라도 도움이 되었으면 한다.

그런데, 필자는 역사학 연구에 적지 않은 시간을 들여오면서 몇 가지 의문을 느껴왔다. 학문이 논리성을 추구하는 것이 당연하듯이, 역사학 역시 논리성을 추구한다. 이 목적을 관철하기 위해 역사학자는 다양한 사료와 연구 성과들을 검토한다. 이러한 과정은 당연하고, 치밀할수록 훌륭한 일이며, 학문상 지극히 존중할 만한 일이다. 그러나 서로 얽혀 있는 사건들을 분석할 때 엄격하고 일관된 논리를 완벽하게 구사하기란 매우 어려운 일이다. 그러한 능력이 있다 하더라도 그럴 필요가 있는지 하는 의문도 들었다. 더욱이 역사학자의 연구야 그렇다 해도, 일반 독자가 역사학자의 논리에 매몰될 필요가 있는가 하는 의문도 들었다. 즉 독자는 독자의 흥미나 관심에 입각해 책을 읽고, 독자는 '텍스트'를 읽으면서 나름의 상상력을 발휘할 수 있으며, 자신의 감성과 논리를 극대화하여 자신의 견해를 가질 권리를 가지고 있지 않은가? 이러한 입장에서 역사 연구자에게는 일반 독자에게 가급적 다양한 역사 사실들을 가감 없이 전달하는 역할도 있지 않을까?

그리고 역사학이 대부분 살아남은 자(승리자)들의 입장을 대변하고 있다는 점이다. 역사학은 그들이 남긴 사료에 입각하여 구성되고, 현재에서 역사학을 구성하는 것은 살아가는 자들의 필요에 따라 구성되는 담론이라 할 수 있다. 이것도 어쩌면 어쩔 수 없는 한계이기도 하고, 현재의 역사의식(문제의식)에 따른 필수불가결한 작업이다. 그러나 이러한 작업이 죽은 자(패배자)와 살아남은 자를 염두에 두지 않아도 된다는 말은 아닐 것이다. 그렇다고 바람직하지 않은 목적을 숨기면서 과거를 과거대로 이해하자는 일본류의 역사수정주의를 옹호할 생각은 손톱만큼도 없다. 다만 이 죽은 자들과 살아남은 자들, 역사 속에 살았던 사람들과 현재 살고 있는 사람들을 더불어 '타자'로 존중하고 평등히 다루는 방법은 없을까?

이렇게 보면, 역사학은 결코 과거를 있는 그대로 평가한 것도, 평가할 수도 없다. 더욱이 문자사료를 기초로 한 것이라면, 사료를 기술한 자의 의견이 사료에 배어 있기 때문에 더욱 그렇다. 엄격한 사료 비판을 통해 그러한 경향을 상당 정도 보완할 수는 있겠지만, 그렇다고 위 상황을 완전히 벗어날 방법이 있는 것은 아니다. 필자도 말하기는 부끄럽지만 오랫동안 역사학 연구에 몸 담아 오면서 각 연구테마에서 논리성을 관철시키기 위해 부단히 노력해 왔다. 그럼에도 불구하고 장시간에 걸친 역사 서술에서 서로 얽혀 있는 수많은 사건들을 일관된 논리로 서술할 방법도 관점도 아직 발견하지는 못했다. 우선은 필자의 게으름과 천박함 탓일 것이다. 그러나 아직 과문해서인지, 위 문제를 해결하거나 해결하기 위해 노력한 결과물을 감탄하며 본 기억도 없다.

글이란 글쓴이의 의견을 완전하게 배제할 수는 없다는 점 또한 분명하다. 그럼에도 필자는 이 책이 다루는 시기에 대한 일관된 논리를 가지고 있지도 않고 그런 능력도 없지만, 이 책을 집필하며 한 가지 모험을 하고자 한다. 즉 위에서 언급했듯이 과거에 살아남은 자(승리자)와 죽은 자(실패자), 그리고 현재 살아가는 자와 과거에 살았던 자를 '타자'로 보고 존중하는 마음으로, 각 사건들에 대한 필자의 판단, 논리, 평가, 그리고 학자들의 연구결과를 접어두고(완벽히 가능하지는 않겠지만), 가능한 한 많은 사건들을 충실하고 담담히 서술하고자한다. 이 무모한 시도는 독자가 소위 학자들의 의견에 강요·설득 당하지 않으면서 자유로운 상상력과 감성을 통해 역사를 이해하였으면하는 바람에서 나온 것이다. 필자는 독자들의 그러한 '텍스트' 이해가역사학자들의 좁은 시야의 논리성에 입각한 역사 이해보다 더욱 역사를 다양하게 이해할 수 있는 가능성을 열 것이라 확신한다.

한편 이 시기를 대상으로 한 일본학계의 책들이 보통 서국西國과동국東國으로 나누어 기술하고 있어서, 같은 시기 일본 각 지역의 사정을 관련시켜 이해하기 어려운 면이 있다. 일본인들은 자국의 역사여서읽으면서 동시기를 연관시켜 이해할 수 있을지 모르겠으나, 필자는각 지역의 상호관계들을 통한 역동적이고 총체적인 역사상을 구축하기 어려웠다. 이러한 경험 때문에 이 책에서는 각 시기별로 중앙권력과각 지역의 역사를 병렬해서 서술하고자 한다. 이러한 서술방법은 중앙과 지역권력의 연관성과 단절성·특수성을 함께 생각하면서, 중앙과지역의 역사를 총체적이고 역동적으로 파악해 보기 위해서다. 물론중앙과 지역의 연관성이 있는 부분의 서술에서 중복된다는 약점이있다. 그럼에도 중복을 마다하지 않은 것은 중앙과 지역의 결을 달리하는 입장·태도·이해의 차이를 드러내어 생각할 수 있는 여지를 남겨두기 위해서다.

필자가 이 시기의 연구 성과물들을 읽으면서 가장 곤란했던 점을또 하나 든다면 지명과 지리 감각이었다. 센고쿠기 역사서에는 수많은지명과 인명, 그리고 수많은 성城들이 쏟아져 나온다. 일본 지리에환하다면야 상관 없겠지만, 이 시기를 다룬 역사서를 처음 대하는한국 독자가 일본지도를 펴들고 지명을 일일이 알아보기는 귀찮을것이고, 알아본다 하더라도 옛 지명과 오늘날 지명의 차이 때문에여간 성가시지 않을 것이다. 그래서 이 책에서는 소략하기는 하지만,

일본 국군도, 현재의 일본 행정지도, 그리고 각 지역을 서술하는 과정에서 필요하다고 보이는 곳에 옛 지역명國名과 현재의 현명縣名, 강 이름江名, 그리고 해당 지역에 있었던 주요 성들을 표시한 지역도를 배치했다. 그런데 이 지역도들에 따로 진군도 등을 표시하지는 않았다. 독자들이 각 지역도에서 성들을 확인하는 과정을 통해 사실을 확인하고, 그것을 통해 당시 상황을 상상할 수 있었으면 하는 바람에서다. 그리고 책 말미에 <부록>으로 당시의 주요 성과 현재의 소재지를 정리하여 실었다. 이것은 좁은 지역에 많은 성들이 있을 경우 성들을 모두 표시할 수 없어서, 그러한 결함을 보충하기 위해서다. 지역도에 표시되지 않은 성들은 이것을 참조하기 바란다. 부디 독자들이 이 책을 읽으면서 일본에 대한 지리 감각과 지역과 지역의 거리감을 가늠하며 내용을 이해하고, 그리하여 인간과 자연의 관계를 상상할 수 있기 바란다.

이 책은 책 제목에서도 짐작할 수 있듯이 사람들에게 관심을 표명하고 있다. 이 시대를 살았던 사람들도 살기 위해 자신을 사랑하면서 행동을 결단하고, 선택했을 것이다. 이 책은 이들을 평가하거나 유형화하지는 않았지만, 독자들은 상상을 통해 이 인간 군상들을 엿볼 수 있을 것이다. 그리고 독자들은 이들의 선택과 결단을 자신의 삶 속에 비춰 보면서 인간의 모습들을 상상할 수 있을 것이다. 필자는 독자가 처한 삶 속에서 행하는 결단과 선택이 강요당한 것인지, 아니면 자신의 자유의지에 따른 것인지를 상상하면서 이 책을 읽었으면 하는 바람이 있다.

『일본 근세의 새벽을 여는 사람들 I −센고쿠기의 군상』에 이어지는 『일본 근세의 새벽을 여는 사람들 II −오다 노부나가·도요토미 히데요시 시기』<제1부 오다 노부나가織田信長 시기>에서는 1560년대 중반 오다 노부나가의 상경을 전후한 시기부터 1582년 혼노지의 변으로 노부나가가 사망하는 시기까지를, <제2부 도요토미 히데요시豊臣秀吉 시기>는 오다 노부나가가 사망한 시기부터 1598년 히데요시가 사망한 시기까지를 대상으로 한다.

제1부 1장에서는 노부나가 상경을 둘러싼 정국과 노부나가의 상경, 그리고 이 상경으로 형성된 쇼군·노부나가 정권에서 노부나가와 쇼군 요시아키가 각각 무엇을 지향하였는가를 염두에 두면서 쇼군·노부나가 정권의 형성 과정을 서술한다. 이를 통해 쇼군·노부나가 정권의 모순을 가늠하고자 한다. 2장에서는 쇼군 권력을 강화하려는 요시아키와 센고쿠다이묘로 전국제패를 지향하는 노부나가 권력 사이의 모순과 갈등·대립 관계를 살펴보고, 교토와 그 주변 지역에서 노부나가 권력의 질주를 견제하려는 쇼군과 각 지역의 센고쿠다이묘 권력들, 그리고 이시야마 혼간지 세력의 움직임을 살펴본다. 즉 이해관계에 따라 합종연횡하는 여러 반노부나가 세력과 노부나가 세력의 대립·교섭 과정을 통해, 각 세력들의 특성을 이해하는 계기를 제공하고자 한다. 그리고 중앙권력에 비교적 독립적이었던 동국과 서국 다이묘들의 움직임을 서술하여, 이 시기를 총체적이고 입체적으로 이해하는 계기를 제공하고자 한다.

3장에서는 쇼군 권력을 강화하려는 요시아키와 전국을 제패하려는 노부나가 정권의 모순이 심화하여 쇼군·노부나가 정권이 파탄하는 과정을 살펴본다. 이어서 당시 가히 최강의 군사력을 자랑하면서 입경을 지향한 다케다 신겐과 신겐에게 동조하는 반노부나가 세력들이 연합한 반노부나가 연합세력의 공세와 그에 대항하는 노부나가 권력의 움직임을 살펴본다. 이 반노부나가 연합세력의 공세로 노부나가는 절체절명의 위기를 맞았으나, 다케다 신겐의 갑작스런 사망으로 위기에서 벗어났다. 이에 노부나가는 반노부나가 세력의 일각을 형성한 아사쿠라씨·아자이씨를 멸망시키고, 이어 혼간지 세력을 지탱하고

있던 나가시마 잇키 세력을 토벌하고자 하였으나 완전한 토벌에는
실패하였다. 그리고 이어서 다케다씨를 공격하여 멸망시켰다. 이러한
서술을 통해, 쇼군과 각 지역 센고쿠다이묘들의 움직임과 노림수,
그리고 각 세력들의 일시적인 합종연횡과 외교교섭을 살펴보고자 한
다. 이를 통해 독자들은 순간의 선택이 운명을 가르는 인간상을 살펴볼
수 있을 것이고, 상상력을 통해 새로운 가능성을 엿볼 수도 있을 것이
다. 4장에서는 이 시기 동국에서 보이는 우에스기씨와 호조씨의 움직
임, 그리고 서국에서의 변화무쌍하고 극적인 상황들을 서술한다. 이
변화를 통해 모리씨는 아마고씨가 지배하던 대부분의 지역을 손에
넣어 노부나가 권력에 필적하는 세력을 형성한다. 그리고 규슈 남부에
서 세력을 확장한 시마즈씨가 규슈를 아우르는 데 일정 성과를 거두고,
시코쿠에서는 조소카베씨가 센고쿠다이묘로 성장한다. 이러한 과정
들을 살펴, 이 지역 센고쿠다이묘들의 특성을 논리화시켜야 하나,
이에 대한 견해는 현명하고 상상력 풍부한 독자의 몫으로 남겨둔다.

5장에서는 또다시 형성된 혼간지−우에스기씨−잇코잇키−모리씨
를 중심으로 한 반노부나가 연합세력과 노부나가 권력의 대결 과정을
서술한다. 이 과정에서 마쓰나가 히사히데의 반란이 나타나며, 우에스
기 겐신의 갑작스런 사망을 계기로 노부나가는 에치고를 공략한다.
다케다 신겐의 사망이 갑작스러웠듯이 우에스기 겐신의 사망도 갑작
스러웠다. 이를 통해 독자들은 인과필연의 논리를 구사해야 하는 역사
학과 우연이 역사에 미치는 영향에 대해 생각해 봄도 좋을 듯하다.
우에스기 겐신의 사망을 계기로 노부나가는 반노부나가 세력의 중핵
인 혼간지와 최후의 결전을 벌인다. 이 싸움은 재지를 기반으로 한
농민(잇키)세력과 노부나가의 지루한 대립·싸움의 종결을 상징한다.
그런 의미에서 독자들은 역사상의 농민세력이 얼마나 끈질기게 생명
력을 유지하면서 지배세력에 대항하는지, 그리고 피지배세력의 지배

세력에 대한 저항·비판이 얼마나 중요한지 상상할 수 있을 것이고, 예나 지금이나 그것들이 얼마나 잔인하고 폭압스러운지 다시 생각할 수 있을 것이다.

6장에서는 혼간지와의 싸움에서 승리하여 일본 전국에 걸쳐 결정적으로 군사·정치·경제상의 우위를 확보한 상태에서 노부나가가 잔존한 반노부나가 세력을 평정하여 전국통일을 지향함과 동시에, 무로마치 막부권력과는 다른 '천하인' 권력=쇼군 권력을 구축해 가는 모습을 서술한다. 우선 노부나가는 다케다씨를 완전히 멸망시킴으로써 간토 지역에 대한 영향력을 강화하고, 영국지배의 원칙을 제시하고, 사쿠마 노부모리를 파면시켜 노부나가 권력의 절대성을 나타냈다. 그리고 교토 군사 퍼레이드를 통해 천황을 압박했다. 다케다씨 멸망과 우에스기씨 공격을 통해 노부나가는 오우 지역의 다테씨에서 간토 지역의 호조씨에까지 영향력을 미치게 되었다. 이제 남은 반노부나가 세력은 모리씨, 모리씨와 노부나가의 대립을 이용하여 줄타기하는 조소카베씨뿐이었다. 노부나가는 이 양 세력을 평정하고자 군사행동에 나섰다. 이 과정에서 보여준 노부나가의 전략은 동시다발 대응이었다. 이것에 대해서는 노부나가가 자신의 실력을 과대평가한 것이 아닌가, 혹은 이러한 대응이 필요했던 이유가 있었던 게 아닌가 하는 생각을 하게 한다. 현재 이 부분에 대해서는 설명이 불분명하다. 독자들은 이러한 상황을 보면서 최종 성공에 이르는 순간 어떠한 문제점이 그 속에 내재하는가를 상상할 수 있을 것이다. 이것은 성공을 추구하는 과정과 성공한 이후의 선택을 어떻게 달리하여야 하는가를 시사한다.

7장에서는 혼노지의 변이 발생하는 시기의 정국과 노부나가의 사망을 서술한다. 노부나가의 사망으로 그가 구축한 불안전하고 불안정한 '천하인' 권력이 붕괴한 것은 사실이나, 그가 추구하였던 '천하인' 권력의 성격이 히데요시에게도 계승되는가는 대단히 중요한 문제다. 독자들은 일본 근세권력을 어떻게 보아야 할지를 전망하며 이 부분을 읽을 수 있을 것이다. 그리고 노부나가를 죽음에 이르게 한 아케치 미쓰히데는 무슨 생각을 했을지 상상하면서, 한순간의 선택이 비록 잘못된 것일지라도 그것을 선택한 사람에게는 최선이었다는 점도 인정할 것이다. 그러한 의미에서 우리가 직면하는 선택과 우리의 삶을 다시 반추할 수 있기를 바란다.

<제2부 도요토미 히데요시豊臣秀吉 시기>의 1장에서는 혼노지의 변 후 각 다이묘들의 움직임을 서술한다. 우선 혼노지의 변 후의 히데요시 움직임과 노부나가 휘하에 있던 유력 다이묘들의 움직임 속에서 히데요시가 패권을 장악해 가는 과정을 서술한다. 그리고 노부나가 사망으로 중앙정국이 붕괴한 상황에서 동국 다이묘들의 움직임, 특히 호조·우에스기·도쿠가와씨가 자신들의 영국을 확장해 가는 과정을 서술한다. 또한 반히데요시 세력의 움직임을 고마키·나가쿠테 싸움을 중심으로 서술한다. 이러한 난관을 헤쳐나가며 히데요시는 노부나가의 뒤를 이어 '천하인'이 되고, 이에야스는 히데요시에 필적하는 2인자의 지위를 확보한다. 독자들은 불확실한 상황에서 순간의 선택이 생사를 가르는 냉엄한 사실을 상상할 수 있을 것이다.

2장에서는 도요토미 히데요시의 전국통일 과정을 서술한다. 히데요시의 전국통일 과정은 비교적 단순하다. 노부나가가 이미 끈질기게 저항하던 혼간지와 그에 협력한 잇코잇키 세력을 대부분 멸하였고, 각 지역은 광역을 지배하는 다이묘들에게 평정되어 있었기 때문이다. 즉 히데요시의 전국통일 과정은 센고쿠다이묘의 평정만으로 완료되는 성격을 띠고 있다. 히데요시는 우선 반히데요시 세력에 관여한 기이 잇코잇키를 평정한다. 노부나가가 그랬듯이 히데요시도 잇키 세력에 단호히 대처하면서 권력의 잔인함을 보였다. 한편 조소카베씨는 고마키·나가쿠테 싸움에서 반히데요시 성향을 나타내면서 시코쿠

를 통일하였으며, 이 과정에서 모리씨와 각을 세웠다. 이러한 상황에서 모리씨의 지대한 협조를 받으며 권력을 장악한 히데요시는 모리씨와 협력하여 조소카베씨를 공략하였다. 이 시코쿠 평정을 마친 직후 히데요시는 자신에게 반항하던 엣추의 삿사 나리마사를 공격해서 함락시켰다.

이 과정에서 보인 히데요시의 전국통일 전략은 선택과 집중이다. 즉 한 번의 공략에 전 군사력을 집중시키고, 동시에 다른 지역에서는 싸움을 전개하지 않는다는 것이다. 그리고 자기 휘하의 군사를 파견하면서도 공략지역 주변 다이묘들의 군사를 대거 동원시키고, 무리한 공격을 전개하지 않았다. 이러한 히데요시의 전국통일 과정에서 노부나가의 통일전략과의 차이점을 볼 수 있을 것이고, 히데요시의 이 같은 전략이 노부나가가 이룩한 성과 위에 바탕하였음을 상상할 수 있을 것이다.

이어 히데요시는 일본 전토는 '천하인'인 자신이 지배하는 영역으로 사전私戰을 금지한다는 총무사령惣無事令을 발동하여 시마즈씨를 평정하는 과정을 서술한다. 이 과정에서 히데요시는 압도적인 군사를 동원하였고, 복속해 오는 다이묘들에게는 그들의 영지지배를 인정하였다. 소위 강온 양면전략이다. 따라서 시마즈씨는 항복하여 많은 영지를 잃기는 하지만 멸망지화는 면할 수 있었다. 이 과정에서 히데요시는 쓰시마 소씨에게 조선침략을 언급하였다. 또한 규슈 평정 후 귀로에서 선교사 추방령을 내리고, 교토에 자신의 권위를 드러내는 주라쿠테이聚樂第를 건설했다. 호조씨를 평정할 때도 히데요시는 위와 마찬가지 전략으로 임하였으며, 시코쿠·규슈 평정에서 모리씨가 수행했던 역할을 이에야스에게 맡겼다. 단, 규슈 시마즈씨의 평정 때와는 다르게 호조씨가 항복했음에도 완전히 멸망시켜 버렸다. 이것은 호조씨의 저항이 강하였고, 호조씨 평정이 이에야스의 간토 이봉이 보여주듯이 이에야스 세력의 약화라는 의도를 내포하고 있었기 때문으로 보인다. 호조씨를 평정한 후의 오슈 처분도 다테씨 세력을 약화시키기 위한 일종의 군사시위였다. 어쨌든 오슈 처분을 끝으로 히데요시는 오닌의 난 이후 분열되어 있던 일본을 불안정하지만 통일하였다. 독자들은 노부나가 정권도 마찬가지지만, 히데요시 정권의 형성·유지, 그리고 그의 전국통일이 상시 전시체제를 유지함으로써 가능했음을 알 수 있을 것이며, 이러한 상황 속에서 달성된 히데요시의 전국통일이 갖는 모순이 무엇인가를 상상할 수 있을 것이다.

3장에서는 조선침략기의 히데요시 정권과 조선침략을 서술한다. 조선침략기의 히데요시 정권은 안으로는 전국을 대상으로 한 검지, 신분법령, 도량형 통일 등의 여러 정책을 실시한다. 그러나 이 시기 히데나가 사망, 센노 리큐 처형, 특히 쓰루마쓰 사망 등등으로 정국은 어수선하기 짝이 없었다. 임진왜란은 위에서 말한 상시 전시체제의 연장선상에 존재하고, 따라서 조선침략의 원인도 히데요시 정권의 모순 속에서 찾아야 한다. 히데요시의 침략 대상이 명明인가 조선인가 는 부차 문제이며, 히데요시의 대외 침략전쟁의 종결 역시 내부모순의 해소 여하와 관련되어 있다고 보아야 할 것이다. 독자들은 이러한 전제 하에 임진왜란·정유재란, 그리고 조선·명·일본 사이의 강화교섭 에서 보이는 상호 간극을 이해할 수 있을 것이다. 특히 강화교섭 과정 에서는 3국의 이해가 날카롭게 충돌하고, 명·일 사이의 교섭에서 조선 이 배제되는 현상도 볼 수 있을 것이다. 또한 조선·명의 일본에 대한 전략과 이해의 차이로 말미암은 명의 전투에 대한 소극성도 볼 수 있다. 독자들은 이러한 서술들을 통해 임진왜란을 '동아시아 국제전쟁' 으로 상상할 수 있을 것이며, 냉혹하고 엄중한 국제사회 속에서 근자 회자되기도 했던 '코리아패싱'을 다시 생각해볼 계기가 될 것이다. 여하튼 히데요시는 국내모순을 해결하지 못한 채 사망하였고, 조선은 명의 간섭에서 벗어나고자 일본과의 강화·국교재개를 서둘렀다. 부디 독자들이 임진왜란에 대해 새로이 이해하는 계기가 되기 바란다.

끝으로 이 책의 출간을 위해 애써 주신 도서출판 혜안 관계자 분들, 특히 지루한 글을 처음부터 끝까지 읽으면서 여러 잘못된 부분을 바로잡아 주신 김현숙 님께 깊이 감사드린다. 그리고 고생을 마다하지 않고 지도 제작을 도와주신 전 연세대학교 사학과 교수 김유철 선생과 서강대학교 교수 윤병남 선생에게도 이 자리를 빌려 무한한 고마움을 표한다.

차 례

표 및 그림 차례

제1부

오다 노부나가織田信長 시기

1장 오다 노부나가의 상경과 쇼군·노부나가 정권

1. 노부나가의 상경

1565년 5월 19일 미요시산닌슈三好三人衆(三好長逸·三好政康·岩成友通)와 마쓰나가 히사히데松永久秀는 쇼군 권력을 회복·강화하고자 했던 아시카가 요시테루足利義輝를 암살하고, 요시테루의 사촌동생 아시카가 요시히데足利義榮를 쇼군으로 옹립했다(에이로쿠의 변永祿の變). 한편 히사히데 등은 요시테루 동생 이치조인一乘院 가쿠케이覺慶(후 요시아키義昭로 개명. 이하 요시아키)를 암살하려 했으나, 요시아키는 잇시키 후지나가一色藤長·와다 고레마사和田惟政 등 막부 신하들의 도움으로 나라奈良를 탈출하였다. 그 후 요시아키는 오미近江의 와다 고레마사和田惟政에 의지하여 야시마矢島로 옮겨가 오미 슈고 롯카쿠 요시카타六角義賢에게 협조를 구했다. 그리고 요시아키는 야시마에서 롯카쿠 요시카타와 와다 고레마사와 함께 전국의 다이묘들에게 미요시씨 토벌과 자신의 상경을 돕도록 요구하였다.

그런데 에치고越後의 우에스기 겐신上杉謙信, 가이甲斐의 다케다 신겐武田信玄 등은 인접지역 다이묘들과 대립하고 있어서 요시아키의 요구에 부응할 수 없었다. 이에 요시아키는 교토 주변 다이묘들과 연합하여 상경 계획을 세우고, 와다 고레마사를 오와리의 오다 노부나가織田信長에게 보내 자신의 상경에 협조할 것을 요청하였다. 그런데 노부나가도 당시 미노美濃의 사이토 다쓰오키齋藤龍興와 대립하고 있었다. 이에 요시아키는 다쓰오키에게 노부나가와 휴전할 것을 권유하였다. 이 제안을 다쓰오키가 받아들여 노부나가와 다쓰오키는 화해하였다. 마침내 요시아키를 대동한 노부나가의 상경 여건이 마련되었다. 이에 노부나가는 상경로를 열기 위해 미노에서 북이세北伊勢·남오미로 군사를 보냈다. 그런데 이 소식을 접한 다쓰오키가 1566년 8월 위 노부나가와의 화해 약속을 깨고, 이어 롯카쿠 요시카타도 요시아키를 이반하였다. 그리하여 노부나가의 상경은 좌절되고, 요시아키와 노부나가의 교섭도 일시 중지되었다.

이 시기 다케다武田씨가 동미노 고야쿠치高野口(현재의 瑞浪市)를 침공하여, 오다씨와 다케다씨가 대립했다. 노부나가는 중신 모리 요시나리森可成와 히다 다다마사肥田忠政 등에게 다케다군을 방어하게 했다. 그후 1565년 9월 노부나가는 신겐의 4남 스와 가쓰요리諏訪勝賴(武田勝賴)에게 양녀 도야마후진遠山夫人을 시집보내 신겐과 동맹을 맺었다. 그러나 도야마후진이 1567년 11월 다케다 노부카쓰武田信勝를 출산한 직후 사망하였다. 이에 노부나가는 다케다씨와의 동맹관계를 유지하기 위해 적남인 11세 오다 노부타다織田信忠와 신겐의 6녀로 7세인 마쓰히메松姬를 약혼시키기로 하였다. 그리하여 노부나가와 신겐의 우호관계는 다시 유지되고, 동미노 지역은 안정되었다. 그리고 때마침 1567년 11월 오기마치 천황正親町天皇이 노부나가에게 오와리尾張·미노 지역의 황실령을 회복하라는 윤지綸旨를 내렸다.

한편, 1560년대 노부나가는 미노 사이토씨와의 교착 상태를 타개하기 위해 후와 미쓰하루不破光治를 아자이 나가마사淺井長政에게 파견하여 상호 동맹을 제안했다. 당시 아자이 나가마사는 북이세 롯카쿠 요시카타로부터 위협을 받고 있었기 때문에 노부나가와의 동맹은 유리한 것이었다. 그러나 아자이씨 영국은 노부나가와의 동맹관계 설정을 둘러싸고 찬반양론이 비등하였다. 당시 아자이 히사마사淺井久政는 롯카쿠씨에게 굴복한 데 불만을 품은 가신들의 압력으로 가독을 나가마사에게 물리고 강제로 지쿠부시마竹生島에 은거해 있었다. 아자이 히사마사는 에치젠의 아사쿠라 요시카게朝倉義景와의 동맹을 중시하였고, 히사마사의 뒤를 이은 나가마사는 노부나가와의 화해를 중시하였다. 따라서 아자이 영국은 히사마사의 외교정책을 지원하는 세력과 나가마사의 정책을 지원하는 세력으로 나뉘어 분열·대립하였다. 게다가 당시 서미노 지역 세력이 노부나가에게 기울어 오다씨와 아사쿠라씨의 대립이 빈발·심화하여 갔다. 따라서 이 시기 아자이 영국 내부의 대립·분열은 내·외 상황과 맞물려 아주 심각하였다. 이런 상황 속에서 나가마사는 히사마사의 의견을 뿌리치고 노부나가와의 동맹을 받아들였다. 이 아자이·오다씨 동맹은 정략결혼으로 이어져, 1567년 9월경 나가마사는 노부나가의 누이동생 이치市를 처로 맞았다(나가마사와 이치의 혼인 시기에 대해서는 1564년, 1565년 등 이설이 있다). 여하튼 오다·아자이씨 동맹으로 노부나가는 상경로를 확보하게 되고 미노 공략의 발판도 마련하였다.

한편 요시아키는 롯카쿠씨가 이반하자, 오미를 탈출하여 에치젠의 아사쿠라 요시카게에게 몸을 의탁하여 미요시 세력의 구축을 요구하였다. 그러나 요시카게는 후술하듯 여기에 뜻이 없었다. 이에 요시아키는 1568년 7월 오와리의 노부나가와 다시 교섭을 시도하였고, 노부나가는 미요시씨 세력의 구축을 약속했다. 우선 노부나가는 와다 고레마사를 무라이 사다카쓰村井貞勝·후와 미쓰하루·시마다 히데미쓰島田秀滿 등과 함께 에치젠으로 파견하였고, 요시아키는 7월 13일 이치조다니一乘谷를 떠나 무라이 사다카쓰와 함께 미노로 출발하여, 25일 기후성岐阜城(岐阜縣岐阜市金華山) 성하의 류쇼지立政寺에서 노부나가와 만났다.

상경 여건이 갖추어지자, 노부나가는 1568년 8월 5일 정예 호위 기마대馬廻り衆 250기를 이끌고 기후성을 출발하여 8월 7일 사와야마성佐和山城(滋賀縣彦根市)에 이르렀다. 상경로에는 롯카쿠씨의 지배거점인 간논지성觀音寺城(滋賀縣近江八幡市安土町)이 있었다. 노부나가는 요시아키 근신 와다 고레마사에 자신의 가신 3명을 붙여 간논지성의 롯카쿠 요시하루六角義治에게 파견하여 자신과 요시아키의 상경에 협조할 것을 요청하였다. 그러나 요시하루와 그의 아버지 롯카쿠 요시카타는 이 요청을 거절하였다.

롯카쿠씨는 노부나가가 사와야마성에 착진하기 전에 이미 미요시 산닌슈와 미요시 짓큐三好實休 중신 시노하라 나가후사篠原長房와 함께 간논지성에서 노부나가군의 침공에 대비하여 입을 맞추었다. 이에 양자의 싸움은 피할 수 없게 되었다. 그럼에도 노부나가는 다시 롯카쿠 씨에게 사자를 파견하여 요시아키와 자신의 상경에 협조해줄 것을 요청했던 것이다. 당시 노부나가로서는 생산력이 높고 선진 지역인 기나이와 그 주변 지역의 다이묘들과 대립하는 것이 불리하다고 판단 하였기 때문으로 보인다. 특히 노부나가 상경이 기나이와 그 주변 지역의 소령을 탈취하기 위해서가 아니라, 요시아키의 상경을 위한 것임을 나타내기 위해서였을 것이다. 이에 대해 요시하루는 미요시산 닌슈의 군사력을 믿어서인지 병을 이유로 노부나가 사자들을 만나지 도 않고 돌려보냈다. 사와야마성에 있던 노부나가는 전쟁을 각오하고 일단 기후로 돌아갔다.

그 후 노부나가는 기후에서 약 한 달 간 군사 상황을 점검한 후, 1568년 9월 7일 자신의 군사 15,000, 미카와 도쿠가와 이에야스德川家康 군사 1,000, 북오미 아자이 나가마사 군사 3,000, 도합 19,000명의 군사 를 이끌고 9월 8일 다카미야高宮, 9월 11일 에치가와愛知川 북안으로 나아갔다. 이때의 노부나가군세는 총 5만~6만이었다고 한다. 이에 대항하는 롯카쿠 측은 본진으로 간논지성에 요시하루와 그 아버지 요시카타, 동생 요시사다義定를 비롯한 정예의 호위 기마대 1,000기, 와다야마성和田山城(滋賀縣東近江市五個莊和田町)에 다나카 지부노타이부田中

治部大輔 등을 대장으로 하는 주력군 6,000, 미쓰쿠리성箕作城(滋賀縣東近江市 五個莊山本町)에 요시다 이즈모노카미吉田出雲守 등 3,000을 배치했고, 그 밖의 수하들을 간논지성의 지성 18곳에 배치하였다. 롯카쿠씨의 군사 배치는 노부나가군이 와다야마성을 총공격할 것으로 예측하고, 그럴 경우 간논지성과 미쓰쿠리성에서 출격하여 노부나가군을 협격하려 했던 것으로 보인다.

그러나 9월 12일 이른 아침 노부나가군이 에치가와를 건너자, 노부 나가는 이나바 요시미쓰稻葉良通가 이끄는 제1대에게 와다야마성으로, 시바타 가쓰이에柴田勝家와 모리 요시나리森可成가 이끄는 제2대에게 간 논지성으로, 노부나가·다키가와 이치마스瀧川一益·니와 나가히데丹羽長 秀·기노시타 히데요시木下秀吉 등이 이끄는 제3대에게 미쓰쿠리성으로 진격할 것을 명했다. 미쓰쿠리성 싸움은 기노시타 히데요시가 이끄는 2,300 군사가 북쪽에서, 니와 나가히데가 이끄는 3,000 군사가 동쪽에 서 공격하면서 시작되었다. 미쓰쿠리성은 급경사와 큰 나무가 많은 견고한 성이었고, 이곳을 지키는 요시다 이즈모노카미吉田出雲守(吉田重 賢)도 노부나가군에 대항하여 분투하였으나, 오후 5시 전후 미쓰쿠리 성은 위험해졌다. 기노시타 히데요시는 평의를 열어 야습을 결정, 3척의 횃불松明 수백 개를 준비하여 산 중턱까지 50개소에 배치하여 일제히 불을 지폈다. 이를 신호로 히데요시군이 일제히 미쓰쿠리성을 공격했다. 예상치 못한 야습에 미쓰쿠리성 병사들은 필사의 힘으로 방어하였으나, 성을 내주어야 했다. 미쓰쿠리성 함락 소식이 전해지 자, 와다야마성 군사들은 싸우지도 않고 도망하여 버렸다.

장기전을 예상했던 롯카쿠 요시하루는 하루도 못 버티고 미쓰쿠리 성과 와다야마성이 함락되자 간논지성에서 노부나가군을 방어하기 어렵다고 생각하여 야음을 틈타 고카甲賀로 도망하였다. 히노성日野城(滋 賀縣蒲生郡日野町)을 제외한 주인이 도망한 간노지성의 17개 지성은 차례

로 노부나가군에게 항복하였다. 히노성은 롯카쿠씨 노신 가모 다카히데蒲生賢秀가 싸움의 패배 소식을 듣고서도 1,000명의 군사들과 함께 노부나가군에 저항하였다. 그 다카히데의 누이동생을 처로 둔 노부나가의 부장 간베 도모모리神戸具盛가 단신으로 히노성으로 들어가 다카히데에게 항복을 설득하였다. 이에 다카히데는 노부나가에게 항복하였고, 노부나가에게 아들 가모 우지사토蒲生氏郷를 인질로 보내 충절을 맹세했다. 이로써 간논지성 싸움은 노부나가의 승리로 마무리되었다(간논지성 싸움觀音寺城の戰い).

교토를 지배하고 있던 미요시산닌슈 등은 롯카쿠씨 패배 소식에 당황하여 노부나가군과 변변히 싸우지도 않고 교토에서 퇴각하였다. 9월 25일 노부나가가 오쓰大津로 진군하자, 야마토大和로 원정하고 있던 미요시산닌슈와 호소카와씨의 아와阿波 군사도 붕괴하였다. 29일 야마시로山城 쇼류지성勝龍寺城(京都府長岡京市勝龍寺)으로 퇴각해 있던 미요시산닌슈의 한 명인 이와나리 도모미치岩成友通가 노부나가에게 항복하였고, 30일 셋쓰 아쿠타가와야마성芥川山城(大阪府高槻市原字城山)으로 퇴각해 있던 호소카와 아키모토細川昭元·미요시 나가야스三好長逸는 성을 버리고 도망하였다. 그리고 10월 2일 시노하라 나가후사도 셋쓰攝津 고시미즈성越水城(兵庫縣西宮市越水町)을 포기하고 아와로 도망하였다. 미요시산닌슈와 대립하고 있던 마쓰나가 히사히데와 미요시산닌슈의 한 명인 미요시 요시쓰구三好義繼도 노부나가에게 신종하고, 유일하게 저항하고 있던 셋쓰의 이케다 가쓰마사池田勝正도 노부나가에게 항복했다. 그리하여 미요시산닌슈의 중앙정국 지배는 끝났다.

위 싸움이 진행되고 있는 가운데, 노부나가는 류쇼지에 있는 요시아키에게 사자를 보내 전황을 보고하며 상경을 요청했다. 요시아키는 1568년 9월 노부나가군과 북오미 아자이군의 호위를 받으면서 상경을 개시했다. 9월 27일 노부나가와 요시아키는 비와코琵琶湖의 미이데라三

#寺에 도착, 28일 마침내 입경하였다. 이어 요시아키는 히가시야마東山 기요미즈데라淸水寺로 들고, 노부나가는 도후쿠지東福寺에 진을 쳤다. 노부나가를 따르면서도 쇼군의 신하였던 호소카와 후지타카細川藤孝는 궁궐을 경호했다.

그리하여 노부나가는 기나이畿內의 패권을 장악했다. 그러나 당시 교토와 그 주변 지역 사람들은 요시아키가 자신의 장수들을 이끌고 상경하였고, 노부나가에 대해서는 오와리·미노를 평정하고 쇼군에게 봉임하는 한 장수정도로 인식하고 있었다. 한편 병마에 시달리던 14대 쇼군 아시카가 요시히데가 묘하게도 요시아키가 입경한 이틀 후인 9월 30일 사망하였다. 그리하여 조정은 10월 18일 요시아키에게 쇼군직을 선하, 요시아키가 무로마치 막부 15대 쇼군에 오르고, 종4위하, 산기參議·사코노에곤추쇼(左近衛權中將)에 임명되었다.

2. 쇼군·노부나가 정권의 형성

쇼군에 오른 요시아키는 막각幕閣과 협의하여 막부재흥을 도운 노부나가에게 '무로마치토노(요시아키)의 아버지'라는 칭호를 내리고 간레이管領 시바가斯波家의 가독상속 또는 간레이다이管領代, 혹은 후쿠쇼군副將軍에 오를 것을 권유하였다. 그러나 노부나가는 쇼군가의 오동나무 문장桐紋과 시바가에 비견하는 예우만 받아들이고 나머지는 모두 사양하였다. 그리고 상경의 은상으로는 미노·오와리 영유의 공인과 미요시씨가 지배하였던 사카이堺를 포함한 이즈미和泉에 대한 지배를 원했기 때문에, 요시아키는 노부나가를 이즈미 슈고로 임명하여 사카이 지배를 인정하였다.

당시 사카이는 상인들이 지배하는 자치도시로, 일·명무역의 중개지였으며 동시에 류큐·남만 무역의 거점으로서 많은 대내외 상인들이 집결하여 국제무역 도시로 기능하고 있었다. 루이스 후로이스Luís Fróis는 자신의 저서 『니혼시日本史』에서 사카이를 '동양의 베니스'로 소개하고 있다. 노부나가가 사카이를 원했던 것은 이러한 사카이의 국제무역, 상공업의 발전, 대외정보, 특히 총포류에 주목했기 때문으로 보인다.

쇼군이 된 요시아키는 아시카가 요시테루 암살 및 아시카가 요시히데 쇼군 습직에 간여했던 고노에 사키히사近衞前久를 추방하고, 니조 하루요시二條晴良를 관백으로 복직시켰다. 그리고 막부 간레이였던 호소카와 아키모토와 하타케야마 아키타카畠山昭高, 관백가關白家인 니조 아키자네二條昭實에게 편휘를 주고, 영지를 안도安堵하여 정권의 안정을 도모하였다. 막부의 실무는 요시테루와 마찬가지로 셋쓰 하루카도攝津晴門를 만도코로 시쓰지政所執事로 기용하고, 요시아키와 함께 행동한 부교슈奉行衆도 직무에 복귀시켜 막부 기능을 재흥하였다. 이세伊勢씨 당주도 전 쇼군 요시히데에 출사했던 이세 사다타메伊勢貞爲에서 동생 이세 사다오키伊勢貞興로 교체하여 자신에게 봉임하도록 했다.

이러한 막부재흥 움직임을 보고서, 사쓰마薩摩 시마즈 요시히사島津義久는 기이레 스에히사喜入季久를 상경시켜 쇼군 요시아키에게 황금 100 량을 헌상하여 축하를 표하였고, 사가라 요시히相良義陽와 모리 모토나리毛利元就 등도 요시아키에게 영국 내의 쇼군가 직할령을 헌상하였다.

요시아키는 자신의 상경을 도운 무장들에게도 논공행상을 행했다. 즉 이케다 가쓰마사를 셋쓰 슈고攝津守護로, 하타케야마 다카마사畠山高政·미요시 요시쓰구를 각각 가와치 반국 슈고河內半國守護로, 호소카와 후지카타細川藤賢를 오미 슈고近江守護로 임명하였다. 그리고 형 요시테루가 지배하고 있던 야마시로山城 지역 직할령을 장악하였다. 또한 야마시로는 슈고를 두지 않고 쇼군가 직할지배지로 삼고, 가미야마시로上山城를 슈고다이 나가오카 후지타카長岡藤孝(호소카와 후지타카細川藤

孝), 시모야마시로下山城를 슈고다이 마키시마 아키미쓰眞木島昭光에게 관리하도록 했다. 또한 교토의 관문인 후시미伏見에 미부치 후지히데三淵藤英를 배치하여 교토 수비를 강화하였다.

그런데 요시아키는 혼코쿠지本圀寺를 임시 고쇼로 삼고 있었고, 노부나가는 그 경비를 아케치 미쓰히데明智光秀를 중심으로 하는 오미·와카사若狹의 재지영주들에게 맡기고, 10월 26일 미노로 돌아갔다. 이러한 교토의 취약한 경비를 틈타, 요시아키를 치려는 미요시산닌슈와 노부나가에게 패해 유랑하고 있던 사이토 다쓰오키 등이 혼코쿠지를 급습했다(혼코쿠지의 변本圀寺の變).

1569년 정월 5일 미요시군이 혼코쿠지를 공격하였고, 아케치 미쓰히데 등 노부나가군을 중심으로 하는 요시아키 측은 혼코쿠지에서 농성했다. 혼코쿠지 함락은 시간문제로 보였지만, 미요시군의 선진 야쿠시지 사다하루藥師寺貞春군과 와카사 재지영주 야마가타 겐나이山縣源內, 우노 야시치宇野弥七 등이 분투하였다. 그 결과 혼코쿠지 진입에는 실패했다. 한편 정월 6일 호소카와 후지타카와 미요시 요시쓰구, 셋쓰 재지영주 이타미 지카오키伊丹親興, 이케다 가쓰마사池田勝正, 아라키 무라시게荒木村重 등이 미요시군의 혼코쿠지 공격 급보를 듣고, 기나이 각지에서 미요시군의 배후를 공격하였다. 이에 전세가 불리하다고 판단한 미요시군이 퇴각하려 하였으나, 쇼군 요시아키·노부나가군에 쫓겨 가쓰라가와桂川 강변에서 싸우게 되었다. 이 싸움에서 요시아키·노부나가군이 승리를 거두고, 미요시군의 객장 오가사와라 노부사다小笠原信定 등이 패사하였다.

한편 노부나가는 정월 6일 기후에서 혼코쿠지가 습격당했다는 소식을 접하자, 바로 10여 기만을 대동한 채 눈속을 헤치며 이틀 만에(보통이라면 사흘이 걸린다) 혼코쿠지로 달려왔다. 노부나가군은 정월 10일 미요시군과 공모한 다카쓰기성高槻城(大阪府高槻市城内町)의 이리에 하루카게入江春景를 공격하였다. 하루카게는 노부나가군에 항복하였으나, 노부나가는 재차 이반한 하루카게를 처형하였고, 와다 고레마사를 다카쓰기성으로 입성시켰다. 그리하여 셋쓰 슈고 이케다 가쓰마사를 필두로 이타미 지카오키, 와다 고레마사가 셋쓰를 통치하게 되었다(攝津三守護). 그리고 노부나가는 사카이에 2만 관의 군사비矢錢와 복속을 요구하였다. 이에 대해 사카이 에고슈會合衆(도시 자치조직 대표자들의 회합체)는 미요시산닌슈에 의지하여 저항하였으나, 미요시산닌슈가 노부나가군에게 패퇴하자 어쩔 수 없이 노부나가의 요구를 받아들였다.

노부나가는 재지영주들을 지휘하여 혼코쿠지 방어에 공을 세운 이케다 마사히데池田正秀 등에게 포상하고, 혼코쿠지 방위의 취약성을 염려하여 니조성二條城(京都市京區烏丸中御門第) 조영에 착수하였다. 니조성은 요시테루의 무위진武衛陣이 있던 자리를 중심으로 북동으로 확장하여 4방 약 400미터의 터에 2중의 해자와 3중의 '천주天主'와 기단석축石垣을 높게 쌓아 방어 기능을 강화한 대규모 성곽으로, 교토의 헤이성平城이라 불렸다. 노부나가가 성 건설을 직접 지휘하였으며, 어전 등의 건축을 총괄하는 다이쿠부교大工奉行에 무라이 사다카쓰村井貞勝와 시마다 히데미쓰島田秀滿를 임명하였다. 건물 대부분은 혼코쿠지를 해체하여 이축하였으며, 기단 석축은 교토에서 모은 묘석과 석불도 사용하였다. 야마시나 도키쓰네山科言経가 '이시쿠라石〈ら'라 경탄한 이 성은 기단석축을 본격적으로 쌓아 만든 호화로운 성으로, 당시 '부케고쇼武家御所', '부케고조武家御城', '구보사마오카마에公方樣御構へ' 등으로 불렸다. 축성에 약 70일이 걸렸고, 1569년 4월 요시아키는 이곳으로 이주하였다.

요시아키의 집념어린 무로마치 막부 재흥 노력으로 막부에 대대로 봉임해 온 호코슈奉公衆들과 옛 슈고가 등이 속속 쇼군에 참근하여 무로마치 막부는 재흥되었다. 위 혼코쿠지의 변 직후인 정월 7일 요시아키는 오토모 소린大友宗麟에게 모리 모토나리와 화해할 것을 권하여

13일 화해시켰다. 요시아키가 이 둘을 화해시키려 했던 것은 이들을 미요시씨의 본거지 아와로 출병시키기 위해서였다. 그러나 이 계획이 실행되지는 않았다.

노부나가가 추구한 '천하天下'와 노부나가의 전국통일 전략은 막부와 기나이에 대한 노부나가의 행동을 결정하는 중요한 요소였다. 노부나가는 요시아키를 대동한 상경을 통해 기나이 지역으로 진출하는 계기를 만들었고, 쇼군을 껴안음으로써 반노부나가 세력을 공략할 명분을 확보할 수 있었다. 그리고 중앙정계를 장악함으로써 타 다이묘들보다 유리한 정치 지위·위치를 확보할 수 있었다. 이러한 측면에서 노부나가의 막부재흥은 패권 장악의 일환임과 동시에, 요시아키를 대동한 상경과 기나이 지역에서의 군사적 역학관계에서 오는 제약이기도 했다. 또 그것은 전국에 산재한 다이묘들에 대한 노부나가의 군사역량 부족에서 기인한 것으로도 생각할 수 있다. 즉 노부나가가 자신의 기나이 지배권을 유지하려면 쇼군이 가진 전국에 걸친 통치권적 지배권을 부활시켜야 했던 것이다. 이것은 노부나가가 쇼군 - 막부에 기본적으로 제약을 받고 있음을 나타낸다.

한편 쇼군도 역시 노부나가에게 제약을 받고 있었다. 막부를 지탱하는 군사력과 경제력은 노부나가의 협력 없이는 불가능했다. 따라서 쇼군은 가능한 한 노부나가를 막부체제 안으로 끌어들이고자 노력함과 동시에 쇼군 자신의 독자적인 권력기반을 만들고자 애썼고, 반대로 노부나가는 자신을 제약하는 막부체제에 깊숙이 관여하려 하지 않았다. 그리고 노부나가는 쇼군의 권력기반이 친親 사사·쇼군 성향이 강한 기나이 지역에서 강대해지는 것도 당연히 원하지 않았다. 따라서 노부나가는 쇼군으로부터 제도에도 없는 후쿠쇼군에 취임하라는 제안과 관위에 오르라는 제안, 그리고 기나이 다섯 지역 중 원하는 지역을 주겠다는 제안을 모두 거절하고, 구사쓰草津·오쓰·사카이堺에 다이칸代

官을 두겠다고 했다.

　이러한 행동의 배경에는 센고쿠다이묘로서 일정 지역을 지배하기 위해서는 실질적인 군사력과 그것을 기초로 한 실질적인 장악력이 있어야 하고, 그렇지 못할 경우 언제든 하극상이 일어날 위험이 있다는 노부나가의 현실 인식이 있었다. 당시 쇼군과 노부나가의 관계를 보면, 쇼군 요시아키는 통치권적 지배권을 이용해 노부나가를 규제하려 했고, 노부나가는 현실적인 경제력과 군사력으로 쇼군을 규제하려 하는 미묘한 것이었다.

　노부나가는 1569년 1월 14일 쇼군 요시아키의 권력을 제한하는 <덴추온오키테殿中御掟> 9개조를 요시아키에게 제시하였다. 그 내용은 ① 고요가카리御用係, 게이비가카리警備係, 자쓰요가카리雜用係 등의 도보슈同朋衆 등 하급 사용인은 전례대로 할 것, ② 구게슈公家衆·오토모슈御供衆·모시쓰기申次 등은 쇼군에게 필요가 있다면 곧바로 (노부나가에게) 말할 것, ③ 소반슈惣番衆(숙직과 경비를 담당하는 자)는 부름이 없더라도 출근할 것, ④ 막신의 게라이家來가 고쇼에 용무가 있을 경우, 노부나가의 허락을 받을 것, 그 밖에는 고쇼에 가까이 하는 것은 금지할 것, ⑤ 소송은 오다의 가신의 손을 거치지 않고 막부·조정에서 비밀리에 하지 말 것, ⑥ 막부에의 직소는 금지할 것, ⑦ 소송 규정은 종래대로 할 것, ⑧ 도반슈朼番衆는 모시쓰기를 거치지 않고 무엇이든 쇼군에게 전달하지 말 것, ⑨ 몬제키門跡와 승려, 히에이잔 엔랴쿠지比叡山延曆寺 승병, 의사, 음양사陰陽師를 마음대로 쇼군의 거처殿中로 들이지 말되, 보졸足輕과 사루가쿠시猿樂師(예능인)는 (殿中에) 괜찮다 등이다.

　그리고 이틀 후인 16일 7개조를 추가로 요시아키에게 제시했다 (<덴추온오키테 추가>). 그 내용은 ① 사사 본소령寺社本所領과 지행지知行地의 압류를 엄히 정지할 것, ② 유력자에게 소송을 의뢰하는 일을 정지할 것, ③ 싸움과 말다툼을 정지할 것, 만약 이를 위반하는 자들이 있다면, 법도에 맡겨 처벌할 것, 그리고 그런 행위에 동조하는 자도 같은 벌을 내릴 것, ④ 도리에 맞지 않는 것을 다그치는 일을 엄히 정지할 것, ⑤ 직소를 정지할 것, ⑥ 소송하려는 자가 있을 경우, 부교닌奉行人에게 말할 것, ⑦ 지행지에서는 청문請文으로 명할 것 등이다.

위 내용을 정리하면, 막부 재판권에 관한 규제(제5조, 제7조, '추가'의 제5조, 제6조), 막부의 행정운용에 관한 규제(제6조, 제8조, '추가' 제2조, 제4조, 제7조), 사사에 관한 규정(제9조, '추가' 제1조), (다이묘들의) 대립·싸움의 금지 조항 등으로 볼 수 있다. 노부나가가 이것들을 정한 목적은 ① 막부권력을 지지하는 쇼군 측근이나 친위군단이 요시아키와 사사로이 주종관계를 강화하는 것을 억제하고, ② 쇼군의 재판권이나 막부의 소송제도가 공정하게 운용될 수 있도록 감시하려는 것이었다.

이 문서에서 주의해야 할 것은 "사사 본소령과 지행지에 대한 불법 압류押領를 엄중히 금지한다"는 사사에 관한 규정이다. 노부나가가 쇼군 권력의 확대를 규제할 수 있는 군사력과 경제력, 즉 당시 현실적인 군사력이 충분했는가의 여부는 제쳐두고라도, 군사력을 직접 행사하면 다른 다이묘와의 관계가 악화하고, 쇼군·노부나가 정권의 명분 역시 잃을 염려가 있었다. 한편 쇼군이 자신의 권력기반을 확대할 수 있는 지역은 기나이였다. 기나이 지역은 전통적으로 사사세력이 강력히 뿌리내리고 있었다. 이 같은 현실 때문에 노부나가는 사사세력이 갖고 있는 권리를 보장함으로써 쇼군에게 기울게 되는 것을 방지·제한하여 쇼군 권력의 강화·확대를 막으려 했던 것이다.

<덴추온오키테>와 그 <추가>에 기초한 쇼군 권력 규제가 쇼군의 독자 판단으로 받아들인다는 형식으로 공표되었다고는 해도, 쇼군 요시아키와 노부나가 사이에 가로놓인 근본문제가 해결될 리 없음은 말할 나위도 없다. 이 문서에서 규제한 것은 막부의 행정권으로, 쇼군

이 갖고 있던 다이묘에 대한 통솔권에 관해서는 언급되어 있지 않다. 따라서 쇼군 요시아키는 이 문서에 규제를 받으면서도, 노부나가가 명분에 구속되어 있다는 점을 이용하여 다른 다이묘들을 통해 노부나가를 견제함과 동시에 쇼군의 권력기반과 막부의 전국에 걸친 영향력을 확대하려 했다. 위에서 보았듯이 쇼군 요시아키는 상경 전에도 자주 다이묘들에게 명령서御內書를 보내 자신의 상경과 막부재흥에 협력할 것을 권유하고, 다이묘들에게 정전·화해를 권하고, 잇코슈一向衆와 다이묘의 조정을 맡기도 했다. 다이묘들이 여기에 어느 정도 규정되었는지는 알 수 없지만, 다이묘 나름대로 정치·군사 상황에 따라 상호 규정하는 성격이 있었다는 것도 부정할 수 없는 사실이다.

이 시기에도 쇼군 요시아키의 행동에는 변함이 없었다. 요시아키는 1569년 2월 8일 에치고越後 우에스기 겐신上杉輝虎에게 노부나가와 상의해서 가이 다케다 신겐과 화해할 것을 요구했다. 노부나가도 쇼군의 의견을 존중하는 태도를 취했다. 그것은 4월 7일의 쇼군 명령과 에치고 나오에 가게쓰나直江景綱 앞으로 보낸 명령에서도 확인할 수 있다.

이상에서 알 수 있듯이 상경 전후의 노부나가는 쇼군의 전국에 걸친 통치권적 지배권의 부활을 통해 자신을 다른 다이묘들 위에 자리 매김하려 하였고, 막부를 재흥시킴으로써 막부에서 자신의 영향력을 강화함과 동시에 반노부나가 세력에 대한 공격 명분을 확보해서 지배권을 확대하고자 했다. 한편 쇼군 요시아키는 노부나가의 군사력과 자신의 통치권적 지배권을 이용해서 센고쿠다이묘와 같은 실질적이고 현실적인 권력기반을 구축하려 하고 있었다. 그런 의미에서 당시 쇼군 요시아키와 노부나가는 상호 규제·보완 관계였다고 할 수 있으나, 이는 당시 상황에서 오는 일시적인 협력관계에 지나지 않았다. 양 권력은 물과 기름처럼 본질적으로 서로 섞일 수 없는 대항·모순 관계를 내포하고 있었다.

2장 쇼군과 노부나가의 갈등·대립

1. 쇼군 요시아키와 노부나가의 갈등

노부나가 상경 전후 쇼군 요시아키와 노부나가의 관계는 1569년 말경 크게 변화하기 시작한다. 기나이 지역에 대한 노부나가 세력의 군사적 우위, 이세 지역에 대한 군사정벌 등으로 기나이와 그 주변 지역에서 노부나가의 지배기반이 강고해졌다. 이에 노부나가는 그 지배에 대한 공인작업을 시작했다. 그것은 쇼군의 권력행사에 대한 제한과 그 지역 다이묘들의 노부나가 지배 공인으로 끝날 성질의 것이었다.

노부나가의 쇼군 권력 행사에 대한 제한을 살펴보려 할 경우 주목되는 것이 1570년 1월 23일 공표된 <조조條條>라 불리는 문서다. 문서의 내용은 다음과 같다.

하나(제1조), (쇼군이) 여러 지역에 명령서御內書를 통해 명령할 사정
　　이 있을 경우, 노부나가에게 보고하고, (노부나가의) 서장副狀을
　　첨부하도록 할 것.
하나(제2조), (종래) 쇼군이 발급한 명령서御下知는 모두 파기하고,
　　쇼군이 다시 생각하여 (그 내용을) 정해야 할 것.
하나(제3조), 공의(쇼군·막부)에 봉공하여奉對公儀 충절을 다하는 사람
　　忠節之輩들에게 은상과 포상을 주고 싶으나 (쇼군의) 영내에 (토지
　　등이) 없다면, 노부나가 영내(의 토지)에라도 쇼군의 뜻에 따라
　　명령할 것.

하나(제4조), 천하의 일天下之儀은 어떤 사안이라도 노부나가에게 맡겨져 있기 때문에, (노부나가는) 누구를 막론하고 쇼군의 의견을 묻지 않고도 (노부나가의) 분별(판단)에 의해 처단할 수 있음.

하나(제5조), (쇼군은) 천하의 화평에 대한 것, 금중(조정, 천황)에 관해 항상每時 방심하지 말 것.

위 문서의 내용은 쇼군 명령서御內書 발급제한, 이미 발급된 쇼군 명령서下知之儀의 파기, '충절지배忠節之輩'에 대한 은상 및 포상에 관한 조항, '천하지의天下之儀'를 행사하는 주체가 노부나가라는 사실의 명기, 쇼군이 행해야만 할 의무조항 등으로 되어 있다. 특히 '명령서御內書'와 '천하지의'가 구별되어 있다는 점에 주목하고 싶다. '명령서'가 일본 거의 모든 지역에 보내지는 문서였던 점을 감안하면, 명령서 발급제한은 다이묘들과 쇼군의 관계에 대한 제한임을 쉽게 알 수 있다. 이 조항들은 쇼군이 자신의 권력기반을 구축하려는 자의적이고 독단적인 정치─막부체제 강화를 배제하려는 노부나가의 의도를 잘 나타낸다.

이러한 규제에 대한 반노부나가 세력=친쇼군 세력의 반발을 예상한 노부나가는 제3조를 제시하였다. 막부체제를 완전히 부정할 수 없는 단계에서 막부와 관계있는 사람들에게 '충절'을 기준으로 한 은상과 포상을 인정한 것은 막부의 내부분열을 조장할 가능성이 잠재해 있다. 또 쇼군이 인정하는 은상·포상 대상지가 노부나가 영내에 있을 경우, 당사자는 쇼군과 노부나가 양쪽에 모두 속하게 된다. 더욱 중요한 것은 '충절'의 전제다. "공의에 대한 봉공奉對公儀, 충절지배忠節之輩"라고 할 때 공의는 말할 것도 없이 쇼군을 가리키나, '충절'은 쇼군 개인에 대한 사적 주종관계에서 유래하는 '충절'이라고는 할 수 없다. 여기에 말하는 '충절'은 노부나가가 인정한 '쇼군·노부나가 정권'─막부체제의 정점에 있는 쇼군이 제1조, 제2조에 따라 노부나가에게 규제된 정권―에 대한 것이다. 결국 이 조항에 따라 은상과 포상을 받는 사람은 원칙적으로는 쇼군과 주종관계이지만, 노부나가에게도 규제를 받아야 한다. "(쇼군의) 영내에 (토지 등이) 없다면 노부나가 영내(의 토지)에라도"라는 부분은 이 문서의 공표로 인해 쇼군이 사적 주종관계를 기본으로 하는 무문武門의 동량棟梁으로서 무가세계를 완전히 지배할 자격도 능력도 없음을 보이는 효과가 있었고, 상대적으로 노부나가의 지배력이 쇼군보다 더 강력함을 무가세계에 선전하는 것이기도 했다.

이렇게 해서 노부나가는 쇼군 권력의 거의 전부를 장악함과 동시에, 막부 관계자 즉 쇼군과 주종관계에 있는 사람들까지 규제할 수 있게 된다. 이 논리선상에 제4조가 위치한다. 제4조는 막부의 모든 권한이 노부나가에게 일임되어 있다는 것, 즉 쇼군 권력의 대행자로 노부나가를 자리매김하고 있는 사실이다. 특히 주목되는 것은 "누구를 막론하고 쇼군의 의견을 묻지 않고서도 (노부나가의) 분별에 의해 처단할 수 있음"이라는 부분이다. 이것은 노부나가의 쇼군 권력 독점에 반발하는 세력에 대한 경고임과 동시에, 반노부나가 세력의 반발을 예상하고 그 처벌의 정당성을 확보하는 법적 근거를 만들고자 했음을 보여준다. 이런 측면에서 보면, 노부나가는 이 단계에서 반노부나가 세력의 다이묘들이 자신의 휘하에 들어오기를 거부할 경우 군사력으로 제압할 전략을 세우고 있었다고 할 수 있겠다.

따라서 노부나가는 제5조에 "천하의 화평에 대한 것天下御靜謐之事"이라는 규정을 두었다. 이 조항은 쇼군이 반노부나가 세력과 결탁하여 행동할 가능성을 제약하기 위해 만들어 둔 것임과 동시에 노부나가와 다른 다이묘들 사이에 싸움이 생기거나 정전·화해를 할 경우에 쇼군의 통치권적 지배권을 이용하여 노부나가에게 유리한 정치적·군사적 입장을 확보하고자 한 것으로 보인다.

"금중에 관한 일禁中之儀"은 쇼군의 천황에 대한 의무규정을 강조한 것으로 후에 쇼군에 대한 비판기준이 된다. 무로마치 막부의 재흥은 위에서 기술한 요인 때문에 제약·규제될 수밖에 없었지만, 일단 재흥된 막부는 쇼군의 통치권적 지배권을 기초로 쇼군을 정점으로 기나이와 그 주변 지역에 대한 지배를 강화하기 시작했다. 그리고 막부는 반노부나가 세력의 구심력으로 작동하고 상징성을 띠었다. 이러한 경향은 물론 타 다이묘들의 움직임과 서로 얽혀 있다. 이 같은 상황 속에서 노부나가는 쇼군이 반노부나가 세력에 가담할 가능성을 염두에 두고 쇼군의 통치권적 지배권을 제약할 수 있는 천황을 병치시켜 쇼군을 상대화하고자 하였다고 하겠다. 또한 노부나가는 궁궐의 중수(수리)와 공가의 권익 보장을 통해 조정에 접근하여 친쇼군 세력=반노부나가 세력을 견제하고 있다.

결국 이 단계에서 노부나가가 만든 '쇼군·노부나가 정권'은 논리로 보면 쇼군의 통치권적 지배권을 통해 노부나가가 일본 전역에 걸쳐 권력을 행사하는 형태였다. 그러나 그것은 기나이와 그 주변 지역에서 반노부나가 세력을 결집시키는 계기가 되었다.

2. 노부나가 세력과 반노부나가 세력의 대립

1570년 4월 아사쿠라 요시카게가 공공연하게 반노부나가 행동을 시작했다. 에치젠 지역을 지배하는 아사쿠라 요시카게는 노부나가의 상경 요구를 거절하고 노부나가와 대립했던 것이다. 이에 노부나가는 교토와 그 주변 지역의 지배권을 확보한 1570년 4월 20일, 에치젠 침공을 개시했다. 노부나가는 도쿠가와 이에야스와 연합하여 3만 군사를 이끌고 출진하였고, 자신의 직속 장수 외에 이케다 가쓰마사·마쓰나가 히사히데 등 친쇼군 성향의 기나이의 무장, 공가인 아스카이 마사아쓰飛鳥井雅敦·히노 데루스케日野輝資 등도 종군시켰다. 이러한 전시 상황에서도 노부나가는 4월 23일 원호를 에이로쿠永禄에서 겐키元龜로 개원한다. 노부나가의 시대가 도래했음을 상징하는 것이었다.

4월 25일 오다·도쿠가와군은 데즈쓰야먀성手筒山城(福井縣敦賀市泉)을 필두로 쓰루가군敦賀郡 소재 아사쿠라씨 측 성들을 공격하고, 26일 가네가사키성金ヶ崎城(福井縣敦賀市金ヶ崎町)에서 농성하고 있던 아사쿠라 가게쓰네朝倉景恒를 항복시켰다(가네가사키 싸움金ヶ崎の戰い). 이러한 상황에서도 쓰루가군 군지郡司로 아사쿠라가 일문의 필두였던 아사쿠라 가게쓰네와 본가 아사쿠라 요시카게와 그 일문인 아사쿠라 가게아키라朝倉景鏡·아사쿠라 가게타케朝倉景健 등이 서열을 둘러싸고 서로 대립하고 있었다. 때문에 아사쿠라 가게아키라·가게타케 등이 가게쓰네에게 적시에 원군을 보내지 못했고, 가게쓰네는 오다·도쿠가와군에 쉽사리 패배하였다고도 한다. 어쨌든 이 패배로 아사쿠라군은 쓰루가군을 거의 포기하고 협소한 지형으로 방어에 좋은 기노메토게木ノ芽峠(福井縣南條郡南越前町) 일대에 대노부나가군 방어망을 구축했다.

이렇게 전세가 노부나가에게 유리하게 전개되고 있을 때, 노부나가는 동맹관계인 의제 아자이 나가마사의 배반 정보를 입수했다. 이 정보에 대해 노부나가는 반신반의하였으나, 나가마사의 배반이 사실로 확인되자 에치젠 전선에서의 즉각 퇴각을 결정한다. 오다·도쿠가와군이 에치젠과 북오미에서 협격당할 위험이 있었기 때문이다. 노부나가는 전선에서 퇴각하면서 가네가사키성에 기노시타 히데요시를 입성시켜 아자이·아사쿠라군의 남하를 견제하고자 했다.

노부나가는 오미 호족 구쓰키 모토쓰나朽木元綱의 협력을 얻어서 에치젠 쓰루가에서 구쓰키고에朽木越え를 넘어 4월 30일 교토로 들어왔다. 이때 노부나가와 함께한 군사는 불과 10여 명 정도였다고 한다. 이케다

〈그림 1〉 비와코 주변 지역도

가쓰마사가 이끄는 노부나가 본대도 성공리에 퇴각하여 교토로 들어왔다. 교토로 돌아온 노부나가는 개수 중인 고쇼를 돌아보고, 5월 9일 기후로 가 군사를 점검하며 이반한 아자이 나가마사에 대한 공격을 준비했다.

노부나가군이 퇴각하자, 5월 11일 아사쿠라 요시카게는 쓰루가에 체재하면서 아사쿠라 가게아키라를 총대장으로 한 대군을 오미로 발진시켰다. 아사쿠라군과 아자이군은 함께 남오미로 진격해서, 롯카쿠 요시카타六角義賢와 협력하여 노부나가를 협격하려 한 것이다. 그러나 이 작전은 제대로 행해지지 않았고, 노부나가는 5월 21일 지쿠사고에千草越え에서 기후로 돌아왔다.

한편 노부나가는 우사야마성宇佐山城(滋賀縣大津市南滋賀町)에 모리 요시나리森可成, 나가하라성永原城(滋賀縣野洲市永原)에 사쿠마 노부모리佐久間信盛, 조코지성長光寺城(滋賀縣近江八幡市長福寺町)에 시바타 가쓰이에柴田勝家, 아즈치성安土城(滋賀縣近江八幡市安土町)에 나카가와 시게마사中川重政를 배치하고 있었다. 간논지성 싸움에서 패배하고 노부나가에게 쫓겨 고카로 도망쳤던 롯카쿠 요시카타·요시하루 부자는 아자이 나가마사의 배반으로 궁지에 몰린 노부나가를 타도하기 위해 고카의 무사들을 규합하여 북진했다.

1570년 6월 롯카쿠 요시카타 부자가 조코지성을 포위했다. 요시카

타는 향민에게 조코지성 성내에는 물이 나지 않아 뒤쪽 계곡에서 물을 끌어다 쓰고 있다는 말을 듣고, 히라이 진스케平井甚助를 시켜 물줄기를 끊었다. 물길이 끊긴 조코지성을 800여 명의 병사로 지키고 있던 시바타 가쓰이에는 남은 물을 세 병에 담아 세워놓고, 병사들에게 이대로라면 물 부족으로 죽게 생겼으니 힘 있을 때 성을 나가 사력을 다해 싸우자고 하자, 병사들 모두가 동의하였다. 이에 세 병의 물을 던져 깨버리고, 6월 4일 가쓰이에 군사들은 성을 나가 롯카쿠군 800여를 무찌르고, 야스가와라野洲河原에서 미쿠모三雲·다카노세高野瀬·스이바라水原의 롯카쿠군을 괴멸시켰다(야스가와라 싸움野洲河原の戰い). 이로 말미암아 세간에서는 가쓰이에를 '쓰보와리시바타ツボワリ柴田', '오니(도깨비)시바타鬼柴田'라 불렀다 한다.

위 싸움 소식을 접한 아자이·아사쿠라군은 미노의 다루이垂井·아카사카赤坂 주변을 불사르고, 양 세력의 경계에 위치하는 나가히성長比城(滋賀縣米原市長久寺)·가리야스오성刈安尾城(滋賀縣米原市弥高)을 수축하여 병사를 주둔시키고 노부나가군의 내습에 대비하였다. 아사쿠라군은 6월 15일 에치젠으로 귀환하나, 이때를 전후하여 나가히성에 배치된 호리 히데무라堀秀村·히구치 나오후사樋口直房가 노부나가에게 투항하여, 나가히·가리야스오성이 함락되었다. 노부나가는 6월 19일 기후를 나와 나가히성으로 들어갔다. 6월 21일 노부나가는 도라고젠야마虎御前山에 포진하고, 모리 요시나리, 사카이 마사히사坂井政尚, 사이토 도시하루齋藤利治, 시바타 가쓰이에, 사쿠마 노부모리, 하치야 요리타카蜂屋賴隆, 기노시타 히데요시, 니와 나가히데 등에게 명하여 오다니성小谷城(滋賀縣長浜市湖北町) 성하 거리를 불태웠다. 6월 22일 노부나가는 후방 방어부대殿軍 야나다 히로마사簗田廣正·주조 이에타다中條家忠·삿사 나리마사佐々成政 등에게 철포대 500, 궁사 30을 주고 일단 후퇴했다. 6월 24일 노부나가는 오다니성과 아네가와姉川 남쪽에 위치한 요코야마성横山城(滋賀縣長

浜市堀部町)을 포위하고, 자신은 류가하나龍ヶ鼻에 포진하였다. 여기서 노부나가군은 도쿠가와군과 합류, 이에야스도 류가하나에 포진하였다. 한편 아자이 측에도 아사쿠라 가게타케가 이끄는 8천 원군이 합류하였다. 아사쿠라군은 오다니성 동쪽의 오요리야마大依山에 포진하고, 아자이 나가마사도 5천 병사를 이끌고 참전, 아자이·아사쿠라 연합군의 총세는 13,000이었다. 6월 27일 아자이·아사쿠라 연합군은 진을 풀고, 28일 새벽 아네가와를 앞에 두고 군사를 이분하여 노무라野村와 미타무라三田村에 각각 포진시켰다. 이에 대해 도쿠가와군은 서쪽 미타무라로 나아가고, 동쪽 노무라로 노부나가의 호위 기마대와 서미노 산닌슈(이나바 요시미쓰·우지이에 도젠氏家ト全·안도 모리나리安藤守就)가 나아갔다.

오전 6시경 아네가와에서 양군의 전투가 시작되었고, 공방은 격렬하였다. 이에야스는 아자이·아사쿠라 연합군의 진형陣形이 넓어지는 것을 보고, 사카키바라 야스마사榊原康政에게 측면을 공격하게 하였다. 노부나가군에 대항하던 아사쿠라군은 패배하였고, 이어서 도쿠가와군에 대항하던 아자이군도 패주했다. 이 싸움에서 사망한 아자이·아사쿠라 병사는 1,100여였다 한다. 이 싸움터 부근의 '지바라血原(피의 평원)'와 '지가와血川(피의 강)'라는 지명은 이 싸움이 얼마나 치열했는지를 말해준다(아네가와 싸움姉川の戰い). 노부나가는 오다니성에서 50정町(1정=109미터) 정도 떨어진 곳까지 아자이·아사쿠라 연합군을 추격하고 오다니성 주변을 불태웠으나, 오다니성을 일거에 함락시키기는 어렵다고 보고 요코야마로 후퇴하여 요코야마성을 함락하였다. 노부나가는 기노시타 히데요시에게 요코야마성을 지키게 했다.

이 싸움에서 아자이 나가마사는 가장 신뢰하던 중신 엔도 나오쓰네遠藤直経와 동생 아자이 마사유키淺井政之를 비롯해 아자이 마사즈미淺井政澄, 유게 이에즈미弓削家澄, 이마무라 우지나오今村氏直 등 아자이가에서

중심 역할을 하던 많은 무
장들을 잃었고, 아사쿠라
요시카게도 호걸로 유명
했던 마가라 나오타카眞柄
直隆, 마가라 나오즈미眞柄
直澄, 마가라 다카모토眞柄
隆基 등을 잃었다. 한편 노
부나가도 사카이 마사히
사坂井政尙의 적자였던 사카
이 히사쓰네坂井尙恒 등을 잃
었다.

〈그림 2〉 오사카 주변 지역도

　한편 쇼군 요시아키와 적대하고 있던 미요시산닌슈는 1570년 6월
위 아자이·아사쿠라군과의 싸움으로 기나이에서 노부나가군 주력이
철수하자, 셋쓰 이케다성池田城(大阪府池田市城山町) 성주 이케다 가쓰마사
의 동족인 이케다 모토마사池田知正와 중신 아라키 무라시게를 꾀어
가쓰마사를 추방하고 거병하게 했다. 7월 21일 미요시산닌슈군은 셋
쓰 나카지마中嶋로 진출하여 노다성野田城(大阪府大阪市福島區)·후쿠시마성
福島城(大阪府大阪市福島區)을 축성했다. 이 지역은 서쪽이 바다고, 북·남·동
쪽은 하천으로 둘러싸인 섬 같은 곳이었다. 그리고 호소카와 아키모토
군과 기이紀伊의 스즈키 마고이치鈴木孫一 등이 이끄는 사이카슈雜賀衆(미
요시산닌슈에 속한 아타기 노부야스安宅信康가 고용한 용병부대)의 원군도 도착
하여 총세는 13,000에 이르렀다.

　이러한 움직임에 노부나가 측 마쓰나가 히사히데·히사미치久通 부자
는 야마토 시기산성信貴山城(奈良縣生駒郡平群町信貴畑)에서 전투를 준비, 27
일 시기산성을 나와 가와치로 나아가 미요시산닌슈군의 가와치河內
침공에 대비했다. 8월 2일 기나이 지역에서 권력기반을 강화하려던

쇼군 요시아키도 하타케야마 아키타카에게 노부나가와 협력할 것, 기이·이즈미和泉 병사들을 집결시켜 미요시산닌슈군에 대처할 것을 명했다.

이러한 상황 속에서 17일 미요시산닌슈군이 미요시 요시쓰구가 있는 후루하시성古橋城(大阪府門眞市)을 공격했다. 이 성에는 미요시 요시쓰구군 150, 하타케야마 아키타카군 150, 합계 300 정도가 집결해 있었으나, 중과부적으로 미요시산니슈군에 전멸 당하였다. 그 후 미요시산닌슈군은 에나미성榎並城(大阪府大阪市城東區)을 공격하였다. 이 소식을 접한 노부나가는 사태의 심각성을 깨닫고 직접 정예 호위 기마대 3천 기를 이끌고 20일 기후성을 출발, 21일 요코야마성, 22일 조코지, 23일 교토 혼노지本能寺에 도착했다. 이때까지 교토로 집결한 노부나가군은 『도키쓰구쿄키言繼卿記』에 따르면 4만이었다고 한다. 노부나가는 서둘러 25일 교토를 출발, 히라카타枚方를 경유하여 26일 노다성·후쿠시마성에서 남동쪽으로 약 5km 떨어진 덴노지天王寺에 착진했다. 이에 대항하여 미요시산닌슈군도 27일 시노하라 나가후사篠原長房를 중심으로 호소카와 사네유키細川眞之, 미요시 나가하루三好長治(미요시 짓큐의 장남), 소고 마사야스十河存保(미요시 짓큐의 차남) 등 아와阿波·사누키讚岐 병사 2만의 대규모 원군이 효고兵庫 항구에 상륙, 28일 노부나가 측 가와라바야시성瓦林城(兵庫縣西宮市日野町), 고시미즈성 성주 가와라바야시 미카와노카미瓦林三河守를 살해하고, 10월 1일 노다성·후쿠시마성에 입성했다.

노부나가는 본진을 덴노지에 두고, 덴만가모리天滿が森, 가와구치川口, 와타나베渡邊, 고자키神崎, 가미난바上難波, 시모난바下難波, 하마노테浜の手 등지에 진을 치고, 주력군을 덴만가모리에 주둔시키고, 셋쓰 지리에 밝은 미요시 요시쓰구, 마쓰나가 히사히데, 와다 고레마사 등을 위 지역에 배치하였다. 노부나가군은 병사가 많았으나, 노다성·후쿠시마성이 위와 같이 델타 지역에 위치한 견고한 성이었기 때문에 성급히

공격을 하지는 못했다. 그리하여 노부나가는 항복 유인책을 써서 28일 호소카와 노부요시細川信良를 비롯해 미요시 마사카쓰三好政勝, 고자이 나가노부香西長信 등을 꾀어 이반시켰다. 한편 9월 3일 쇼군 요시아키가 부교슈 2천을 이끌고 호소카와 후지타카가 지키는 나카지마성中島城(大阪市淀川區十三本町)에 착진하였다.

이러한 상황 중에 중립을 지키던 이시야마 혼간지石山本願寺의 겐뇨顯如가 9월 6일 오미 중부의 혼간지 문도들에게 노부나가에 대항할 것을 요구하는 격문을 날리고, 9월 10일 아자이 히사마사淺井久政·나가마사長政 부자에게도 서장을 보냈다.

노부나가군은 노다성·후쿠시마성의 대안에 로노키시櫓岸와 가와구치川口에 성채를 구축하고, 8일 노다성·후쿠시마성 서쪽 대안에 있는 우라에성浦江城(大阪府大阪市北區大淀中. 手好城, 海老江砦)을 미요시 요시쓰구, 마쓰나가 히사히데군에게 공격하게 했다. 이때 화승총火繩銃과 화승총보다 구경이 큰 대철포도 사용하였다고도 한다. 미요시·마쓰나가군은 우라에성을 함락시키고, 우라에성을 노다성·후쿠시마성 공격의 전진기지로 삼았다. 나아가 노부나가군은 하천을 메워 대안에 제방土手을 구축하고 방어 초소 야구라櫓를 쌓아올려, 11일부터 노다성·후쿠시마성을 공격하고, 12일 철포를 사용한 대규모 공격을 전개하였다. 이날 노부나가 측에 가담한 사이카슈·네고로슈根來衆 2만(철포대 3천)의 대연합군이 오리 오노遠里小野, 스미요시住吉, 덴노지에 진을 쳤다. 대규모 연합군이 합세한 노부나가군과 미요시산닌슈군은 격렬히 싸웠으나 결말을 내지는 못했다. 그 후 노부나가군은 하타케나카성畠中城(大阪府貝塚市畠中)도 함락시켰다. 미요시산닌슈군에 속해 노다성·후쿠시마성에 입성한 스즈키 시게히데鈴木重秀 등이 이끄는 용병 사이카슈도 다수의 철포를 소지하고 있었다고 한다.

노부나가 측이 우라에성과 하타케나카성을 함락시켜 목전에 성채와 초소를 설치하고, 2만의 사이카·네고로 연합군이 노부나가 측에 합류하자, 미요시산닌슈군은 겁을 먹고 노부나가에게 화해를 구했으나 거부 당했다. 그러나 전황은 12일 밤 이시야마 혼간지가 참전하면서 크게 변화하였다. 이시야마 혼간지는 후쿠시마성에서 약 4km 떨어져 있다. 겐뇨의 참전으로 미요시산닌슈군은 사기가 오르고, 13일 아침 위 노부나가군이 만든 제방을 파괴하였다. 이 때문에 우라에성과 노다성·후쿠시마성 주위 성채가 해수에 잠겼다. 겐뇨는 스스로 갑옷으로 무장한 채 노부나가군 본진을 공격하였고, 로노키시 성채와 가와구치 성채도 철포로 공격하였다.

한편 겐뇨의 요청에 호응하여 아자이 나가마사, 아사쿠라 요시카게는 교토를 향해 비와코 서안으로 남하하였다. 그리하여 시가의 진志賀の 陣이 시작된다. 16일 오미에서 아자이·아사쿠라 연합군이 노부나가 배후로 진군하였다. 비와코 서안지역의 노부나가 측 중요 거점은 사카모토 남쪽 우사야마성이었고, 그곳을 모리 요시나리가 1,000여 병사와 함께 지키고 있었다. 위 소식을 접한 모리 요시나리는 노부성野府城(愛知縣—宮市開明字城堀) 성주인 노부나가의 동생 오다 노부하루織田信治, 오미 재지영주 아오치 시게쓰나靑地茂綱 등과 함께 병사 500을 이끌고 우사야마성 북쪽 사카모토坂本 입구로 출진하여 주변 가도를 봉쇄하고, 시가와 아노穴太에 복병을 배치하였다. 마침내 9월 16일 모리 요시나리는 아자이·아사쿠라군을 맞아 싸움을 시작했고, 노부나가는 노부하루, 아오치 시게쓰나 등 2천 명을 파견하여 사카모토 방어를 강화하였다.

16일 모리 요시나리는 아자이·아사쿠라 연합군을 격퇴하여 서전을 승리로 장식했다. 그런데 19일 겐뇨의 요청을 받은 사카모토 사토보里坊, 엔랴쿠지延曆寺 승병들이 노부나가군 공격에 가담하였다. 그리하여 서쪽의 승병과 북쪽의 아자이·아사쿠라군 등 총 3만 군세가 모리 요시나리·오다 노부하루·아오치 시게쓰나 등의 노부나가군을 협격하여

왔다. 전세는 역전되었다. 20일 모리 요시나리 등은 분투하였으나, 아자이 쓰시마겐바淺井對馬玄蕃 병사 2천에게 측면 공격을 받고, 더욱이 아사쿠라 가게쓰네, 야마자키 요시이에山崎吉家, 아와가 사부로阿波三郎 군사와 아자이 나가마사 본대가 공격에 가담하자, 마침내 모리 요시나리·오다 노부하루·아오치 시게쓰네 등 3인이 전사하였다(우사야마성 싸움宇佐山城の戰い). 주장을 잃은 우사야마성도 위기에 처하였으나, 요시나리의 가신 가가미 모토마사各務元正·히다 나오카쓰肥田直勝 등이 용감히 항전하여 성을 지키는 데 성공하였다(사카모토성 싸움坂本の戰い).

노부나가군의 방어망을 뚫은 아자이·아사쿠라군은 우사야마성 공략을 포기하고 오쓰로 진군하였다. 21일 아자이·아사쿠라군은 다이고醍醐, 야마시나山科까지 침공하여 교토 입성을 눈앞에 두었다. 22일 노부나가는 위 전황을 듣고서, 교토가 아자이·아사쿠라군에 점령당할 것을 염려하여 셋쓰 전선에서의 퇴각을 결심했다. 23일 시바타 가쓰이에와 와다 고레마사를 후방 방어군으로 하여 노부나가는 교토로 퇴각했다. 도중 요도가와淀川 하류 에구치江口에서 잇키 세력이 봉기하여 배를 숨겼으나, 노부나가는 얕은 곳을 이용하여 도강할 것을 지시하였다. 그리하여 노부나가군은 무사히 요도가와를 건너고, 노부나가는 혼노지에서 숙박하고자 했다.

한편 노부나가의 교토 도착 소식을 접한 아자이·아사쿠라군은 히에이잔比叡山으로 후퇴하고, 24일 노부나가는 오사카逢坂(滋賀縣大津市逢坂)를 넘어 사카모토에 이르러 히에이잔을 포위했다. 노부나가는 히에이잔 엔랴쿠지에 자신 편에 서면 장원을 회복하여 주고, 그것이 여의치 않으면 중립을 지키라고 요구하면서, 만약 엔랴쿠지가 아자이·아사쿠라 측에 협조하면 히에이잔을 불사르겠다고 위협하였다. 그러나 이에 대한 엔랴쿠지의 답변은 없었다. 오히려 아자이·아사쿠라군이 엔랴쿠지의 지원을 받으며 히에이잔에서 농성하였다.

노부나가군은 엔랴쿠지가 아자이·아사쿠라 측에 가담하면서 속전
속결이 불가능해지자, 아케치 미쓰히데·사쿠마 노부모리를 주장으로
삼아 미노 재지영주들을 중심으로 한 군사로 히에이잔을 포위하게
했다. 이즈음 셋쓰에서는 미요시산닌슈가 활동하고 있어서, 장기전이
불리하다고 생각한 노부나가는 히에이잔을 포위한 지 한 달이 지난
10월 20일 스가야 나가요리菅屋長賴를 아사쿠라씨에게 사자로 보내 결
전을 재촉했다. 요시카게는 그것을 묵살했다.

노부나가가 히에이잔 포위로 움직일 수 없음을 안 각지의 반노부나
가 세력이 일거에 거병하였다. 롯카쿠 요시카타가 오미 잇코종 문도들
과 함께 남오미에서 거병하여 미노와 교토의 교통을 차단하였고, 이세
나가시마長島에서는 겐뇨의 격문에 호응하여 간쇼지願証寺 문도들이
잇코잇키를 일으켰다. 미요시산닌슈도 노다성·후쿠시마성에서 나와
교토를 위협했는데, 와다 고레마사의 분전으로 이 공격을 겨우 겨우
막아냈다. 이즈음 기노시타 히데요시, 니와 나가히데는 비와코 동안
요코야마성에서 아자이군의 남하를 막고 있었다. 그리고 10월 초순
오미에 도착한 도쿠가와군도 세다瀨田·구사쓰 사이에서 롯카쿠군과
대치하고 있었다.

한편 이세 지역은 1569년 기타바타케씨가 지키는 오카와치성大河內城
(三重縣松阪市大河內町城山)을 공격하여 함락시킨(오카와치성 싸움大河內城の
戰い) 이래 거의 노부나가 지배 아래 있었다. 그러나 1570년 9월 혼간지
가 반노부나가 측에 가담하여(이시야마 합전石山合戰) 이세 지역의 형세
는 반노부나가 쪽으로 기울었다. 당시 간쇼지願勝寺 주지 쇼이証意와
혼간지 보칸坊官 시모쓰마 라이세이下間賴成의 격문에 호응하여 나가시
마에서 잇코슈 문도들이 일제히 봉기했다. 이에 호응하여 '호쿠세이시
주하치케北勢四十八家'라 불린 북이세 지역 재지영주 세력 일부도 노부나
가를 이반하여 잇키 측에 가담했다. 오사카(=이시야마 혼간지)에서 파견

된 보칸 시모쓰마 라이단下間賴旦 등이 이끄는 수만 잇코잇키 문도들이 이토伊藤씨가 성주로 있는 나가시마성을 공격하여 함락시켰다. 이어 잇코잇키 세력은 10월 노부나가의 동생 오다 노부오키織田信興가 지키는 오와리 고키에성小木江城(愛知縣愛西市森川町村仲)을 함락시키고, 노부오키를 자진하게 했다. 이어 구와나성桑名城(三重縣桑名市)을 공격하여 성주 다키가와 이치마스를 패주시켰다.

노부나가 측은 잇키 세력의 미노와 교토의 교통차단을 풀기 위해 11월 상순 출진하였다. 그리하여 기노시타 히데요시와 니와 나가히데 양군이 11월 16일까지 롯카쿠군과 잇키 세력을 격파하여 교토와 미노의 교통을 회복시켰다. 그리고 노부나가가 에치젠을 공격할 때 옛 다케다씨 가신들 대부분이 노부나가 측에 가담하였는데, 아사쿠라 별동대가 10월 노부나가 세력으로 편입된 와카사若狹로 침입하여 오뉴군遠敷郡까지 진출했다. 이 공격으로 야마가타 히데마사山縣秀政, 아와야 우쿄노스케粟屋右京亮, 무토 도모마스武藤友益 등이 아사쿠라 측으로 이반하였고, 오바마小浜 지역은 친아사쿠라 세력인 다케다 노부카타武田信方가 지배하게 된다. 그러나 와카사 지역에서는 아와야 가쓰히사粟屋勝久 등 친노부나가 세력도 힘을 유지하고 있어서 양 세력의 대립이 지속되었다.

25일 가타타堅田의 이카이 노부사다猪飼昇貞·이소메 마타지로居初又次郎·바바 마고지로馬場孫次郎가 노부나가 측으로 내통하여 왔다. 이에 노부나가는 사카이 마사히사·안도 에몬노스케安藤右衛門佐·구와바라 헤베桑原平兵衛 등에게 군사 1천을 주어 가타타성堅田城(大津市本堅田町)으로 진군하게 하고, 방비를 강화하여 서오미 물류를 통제하려 하였다. 그러나 이를 눈치챈 아사쿠라 가게아키라·마에바 가게마사前波景当와 잇코슈一向宗 문도 등이 26일 히에이잔을 내려와 가타타를 공격하였다. 가타타가 반노부나가 세력에게 포위 고립된 상태에서 사카이 마사히사군은

분투하며 마에바 가게마사에게 반격하였다. 그러나 중과부적으로 사카이 마사히데군은 괴멸하였고, 사카이 마사히사 등도 전사하였다. 이에 이카이 노부사다 등은 가타타를 버리고, 배로 비와코를 건너 도주하였다. 이로 말미암아 노부나가의 서미노 물류 통제전략은 좌절되었다(가타타 싸움堅田の戰い).

11월말 히에이잔을 포위한 지 2개월이 지났으나, 히에이잔에서 농성하는 아자이·아사쿠라군은 항복할 기미를 보이지 않았고, 노부나가는 반노부나가 세력과 대치하는 것에 한계를 느꼈다. 이에 11월 21일 노부나가는 롯카쿠 요시카타·요시하루 부자와 화해하고, 이어 아와에서 온 미요시산닌슈 측 시노하라 나가후사와도 화해하였다. 그리고 11월 30일 조정과 쇼군 요시아키를 움직여 아자이·아사쿠라씨와도 강화를 획책했다. 요시아키는 미요시산닌슈에게 적개심을 품고 있었으나, 노부나가가 겐뇨에게 개전 초기부터 화해를 요구하였고, 요시카게도 대설로 히에이잔과 에치젠의 연락이 두절될 수 있어서 싸움을 계속하는 데 불안을 느끼고 있었다. 그리하여 12월 13일 양측은 조정과 요시아키의 중재를 받아들여 칙명으로 노부나가와 화해했다. 14일 노부나가군은 세타勢田까지 퇴각하였고, 아자이·아사쿠라군도 다카시마高島를 거쳐 귀환했다. 이로써 시가志賀의 진은 종료되고, 노부나가와 아자이·아사쿠라씨와의 대립도 일단 진정되었다.

위 싸움을 통해 노부나가는 오미의 전략 거점지역은 지켰지만, 오다 노부하루를 비롯해 모리 요시나리, 사카이 마사히로 등 노련한 장수들을 잃었다. 한편 요시카게는 노부나가를 곤경에 몰아넣기는 하였으나, 대설로 노부나가와 화해하였고, 아자이·아사쿠라 측은 지배영역을 확대하지는 못했다. 엔랴쿠지는 위 양자(=노부나가와 아자이·아사쿠라)의 대립에 지렛대 역할을 하였으나, 결국 다음 해(1572년) 노부나가의 공격을 받고 불탔다.

무엇보다도 이 싸움의 밑바탕에는 노부나가와 쇼군 요시아키의 대립이 자리하고 있었다. 노부나가의 불리한 전황은 요시아키에게 운신의 폭을 넓혀주었다. 즉 노부나가 세력의 확대를 두려워한 세력들이 쇼군 요시아키를 구심점으로 결집했던 것이다. 따라서 위 싸움들은 친노부나가 세력과 반노부나가 세력으로 나뉘어 대립하는 싸움의 시작에 불과한 것이었다 하겠다.

　위 싸움에서 노부나가는 아자이·아사쿠라·롯카쿠씨에게 상당한 타격을 주었지만, 완전하게 제압할 수는 없었다. 노부나가는 군사력만으로는 아자이 나가마사를 굴복시킬 수 없다고 생각하여, 아자이가의 내분을 획책했다. 아네가와 싸움에서 최고의 무공을 세운 이소노 가즈마사磯野員昌와 나가마사를 이간시키고자 했던 것이다. 아네가와 싸움으로 남북으로 분단된 이누카미군犬上郡 사와야마성을 수비하는 이소노 가즈마사 등은 고립된 상태여서 물자보급이 원활하지 못하였다.

　이를 본 히데요시는 아자이가 가신들에게 가즈마사가 노부나가와 내통하고 있다는 소문을 흘려, 나가마사 등에게 가즈마사를 의심하게 만들었다. 이 책략은 주효하여 나가마사는 가즈마사의 거듭되는 물자보급 요청을 거절하였다. 병량이 달린 가즈마사는 1571년 2월 결국 노부나가 측으로 투항하였다. 가즈마사의 투항은 아자이씨 멸망에 결정적이었고, 약해지던 아자이·아사쿠라씨는 전략을 바꿔 가이 다케다 신겐과 혼간지 겐뇨 등과 연합하여 노부나가 포위망을 다시 형성하여 간다.

　이러한 상황 속에서 5월 요코야마성에 있던 기노시타 히데요시가 약 500명의 병사로 아자이 이노리淺井井規가 이끄는 잇키 세력 약 5천을 격파하여, 오미에서 노부나가 측이 우위를 차지하게 되었다. 이에 노부나가는 북이세 출병을 결심, 5월 12일 5만 병사를 이끌고 이세로 출진하였다. 노부나가는 군사를 세 군단으로 나누어, 본대는 쓰시마에

착진하고, 아자이 마사사다淺井政貞·야마다 가쓰모리山田勝盛·하세가와
요시長谷川與次·와다 사다토시和田定利·나카시마 분고노카미中嶋豊後守 등
오와리슈尾張衆가 중심인 사쿠마 노부모리 군단은 나카스지구치中筋口
에서 공격하였다. 그리고 이나바 요시미쓰·안도 사다하루安藤定治·후와
미쓰하루·이치하시 나가토시市橋長利·이이누마 나가쓰구飯沼長繼·마루
모 나가아키丸毛長照·쓰카모토 고다이젠塚本小大膳 등 미노슈美濃衆가 중심
인 시바타 가쓰이에 군단은 서쪽 오타太田에서 공격해 들어갔다.

노부나가군은 진격로 주변 농촌들을 불태우고, 5월 16일 일단 군을
후퇴시키려 했으나, 잇키 세력이 산속으로 이동하여 노부나가군이
퇴각하는 좁은 길목에 궁수와 철포대를 배치하여 노부나가군을 공격
하였다. 노부나가 본대와 사쿠마군은 습격에서 벗어나 바로 후퇴하였
으나, 후미군을 맡은 시바타 가쓰이에가 부상을 당하고 가쓰이에를
대신한 우지이에 도젠氏家卜全과 그의 가신들이 전사하였다.

1571년 정월 2일 노부나가는 요코야마성 성주 기노시타 히데요시에
게 오사카에서 에치젠으로 통하는 해로와 육로를 차단하라고 명했다.
이시야마 혼간지와 아자이·아사쿠라·롯카쿠 요시카타와의 연락을 차
단하기 위해서였는데, 명령의 주안점은 엔랴쿠지 지원세력들의 연합
을 억제하는 것이었다. 이 조치 후, 노부나가는 9월 11일 사카모토,
미이데라三井寺 주변으로 진군하여, 미이데라 야마우치山內의 야마오카
가게나오山岡景猶 저택에 본진을 설치했다.

히에이잔 엔랴쿠지 당주는 오기마치 천황의 동생 가쿠뇨 홋신노覺恕
法親王였고, 히에이잔은 교토로 향하는 호쿠리쿠로北陸路와 도코쿠로東國
路 교차점에 위치하고, 산에는 수많은 방사坊舍가 있어서 수만 병사가
주둔할 수 있었다. 즉 교토로 진군하는 데 히에이잔은 전략상 중요
거점이었다. 이는 교토 방어를 위해서는 히에이잔의 군사거점을 파기
하거나 장악해야 한다는 의미이기도 하였다. 따라서 노부나가는 오미

평정과 히에이잔 무력화를 국면전환에 필수적이라고 생각하였다. 히에이잔의 지원을 받기 어려울 것으로 판단한 노부나가는 히에이잔을 철저히 파괴하기로 마음먹었다. 이는 히에이잔이 아자이·아사쿠라, 롯카쿠, 혼간지에 협력한 것에 대한 보복이기도 했다.

9월 11일 밤 노부나가는 이케다 쓰네오키池田恒興의 의견을 받아들여 히에이잔 동쪽 기슭으로 3만 병사를 진입시켰다. 이를 알아차린 엔랴쿠지가 노부나가에게 황금 반킨判金 300을, 가타타에서는 황금 반킨 200을 보내 공격의 중지를 간청하였으나, 노부나가는 단호히 거절했다. 싸움을 피할 수 없다고 판단한 엔랴쿠지는 사카모토 주변 승려와 승병들을 산정의 곤폰추도根本中堂에 집결시키고, 사카모토 주민과 처자들을 산으로 도망시켰다.

1571년 9월 12일 노부나가는 전군에 히에이잔 공격을 명했다. 사카모토·가타타 주변을 방화하고, 이를 신호로 히에이잔 총공격을 개시하였다. 노부나가군은 엔랴쿠지의 곤폰추도와 사카모토 주민과 승병, 승려들이 숨어 있던 히요시타이샤日吉大社를 비롯한 수많은 엔랴쿠지의 부속시설들을 남김없이 불사르고 수많은 사람들을 살해했다. 이때 살해된 수를 『노부나가코키信長公記』는 수천 명, 루이스 후로이스Luís Frόis 서간에는 약 1,500명, 『도키쓰구쿄키』에는 3,000~4,000명으로 기록하였다.

노부나가는 싸움 뒤처리를 아케치 미쓰히데에게 맡기고, 13일 오전 정예 호위 기마대와 함께 교토로 들어왔다. 그 후에도 미야케三宅·가나모리金森 싸움으로 오미의 많은 사원들이 불탔다. 이렇듯 엔랴쿠지와 히요시타이샤가 불타고, 사사령은 모두 몰수되어 아케치 미쓰히데·사쿠마 노부모리·나카가와 시게마사·시바타 가쓰이에·니와 나가히데에게 분배되었다. 특히 미쓰히데와 노부모리는 이 지역 지배의 중심을 이루었고, 미쓰히데는 사카모토성坂本城(滋賀縣大津市下阪本)을 축성하였다. 한편 엔랴쿠지 쇼가쿠인正覺院 고조豪盛 등은 간신히 도망하여 가이 다케다 신겐에 의탁하여 엔랴쿠지 부흥을 기도하였으나, 고조는 1573년 병사하였다.

3. 서국과 동국의 움직임

아키安藝의 모리 모토나리는 1566년 아마고尼子씨를 멸망시켜 주고쿠中國 8 지역國을 지배하는 대 다이묘로 성장하였다. 한편 아마고 사네히사尼子誠久의 아들 아마고 가쓰히사尼子勝久를 옹립한 야마나카 유키모리山中幸盛가 이끄는 아마고 부흥군이 노부나가의 지원을 받아 산인山陰에서 침입하여 모리씨에 대항하였다. 게다가 분고豐後의 오토모 소린도 부젠豐前을 완전히 제압하려 하고 있었다. 이에 모토나리는 1568년 자신이 멸망시킨 오우치씨 일족인 오우치 데루히로大內輝弘에게 병사를 주어 야마구치山口로 침입하였다. 1569년 5월 모토나리가 규슈에서 오토모씨와 교전하는(다타라하마 싸움多々良浜の戰い) 틈을 타, 6월 이즈모 탈환을 지향하는 아마고 재흥군이 거병하였고, 이전 아마고씨와 동맹관계였던 야마나 스케토요山名祐豐가 아마고 재흥군을 지원했다.

이런 상황을 타개하기 위해 모토나리는 노부나가에게 야마나씨의 배후인 하리마播磨로의 출병을 의뢰했다. 이는 모리씨의 숙적인 아마고씨를 견제하고 동시에 다지마但馬 이쿠노生野 은광을 손에 넣기 위해서였다. 이에 노부나가가 8월 1일 히데요시를 대장으로 2만 병사를 하리마로 파견했다. 히데요시는 10일 동안 18성을 함락시키고, 8월 13일 교토로 회군하였다. 히데요시가 철병하자 모토나리는 노부나가에게 재출병을 요구하였다.

이로써 노부나가와 모토나리의 군사동맹관계가 형성되었고, 노부나가는 모토나리의 재출병 요청에 대해 1570년 3월 아키의 고바야카와 다카카게 앞으로 서장을 보내 노부나가가 하리마로 출병할 때 모리씨가 비젠備前으로 출병할 것을 요청하고, 모리씨와 오토모씨의 화해를 쇼군 명으로 추진하겠다고 약속했다. 이어 1570년 7월 모토나리 앞으로 서장을 보내 모토나리의 이즈모·호키伯耆 정벌계획을 양해하고, 자신이 하리마로 출병할 때 비젠으로 출병할 것을 요구했다.

그러나 위에서 보았듯이 이 시기 노부나가는 절체절명의 위기에 처해 있어서 하리마 출병이 불가능했다. 한편 모토나리는 모토하루, 다카카게 등 자식들의 활약으로 오토모씨와 화해하면서 아마고 재흥군을 이즈모·호키에서 일소하였다. 노부나가는 모리씨와 오토모씨의 화해를 바람직하다고 여겨, 쇼군 의견을 덧붙여 모리·오토모씨의 화해공작을 진행시켰다. 노부나가로서는 오토모씨도 중요하였기 때문에 오토모씨가 보낸 사자의 변명을 들었다. 오토모 사자의 변명은 모리씨와의 관계에 아무런 변화도 없을 것이니 안심해도 좋다는 내용이었다. 그리하여 모토나리는 노부나가와 요시아키의 중재로 오토모씨와 화해하였고, 모리씨는 오토모씨의 부의 원천인 하카타博多 지배권을 오토모씨에게 양보하였다.

그런데 모토나리는 1560년 전반부터 자주 건강에 이상을 보여 쇼군 아시카가 요시테루가 모토나리의 치료를 위해 명의 마나세 도산曲直瀬道三을 아키로 파견하였고, 이후에도 도산의 제자가 모토나리에게 처방을 하였다. 일시 건강이 회복된 것처럼 보였던 모토나리는 1571년 6월 14일 요시다 고리야마성吉田郡山城(廣島縣安藝高田市吉田町)에서 향년 75세로 파란만장한 생애를 마감한다.

규슈를 제외한 오우치씨 영국을 차지했던防長経略 1557년 11월 25일, 모토나리는 스오周防 도미타富田(山口縣周南市)의 쇼에이지勝榮寺에서 세 아들(모리 다카모리, 깃카와 모토하루, 고바야카와 다카카게. 다른 아들들도 포함되었다는 설도 있음)에게 보내는 14조에 이르는 장문의 유훈서를 작성한 바 있었다. 유훈은 3가를 이은 아들들이 서로 협력하여 모리가를 유지할 것과 윤리적 내용을 포함하고 있다. 그러나 이 유훈서는 주고쿠 지역의 대 다이묘로 성장한 모리 영국을 모리·깃카와·고바야카와가의 3가체제로 전환하는 과정에서 작성된 정치적 성격이 강했으며, 3가체제를 유지하는 과정에서 유의할 덕목을 후세에 감계하기 위한 것이었다. 가장 유의할 덕목으로 든 것은 형제간의 우애였다.

모토나리는 이 유훈장을 바탕으로 에도기에 소위 '3화살의 가르침'으로 윤색된다(「前橋舊藏聞書」). 즉 죽음을 앞둔 모토나리가 세 아들을 머리맡으로 불러모아 하나의 화살은 쉽게 부러지지만, 한 다발로 묶인 3개의 화살은 쉽게 부러지지 않듯이, 3형제가 마음을 하나로 모으면 모리가는 멸망하지 않을 것이라고 말했다고 한다. 패전 전 소학교 교과서에 실려 널리 퍼졌던 이 일화는 사실 중국에도(吐谷渾 阿豺), 몽골에도(징기스칸의 어머니가 형제들이 다툼을 보고 이 말을 했다고 한다), 이솝 우화에도(세 자루의 봉), 그리고 아프리카 소말리아 등에도 존재한다. 그래서 모토나리가 중국 고사를 인용했다고도 하고, 우연히 중국 고사와 일치한 유훈을 자손에게 전했다고도 한다. 그러나 실제로 유훈장 14조에는 세 화살 이야기는 나오지 않는다.

한편 1568년 12월 6일 다케다 신겐이 가이·스루가·사가미 동맹을 파기하고 12,000 군세를 몰아 스루가 이마가와 우지자네今川氏眞를 공격하였다. 우지자네는 중신 이하라 다다타네庵原忠胤에게 군사 15,000을 주어 다케다군에 맞섰다. 그런데 다케다군이 진격하여 오자, 이마가와 군은 싸우지도 않고 퇴각해 버렸다. 이마가와 가신단은 우지자네의 역량에 불안을 느끼고 있었던 것이다. 신겐은 이러한 상황을 이용하여 이마가와씨 유력 가신 세나 노부테루瀨名信輝, 아사히나 마사사다朝比奈政貞, 미우라 요시카네三浦義鏡, 가쓰라야마 우지모토葛山氏元 등을 꾀어

21명의 무장들을 내통하게 하였다(삿타토게 싸움薩埵峠の戰い).

한편 신겐이 스루가 이마가와령으로 침공하자, 이에야스는 사카이 다다쓰구를 신겐에게 파견하여 도토미 할양을 조건으로 신겐과 동맹을 맺고 도토미 이마가와령으로 침공했다. 이에야스는 히쿠마성曳間城(静岡縣浜松市中區元城町. 浜松城)을 공략하고, 도토미에서 세모를 보냈다.

다케다군은 12월 13일 슨푸성駿府城(静岡縣静岡市葵區)에 입성했다. 그리고 슨푸성의 지성인 아타고야마성愛宕山城(静岡縣静岡市葵區沓谷)과 야하타성八幡城(静岡縣静岡市駿河區八幡山)도 다케다군에게 함락되었다. 이마가와 우지자네는 도토미 가케가와성掛川城(静岡縣掛川市掛川)의 아사히나 야스토모朝比奈泰朝를 의탁하여 도망하였다. 신겐은 이마가와씨와 깊은 관계였던 호조씨에게 우에스기가와 이마가와가가 연합해서 다케다씨를 멸망시키려 하여 이마가와씨를 정벌하였다고 설명하였다. 그러나 이마가와 우지자네에게 딸을 시집보냈던 호조 우지야스北條氏康는 격노하여 다케다 신겐과의 가이·사가미 동맹甲相同盟(고소 동맹)을 파기하였다. 그리고 12월 12일 우지자네의 원군 요청에 응하여 호조 우지마사北條氏政를 스루가로 파견하였으나, 시간을 맞추지 못해 이즈 미시마三島에서 신겐군과 대진하였다. 한편 12월 13일 노부나가와 동맹을 맺고 있던 도쿠가와 이에야스도 미카와에서 도토미로 침공하여 이이노야성井伊谷城(静岡縣浜松市北區引佐町)과 시라스카성白須賀城(静岡縣湖西市), 히쿠마성을 함락시키고, 12월 27일 가케가와성을 포위했다.

1569년 1월 26일 호조 우지마사는 이마가와씨를 구원하기 위해 삿타야마薩埵山로 출병하여, 다케다군과 오키쓰興津에서 대진하였다. 2월 신겐은 가와치 영주 아나야마 노부타다穴山信君에게 후지군富士郡 재지 영주들을 지휘하여 이마가와가 가신 후지씨富士氏가 거주하는 오미야성大宮城(静岡縣富士宮市)을 공격하게 했으나, 호조군의 방해로 패퇴하였다. 신겐은 3월 13일 삿타토게薩埵峠를 봉쇄하고 있던 호조군과 싸웠으

〈그림 3〉 미카와·도토미·스루가·가이 지역도

나 승부를 가리지 못했다. 신겐은 호조씨에 대항하여 시모사下總 야나다築田씨, 히타치常陸 사타케佐竹씨, 아와安房 사토미里見씨 등 간토 여러 다이묘들을 회유하여 호조씨를 견제하려 하였으나, 호조씨의 철병을 유도하지는 못했다. 오히려 역으로 병량 부족과 도쿠가와씨와의 결별 등으로 4월 28일 에지리성江尻城(靜岡縣靜岡市清水區江尻町)에 아나야마 노부타다를 남겨둔 채 오키쓰에서 퇴각하고 고후로 귀환해야 했다.

　신겐은 노부나가를 통해 에치고 우에스기씨와 화해를 시도하였고 (고에쓰와요甲越和與), 2월부터 3월 사이에 다케다씨·우에스기씨는 요시아키로부터 화해하라는 명령을 받았다. 정월 8일 다케다씨 가신 아키야마 도라시게秋山虎繁(信友) 등 시모이나군의 재지영주들下伊那衆이

도토미를 침공하여 이에야스와 신겐 사이가 험악해졌지만, 2월 서약서를 교환하여 관계개선을 시도하였다. 나아가 신겐은 4월 7일 이에야스에게 가케가와성 공격을 요청하였다. 그러나 5월 이에야스가 신겐의 도토미로의 세력 확대에 의구심을 품어, 신겐과의 우호관계를 끊고 철병하였다. 이에야스는 신겐이 철수하는 틈을 타 스루가를 점령하고, 5월 17일 가케가와성에서 농성하던 우지자네는 우지야스의 중재로 가케가와성을 이에야스에게 개성하였다.

당시 신겐과 대립하고 있던 우지야스는 신겐과의 화해를 파기한 이에야스와 동맹을 맺고 신겐을 견제하고자 했다. 이에 우지야스는 우지자네가 이에야스에게 가케가와성을 넘기는 대신, 이에야스는 성병의 안전을 보장하고, 스루가에서 다케다군을 몰아낸 후 우지자네에게 스루가를 넘기겠다고 약속하였다. 그리하여 가케가와성이 이에야스에게 넘어가고, 동시에 도쿠가와씨와 호조씨는 동맹을 체결하였다.

그러나 이런 약속이 지켜질 리 만무하였고, 가케가와성의 개성으로 센고쿠다이묘 이마가와씨는 멸망하였다고 볼 수 있다. 우지자네는 우지마사를 의탁하여 이즈로 망명하였고, 1569년 5월 23일 우지마사의 적남 구니오마루國王丸(北條氏直)를 양자로 맞아 이미 다케다씨와 도쿠가와씨가 점령하고 있던 스루가·도토미 지배권을 구니오마루에게 양여했다.

이 시기 우지야스는 서쪽에 다케다씨, 북쪽에 우에스기씨, 동쪽으로 사토미씨의 적대 세력들에게 둘러싸여 위기에 처해 있었다. 이 상황을 극복하기 위해 우지야스는 스루가 출병을 결정하고 즉시 우에스기씨와 동맹교섭을 개시했다. 이즈음 서고즈케西上野 일원이 신겐의 지배하에 들어갔고, 겐신이 지배하는 고즈케는 누마타沼田와 우마야바시厩橋 등 주로 동고즈케뿐이었다. 한편 겐신은 엣추를 경략하고자 했다. 이에 적대관계인 호조씨의 동맹 제의에 내키지는 않았으나, 가신들의 설득으로 태도를 바꿨다. 우지야스는 이마가와가와 우에스기가의 동맹에 임하는 형태로 교섭을 개시하였다. 겐신의 구신舊臣 유라 나리시게由良成繁를 중재자로 하고, 호조 우지야스가 겐신에게 이시마키 덴요인石卷天用院을 사자로 파견하여, 1569년 6월 우에스기 겐신은 호조 우지야스와 에치고·사가미 동맹(엣소 동맹越相同盟)을 맺었다. 이로써 8월 15일 이전 겐신은 다케다씨를 공격하기 위해 시나노에서 출진하고, 우지야스의 조카 아시카가 요시우지足利義氏를 간토칸레이關東管領 당주인 고가쿠보古河公方로 하고, 우지야스·우지마사氏政는 겐신을 고가쿠보의 싯시執事인 간토칸레이로 상호 인정하였다. 그리고 호조씨는 고즈케·무사시武藏 북부지역 일부를 우에스기씨가 영유하고, 겐신은 호조씨가 사가미相模·무사시 대부분을 영유하는 것에 동의하였다. 호조 측은 우에스기 측에 호조 우지야스 아들 호조 사부로北條三郎(후의 우에스기가게토라景虎)를 인질로 보내고, 우에스기 측은 겐신의 가신 가키자키 가게이에榊崎景家의 아들 하루이에晴家를 호조 측에 인질로 보냈다.

이 엣소 동맹으로 겐신과 우지야스 사이의 싸움은 멈추었으나, 겐신은 반호조 측 사토미씨와 사타케씨, 오타씨 등 간토 여러 다이묘와 호족들의 불신을 샀다. 이들은 우에스기씨를 이반하여 다케다씨 쪽으로 기울었고, 이들과 호조씨와의 싸움은 계속되었다. 더욱이 1569년 신겐은 노부나가·쇼군 요시아키를 통해 에치고 우에스기씨와 화해(고에쓰와요)했다. 이것은 위 엣소 동맹이 일시의 휴전동맹으로는 기능하였으나 군사동맹으로는 무의미하였음을 보여준다.

호조씨가 엣소 동맹을 모색하여 신겐과 계속 대립하고 있는 가운데, 1569년 9월 다케다군이 무사시를 침공했다. 이에 대해 우지쿠니氏邦가 하치가타성鉢形城(埼玉縣大里郡寄居町), 우지테루氏照가 다키야마성瀧山城(東京都八王子市丹木町)에서 농성하여 다케다군을 물리쳤다. 그러나 다케다군은 남하하여, 10월 1일 오다와라성小田原城(神奈川縣小田原市城內)을 포위했고, 우지야스는 철저히 농성하였다. 다케다군은 오다와라성을 개성할 생각이 없었기 때문에, 4일 후 오다와라성 성하 시가를 방화한 후 퇴각하였다. 우지야스는 퇴각하는 다케다군을 협격하기 위해 우지마사를 출정시켰으나, 짐을 버리고 몸을 가볍게 한 다케다군을 추격하지는 못했다. 그러나 다케다군 본대가 도착하기 전에 미마세토게三増峠에 포진하고 있던 우지쿠니·우지테루군이 다케다군을 공격하였다. 서전에서는 호조군이 우세하였으나, 다케다군 별동대가 호조 측 군사에게 기습을 가하고, 쓰쿠이성津久井城(神奈川縣相模原市綠區)도 다케다 측에게 넘어갔다. 이로 말미암아 호조 측 원군이 출진하지 못하게 되자, 호조군은 패퇴하였다(미마세토게 싸움三増峠の戰い). 그 후에도 다케다 신겐은 다시 스루가로 출병하였고, 이에 대항하는 호조 측은 사토미의 세력회복과 우지야스의 건강악화로 고코쿠지성興國寺城(靜岡縣沼津市根古屋)·동스루가를 겨우 지킬 정도였고 스루가 싸움에서는 신겐에게 밀렸다.

우지야스는 1570년 8월경부터 중풍에 시달렸으나, 12월 신겐이 후카사와성深澤城(靜岡縣御殿場市)을 공격했을 때는 신겐의 공격에 대한 대응을 지시할 정도로 건강을 회복하였다. 그러나 1571년 건강이 다시 악화되어 10월 3일 향년 57세로 세상을 떠난다. 우지야스는 1571년경 기타조 다카히로北條高廣의 중재로 신겐과 화해하여 동맹관계를 맺으려 했다고 한다. 그래서 우지야스는 우에스기가와의 동맹관계를 파기하고, 다케다가와 동맹을 맺도록 유언하였다고 한다. 유언의 진위는 알 수 없으나, 12월 27일 호조·다케다가는 다시 동맹을 맺는다. 그러나 이 동맹은 군사동맹이라기보다는 불가침조약의 성격을 띤 것으로서 스루가를 다케다령으로 인정하는 것이었다. 이리하여 우에스기·다케다·호조·도쿠가와씨는 일시 안정을 유지하게 되었고, 이들과 노부나가의 관계도 안정되었다. 그러나 요시아키와 노부나가의 대립은 더욱더 심각해지고 있었다.

3장 쇼군·노부나가 정권의 파탄과
반노부나가 세력의 재집결

1. 쇼군·노부나가 정권의 파탄

노부나가에게 불만을 품은 요시아키는 노부나가의 영향력을 상대화하기 위해 1571년경부터 우에스기 겐신, 모리 데루모토毛利輝元, 혼간지 겐뇨, 다케다 신겐, 롯카쿠 요시카타 등 유력 다이묘들에게 막부 통치권을 표명하는 명령서를 발부하였다. 요시아키는 주로 노부나가 세력에 대항하거나 혹은 잠재적으로 노부나가 세력에 반대·대항할 수 있는 다이묘들에게 명령서를 내렸던 것이다. 더욱이 당시 노부나가와 대립하고 있던 아사쿠라 요시카게, 아자이 나가마사, 엔랴쿠지, 심지어 형 요시테루의 적이었던 마쓰나가 히사히데, 미요시산닌슈, 미요시 요시쓰구 등에게도 쇼군 명령서를 발부하였다. 그러나 아직까지 노부나가와 요시아키의 노골적 대립이 표면화되지는 않았다. 1571년 11월 셋쓰 이세 하루카도攝津晴門 퇴임 후 공석이었던 만도코로 시쓰지政所執事(頭人)에 젊은 이세 사다오키伊勢貞興를 임명하는 데 대해 노부나가는 동의하였고, 사다오키가 성인이 될 때까지 노부나가가 그 직무를 대행한다고 했던 것이다.

한편 다케다 신겐은 노부나가가 1571년 히에이잔을 불사르자, 노부나가를 '천마의 변화天魔／變化'라고 비난하고, 히에이잔 엔랴쿠지를 가이로 옮겨 재흥시키려 했다. 천태좌주 가쿠뇨 홋신노覺恕法親王(오기마치 천황의 동생)도 가이로 망명하여 불법佛法의 재흥을 신겐에게 간원했다.

신겐은 1572년 가쿠뇨를 보호하고, 가쿠뇨의 주선으로 곤노소조權僧正라는 고위 승위僧位를 받았다. 신겐은 1571년 말 호조씨와 고소 동맹을 회복시켜 호조씨와의 관계도 개선하였다. 한편 호조씨는 우에스기씨와 간토 북부를 둘러싸고 다시 대결하기 시작했다.

신겐이 1571년 3월 노부나가와 동맹을 맺고 있던 미카와 도쿠가와 이에야스령을 침공하여 4월 아스케성足助城(愛知縣豊田市足助町), 노다성野田城(愛知縣新城市豊島)을 함락시켰다. 그러나 신겐은 이 미카와 지역 성들을 공략하던 도중 각혈을 하여 고후로 철수하였다.

이 시기 일찍이 노부나가에게 항복하여 요시아키에 봉임하고 있던 마쓰나가 히사히데가 1571년경부터 다케다 신겐과 연락하고 있었고, 위에서 보았듯이 쇼군 요시아키는 히사히데 등과 연락을 취하면서 반노부나가 태도를 취하고 있었다. 또한 마쓰나가 히사히데는 미요시 요시쓰구와 함께 와다 고레마사·쓰쓰이 준케이筒井順慶와도 자주 대립하였다.

마침내 히사히데는 8월 4일 준케이를 공격하였으나 다쓰이치성辰市城(奈良縣奈良市東九條町) 싸움에서 대패하고 다케우치 히데카쓰竹内秀勝 등의 유력 가신도 잃었다. 히사히데는 노부나가의 추천으로 쇼군 요시아키의 가신이 되었으나, 이즈음에는 친요시아키=반노부나가 태도를 취하였으며, 쓰쓰이 준케이에게 패하고는 반노부나가 태도를 더욱 굳혔던 것으로 보인다. 그리하여 1572년 히사히데는 미요시 요시쓰구, 미요시산닌슈 등과 결합하여 노부나가를 이반하였던 것이다.

당시 노부나가와 화해한 상태였던 이시야마 혼간지도 1572년 미요시 요시쓰구·마쓰나가 히사히데 등과 공모하여 노부나가에 반기를 들었다. 당시 노부나가군은 아자이·아사쿠라 연합군과 대립하며 소규모 국지전을 전개하고 있었다. 전황은 노부나가군에게 유리하였고, 8월 아사쿠라 요시카게에 불만을 품은 마에바 요시쓰구前波吉繼·도다

나가시게富田長繁·게야 이노스케毛屋猪介·도다 요지로戶田與次郎 등이 요시카게를 이반하여 노부나가 측으로 가담했다.

이와 같이 다케다 신겐과 사사 세력이 반노부나가 세력에 가담함으로써 정국은 다시 크게 혼란스러워졌다. 이러한 정세를 이용해서 쇼군은 위에서 보았듯이 자신의 권력기반을 공고히 하고 동시에 각지의 다이묘들에 대한 영향력을 강화·확대하려 했다. 이러한 쇼군의 움직임이 표면화하고 활발해지자, 1572년 10월 노부나가는 <요시아키에게 보내는 의견서義昭宛意見書>를 요시아키에게 보냈다.

이 문서를 통해 노부나가는 막부가 쇼군의 사私권력화하는 것을 비판하고 있다. 노부나가는 쇼군을 '공'적 존재로 인정했고, 그 쇼군을 장악함으로써 자신의 전국 지배를 정당화해 왔다. 그러나 위와 같은 정세 변화는 쇼군에게 독자적인 권력기반을 만들 좋은 계기를 제공함과 동시에 쇼군이 다이묘들에게 영향력을 미칠 수 있는 절호의 기회이기도 했다. 이 같은 상황 속에서 노부나가가 취할 수 있는 방법은 쇼군이 '공'적 존재임을 강조하고, 그에 상응하는 행동을 취해야 한다는 것을 전제로 쇼군 요시아키의 행동에 불공평성이 있음을 선전하는 것, 말하자면 쇼군 요시아키가 '공'적 존재로서의 자격이 없음을 폭로하는 것이었다. 이것은 현실에서는 쇼군이 독자적인 권력기반을 만드는 과정에서 탈락한 불평세력을 친노부나가 세력으로 포섭하는 효과도 있었다 하겠다.

따라서 <요시아키에게 보내는 의견서>는 쇼군의 공적 의무의 불이행에서부터 시작된다. 즉 "'조정·천황에 관한 일內裏之儀'을 요시테루光源院殿樣가 등한히 했기 때문에 마침내 가호冥加가 없었던 것입니다. 이로 인해 당대지의當代之儀에는 매사 (조정·천황에) 태만하지 말도록 상경 때부터 아뢰었던바, 빨리도 망각하시고 근년 게을리함은 애석합니다"라 했다. 이것은 위에서 본 <조조> 제5조 '금중지의'와 관계가 있다. 즉 쇼군을 이용·규제하기 위해 남겨둔 조항이 쇼군의 공적 의무의 불이행이라는 판단기준이 되고 있다. 이에 더해서 "'겐키'라는 연호는 불길하여 개원하여야 한다고 하는 것이 천하의 여론입니다. (때문에) 조정도 그것(개원)을 (막부에) 명하셨습니다. (그럼에도 불구하고 개원 의례를 집행하기 위해 필요한) 많지도 않은 비용을 (조정에) 헌상하지 않고 지금까지 지연시켰습니다. 이(개원)는 천하를 위한 것인바, 이렇듯 마음을 쓰지 않아서는 안 될 것입니다"라고 쇼군을 비난하고 있다.

이어서 제3조에서 노부나가는 쇼군의 명령서御內書 발급에 대해 언급하고, 그것이 〈조조〉 제1조 위반임을 지적하고 있다. 즉 "제국諸國에 명령서를 보내시어 말 등 그 외의 것을 소망하는 것은 어떠한가라고 생각하심에 신중하심은 좋습니다. 단 분부하시어 이루어지지 않는 사정은 노부나가에게 분부하시어 (노부나가의) 부장副狀을 첨부하도록 여러 번 말씀 올렸으나 (쇼군께서는 그것을) 주의하지 않고 제국에 명령서를 보내시어 용무御用를 분부하신 것이 이전의 약속과 다르기 때문입니다…"라 하고 있다. 이어 제4조에서는 "다이묘들 중에 (쇼군을) 수행하고 충절에 힘쓰는 사람들에게 (그에) 상응하는 지행知行을 행하지 않고 (지행을) 하지 않을 자에게 부조(지행)를 행하십니다. 그렇게 충·불충을 생각하지 않으시니 사람들 생각은 그렇지 않습니다"라 하고 있다. 이것은 "숙직을 한 와카슈若衆에게 급여扶持를 증가해주시고 싶으시다면, 저(노부나가)에게 무엇이든 있을 것인바, 혹은 다이칸직代官職을 주고 혹은 이치에도 맞지 않는 재판을 하게 하는 것(은 있을 수 없는 일), 천하의 포폄은 여론에 따라야 한다고 생각합니다"라는 것과 대조해서 보는 것이 좋다. 또 〈조조〉 제3조의 "공의(쇼군·막부)에 봉공하여 충절을 다하는 사람들忠節之輩에게 은상과 포상을 주고 싶으나, (쇼군의) 영내에 (토지 등이) 없다면 노부나가의 영내(의 토지)에라도 쇼군의 뜻에 따라 명령을 내릴 것…" 중의 '충절지배忠節之輩'와 관계가 있다.

이 세 가지를 감안하면, 사적 주종관계의 강화를 통해 쇼군 자신의 독자적인 권력기반을 강화하려는 경향에 대해 '충절'을 기준으로 사람들이 납득할 수 있는 공평성을 강조하여, 무사들이 쇼군 쪽으로 기우는 것을 노부나가가 저지하려 했음을 알 수 있다. 또 여기에는 무사들의 행동논리로서 '충절'을 강조하여 하극상을 억제하고 동시에 쇼군의 독자적인 권력기반을 확대·강화하는 과정에서 탈락한 무사계층을 친노부나가 세력으로 결집시키려는 의도도 있었다 하겠다.

그 밖에 쇼군의 재판에 관한 비판, 쇼군의 개인행동에 관한 비판, 그리고 친노부나가 사람들을 배척하고 노부나가를 배척할 준비활동을 하는 쇼군의 행동에 대한 비판 등이 있다. 이러한 노부나가의 쇼군비판은 결론적으로 "모든 일에서 욕심을 부리시어 도리도 여론도 무시하신다는 풍문이 있습니다. 그런 까닭에 의儀를 생각지 않는 토민·백성마저도 못된 쇼군이라고 하고 있습니다…"라는 것이다.

노부나가의 쇼군 비판기준은 조정에 대한 의무 불이행, 노부나가와의 약속 위반, 쇼군의 자의적인 행동 등이다. 이러한 행동이 조정이나 노부나가, 무사들, 나아가 토민·백성에게까지도 비판을 받고 있다고 지적함으로써, 노부나가는 자신의 정당성을 강조하였다. 이 정당성의 근거는 쇼군 비판의 대극對極에 존재한다. 즉 노부나가 자신의 조정에 대한 충실한 봉임, 쇼군과 행한 약속의 충실한 이행, 사인으로서가 아닌 '천하인'으로서 공평한 '천하지의天下之儀'의 수행이다. 이러한 자신의 행동은 조정에게나 무사들에게나 토민·백성에게까지도 지지받고 있다는 논리다. 쇼군과의 관계가 악화된 당시 노부나가는 '천하지의'의 주체로서 자신의 전국지배 정당성을 천하만민에 대한 공평성에서 찾고 있다. 이러한 의미에서 이 시기는 노부나가 권력의 발전 과정에서 중요한 의의를 갖는다 하겠다.

이로써 요시아키와 노부나가의 대립은 피할 수 없게 되었고, 요시아키의 움직임에 따라 반노부나가 전선은 다시 강화된다. 요시아키는 위와 같은 노부나가의 비판에 대항하여 거병하였고, 노부나가 토벌령에 응하여 다케다 신겐이 상경을 개시하였다. 위에서 보았듯이 신겐은 1571년 도쿠가와의 영국 도토미, 미카와로 침입하였다. 이 시기까지는 신겐과 노부나가 사이에 동맹관계가 유지되고 있어, 노부나가는 이에 야스에게 원군을 파견하지는 않았다. 그러나 1571년 말 호조 우지야스가 사망하고, 우지마사와 신겐 사이에 고소 동맹이 다시 체결되자, 북쪽과 동쪽에서 공격받을 걱정을 던 신겐은 1572년 교토 상경작전을 개시한다. 당시 신겐의 지배지역은 가이를 비롯해 시나노, 스루가, 고즈케 서부, 도토미, 미카와, 히다, 엣추 일부에 미쳐 석고石高로는 120만 석에 달했다.

2. 다케다 신겐의 상경작전과 각 세력들의 움직임

노부나가는 1572년 7월 5만 군사를 이끌고 오다니성 바로 앞 도라고 젠야마에 본진을 설치하고 성채를 수축하였다. 한편 노부나가 측이 도라고젠야마에서 요코야마성까지 요새를 구축하자, 이를 본 아자이 나가마사는 요시카게에게 가와치·나가시마에 잇키가 발생하여 오와리와 미노 사이의 길이 막혔으니 요시카게가 출병한다면 오와리·미노 세력을 격파할 수 있다는 거짓정보를 전하며 원군을 요청했다. 이에 나가마사와 동맹관계였던 요시카게가 자신의 15,000, 아사쿠라 가게 아키라의 5,000, 총 2만의 군사를 파견하였다. 그리고 동시기에 신겐은 상경작전을 전개하여 노부나가·이에야스 영국으로 침공했다.

그러나 요시카게는 노부나가군을 거의 공격하지 않았고, 아사쿠라 측 마에바 요시쓰구 부자, 도다 나가시게·도다 야지戸田與次·게야 이노스케 등이 이반하여 노부나가 측으로 가담했다. 노부나가는 시가志賀의 진에 이어 요시카게에게 결전을 제안하였으나, 요시카게는 움직이지 않았다. 9월 16일 노부나가는 기노시타 히데요시를 도라고젠야마 성채에 남기고, 요코야마성으로 병사를 물렸다.

한편 1572년 9월 신겐은 쇼군 요시아키의 요청에 응하는 형태로 위의 상경작전을 전개했다. 이때 신겐은 나가마사·히사마사久政 부자에게 곧바로 출전을 권유하는 서장을 보냈다. 그리고 후술하는 미카타가하라三方ヶ原 싸움에서 승리한 신겐은 나가마사에게 편지를 보내 북오미의 노부나가군을 기후로 돌아가지 못하도록 만들어 노부나가가 신겐과 전력을 다해 싸우지 못하게 하라고 주문했다.

신겐은 1572년 10월 3만 군사를 3대로 나누어 오미, 미카와, 미노로 각각 진격시켰다. 야마가타 마사카게山縣昌景는 아키야마 도라시게秋山虎繁와 함께 5,000 별동대를 이끌고, 9월 29일 시나노 스와諏訪에서 동미카와로 침공하여 이에야스 측 지성 부세쓰성武節城(愛知縣豊田市武節町)을 공략하고, 남하해서 동미카와 주요 거점인 나가시노성長篠城(愛知縣新城市長篠)을 공략한 후 도토미로 침공하였다. 그리고 시나노 오시마성大島城(長野縣下伊那郡松川町) 조다이城代 아키야마 도라시게(=信友)는 야마가타군과 함께 거성 다카토성高遠城(長野縣伊那市高遠町)에서 5,000 군사를 이끌고 동미노로 침공하여, 11월 초 노부나가 측의 주요 거점인 이와무라성岩村城(岐阜縣惠那市岩村町)을 포위 공격하였다.

한편 신겐은 본대 22,000(호조씨 원군 2,000명 포함)을 이끌고 10월 3일 고후를 출발, 스와를 우회하여 아오쿠즈레토게靑崩峠에서 도토미로 침공하였다. 도중에 이누이성犬居城(靜岡縣浜松市天龍區春野町堀之內)에서 바바 노부하루군馬場信春군 5,000 별동대를 서남쪽 다다라이성只來城(靜岡縣浜松市天龍區)으로 보내고, 남진하여 주요 거점 후타마타성二俣城(靜岡縣浜松市天龍區)으로 향하게 했다.

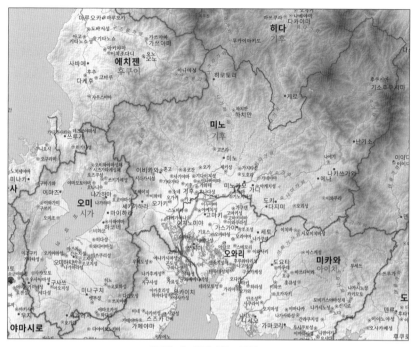

〈그림 4〉 오미·미노 지역도

　총세 3만 병력은 다케다 신겐이 동원할 수 있는 최대 병력이었고, 이에 맞선 이에야스의 최대 동원 병력은 15,000명 정도였다. 그러나 미카와가 아키야마 도라시게의 침공을 받고 있었기 때문에, 도토미 방어에 동원할 수 있는 군사는 약 8,000뿐이었다. 당시 동맹관계에 있던 노부나가는 노부나가 포위망에 참가한 기나이와 그 주변 지역의 반노부나가 세력들과 대립하고 있어서 이에야스에게 원군을 보낼 상황이 아니었다. 그리고 노부나가와 신겐의 동맹관계는 신겐의 이에야스령 침공으로 사실상 파기되기는 했지만, 이 시기까지는 형식상 아직 유지되고 있어서 이에야스에게 원병을 파견할 명분이 약하기도 했다.

　10월 13일 다다라이성을 함락시킨 바바 노부하루가 이에야스 본성 하마마쓰성浜松城(靜岡縣浜松市中區元城町. 曳馬城)과 그 지성 가케가와성·다카텐진성高天神城(靜岡縣掛川市上土方)을 연결하는 주요 거점인 후타마타성을 포위하였다. 신겐이 이끄는 본대도 나카네 마사테루中根正照가 지키는 후타마타성으로 향했다. 10월 14일 후타마타성을 지키고 싶었던 이에야스는 우선 다케다군의 동향을 파악하기 위해 군사를 이끌고 정찰을 나갔다가 히토코토자카一言坂에서 신겐 본대의 습격을 받아 패주하였다(히토코토자카 싸움一言坂の戰い).

한편 노부나가는 위 히토코토자카 싸움 직전 신겐과의 화해를 파기하고, 사쿠마 노부모리·미즈노 노부모토·히라테 히로히데 등에게 군사 3,000을 주어 이에야스를 원조하도록 하였으나, 전황이 불리하여 도토미와 미카와 경계지역 하마나호 부근 이마키리今切까지 후퇴했다. 그런데 10월 16일 신겐 본대도 후타마타성 포위에 가담하였다. 후타마타성은 나카네 마사테루가 1,200의 군사로 방어하고 있었다. 신겐이 보낸 항복 권유를 마사테루가 거부하자 10월 18일부터 신겐군은 후타마타성 공격을 개시하였다. 11월 초순 야마가타 마사카게군도 후타마타성 포위에 가담하여, 후타마타성의 식수원을 차단하였다. 이에 12월 19일 나카네 마사테루는 조명助命을 조건으로 개성하여 항복했다(후타마타성 싸움二俣城の戰い). 이로써 도토미 북부는 신겐의 지배 하에 놓이게 된다.

11월 3일 아자이·아사쿠라 연합군이 노부나가군 요해를 공격하여 왔으나, 이를 기노시타 히데요시가 격퇴하였다. 그런데 1572년 12월 북오미 나가마사령에 재진하고 있던 요시카게군이 병사의 피로와 적설積雪을 이유로 에치젠으로 돌아가 버리자, 북오미에 묶여 있던 노부나가군도 미노로 돌아갔다. 그러나 나가마사는 철수하는 노부나가군을 추격할 여력이 없었다. 신겐은 요시카게가 노부나가군을 추격하지 않은 데 격노하여 재출병을 요구하였으나 요시카게에게 묵살 당했다. 이는 다케다·아사쿠라씨를 중심으로 한 반노부나가 포위망이 붕괴되었음을 나타낸다.

그럼에도 신겐의 대노부나가 공세는 계속되었다. 후타마타성을 함락시킨 후, 신겐군은 12월 22일 도토미 평야부로 들어가 하마마쓰를 버려둔 채 서진하여 미카타가하라로 나아갔다. 이에 이에야스는 크게 당황하여 때마침 도착한 노부나가 원군과 함께 하마마쓰성에서 나와 12월 23일 미카타가하라에 이르렀다. 이곳에서 호다祝田 언덕을 내려오는 신겐군의 배후를 공격하려 한 것이었으나, 신겐은 이에야스군에 대비해 어린진魚鱗陣을 치고 기다리고 있었다. 신겐의 전법에 완전히 말려든 것을 알아차린 이에야스가 급히 학익진鶴翼陣을 펴고 신겐군과 싸웠으나, 신겐군의 압도적인 힘에 격파 당했다. 사상자는 신겐군이 200명 정도였던 데 비해 이에야스군은 2,000명, 게다가 도리이 다다히로鳥居忠廣, 나루세 마사요시成瀨藤藏, 혼다 다다자네本多忠眞 등 유력 가신을 비롯해 나카네 마사테루, 아오키 사다하루靑木貞治, 나쓰메 요시노부夏目吉信, 스즈키 규사부로鈴木久三郎 등이 전사하고, 노부나가군 히라테 히로히데平手汎秀도 전사하였다(미카타가하라 싸움三方ヶ原の戰い).

1572년 12월 28일 신겐은 에치젠 아사쿠라 요시카게에게 후타마타성 싸움의 승리를 알리고, 노부나가를 정벌하기 위한 재출진을 재촉했으나 요시카게는 묵묵부답이었다. 미카타가하라 싸움 후 신겐은 정식으로 노부나가와 단교하고, 도토미 오사카베무라形部村에서 세모歲暮를 보낸 뒤, 1573년 정월 동미카와로 침공했다. 신겐은 2월 16일 이에야스의 동미카와 방어 요충지인 노다성을 공격하였다. 노다성은 성장 스가누마 사다미쓰菅沼定盈 등 500명 정도가 방어하고 있었는데, 하안단구 지형을 이용해서 축성된 이 성은 공격로가 한정되어 있어 적은 인원으로도 대군을 방어할 수 있는 구조였다. 신겐은 가이 광부金山掘들을 불러와 갱도를 파서 수원을 끊는 작전을 썼고, 노다성은 1개월을 버티다 결국 성병을 살려준다는 조건으로 스가누마 사다미쓰가 2월 16일

신겐에게 항복하였다. 사다미쓰는 포로로 신겐군에 연행되었다(노다
성 싸움野田城の戰い).

1573년 2월의 노다성 싸움 패배로 미카와 방어망이 붕괴되어 이에야
스군의 주요 거점인 요시다성吉田城(愛知縣豊橋市今橋町)과 오카자키성岡崎城
(愛知縣岡崎市康生町)이 위기에 처했다. 그런데 4월경 신겐이 건강 악화로
상경작전을 멈추고, 4월 초순부터는 군사를 가이로 퇴각시키기 시작
했다. 신겐은 가이로 돌아가던 도중 4월 12일 사망하였다. 신겐은
자신의 죽음을 3년간 비밀로 할 것, 유해를 스와호에 수장할 것, 노부카
쓰信勝가 가독을 계승할 때까지 가쓰요리勝賴가 후견을 하게 할 것,
에치고 우에스기 겐신에게 의지할 것, 중신 야마가타 마사카게와 바바
노부하루·나이토 마사히데內藤昌秀(內藤昌豊) 등에게 후사를 당부하고, 야
마가타 마사카게에게 세다瀬田를 공략해서 다케다령으로 할 것 등을
유언하였다고 한다.

이로써 이에야스는 절체절명의 위기에서 벗어나고, 노부나가도 동
쪽지역이 안정되어 기나이와 그 주변 지역 반노부나가 세력에 대처하
는 데 전념할 수 있게 되었다. 우선 이에야스는 신겐군이 급작스레
퇴각하자 신겐의 생사를 확인하고자 다케다령 스루가 오카베岡部에
방화하고, 미카와 나가시노성을 공격해서 함락시켰다. 이 일련의 공격
에 신겐군이 저항하지 않자 신겐의 죽음을 확신한 이에야스는 오쿠미
카와奧三河 호족 오쿠다이라 사다요시奧平貞能·사다마사貞昌 부자(山家三方
衆의 한 사람)를 꾀어 자신 측으로 끌어들였다. 탈환한 나가시노성에는
오쿠다이라군을 배치하여 신겐군의 재침에 대비했다. 이에 신겐의
후계자인 다케다 가쓰요리武田勝賴도 이에야스 측에 공격을 개시, 1574
년 동미노 아케치성明智城(岐阜縣可兒市瀬田長山), 도토미 다카텐진성을 공
략하였고, 이후 이에야스와 공방을 거듭했다. 한편 이에야스는
다케다씨와의 내통을 이유로 가신 오가 야시로大賀弥四郎 등을 체포

처형하였다.

한편 앞서 본 일련의 싸움에서 신겐이 전국을 유리하게 끌고 나가자, 요시아키는 1573년 정월 노부나가에 대항하여 거병하였다. 당시 에치젠 아사쿠라씨, 북오미 아자이씨는 여전히 노부나가와 대치 중이었는데, 신겐은 1572년 이들에게 노부나가 공격을 권유했었다. 이에 노부나가는 기후에서 교토를 향해 군사를 발진시켰다. 노부나가는 교토 지온인知恩院에 진을 쳤고, 막부의 신하였던 호소카와 후지타카와 아라키 무라시게 등은 쇼군 요시아키를 버리고 노부나가 측에 가담하였다. 노부나가는 가미교上京를 불태우고, 요시아키에게 화해를 요청했다. 요시아키는 노부나가의 요구를 거절하였으나, 오기마치 천황이 화해 칙명을 내려, 4월 5일 노부나가와 일단 화해했다. 이로부터 7일 후(12일)에 다케다 신겐이 사망했다.

이렇게 노부나가가 교토에서 요시아키를 제압하고 있었으나, 요시아키는 1573년 7월 3일 다시 노부나가에 대항하여 니조고쇼二條御所와 야마시로 슈고쇼山城守護所 마키시마성槇島城(京都府宇治市槇島町)에서 농성하였다. 노부나가는 요시아키를 무너뜨려 교토에서 추방하였고, 이로써 무로마치 막부는 사실상 멸망한다. 막부 직신인 부교슈, 호코슈 등 소수의 인원만이 요시아키를 동행하였고, 다수는 교토에 남아 노부나가 측에 가담했다. 이어 노부나가는 7월 28일 원호를 겐키에서 덴쇼天正로 바꿔 만천하에 노부나가 치세를 공표하였다. 한편 1573년 8월 노부나가는 호소카와 후지타카에게 명하여 요도성淀城(京都府京都市伏見區淀本町)에서 농성하며 요시아키에 호응하던 미요시산닌슈의 한 명인 이와나리 도모미치를 토벌하였다(제2차 요도코조 싸움淀古城の戰い).

이제 노부나가의 창끝은 북오미 아자이·에치젠 아사쿠라씨로 향했다. 노부나가는 8월 8일 3만 대군을 이끌고 기후성을 나와 오미로 진군하였다. 이에 아자이 나가마사가 5,000 군사로 오다니성에서 농성하며 대항하였고 요시카게도 전군을 이끌고 출전하려 하였으나, 당시 그는 이미 가신들에게 신망을 잃은 상태였다. 아사쿠라가 중신 아사쿠라 가게아키라, 우오즈미 가게카타魚住景固 등이 요시카게의 출전 명령을 거부하였다. 때문에 요시카게는 야마자키 요시이에, 가와이 무네키요河井宗淸 등을 소집하여 2만 군세를 이끌고 요고余吳에 본진을 쳤다. 이러한 상황에서 나가마사의 수하인 야마모토야마성山本山城(滋賀縣長浜市湖北町山本) 성주 아쓰지 사다유키阿閉貞征가 노부나가 측으로 이반하였다. 그리고 노부나가군은 쓰키가세성月ヶ瀨城(滋賀縣長浜市月ヶ瀨町)을 함락시켜 오다니성을 포위할 수 있게 되었다.

오다니성을 후방 방어거점으로 삼은 요시카게는 오다니성 배후에 위치하는 다나카미야마田上山에 진을 구축하고, 오즈쿠성大嶽城(滋賀縣長浜市小谷丁野町) 등의 오다니성을 수비하기 위한 성채들을 구축했다. 한편 노부나가군 본대는 10일 다나카미야마와 오다니 사이에 있는 야마다야마山田山에 진을 치고, 각 부대들을 요충지에 배치하여 오다니성과 아사쿠라군을 포위하는 작전을 폈다. 12일 오미 일대에 폭풍우가 몰아쳤다. 노부나가는 이 폭풍우로 아자이·아사쿠라 측이 긴장을 늦추고 있을 것이라 판단하고, 직접 1천 병사를 이끌고 아사쿠라 측 오즈쿠성을 기습했다. 이 성은 야마모토야마 북쪽에 위치하고, 아사쿠라군의 대노부나가군 전진기지였다. 예기치 못한 공격을 받은 아사쿠라 측은 노부나가에게 항복했다. 이어 노부나가는 아사쿠라 측 요노야마성丁野山城(滋賀縣長浜市湖北町丁野)도 습격하여 함락시켰다.

노부나가는 항복한 두 성의 아사쿠라 군사들을 방면하여 아사쿠라 측으로 돌려보냈다. 요시카게가 오즈쿠성의 낙성 소식을 들으면 분명 철수할 것이라 예상하고 이 철수하는 요시카게군을 추격하는 전략을 세웠다. 위 두 성에 병력을 배치한 노부나가는 수하들에게 요시카게가 반드시 철수할 것이라고 말하며, 선진에 사쿠마 노부모리佐久間信盛·시바타 가쓰이에柴田勝家·다키카와 이치마스瀧川一益·기노시타 히데요시木下秀吉·니와 나가히데 등을 배치하고는 요시카게가 철수하는 기회를 놓치지 말라고 신신당부했다. 노부나가의 예측대로 13일 오즈쿠성 낙성 소식에 요시카게는 승산이 없다고 보고 철수를 결심했다. 아사쿠라군이 철수하기 시작하자, 노부나가는 직접 본대를 지휘하여 아사쿠라군을 맹렬히 추격하였다. 그런데 노부나가의 선진부대들은 노부나가의 신신당부에도 불구하고 움직임이 늦어, 나중에 호된 질책을 받았다고 한다. 이때 노부모리는 노부나가에게 대꾸하였다가 추방된다.

요시카게는 히키다성疋田城(福井縣敦賀市疋田. 疋壇城)으로 철퇴하고자 도네자카刀根坂(福井縣敦賀市刀根)로 향했다. 이 퇴각하는 아사쿠라군을 노부나가가 집요하게 추격하여 도네자카에서 요시카게 측은 무장 38인을 비롯해 3,000 이상의 군사를 잃는 괴멸적인 피해를 입었다. 히키다성으로 도망한 요시카게는 이 싸움으로 사이토 다쓰오키, 야마자키 요시이에, 야마자키 요시노부山崎吉延 등 유력 장수들을 잃었다(도네자카 싸움刀根坂の戰い).

요시카게는 히키다성에서 다시 이치조다니로 도망하려 하였으나, 도중에 병사들이 도망하여 그의 주변에는 도리이 가게치카鳥居景近와 다카하시 가게아키라高橋景業 등 10여 명의 측근만이 남았다. 8월 15일 요시카게는 이치조다니로 귀환하였으나, 이치조다니를 지키고 있던 장병 대반은 도주하였다. 요시카게는 출진 명령을 내렸지만 아사쿠라 가게아키라 이외는 출진하지 않았다. 요시카게는 자진을 결심하였으나 근신 도리이·다카하사의 만류로 포기하고, 8월 16일 가게아키라의 권유에 따라 이치조다니를 버리고 도운지東雲寺로 도망하였다. 8월 17일 요시카게는 헤이센지平泉寺에 승병 원군을 요청하였으나, 노부나가의 꼬임에 빠진 헤이센지가 이를 거절하였다. 거기에다 도운지가 오히려 요시카게를 습격하니, 요시카게는 8월 19일 저녁 방비가 불안하다

〈그림 5〉 북오미·에치젠 지역도

는 가게아키라의 권유를 받아들여 겐쇼지賢松寺로 도망하였다. 한편 8월 18일 노부나가는 시바타 가쓰이에를 선봉으로 이치조다니를 공격하여 거관과 신사·불각 등을 방화했다. 3일간 지속된 이 불길에 아사쿠라가 100년의 영화가 잿더미로 변했다. 8월 20일 아침 가게아키라가 요시카게를 이반하여 노부나가에게 항복하였고, 가게아키라는 겐쇼지를 200기로 습격하였다. 이에 이르러 요시카게는 41세로 자진하여 파란만장한 생을 마감하였다(이치조다니성 싸움—乘谷城の戰い).

에치젠을 제압한 노부나가의 예봉은 곧바로 아자이 나가마사로 향했다. 우선 에치젠 전후처리를 위한 군대만을 남기고, 나머지 군사를 8월 26일 도라고젠야마의 본진으로 귀환시켜 나가마사 공격을 준비했다. 노부나가는 후와 미쓰하루不破光治, 기노시타 히데요시를 나가마사에게 보내 항복을 권유했다가 거절 당하자, 전군에 오다니성 총공격을 명했다. 27일 기노시타 히데요시가 이끄는 3,000 병사가 야음을 틈타 나가마사가 머무는 오다니성 혼마루와 나가마사 아버지 아자이 히사마사가 머무는 고마루小丸를 점거하였다. 800명을 지휘하던 히사마사는 고마루에서 자진했다. 혼마루本丸의 나가마사는 적남 만푸쿠마루万福丸에게 가신을 붙여 성외로 탈출시키고, 정실 노부나가의 동생 오이

치お市와 세 딸들은 노부나가군에 인도한 후, 9월 1일 중신 아카오 기요쓰나赤尾淸綱, 동생 아자이 마사모토政元 등과 함께 자진하여 오다니성은 함락되었다.

이로써 아자이 스케마사淺井亮政 이래 3대에 걸쳐 오미 북부를 지배하던 아자이씨가 멸망하고, 이 지역은 노부나가 지배권에 들어갔다. 오다니성은 철저히 파괴되었고, 아자이가 사람들은 모두 처형되었다. 노부나가는 폐허가 된 오다니성을 히데요시에게 주었고, 그는 이곳에 나가하마성長浜城(滋賀縣長浜市公園町)을 건설했다.

3. 나가시마 잇키 공략

북오미와 에치젠 공략을 마친 노부나가는 숨 돌릴 겨를도 없이 1573년 9월 도다이지東大寺에 도다이지를 전란으로 밀어넣은 자들(미요시산닌슈와 그에 협력했던 세력. 1567년 11월 10일 미요시산닌슈와 마쓰나가 히사히데·미요시 요시쓰구의 싸움으로 대불전을 포함해 도다이지의 주요 가람이 소실됨)을 엄벌에 처할 것이라고 통달하고, 9월 24일 미노·오와리 군사를 중심으로 한 3만 병사를 이끌고 이세 나가시마長島로 진군했다. 노부나가는 과거의 실패 경험을 바탕으로 해로를 통한 공격을 계획하여, 차남 기타바타케 도모토요北畠具豊(=織田信雄)에게 이세 오미나토大湊에서 배를 조달하도록 명하였다. 그러나 오미나토 에고슈會合衆가 협조하지 않았고, 노부나가가 기타바타케 도모노리北畠具敎·도모후사具房 부자를 통해 에고슈에 협조를 요청하였으나 이 역시 여의치 않았다. 그럼에도 노부나가는 예정대로 9월 중 두 번째 나가시마 공격을 실행했다.

9월 24일 노부나가를 비롯해 수만 군세가 북이세로 출진하여 25일 오타성太田城(和歌山縣和歌山市太田)에 착진하였다. 26일 노부나가는 잇키

〈그림 6〉 이세 지역도

세력이 농성하던 니시벳쇼성西別所城(三重縣桑名市西別所)을 사쿠마 노부모리·하시바 히데요시羽柴秀吉(=기노시타 히데요시. 1572년 8월경부터 히데요시는 하시바성을 사용함)·니와 나가히데·하치야 요리타카 등에게 공격하게 하여 함락시켰다. 시바타 가쓰이에·다키가와 이치마스 등도 사카이성坂井城(三重縣桑名市上深谷部)을 공략하여 10월 6일 함락시켰고, 이어 광부들을 동원하여 굴을 파 곤도성近藤城(三重縣桑名市上深谷部)을 함락시키고 입성하였다. 10월

8일 노부나가는 본진을 도벳쇼東別所로 옮겼다. 그리고 가요성萱生城(三重縣四日市市萱生町)·이사카성伊坂城(三重縣四日市市伊坂町)의 가스카베씨春日部氏, 아카호리성赤堀城(三重縣四日市市城東町)의 아카호리씨, 구와베미나미성桑部南城(三重縣桑名市桑部字城下)의 오기스씨大儀須氏, 지구사성千種城(三重縣三重郡菰野町千草)의 지구사씨千草氏, 나가후케성長深城(三重縣員弁郡東員町長深)의 도미나가씨富永氏 등이 연이어 노부나가에게 항복하고 인질을 보냈다. 그러나 시라야마성白山城(三重縣桑名市西別所)의 나카지마 쇼겐中島將監은 끈질기게 노부나가 측에 저항하였기 때문에, 노부나가가 사쿠마 노부모리·하치야 요리타카·니와 나가히데·하시바 히데요시에게 땅굴을 파 공격하

도록 명하여, 나카무라 쇼겐을 퇴산시켰다. 그러나 오미나토에서의 선박 조달은 여전히 어려워 나가시마를 직접 공격하는 것은 포기하였다. 노부나가는 시라야마성을 함락시킨 후 10월 25일 야타성矢田城(三重縣桑名市矢田)에 다키가와 이치마스를 들여보내고 미노로 귀환하기 시작했다.

한편 잇키 세력은 미노로 귀환하는 노부나가군을 다기야마多藝山에서 매복해 있다가 활과 총으로 공격하였다. 노부나가는 하야시 미치마사林通政를 후미 방어군殿軍으로 삼고 있었으나, 비 때문에 화승총을 사용하지 못해 백병전을 벌여야 했다. 이 싸움에서 하야시 미치마사가 잇키 세력에 잡히고, 병사들이 얼어 죽는 피해가 발생했다. 그럼에도 미치마사와 게야 이노스케 등의 부대가 분투하여, 노부나가는 잇키 세력을 따돌리고 오가키성大垣城(岐阜縣大垣市郭町)에 도착하여 26일 기후로 귀환했다. 이번에도 노부나가는 잇키 세력을 제압하지 못했다.

위와 같이 노부나가가 나가시마 잇키 세력의 제압에 어려움을 겪고 있던 1573년 11월, 가와치의 미요시 요시쓰구가 와카에성若江城(大阪府東大阪市若江南町)에서 쇼군 요시아키에 동조하여 반란을 일으켰다. 교토에서 추방되어 와카에성에 머물고 있던 요시아키는 1574년 와카에성을 떠나 기이 고코쿠지興國寺로 거처를 옮기고 이어 다나베 도마리성泊城(和歌山縣田邊市芳養町), 사카이로 계속 거처를 옮겼다. 노부나가는 이에 대응하여 사쿠마 노부모리를 총대장으로 하여 군사를 가와치로 보냈다. 노부나가의 군사력에 공포를 느낀 요시쓰구의 가로 와카에산닌슈若江三人衆(池田敎正·多羅尾綱知·野間長前)는 미요시 요시쓰구를 이반하였고, 요시쓰구는 11월 16일 자인했다. 이로써 한 시기를 풍미한 미요시씨 본가도 멸망하였다. 12월 26일 미요시 측에 가담한 야마토 마쓰나가 히사히데도 다몬야마성多聞山城(奈良縣奈良市法蓮町)을 열어 노부나가에게 항복했다.

한편 1574년 1월 노부나가령에 편입되어 있던 에치젠에서 재지무사와 잇코슈 문도들이 반란을 일으켰다. 이들은 아사쿠라씨 신하로 노부나가가 슈고다이로 임명했던 가쓰라다 나가토시桂田長俊를 이치조다니에서 살해하였다. 이에 호응하여 가이의 신겐을 이은 다케다 가쓰요리가 동미노를 침략했다. 1574년 1월 27일 가쓰요리는 이와무라성으로 진출하여 아케치성을 포위했다. 이에 대응하여 노부나가는 2월 5일 노부타다와 함께 출격하였으나, 노부나가 원군이 도착하기 전인 2월 6일 이이바사마 에몬右衛門이 노부나가를 이반하여, 다케다군이 아케치성을 함락시켰다. 이에 노부나가는 동미노 쓰루가성鶴ヶ城(岐阜縣瑞浪市土岐町. 神箆城)에 가와지리 히데타카河尻秀隆, 오리성小里城(岐阜縣瑞浪市稻津町)에 이케다 쓰네오키를 배치하고, 2월 24일 기후로 퇴각했다. 당시 노부나가는 6만 군사를 이끌었다고 하며, 다케다 측 야마가타 마사카게가 병사 6천을 이끌고 쓰루오카야마鶴岡山 방향으로 진군하였기 때문에, 노부나가는 군사를 퇴각시켰다고 한다.

쇼군 요시아키는 1573년 7월 마키시마성 싸움에서 패배하여 교토에서 추방되었다. 노부나가 포위망의 일각을 형성하고 있던 혼간지가 11월 노부나가에게 명물 다완 '하쿠텐모쿠白天目'를 보내 노부나가와 화해하자, 12월 사카이에 도망해 있던 요시아키가 기이紀伊 고코쿠지로 도망하였다. 요시아키는 고코쿠지에서 1574년 2월 20일 다케다 가쓰요리·우에스기 겐신·호조 우지마사 등에게 도쿠가와 이에야스·겐뇨와 함께 상경을 도모하라는 명령서를 보냈다. 그리고 당시 요시아키 측근 잇시키 후지나가가 이시야마 혼간지와 다카야성高屋城(大阪府羽曳野市古市)으로 가 혼간지와 빈번히 접촉하고 있었다.

이러한 움직임에 대해 4월 셋쓰 이케다 가쓰마사, 사누키 소고 가즈유키十河一行, 스즈키 마고이치 등 사이카슈, 미요시 요시쓰구를 따르는 와카에성 성병과 이케다 가쓰마사를 따르는 이케다성 성병이 연합하여, 노부나가 측 호리성堀城(大阪市淀川區) 성주 호소카와 아키모토細川昭元

와 호리성 주변 성을 공격하여 함락시켰다. 이 움직임에 다카야성의 유사 노부노리遊佐信敎, 아와 미요시 야스나가三好康長도 호응하였다. 유사 노부노리는 야마토 재지영주 일부와 함께 노부나가에 대항하여 다카야성에서 농성하였다. 이때 이시야마 혼간지도 거병한다.

교토에서 이 소식을 접한 노부나가는 시바타 가쓰이에·쓰쓰이 준케이·아케치 미쓰히데·호소카와 후지타카·아라키 무라시게 등을 중심으로 위 세력들을 토벌할 토벌군을 편성하였다. 노부나가군은 4월 12일 시모야오下八尾, 스미요시住吉, 덴노지 등에 착진하여 이시야마 혼간지와 다카야성을 공격했다. 이시야마 혼간지 쪽에서는 스미요시와 덴노지를 불사르고, 이시야마 혼간지에서 출정한 부대와 노부나가군이 다마쓰쿠리玉造 주변에서 싸웠다. 28일 노부나가는 이 지역을 방어하기 위해 아라키 무라시게와 다카야마 우콘高山右近을 체류시키고 철병하였다.

위 전투 후, 1574년 6월 23일 노부나가는 미노에서 오와리 쓰시마津島로 가서 세 번째 나가시마 공격을 위한 대동원령을 내렸다. 노부나가는 7월 전全 지배지에서 병사를 모아 진용을 갖추고 육로·해로를 통한 나가시마 침공작전을 개시했다. 육로로는 동쪽 이치에市江에서 오다 노부타다군, 서쪽 가토리賀鳥에서 시바타 가쓰이에군, 중앙 하야오早尾에서는 노부나가 본대, 해로를 통한 공격에는 구키 요시타카九鬼嘉隆 등이 동원되었다. 기나이를 지배하던 아케치 미쓰히데와 북오미·에치젠을 안정시키기 위해 주둔해 있던 히데요시 등도 이 싸움에 동원되었다. 그리하여 노부나가군은 총 7만~8만에 이르렀다.

7월 14일 육로 공격을 맡은 노부나가군 세 부대가 진군했다. 가토리 방면 부대가 마쓰노키松之木의 대안 수비를 강화하고 있던 잇키 세력을 구축했다. 같은 날 하야오 방면의 노부나가 본대도 고키에무라小木江村 수비를 강화하고 있던 잇키 세력을 격파하고, 하시바 히데나가羽柴秀長·

아자이 마사사다에게 시노하시성篠橋城(三重縣桑名郡長島町小島)을 공격하게 했다. 고다미사키こだみ崎에 배를 집결시켜 제방 위에서 노부나가군을 맞아 싸우려 했던 잇키 세력도 니와 나가히데가 격파했고, 이어 나가히데는 마에가스前ヶ須·에비에시마海老江島·가로토加路戸·와구이우라시마鯏浦島 등 잇키 세력의 거점을 불태우고, 고묘五明(愛知縣弥富市五明)로 이동하여 야영하였다. 7월 15일 구키 요시타카의 아타케부네安宅船를 선두로 대선단이 나가시마에 도착하였다. 요시타카는 이 배들에 가니에蟹江·아라코荒子·아쓰타熱田·오타카大高·기타木多·데라모토寺本·오노大野·도코나베常滑·노마野間·우쓰미內海·구와나·시라코白子·히라오平尾·다카마쓰高松·아노쓰阿濃津·구스노키楠·호소쿠비細頸 등 오와리에서 집결한 병사들을 태우고 잇키 세력을 공격하였다. 그리고 오다 노부카쓰織田信雄도 다루미垂水·도리야오鳥屋尾·다이토大東·고사쿠小作·마루타田丸·사카라이坂奈井 등 이세에서 집결한 병사들과 함께 배를 타고 도착하여, 나가시마를 포함한 강에는 노부나가군 군선이 가득하였다.

육·해로로 사방을 포위한 노부나가군의 맹렬한 공격으로 잇키 측 성채들이 차례로 함락되었다. 이에 잇키 세력은 구와나 나가시마성長島城(三重縣桑名市長島町西外面)·야나가시마성屋長島城(三重縣桑名市西汰上)·나카에성中江城(三重縣桑名市播磨)·시노하시성·오토리이성大鳥居城(三重縣桑名市多度町大鳥居)으로 도망하였다. 이 오토리이성·시노하시성을 오다 노부카쓰·노부타카信孝 등이 대포로 포격하였다. 이에 성들이 노부나가 측에 항복의 뜻을 전했으나, 노부나가는 이를 단호히 거절하고 병량 차단전략을 쓰고자 했다. 8월 2일 밤 오토리이성에서 빠져나오던 사람들은 노부나가군의 공격을 받아 남녀 1,000명 정도가 사망했고, 오토리이성은 노부나가군에게 함락되었다. 8월 12일 시노하시성 사람들이 나가시마성에서 노부나가 측에 내통을 약속해 왔기 때문에, 노부나가군은 나가시마성으로 진출했다. 그러나 나가시마성에서는 아무런 움직임도 없었고, 계속 농성전을 전개하여 다수가 아사했다.

병량 차단전략에 견디지 못한 나가시마성 사람들은 노부나가에게 9월 29일 항복을 청하고, 나가시마에서 배로 퇴거하고자 하였다. 그러나 노부나가는 이를 단호히 거절하고 대포로 공격하여, 겐닌顯忍과 시모쓰마 라이단을 포함한 다수의 문도들을 살해하였다. 이에 분노한 잇코슈 문도 800여 명이 수비가 약한 장소를 골라 노부나가군에 반격을 가하여 노부나가 서형 오다 노부히로織田信廣와 동생 오다 히데나리織田秀成 등 다수의 오다씨 일족이 전사하고, 병사 700~800인이 피해를 입었다(후로이스의『니혼시』에 따르면 1,000인). 포위망을 돌파한 잇코슈 사람들은 북이세 방면을 경유하여 오사카로 도망했다. 이 소식을 접한 노부나가가 야나가시마·나카에 두 성을 겹겹이 에워싼 채 화공을 전개하여 성 안의 2만여 남녀가 모두 불타 죽었다. 이로써 제방으로 둘러싸인 잇코슈 문도들의 자치령은 완전히 붕괴하였고, 노부나가는 나가시마성을 다키가와 이치마스에게 주어 지배하게 했다.

1575년 3월 혼간지 잇키 세력이 오와다大和田에 성채를 수축하고, 와타나베渡邊와 간자키神崎 주변까지 진군하였으나, 아라키 무라시게에게 격파 당하였다. 무라시게는 잇키 세력을 주소十三 주변으로 유인·공격하여 오와다 성채와 덴만 성채를 빼앗았다. 원래 가을에 출정할 예정이었던 노부나가는 이것을 호기로 보고 4월 6일 교토를 출발하여 7일 와카에성에 들고, 8일 고마가타니야마駒ヶ谷山에 포진하여 다카야성을 공격하였다. 미요시 야스나가도 다카야성의 후도자카구치不動坂口에서 출격하여, 양자는 격전을 벌였다. 노부나가군은 다카야성 주변을 불사르고 밀밭도 초토화시켰다.

12일 노부나가군은 스미요시로 이동하고, 13일 셋쓰·야마토·야마시로·와카사·미노, 오와리·이세·단바丹波·하리마·네고로슈根來衆 증원군이 착착 혼간지 전선에 도착하여 노부나가 측 군세는 10만여를 헤아렸다. 텐노지를 본진으로 삼은 노부나가는 스미요시·오리오노遠里小野에도 군사를 포진시켜 이시야마 혼간지와 대치하였다. 14일 노부나가는 이시야마 혼간지 세력을 밀어붙여 주변의 농작물을 초토화시켜버렸다. 이어 16일 오리오노로 이동하여 이 지역 농작물을 갈아버리고, 니이보리성新堀城(大阪府大阪市住吉區) 주변에 진을 쳤다. 다카야성과 이시야마 혼간지의 중간에 위치하여 이 두 성을 지원하고 있던 니이보리성에서는 소고 가즈유키와 고자이 나가노부가 농성하고 있었다. 17일 노부나가군은 니이보리성을 포위하고, 19일 해자를 풀 등으로 메워 밤에 불화살을 쏘아 오테문大手門, 가라메테문搦手門으로 돌격했다. 이 싸움에서 노부나가 측은 170여 수급을 취하고, 소고 가즈유키는 전사하고, 고자이 나가노부는 생포되었다(다카야성 싸움高屋城の戰い).

니이보리성이 함락되자, 미요시 야스나가가 노부나가 측근 마쓰이 유칸松井友閑을 통해 항복 의사를 전하여 노부나가로부터 사면을 받았다. 이로써 다카야성 싸움은 종결되었다. 노부나가는 다카야성을 포함한 가와치 지역의 성들을 파기하고, 마쓰이 유칸과 미요시 야스나가의 중재로 이시야마 혼간지와 일시 화해하였다.

4. 다케다 신겐의 사망과 에치젠 재정벌

1573년 4월 다케다 신겐의 사망으로 다케다군이 철병하자, 미카와의 이에야스는 다케다씨에 반격을 개시하여 미카와·도토미의 실지 회복에 박차를 가했다. 1573년 8월 이에야스를 이반하여 다케다 측에 가담한 오쿠미카와奧三河 재지영주 오쿠다이라 사다마사奧平貞昌(후의 노부마사信昌)는 비밀로 하고 있던 신겐의 죽음을 의심하였다. 아버지 사다요시貞能의 결단으로 일족을 데리고 이에야스에게 다시 귀부한 사다마사는 다케다 측으로부터 탈환한 나가시노성에 배치되었다.

신겐의 후계자 다케다 가쓰요리武田勝頼가 도토미·미키와 실지를 되찾기 위해 반격에 나섰다. 위 오쿠다이라씨의 이반으로부터 2년이 지난 1575년 4월 가쓰요리가 15,000의 대군을 이끌고 미카와로 침공하여 5월 나가시노성을 포위했다. 당시 나가시노성 수비대는 500명 정도였으나, 철포 200정과 대포로 무장하고 있었고, 성 주위를 다니가와谷川가 감싸고 있어서 다케다군의 맹공을 잘 막아냈다. 그러나 병량 창고가 불타 오래 견딜 수 있는 상황이 아니었다. 5월 14일 밤 오쿠다이라 사다마사는 가신 도리이 스네에몬鳥居強右衛門을 약 65km 떨어진 오카자키성의 이에야스에게 밀사로 파견하여, 나가시노성의 사정을 알리고 원군을 요청했다. 도리이는 엄중한 다케다군의 경계망을 뚫고 5월 15일 오후 오카자키성에 도착하였다. 오카자키성에는 이미 노부나가 원군이 도착하여 이에야스군 8,000과 함께 나가시노로 출진할 참이었다. 도리이는 노부나가와 이에야스를 면회하여, 16일 이에야스와 노부나가군이 나가시노성을 구원하기 위해 출진한다는 소식을 들었다.

도리이는 이 소식을 하루라도 빨리 나가시노성에 전달하기 위해 곧바로 나가시노성으로 달려갔으나, 16일 성을 코앞에 두고 다케다군에게 생포되었다. 도리이는 모진 고문 끝에 사실을 실토하였고, 나가시노성 앞의 처형장에서 나가시노성 성병들에게 이에야스·노부나가 원군이 온다고 외치며 장렬히 죽음을 맞았다. 다케다군은 이에야스·노부나가 원군은 오지 않을 것이라면서 나가시노성을 지키는 병사들에게 항복을 권유했다. 그러나 나가시노성 병사들은 도리이의 전언을 믿고 원군이 꼭 올 것이라 확신하면서 전의를 다졌다고 한다.

5월 18일 노부나가군 30,000과 이에야스군 8,000이 나가시노성 앞 시타라가하라設樂原에 착진하였다. 시타라가하라는 작은 강과 늪지 연변에 구릉지가 남북으로 여러 가닥 연결된 곳이어서 상대방 저편까지

관찰할 수는 없었다. 노부나가는 이 점을 이용하여, 30,000 군세를 적의 눈에 띄지 않게 드문드문 포진시켰다. 그리고 오가와小川·렌고가와連吾川를 파 방어진을 구축했다. 이는 강을 낀 대지 양쪽 사면을 깎아 인공의 급사면을 만든 것으로, 삼중 제방土壘으로 마방책馬防柵을 설치하던 당시의 야전 축성 방식과는 달랐다. 이 때문에 노부나가가 당시 일본에 와 있던 선교사들을 통해 이탈리아 전법을 배웠을 것이라고 추측하기도 한다. 아무튼 노부나가는 철포대를 중점적으로 운용하고 책柵·제방을 이용하여 다케다군의 기마대를 영격하는 전술을 취했다(산단가마에三段構え 전법).

한편 노부나가·이에야스군의 도착 소식을 들은 다케다군 진영은 바로 군의를 열었다. 신겐의 중신들, 특히 후대에 다케다 4명신名臣으로 불린 야마가타 마사카게, 바바 노부하루, 나이토 마사히데 등은 노부나가가 직접 출진한 사실을 알고 가쓰요리에게 퇴각을 건의하였으나, 가쓰요리는 결전을 결정했다. 가쓰요리는 나가시노성 견제를 위해 3,000정도의 군사를 남겨두고, 나머지 12,000을 시타라가하라로 진군시켰다. 신겐 이래의 역전의 노장들은 패전을 예감하였으나, 죽음을 각오하고 싸움에 임했다고 한다. 『노부나가코키』에 따르면 다케다군은 나가시노성으로 무장 7인을 보내고, 가쓰요리는 15,000정도의 군세를 이끌고 다키사와가와瀧澤川를 건너 노부나가군과 20정町(약 2km) 정도 떨어진 장소에 병사를 13대로 나누어 서향하여 포진했다고 한다. 이 다케다군의 포진을 본 노부나가는 다케다군이 가까이에 포진한 것을 하늘이 준 기회라고 했다고 한다.

5월 20일 밤 노부나가는 이에야스의 중진 사카이 다다쓰구酒井忠次를 불러서, 이에야스군 가운데 활과 철포를 잘 다루는 병사 2,000 정도를 뽑아 이끌게 하고, 여기에 자신의 철포대 500과 가나모리 나가치카金森長近 등 검사檢使를 더해 약 4,000명으로 이루어진 별동대를 조직하여

<그림 7> 나가시노 싸움을 묘사한 병풍長篠合戰圖屛風

다케다군을 기습하게 했다. 이 작전은 20일 밤 합동 군의 때 사카이 다다쓰구가 발안한 것으로, 노부나가는 이 작전을 군의에서는 일축하였으나, 군의가 끝난 후 사카이를 몰래 불러 이 작전을 수행하도록 했다고 한다.

별동대는 비밀리에 정면의 다케다군을 우회하여 도요카와豊川를 도건너 남쪽에서 능선으로 나아가, 21일 새벽 나가시노성 포위의 주요 거점인 도비가스야마 성채鳶ヶ巣山砦(愛知縣新城市乘本)를 후방에서 습격했다. 도비가스야마 성채는 나가시노성을 포위·감시하기 위해 설치한 성채로, 본 성채에 4개의 작은 성채인 나카야마 성채·히사마야마久間山 성채·우바가후토코로姥ヶ懷 성채·기미가후시도君ガ臥床 성채가 설치되어 있었다. 위 별동대는 이들 성채를 기습해서 파괴하였다. 이렇게 하여 노부나가·이에야스 연합군은 나가시노성을 구원하고, 농성 중인 오쿠다이라군을 더한 사카이 기습대가 다케다군을 추격하여 아리우미무라有海村에 머물고 있던 다케다군을 토벌하였다. 그리하여 시타라가하라로 진군한 다케다 본대의 퇴로를 위협할 수 있게 되었다.

이 도비가스야마 공방전으로 다케다 측은 주장 가와쿠보 노부자네河

窪信實(가쓰요리 숙부)를 비롯한 사에구사 마사사다三枝昌貞, 고미 사다나리五味貞成, 와다 나리시게和田業繁, 나와 무네야스名和宗安, 이와오 스케토모飯尾助友 등의 무장을 잃었다. 다케다 측 패잔병들은 본대로 합류하기 위해 도요카와를 건너 퇴각하였지만, 사카이 기습부대에게 쫓겨 나가시노성 서쪽 아리우미무라有海村에서 가스가 도라쓰나春日虎綱 아들 고사카 겐고로香坂源五郞도 사망하였다. 이에야스 측 마쓰다이라 고레타다松平伊忠도 퇴각하는 오야마다 마사유키小山田昌成의 반격을 받아 전사하였다.

5월 21일 도비가스야마 공방전의 대세가 결정된 즈음 시타라가하라에서는 다케다군이 노부나가·이에야스군을 공격하였다. 오후까지 약 8시간 동안 계속된 싸움은 노부나가·이에야스군의 승리로 끝났다. 노부나가·이에야스군에게 추격당한 다케다군은 10,000명 이상의 희생자(도비가스야마 공방전 포함)를 냈으며, 도비가스야마 공방전도 노부나가·이에야스군의 대승으로 끝났다(나가시노 싸움長篠の戰い).

이 싸움에서 다케다군은 후다이譜代 가로 나이토, 야마가타, 바바를 비롯해 하라 마사타네原昌胤, 하라 모리타네原盛胤, 사나다 노부쓰나眞田信綱, 사나다 마사테루眞田昌輝, 쓰치야 마사쓰구土屋昌續, 쓰치야 나오노리土屋直規, 안나카 가게시게安中景繁, 모치즈키 노부나가望月信永, 요네쿠라 단고노카미米倉丹後守 등 중신과 군사지휘관을 잃고 우왕좌왕하던 병사들이 심대한 피해를 입었다. 가쓰요리는 겨우 수백인의 직속가신旗本의 호위 속에 스가누마 사다타다菅沼定忠의 도움으로 일시 부세쓰성에 들고, 시나노 다카토성으로 후퇴했다. 우에스기씨를 견제하기 위해 군사 10,000명을 이끌고 가이즈성海津城(長野縣長野市松代町. 松代城, 長野城)에 배치되어 있던 기이즈성 조다이城代 가스가 도라쓰나(=高坂昌信)가 우에스기 겐신과 화해한 후, 가쓰요리를 시나노 고마바信濃駒場에서 맞아 함께 고후로 귀환하였다.

한편 1574년 1월 18일 에치젠 공략 후 노부나가가 에치젠 슈고다이로 임명한 가쓰라다 나가토시桂田長俊의 학정에 시달리던 민중들이 돈다 나가시게富田長繁의 선동으로 대규모 잇키를 일으켰다. 잇키 세력은 총 33,000에 이르렀고, 총대장이 되어 잇키 세력을 이끈 나가시게는 남북으로 이치조다니로 침공하여 나가토시를 살해했다. 20일 산만다니三万谷로 도망해 있던 나가토시 가족도 잇키 세력에 체포되어 살해되었다. 그리하여 에치젠은 일시 돈다 나가시게의 수중으로 넘어갔다. 나가시게는 가옥세屋錢 부과 금지와 토민 직소의 용인 등의 정책으로 민중의 환심을 샀다. 그러나 나가시게가 오다 노부나가에게 에치젠 슈고로 인정받기 위해 노부나가에게 동생을 인질로 보낸다는 소문이 나돌았다. 잇키 세력은 나가시게와의 관계를 단절하고, 대장으로 가가에서 잇코슈 시치리 요리치카七里頼周를 맞아들여 잇코잇키 세력의 지휘를 맡겼다.

나가시게를 토벌하기 위해 에치젠 각지에서 일어난 잇키 세력은 약 14만에 이르렀다. 잇키 세력은 2월 13일 구 아사쿠라 도사노카미관土佐守館의 게야 이노스케, 가타야마관片山館의 마스이 진나이노스케增井甚內助 등을 살해하고, 2월 14일 후추府中의 나가시게까지 포위하였다. 잇키 세력 2만은 남쪽에서 이마조今庄 유노오토게湯尾峠에 진을 치고, 서쪽으로는 35,000의 잇키 세력이 사바에鯖江에 포진하였다. 그리고 북쪽에서는 5만 잇키 세력이 아사미즈淺水(福井縣福井市淺水町)에서 기타노쇼성北之庄城(福井縣福井市)에 걸쳐 포진하고, 동쪽으로는 잇키 세력 33,000이 히노가와日野川를 끼고 후추 바로 동쪽에 위치한 반야마가와라帆山河原에 이미 진출해 있었다.

2월 16일 이른 아침 궁지에 빠진 나가시게는 700여 명을 이끌고 히오가와를 건너 후추 가까이에 포진해 있던 반야마가와라 잇키 세력 2만을 강습하여 2,000~3,000여 명을 살해하는 전과를 올렸다. 이 전과로 기세가 오른 나가시게는 후추 상인들町衆과 혼간지와 대립하는 신슈 삼문도파眞宗三門徒派 6,500인 이상을 회유하여 자신에게 가담시켰다. 그리하여 2월 17일 나가시게는 기타노쇼성 탈환을 목표로 후추에서 출진, 북상하여 사바에를 거쳐 아사미즈까지 진출하였다. 이에 시치리 요리치카가 문도들을 남하시켜 양군은 아사미즈 부근에서 격돌하였다. 경험 많은 나가시게군은 잇키 세력의 선봉을 제압하였고 이에 오합지졸인 잇키 세력은 도망하였다.

나가시게 측은 잇키 세력을 계속 공격하였으나 피로가 쌓이면서 불만이 커져 갔다. 2월 18일 나가시게는 다시 출전 명령을 내려 잇키 세력을 공격하였으나, 싸움 와중에 고바야시 요시타카小林吉隆가 이반 하여 나가시게를 등 뒤에서 총포로 살해했다. 이로써 에치젠은 잇코잇 키가 지배하는 지역이 되었다.

그런데 1575년 잇키슈 내부에서 분열이 시작되었다. 겐뇨가 에치젠 슈고로 파견한 시모쓰마 라이쇼下間賴照와 오노군지大野郡司 스기우라 겐닌杉浦玄任, 아스와군지足羽郡司 시모쓰마 라이슌下間賴俊, 후추군지府中郡 司 시치리 요리치카 등 오보즈大坊主들이 전년 토벌한 아사쿠라씨 옛 신하들의 영지를 독점하였던 것이다. 더욱이 노부나가군과 전쟁을 앞두고 있다는 핑계를 들어 농민들에게 중세와 가혹한 부역을 부과했 다. 이러한 오보즈들의 악행에 에치젠의 천태종과 신곤슈眞言宗 등이 반발하였고, 신슈 다카다파高田派(專修寺派)를 비롯한 재지영주와 민중, 마침내는 잇코슈 문도들까지 오보즈들에게 반발했다.

이를 호기로 본 노부나가는 나가시노 싸움이 끝난 직후, 1575년 8월 에치젠으로 군사를 진발시켰다. 내부 분열 상태에 있던 잇키슈는 노부나가군에 맞서 싸우지 못하고, 시모쓰마 라이쇼와 아사쿠라 가게 타케景健 등을 비롯한 12,250명의 에치젠·가가 잇키슈 문도들이 노부나 가군에 토벌되었다. 에치젠은 다시 노부나가령이 되고, 노부나가는

9월 <에치젠 구니오키테越前國捉>를 내리고, 에치젠 8군 75만석(49만석이라고도 함)을 시바타 가쓰이에에게, 오노군大野郡의 2/3를 가나모리 나가치카에게, 오노군의 나머지를 하라 마사시게原政茂에게, 후추 2군을 후와 미쓰하루·삿사 나리마사·마에다 도시이에 산닌슈前田利家三人衆(不破光治·佐々成政·前田利家)에게, 쓰루가군敦賀郡을 무토 기요히데武藤舜秀에게 주어 통치하게 했다. 기요히데는 1574년 잇코잇키에 대비해 하시바 히데요시·니와 나가히데 등과 함께 쓰루가군으로 출진하여, 후와 미쓰하루와 함께 쓰루가군에 머물면서 잇키군을 방어했었다.

1575년 9월에 내려진 <에치젠 구니오키테越前國捉>를 보면 다음과 같다.

① 평정한 에치젠 지역에서 불법으로 과세해서는 안 된다. 단, 그럴 만한 이유가 있어서 과세를 명할 경우는 노부나가에게 알리고 노부나가의 명에 따를 것.

② 에치젠에 영지를 안도받은 무사(사무라이)들을 사의雅意로 대하지 말 것, 아무리 곤란하더라도 그렇게 해야 할 것, 사의로 대하여 사무라이 간에 유대관계가 풀어지는 일이 없어야 한다. 요해要害는 피차 간 배려하는 것이 간요簡要하다. 그리고 영지는 엄중하게 처리할 것.

③ 재판은 순로의 정해진 법憲法에 따를 것이며, 반드시 사적인 감정을 끼워넣어 편파贔屓偏頗적으로 재판하면 안 된다. 만약 (소송) 쌍방이 (평결을) 납득하지 못한다면, 관리를 노부나가에게 보내 해결할 것.

④ 공가·사사령은 난(잇코잇키의 난) 이전에 노부나가가 지행知行했을 경우 환부해야 할 것, (노부나가의) 주인장朱印狀 여하로 판단해야 하며, 단 예외도 있다.

⑤ 분국에는 어떠한 검문도 정지하고 있으니 에치젠도 마찬가지로 (검문이) 없어야 할 것.

⑥ 넓은 지역을 맡고 있으니, 여러 가지 일에 조심하고, 방심한다면 잘못이다. 첫째로 무편武篇(군사력 강화)이 중요하다. 무구·병량에 마음을 쓰고, (그것은) 5년, 10년이 지나도 확실하게 마음에 두어서 분별해야 할 것이다. 결국 욕심을 버리고, 취해야 할 것을 말하여 맡은 바 임무를 다할 각오를 가져야 할 것이며, 아이들을 총애寵愛하는 것(남색 혹은 여색)·사루가쿠手猿樂·유흥·구경 등은 정지해야 할 것.

⑦ 매사냥을 하지 말 것, 단 (지형 등을 살피기 위한) 사정이 있다면, 매사냥을 해도 된다. 그렇지 않다면 (매사냥은) 쓸데없는 것이다. 아이들이 놀이삼아 하는 것은 관계없다.

⑧ 영지를 무사들에게 지행해야 할 것이지만, 2·3개소는 급인을 두지 말 것, 이것은 충절한 자에게 각각 부조扶助할 땅으로 확보해 두어야 할 것이다. 무편武篇을 장려하려 해도 은상할 소령이 없다고 사람들에게 보인다면, 용감함도 충절도 약해지니 분별하는 것이 중요하다. 급인을 두지 않는 기간은 노부나가가 직할령으로 할 것.

⑨ 사태가 새롭게 전개된다 하여도, 어떤 일이든 노부나가가 명령한 대로 따를 각오가 간요하다. 그렇게 하여 무리·비법이라고 마음먹고 교언巧言을 말하지 말 것, (노부나가가 처리한 사항에 대해) 무엇이든 걱정스러운 점이 있다면, (그것이) 이치에 합당하여야 하며, 그에 대한 (노부나가의) 명령에 따라야 할 것, 어쨌든 노부나가를 숭경崇敬하여 뒤에서도影後 원망하지 말 것, 노부나가가 있는 곳으로는 발도 향하지 않도록 마음 쓰는 것이 간요하다. 그렇게 하면 사무라이의 명가冥加가 장구할 것이다.

그리고 노부나가는 가쓰이에 수하로 후추 2군을 안도받은 후와 미쓰하루·삿사 나리마사·마에다 도시이에에게도 "에치젠은 대부분 가쓰이에에게 위임하였다. 너희 3인을 가쓰이에의 감시자로 2군을 안도한다. 너희의 선악은 시바타 가쓰이에가 보고할 것이니, 서로 절차탁마切磋琢磨하라. 태만하면 처분될 것이니 유의하라"고 감계했다.

위 <에치젠 구니오키테>는 영국지배의 원칙(1~8조)과 광역지역을 관장하는 영주로서의 마음가짐(9조)으로 구성되어 있다. 영국지배의 원칙을 보면 ① 불법과세 금지, ② 사무라이와의 원만한 관계 유지, ③ 공정한 재판, ④ 공가·사사령의 무단횡령 금지, ⑤ 검문소 철폐, ⑥ 군사력 강화, 남색 혹은 여색 등의 부도덕한 행위 금지, 그리고 유흥에 대한 경계, ⑦ 매사냥 금지, ⑧ 노부나가 직할령의 확보 등이다. 이것을 다시 정리하면, ① 대민 지배원칙으로 과세(1조), 재판(3조), 검문소에 관한 규정(5조), ② 무사 혹은 군사와 관련한 것으로 사무라이 상호간의 관계(2조), 군사력 강화(6조), 매사냥 금지(7조), 직할령 확보(8조), ③ 기타 공가·사사령에 관한 규정(4조)으로 볼 수 있다.

이들 조항 및 정책들은 이미 노부나가가 추진해 온 것들이나, 쇼군 요시아키에 대한 비판의 논리 위에 존재한다고 보아도 될 것이다. 즉 ① 자의에 의한 지배로부터 공평성에의 지향, ② 노부나가 수하(무사)로서의 합당한 행위·역할을 강조하고 있다. ① 공평성의 지향은 중세의 자의 지배로부터 근세의 법적 지배로의 전환을 의미하며, 동시에 지배자로서 무사가 갖추어야 할 덕목을 제시한 것이다. 그리고 ②는 위 공평성을 지향하는 무사가 당시 노부나가 권력에 어떻게 봉임하고 행동해야 하는가를 구체적으로 제시한 것이다.

이것은 일괄하여 '근세' 다이묘의 상을 제시한 것이라 볼 수 있다. 즉 이것은 독립성을 유지하면서 자의로 영국을 지배하는 센고쿠다이묘에서 '천하인' 권력=노부나가 권력에 예속하여 노부나가에게 충절을 다하는 다이묘로의 전환을 의미한다.

그러한 의미에서 위 <에치젠 구니오키테>는 노부나가 권력의 확대에 수반한 지역지배의 원칙을 제시했다는 점, 그리고 노부나가 권력의 진화과정을 나타낸다는 점에서 대단히 주목된다. 그리고 후와 미쓰하루·삿사 나리마사·마에다 도시이에에게 보낸 서장에서 알 수 있듯이, 지역의 다이묘 권력이 중앙권력의 감시 아래 있음도 명확하다. 즉 이것도 노부나가 권력이 이 시기에 일본 근세의 중앙 권력은 강화하고 지방세력은 약화시키는 강본약말強本弱末체제를 지향하였음을 나타낸다 하겠다.

4장 동국과 서국의 움직임

1. 우에스기 겐신과 호조 우지마사

위에서 보았듯이, 1571년 10월 오랫동안 간토의 패권을 둘러싸고 우에스기 겐신과 싸운 호조 우지야스가 사망했다. 1572년 1월 우지야스를 이은 우지마사는 겐신과의 동맹을 파기하고, 다시 다케다 신겐과 동맹을 맺었다. 그리하여 겐신은 다시 호조씨와 대립하게 된다. 한편 1531년 이래 가가 잇코잇키는 혼간지가 직접 지배하고 있었으나, 엣추 잇코잇키는 쇼코지勝興寺와 즈이센지瑞泉寺가 지배하고 있었다.

그 후 엣추 잇코잇키는 오랫동안 강대한 세력을 유지하면서, 노토能登 슈고 하타케야마씨와 에치고 슈고다이 나가오長尾씨, 엣추 슈고다이 유사遊佐씨 등과 대적하고 있었다. 1571년 4월 28일 신겐은 호쿠리쿠 잇코잇키의 주장 스기우라 겐닌杉浦玄任(=杉浦壹岐守)에게 가가·엣추 잇코잇키가 협력하여 겐신에 대항할 것을 요청했다. 이것은 상경작전 수행 중 배후의 적 겐신을 견제하기 위함이었다. 때문에 신겐은 이시야마 혼간지 겐뇨에게 엣추에서 겐신에게 적대하는 잇코잇키를 봉기하게 하라고 요청하였던 것이다.

그리하여 1572년 5월 겐뇨가 총대장으로 임명한 스기우라 겐닌이 이끄는 가가 잇코잇키가 겐신에 대항하여 거병하였고, 이에 호응하여 엣추 잇코잇키 거점인 쇼코지·즈이센지가 일제히 봉기하였다. 겐신은 간토·고즈케에서 신겐과 호조 우지마사와 대립하고 있어서 직접 엣추로 출진하지는 못하고, 가신 엣추의 진장鎭將 가와다 나가치카河田長親가

〈그림 8〉 엣추 지역도

요시에 다다카게吉江忠景를 엣추로 파견하여 잇키 세력에 대항하게 했다.

5월 19일 다다카게는 오타호太田保 혼고本鄕(현 富山市)에 진을 쳤다. 가가 잇코 잇키 세력과 합류한 엣추 잇키 세력은 총 3만을 넘었다. 23일 잇키 세력은 가와카미 고이노쇼河上五位庄(高岡市)에 진을 쳤다. 우에스기 측의 전선기지 히노미야성日宮城(富山縣射水市下條)은 잇키 세력의 맹렬한 공격에 위기에 빠졌다. 이에 진보 다다히로神保覺廣·고지마 모토시게小島職鎭 등이 신조성新庄城(富山縣富山市新庄町)의 아지사카 나가자네鯵坂長實에게 잇키 세력의 후방을 치라고 요구하였다.

우에스기 측 아지사카 나가자네·가와다 나가치카·산본지 사다나가山本寺定長 등은 히노미야성을 구원하기 위해 서진西進하여 진즈가와神通川를 건너 고후쿠야마五服山에서 6월 15일 잇키 대군과 맞닥뜨렸다(고후쿠야마 싸움五福山の戰い). 우에스기 측은 사력을 다해 싸웠으나 중과부적이어서 신조성으로 퇴각하고자 했다. 그러나 퇴각 도중 진즈가와를 건너는 장소에서 잇키 세력의 맹추격을 받고 대패하였다. 원군을 기대할 수 없게 된 히노미야성은 15일 잇키 세력에 항복하여 개성하였고, 진보 다다히로와 고지마 모토시게는 노토 세키도산石動山 덴표지天平寺로 도망하였다. 잇키 세력은 이어 진즈가와 서안 시라토리성白鳥城(富山縣富山市吉作), 동안 도야마성富山城(富山縣富山市丸の內)도 함락시키고, 7월 29일 우에스기 측 야마우라 구니키요山浦國淸를 공격하였다. 이 일련의 공격으로 잇키 세력은 엣추 서부에서 동부까지 세력을 확대하였다.

겐신은 위 엣추 상황을 우려하여 7월에 양자 나가오 아키카게長尾顯景 (후의 우에스기 가게카쓰上杉景勝)가 이끄는 우에다슈上田衆(우에다 나가오가上 田長尾家의 군사)를 간토·고즈케 전선으로 파견하여 호조 우지마사군에 대처하게 하고, 자신은 8월 6일 엣추로 출진하고자 했다. 겐신은 다케 다군의 침입에 대비하여 수비대를 시나노에 배치하고, 10일 직접 약 1만 군사를 인솔하여 엣추로 출진하였다. 18일 신조 야마노네山の根에 착진한 겐신은 선착한 군사와 합류하여 신조성을 둘러싸고 잇키 세력 과 일진일퇴의 공방전을 거듭했다.

9월 초순 이 지역에 가을비가 여러 날 내려 잇키 세력은 자신들이 자랑해온 대량의 소총, 화승총을 쓸 수 없게 되었다. 이 호기를 놓치지 않고 겐신은 잇키 세력을 공격하여 서쪽으로 몰아냈다. 그리고 이들을 전력으로 추격하여, 비야가와びゃ川 제방 노보리구치쯒リ口 부근의 시리 타레자카尻垂坂에서 격전 끝에 대승하였다(시리타레자카 싸움尻垂坂の戰 い). 이어 우에스기군은 도야마성으로 패주하는 잇키 세력을 추격, 도야마성을 포위하였다. 겐신은 아카카게(가게카쓰)에게 고즈케의 호 조·다케다군을 격퇴하였다는 소식을 듣고, 우에다슈를 급히 엣추로 불러들였다. 17일 미명 도야마성의 잇키 세력은 히노미야성 방면으로 퇴각하였고, 그날 밤 히다飛彈 고원 스와성(岐阜縣飛彈市神岡町) 성주 에마 데루모리江馬輝盛가 겐신의 요청으로 출진하였고, 야마우라 구니키요가 나가 겐신을 맞았다. 겐신군은 진즈가와를 넘어 서진하고, 18일 겐신 이 잇키 측 다키야마성瀧山城(富山縣富山市舊婦中町)을 공격하여 성곽을 파괴 하였다. 이에 농성하고 있던 미즈코시水越씨는 가와다 나가치카에게 투항하였고, 겐신은 성내를 불살랐다. 10월 1일 도야마성이 함락되자, 18일 잇키 측 시이나 야스타네椎名康胤가 항복을 청했지만, 겐신은 허락 하지 않았다.

위 일련의 싸움 이후 에치젠 중부지역에서 구축된 가가·엣추 잇키는 쇠퇴일로의 길을 걷는다. 1573년 정월 잇코잇키가 화해를 제안하였고, 겐신은 이를 받아들였다. 이코잇키와 화해 후 도야마성은 나가오 아키카게·구리바야시 마사요리栗林政頼 등을 통해 항복해 온 시이나 야스타네가 맡고 있었다. 그런데 시이나 야스타네가 잇키 세력과 함께 겐신에게 반역을 꾀했다. 잇코잇키와 화해 후 겐신이 에치고로 돌아가는 도중 다케다 신겐의 사자 조엔지長延寺 미료實了의 획책에 빠진 잇키 세력이 도야마성을 점령한 것이다. 겐신은 곧바로 회군하여 도야마성을 탈환하였다. 겐신에게 패배한 잇키 세력은 진즈가와를 건너 도망하였고, 진즈가와 이동은 완전히 겐신의 지배하에 놓이게 되었다. 4월 25일 겐신은 에치고로 돌아왔다.

위와 같이 1572년 7월부터 8월에 걸쳐 겐신은 다시 엣추로 출진하여 아직 저항하고 있는 시이나씨·진보씨·잇코잇키를 격파하여 엣추를 거의 평정하였다. 그 후 겐신은 간토의 호조씨를 견제하면서, 가가·노토로 서진하여 상경할 기회를 엿보았다. 한편 다케다 신겐이 대규모 군사를 휘몰아 노부나가와 대적하자, 노부나가는 신겐을 견제하기 위해 11월 겐신과 동맹을 맺었다.

1573년 4월 신겐이 사망하자, 겐신은 8월 엣추로 출진하여 마스야마성增山城(富山縣礪波市增山)·모리야마성守山城(富山縣高岡市東海老坂) 등을 공략했다. 나아가 상경로를 확보하기 위해 가가까지 진군하여, 잇코잇키가 농성하는 가가·엣추 경계에 있는 아사히야마성朝日山城(石川縣金澤市加賀朝日町)을 공략하여 엣추 대부분을 손에 넣었다. 잇코잇키가 겐신군이 엣추에서 퇴각할 때 봉기하였기 때문에, 겐신은 엣추를 자신의 영국으로 삼을 방침을 세웠다. 그리고 에마江馬씨가 겐신에게 복속하여 와 겐신은 히다에도 영향력을 확대했다. 이러한 가운데 12월 겐신은 쇼군 요시아키에게 쇼군가 재흥을 의뢰받았다.

위에서 보았듯이, 1573년 8월 겐신이 엣추 아사히야마성을 공략하

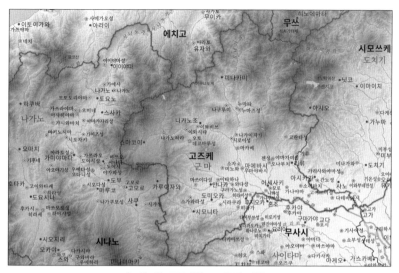

〈그림 9〉 고즈케와 그 주변 지역도

고 있을 때, 호조 우지마사가 고즈케를 침공하였고, 겐신은 이를 양자 나가오 아키카게長尾顯景가 이끄는 우에다슈를 파견하여 대처하였다. 겐신은 엣추를 제압하고 나서 1574년 간토로 출병하여 우지마사 측 고즈케 가나야마성金山城(群馬縣太田市金山町) 성주 유라 나리시게由良成繁를 공격하고, 3월 젠성膳城(群馬縣前橋市粕川町)·오나부치성女淵城(群馬縣前橋市粕川町)·후카사와성·야마가미성山上城(群馬縣桐生市新里町)·고란다성御覽田城(群馬縣みどり市東町)을 차례로 함락시켰다. 그러나 나리시게의 거성으로 요해인 가나야마성은 함락시키지 못했다(가나야마성 싸움金山城の戰い). 나아가 겐신은 무사시의 우에스기 측 최후 거점인 하뉴성羽生城(埼玉縣羽生市東)을 구원하기 위해, 4월 우지마사와 다시 도네가와利根川를 끼고 대치했다(제2차 도네가와 싸움利根川の戰い). 그러나 겐신은 물이 불어난 도네가와를 건너지 못하고 5월에 귀환하였다. 그런데 1573년 10월 겐신은 시모사 세키야도성關宿城(千葉縣野田市關宿)과 하뉴성을 구원하기 위해 다시 간토로 출병하여 무사시 오시성忍城, 하치가타성, 마쓰야마성松山城(埼玉縣比企郡吉見町) 등을 불살랐으나, 세키야도성 구원에는 실패했다. 동년 윤11월 겐신은 하뉴성 성주 기도 다다토모木戸忠朝에게 성을 파기할 것을 명하였고, 다다토모는 1천여 병사와 함께 고즈케 젠성으로 도망하였다.

1574년 호조 우지마사가 시모사 세키야도성의 야나다 모치스케簗田持助를 공격하자, 겐신은 10월 간토 무사시로 출병하여 후방 착란을 꾀했다. 겐신군은 기사이성騎西城(埼玉縣加須市騎西町)·오시성忍城(埼玉縣行田市本丸)·하치가타성·쇼부성菖蒲城(埼玉縣久喜市菖蒲町) 등을 불살라 호조군을 견제하였으나, 사타케씨 등 간토 지역 장수들이 구원군을 보내지 않아 호조 우지마사 대군의 공격을 막기에는 역부족이었다. 결국 세키야도성은 우지마사에게 함락되었다(제3차 세키야도 합전關宿合戰). 윤11월 겐신은 호조 측 고가쿠보 아시카가 요시우지를 고가성古河城(茨城縣古河市中央町)에서 공격하였으나, 이미 간토에서 우에스기씨 세력은 크게 약화되어 있었다. 이어 우지마사는 1575년 오야마 히데쓰나小山秀綱의 시모쓰케下野 기온성祇園城(栃木縣小山市城山町)을 공격하여 함락시키고, 시모사 유키 하루토모結城晴朝가 우지마사에게 귀부하였다. 이렇게 하여 간토 지역에서 우지마사 세력은 확대되고, 우에스기씨 세력은 거의 일소되었다.

한편 다테 데루무네伊達輝宗는 1555년 3월 19일 원복하고 쇼군 아시카가 요시테루에게 편휘偏諱를 받았다. 데루무네는 1564년 모가미 요시모리最上義守의 딸(最上義光의 누이동생) 요시히메義姬와 결혼하고, 같은 해 말 가독을 이어받았다. 그러나 당시 실권은 은거한 다테 하루무네伊達晴宗와 덴몬의 난天文の亂을 통해 가중 최고 실력자가 된 중신 나카노 무네토키中野宗時·마키노 히사나카牧野久仲 부자가 장악하고 있었다. 때문에 데루무네는 그들을 통제하기 위해 1570년 4월 나카노 무네토키에게 모반의 뜻이 있다고 하여, 나카노 무네토키 아들 마키노 히사나카 거성 고마쓰성小松城(山形縣東置賜郡川西町)을 공략해서 함락시키고 나카노 부자를 추방했다. 이때 데루무네는 자신에게 협조하지 않았다는 구실로 고야나세가와 모리무네小梁川盛宗·시로이시 무네자네白石宗利·미야우치 무네타다宮內宗忠 등도 처벌하였다. 같은 해 요시히메 실가 모가미가最上家에서도 모가미 요시모리最上義守·모가미 요시미쓰最上義光 부자 사이에 항쟁이 시작된다. 이에 데루무네는 요시모리와 함께 요시미쓰를 공격하였으나, 요시히메가 데루무네에게 철병을 요구하여 데루무네는 병사를 철수하였다.

가중의 실권을 장악한 데루무네는 오니니와 요시나오鬼庭良直를 효조야쿠評定役로 발탁하여 중용하고, 나카노 무네토키의 부하였던 엔도 모토노부遠藤基信의 재주를 높이 사, 그를 중용하여 외교를 맡겼다. 위 두 사람을 중심으로 하는 데루무네 정권은 하루무네 방침을 계승하면서 아이즈會津를 장악한 아시나蘆名氏와 동맹관계를 유지하고, 남부 오우奧羽 재지세력들 사이의 분쟁을 조정했다. 데루모토는 지역을 넘어선 폭 넓은 외교를 전개하여, 1575년 7월 노부나가에게 매鷹를 보낸 것을 비롯해 엔도 모토노부에게 명해 호조 우지마사·시바타 가쓰이에에게 빈번히 서간과 진물을 보내 우호관계를 맺었다.

2. 모리씨 영국과 반모리씨 세력의 대립

아마고씨 멸망(1567년 1월) 후 야마나카 유키모리를 중심으로 아마고씨 부흥운동이 활발히 전개되었다. 야마나카 유키모리는 1568년 다치하라 히사쓰나立原久綱 등 로닌이 된 아마고씨 신하들과 함께 교토 도후쿠지에서 승려로 있던 아마고 사네히사尼子誠久의 유아 아마고 가쓰히사尼子勝久를 환속시키고, 각지의 아마고 유신들을 결집시켰다.

1569년 5월 모리 모토나리가 오토모씨를 공격하기 위해 북규슈로 군사를 파견하자, 거병 기회를 엿보고 있던 유키모리는 야마나 스케토요의 도움을 받아 이즈모로 침공하였다. 야마나 스케토요는 오랫동안 아마고씨와 대립하였으나, 모리씨가 빈고備後·호키·이나바因幡를 제압하고 있었기 때문에, 실지회복을 위해 아마고 유신 유키모리에게 협력하였던 것이다. 6월 23일 유키모리 등은 단바 혹은 다지마에서 수백 척의 배를 타고 돗토리 반도로 상륙하여 주야마忠山 성채를 점거했다. 유키모리 등이 아마고씨 재흥 격문을 날리자, 이 지역에 잠복해 있던 아마고씨의 옛 신하들이 속속 집결하여 3,000여 군세를 이루었다. 그리하여 6월 하순 유키모리를 중심으로 한 아마고 재흥군은 다가 모토타쓰多賀元龍가 농성하고 있는 신야마성新山城(島根縣松江市法吉町. 眞山城)을 공략하였다. 이후 아마고 재흥군은 산인 지역 각지에서 싸워 세력을 확대했다(아마고 재흥군의 운슈 침공尼子再興軍の雲州侵攻).

7월 중순 유키모리는 옛 아마고씨 거성 갓산 도다성月山富田城(島根縣安來市廣瀨町富田)을 공격했다. 이 성을 지키던 모리군은 병량부족으로 궁지에 몰려 있어서 아마고 부흥군 측이 유리하였다. 그러나 이와미에서 활동하던 아마고 재흥군이 모리군의 공격으로 위기에 처하자, 유키모리는 갓산 도다성 공격을 일단 멈추고, 이와미 지역의 재흥군을 구원하러 이와미로 향했다. 유키모리는 모리군을 하라테군原手郡에서 격파하고, 이어 이즈모 16개 성을 공략하고, 군세는 6,000여로 증가하였다.

유키모리 등은 모리 모토나리가 아마고 재흥군을 토벌하기 위해 규슈에서 귀진시킨 요네하라 쓰나히로米原綱寬, 미토야 히사스케三刀屋久扶 등 이즈모의 유력 재지영주들을 끌어들여 이즈모를 지배하게 했다. 그리고 호키 오다카성尾高城(鳥取縣米子市尾高)을 비롯해 야바세성八橋城(鳥取縣東伯郡琴浦町), 이나바 경계에 있는 이와쿠라성岩倉城(鳥取縣倉吉市岩倉) 등 많은 성들을 공격하고, 모략을 써서 스에키치성末吉城(鳥取縣西伯郡大山町)

〈그림 10〉 이즈모·호키·이나바 지역도

의 진자이 모토미치神西元通를 모리씨에게서 이반시켰다. 그리고 히노
군日野郡 일대를 지배하는 히노슈日野衆를 끌어들여 호키 전역을 장악하
여 세력을 확대하였다. 나아가 아마고 재흥군은 이나바·빈고·빗추·미
마사카에서도 세력을 확대하며 모리측과 싸움을 계속했다.

　한편 10월 11일 오우치 데루히로大內輝弘가 오우치가를 재흥하기 위
해 스오 야마구치를 공격하여 쓰키야마관築山館 주변 지역을 점령하였
다. 이어지는 영내 반란에 위기감을 느낀 모토나리는 10월 15일 반란군
을 진압하기 위해 규슈에서 군사를 철수하기로 결정했다. 모토나리는
10월 18일 깃카와 모토하루吉川元春·고바야카와 다카카게 등 모리군을
규슈에서 철수시켜, 10월 25일경 위 오우치가 재흥군의 반란을 진압하
였다. 마침내 오우치 데루히로가 도노미富海에서 자진함으로써 오우치
가 재흥은 실패로 끝났다(오우치 데루히로의 난大內輝弘の亂). 난을 진압
한 모리군은 12월 23일 조후長府에 있던 진을 풀고, 거성 요시다 고리야
마성吉田郡山城(廣島縣安藝高田市吉田町)으로 귀환했다.

　위 오우치씨 재흥군을 격파한 모토나리는 아마고 재흥군을 토벌하
고자 했다. 그리하여 1570년 2월 10일 모리 데루모토, 깃카와 모토하
루, 고바야카와 다카카게 등이 아마고 재흥군을 진압하기 위해 요시다

고리야마성에서 대군을 이끌고 출진했다. 모리군은 북상하여 이즈모로 진군하여 아마고 측 성들을 차례로 공략하면서 갓산 도다성에 진을 쳤다. 한편 아마고 재흥군은 위 하라테군 싸움과 오키 다메키요隱岐爲淸의 반란(미호세키 합전美保關の合戰) 등으로 시간을 허비하여 갓산 도다성을 공략할 수 없었다. 때문에 아마고 재흥군은 모리군의 진군을 막기 위해 후베야마布部山(島根縣安來市廣瀨町布部)에 진을 치고 결전에 대비했다.

야마나카 유키모리를 대장으로 한 아마고 재흥군은 후베야마 미즈타니水谷·나카야마中山에 총세 6,800병을 배치하고 모리군을 기다렸다. 미즈타니에는 아마고군 야마나카 유키모리·다치하라 히사쓰나 등과 모리군 깃카와 모토하루·고바야카와 다카카게 등이 포진하였다. 나카야마에는 아마고 재흥군 아키아게 히사이에秋上久家·요코미치 마사미쓰横道正光 등과 모리군 후쿠하라幅原·가쓰라桂 등이 포진했다. 2월 14일 초기 싸움은 지리의 이점을 살린 아마고 재흥군에게 유리하였으나, 깃카와 모토하루가 별동대를 이끌고 샛길로 후베야마 정상에 올라 아마고군 본대를 강습하였다. 이 공격에 패배한 아마고 재흥군은 본거지인 신야마성으로 철수하였다(후베야마 싸움布部山の戰い). 승리한 모리군은 2월 15일 갓산 도다성에 입성하였다.

야마나카 유키모리는 후베야마 싸움의 뒷수습을 통해 군의 붕괴를 막은 후 거성 신야마성(=眞山城)으로 귀환했다. 싸움의 패배로 세력이 약해진 아마고 재흥군에게 남은 성은 신야마성과 다카세성高瀨城(島根縣出雲市斐川町)뿐이었다. 모리군은 기세를 타고 7~8월에 위 두 개의 성을 공격하여 아마고 재흥군을 위기에 빠뜨렸다.

그 와중인 9월 5일 모토나리가 병으로 위험하다는 소식이 모리군에 전해졌다. 이에 모리군은 갓산 도다성에 깃카와 모토하루를 남겨두고, 모리 데루모토·고바야카와 다카카게 등은 군사들을 철수시켜 아키로 돌아갔다. 이로써 아마고 재흥군은 위기에서 벗어나 다시 공세로 전환하였다.

유키모리 등 아마고 재흥군은 나카우미中海의 주요 해운거점인 도카미야마성十神山城(島根縣安來市新十神町)과 스에키치성 등 이즈모·호키 경계에 있는 성들을 차례로 탈환하고, 기요미즈야마淸水山 요해를 공략하여 다시 갓산 도다성으로 나아갔다. 그리고 다카세성에서 농성하던 요네하라 쓰나히로와 제휴하기 위해 신지코宍道湖 북안에 만간지성滿願寺城(島根縣松江市西佐田町)을 건설하였다. 또한 깃카와 모토하루를 몰아붙여 거성 데사키성手崎城(島根縣出雲市平田町. 平田城)을 공격하는 등 공세를 강화했다. 나아가 오키隱岐 재지영주 오키 단조 사에몬노조隱岐彈正左衛門尉를 끌어들이는 데에도 성공하였고, 동해日本海 제해권도 회복하였다. 그리하여 아마고 재흥군 세력은 다시 시마네 반도 전역에 미쳤다.

1570년 10월 6일 모리군이 이즈모에서 고전하고 있다는 소식을 접한 모토나리는 모리군을 구원함과 동시에 동해 제해권을 회복하기 위해, 직속 수군부대 고다마 나리히데兒玉就英를 이즈모로 파견하였다. 이 원군으로 모리군은 다시 우세를 점하게 되었고, 10월 하순경 도카미야마성, 12월 만간지성을 함락시켰다. 아마고 재흥군 세력은 다시 서서히 약화되었다. 마침내 1571년 8월 20일경 아마고 재흥군의 최후 거점인 신야마성이 함락되고, 농성하던 아마고 가쓰히사는 탈출하여 오키로 도망하였다. 스에키치성에서 농성하던 유키모리도 패배하여, 깃카와 모토하루에게 체포되어 오가타성尾高城(鳥取縣米子市尾高)에 유폐되었다. 이로써 산인 지역에서 아마고 재흥군은 일소되었다. 그러나 유키모리는 오가타성을 탈출하여 오키로 도망하였다.

한편 모리 데루모토는 1571년 모토나리가 사망하자, 중신들의 보좌를 받아 친정을 개시했다. 한편 오가타성에서 탈출한 유키모리는 1572년 2~3월경 다시 바다를 건너 다지마로 잠입하였다. 유키모리는 세토

瀬戸 내해의 해적 무라카미 다케요시村上武吉와 미마사카의 미우라씨 중신 마키 나오하루牧尙春 등과 연락하면서 다시 아마고씨의 재흥 기회를 엿보았다. 이때 유키모리는 자신의 성을 가메이龜井라 했던 듯하다. 1573년 초 유키모리는 다지마에서 이나바로 나아가 기리야마성桐山城(鳥取縣岩美郡岩美町)을 공략하여 거점으로 삼았다. 아마도 이나바를 거점으로 삼아 호키·이즈모 방면으로 세력을 구축하려 했던 것으로 보인다. 이나바의 실질적 지배자는 모리 측 재지영주 다케다 다카노부武田高信였다. 다카노부는 1563년 야마나 도요카즈山名豊數와 싸워 승리하자, 모리씨와 연휴하여 이나바에서 세력을 확대하고 있었다.

오키로 도망했던 유키모리 등 아마고 재흥군은 야마나 도요카즈 동생으로 야마나씨 재흥을 도모하는 야마나 도요쿠니山名豊國를 끌어들여 이나바 각지에서 승리를 거두며 세력을 확대하였다. 1573년 8월 1일 고시키야마성甑山城(鳥取縣鳥取市國府町) 싸움에서 아마고 재흥군은 결정적인 승리를 거둬(돗토리의 다노모쿠즈레鳥取のたのも崩れ), 다케다 다카노부의 거성 돗토리성鳥取城(鳥取縣鳥取市東町) 공격을 본격화했다. 아마고 재흥군은 약 1,000명의 군사로 5,000명의 다카노부군이 농성하는 돗토리성을 공격하여 9월 하순 돗토리성을 회복했다. 성을 지키고 있던 다카노부 가신들은 아마고 재흥군에 인질을 보내고 항복하였다. 그리하여 돗토리성으로 야마나 도요쿠니가 입성하고, 아마고 재흥군은 기사베성私部城(鳥取縣八頭郡八頭町. 기사이치베성, 기사키베성, 기사이베성)에 입성하여 거성으로 삼았다. 유키모리는 그 후 10일 사이에 15개 성을 공략하여 유키모리군의 총세는 3,000여로 불어났고, 동이나바를 일원一元적으로 지배하게 되었다.

그런데 11월 초순경 야마나 도요쿠니가 다키미 다카쓰구田公高次의 회유로 모리 측으로 이반하여, 아마고 재흥군은 겨우 한 달 남짓 후 모리군 측에 돗토리성을 탈취당한 꼴이 되었다. 이로 말미암아 아마고 재흥군 세력은 불안정해졌고, 이에 유키모리는 이나바 각지에서 군사 행동과 모략을 써서 이나바 평정에 진력을 다했다. 유키모리는 이나바에서 모리군과 싸우면서, 미마사카 미우라씨, 비젠 우라가미씨浦上氏, 부젠 오토모씨 등 반모리 세력과의 제휴를 도모함과 동시에 비밀리에 오다 노부나가의 수하 시바타 가쓰이에와도 연락을 취하면서 세력 안정에 힘썼다. 이러한 상황 속에서 유키모리는 1574년 11월 미마사카 미우라씨 거성 다카다성高田城(岡山縣眞庭市勝山. 勝山城)에서 우키타 나오이에宇喜多直家군을 격퇴하고, 오토모 소린으로부터 화약 원료인 염초 한 항아리를 받았다.

그런데 1575년 5월 다지마의 야마나 스케토요가 모리씨와 화해하였다(藝但和睦). 일찍이 모리씨와 대적하며 아마고 재흥군을 도왔던 스케토요지만, 이즈음 노부나가가 다지마 지배와 이쿠노生野 은광의 권익을 위협하고 있어 모리씨와 손을 잡았던 것이다. 다지마 야마나씨의 지원을 잃은 유키모리는 1575년 6월 14~15일 아나바 와카사오니가성若櫻鬼ヶ城(鳥取縣八頭郡若櫻町)을 공략하여, 그곳으로 거점을 옮겼다. 전 거성 기사베성에는 가메이 고레노리龜井兹矩를 들여보냈다. 와카사오니가성은 이나바에서 다지마·하리마로 향하는 산간 교통로의 결절점에 위치한다. 유키모리가 와카사오니가성으로 거점을 옮긴 것은 적대하는 야마나씨 본거 다지마를 피해서 하리마에서 교토로 가는 길을 확보하려는 의도를 나타내고 있다.

이러한 상황에 대처하기 위해 깃카와 모토하루와 고바야카와 다카카게는 6월 약 47,000 병사를 이끌고 이나바로 출진하여 아마고 재흥군을 총공격했다. 모리군은 아마고 재흥군을 차례로 공략, 8월 29일 유키모리가 농성하고 있던 와카사오니가성을 공격하였다. 아마고 재흥군은 이 공격을 막아내 격퇴하기는 하였으나, 10월 상순경 기사베성이 모리군에게 함락되었다. 이제 아마고 재흥군의 이나바 거점은 와카사오니가성만 남게 되었지만 그럼에도 아마고 재흥군은 분투하였다. 한편 산요 방면에서 노부나가 측과 모리 측의 긴장이 높아져, 10월 21일 모리군이 와카사오니가성 주변에 여러 부성付城을 설치하고 이나바에서 철수했다.

한편 아카마쓰赤松씨로부터 독립한 우라가미浦上씨는 1551년 아마고씨의 비젠 침입에 대한 대응을 둘러싸고 아마고씨에게 협조적이었던 우라가미 마사무네浦上政宗와 그의 의견에 반대하는 동생 우라가미 무네카게浦上宗景가 대립하였다. 무네카게는 1554년 마사무네와 대립하고 있던 모리 모토나리와 동맹을 맺고, 1560년경까지 마사무네의 세력을 비젠 동부에서 구축하여 비젠 지배권을 확립했다. 그러나 무네카게는 모리씨의 영향력 아래 있었고, 형 마사무네의 세력도 건재하여 그다지 두각을 나타내지는 못하였다.

무네카게는 1563년 5월경 형 마사무네와 화해하여 우라가미씨 내분을 수습하고, 미무라 이에치카三村家親와 싸우고 12월에는 모리씨와 단교하여 센고쿠다이묘의 길을 걷기 시작했다. 그런데 1564년 마사무네와 그의 적자 기요무네淸宗가 아카마쓰 마사히데에게 살해당하는 사건이 발생했다. 미무라씨와의 싸움에 집중하고 있던 무네카게는 후술하는 묘젠지 합전明善寺合戰에서 승리하고, 1567년 비젠에서 미무라·모리 세력을 일소했다. 그리고 무네카게는 같은 해 우라가미 총령가 마사무네 3남 나리무네誠宗를 암살했다. 1568년에는 비젠의 유력 재지영주 마쓰다松田씨를 멸하여, 세토 내해 고지마兒島를 제외한 비젠 전역과 미마사카 동남부를 지배하게 되었다. 이러한 우라가미씨의 세력 확대는 우키타 나오이에와 그의 가신단에 힘입은 바 컸다. 무네카게와 나오이에의 관계는 군신관계라기보다는 동맹관계에 가까웠다고 보인다.

한편 1566년 미무라 모토치카三村元親의 아버지 미무라 이에치카가 우라가미 무네카게의 수하 우키타 나오이에에게 암살되었다. 책략에 능했던 나오이에는 1534년 우라가미가 가신 시마무라 모리자네島村盛實에게 자인당한 조부 우키타 요시이에宇喜田能家의 원수를 갚기 위해, 1559년 시마무라 모리자네를 모반 용의로 살해했다. 사위 나카야마 노부마사中山信正도 1559년 모반 용의

〈그림 11〉 빗추·미마사카·비젠 지역도

로 살해하고 그 소령도 몰수했다. 또한 다쓰노구치성龍ノ口城(岡山縣岡山市中區祇園) 성주 사이쇼 모토쓰네穄所元常도 1561년 자객을 보내 살해하고 그 후 다쓰노구치성을 공격하여 함락시켰다. 이로써 나오이에는 비젠 서부 진출의 계기를 마련하며 자신의 지배영역을 확대해 나갔다. 한편 1565년 미무라 모토치카는 미마사카로 침공하여, 나오이에의 사위 고토 가쓰모토後藤勝元가 지키던 미쓰보시성三星城(岡山縣美作市明見)을 공격하였다. 그러나 가쓰모토는 나오이에의 지원을 얻어 미쓰보시성을 지키고, 모토치카는 철수하였다.

그런데 1566년 2월 빗추를 중심 거점으로 하는 미무라 모토치카가 미마사카로 진출하자, 나오이에는 아와 호소카와가 낭인 엔도 도시미치遠藤俊通·엔도 히데키요遠藤秀淸를 기용하여 미무라 이에치카를 철포로 저격하여 살해하였다. 이에 미무라군은 빗추로 철수하였다. 나오이에는 1566년 비젠으로 지배영역을 확대하기 위해 비젠 조토군上道郡 사와다무라澤田村(岡山市中區澤田)에 있는 묘젠지야마明善寺山에 성을 쌓고 군대

를 주둔시켰다.

한편 미무라 이에치카를 이은 모토치카는 1567년 7월 아버지의 원수를 갚기 위해 2만 군사를 동원하여 비젠 서부로 침공하여, 우키타 나오이에군 50~60인이 지키는 묘젠지성明善寺城(岡山縣岡山市中區澤田)을 함락시켰다. 이 소식을 접한 나오이에가 미무라씨에게 항복한 상태였던 오카야마성岡山城(岡山縣岡山市北區) 성주 가나미쓰 무네타카金光宗高, 나카시마성中島城(岡山縣岡山市北區中島) 성주 나카시마 모토유키中島元行, 후나야마성舟山城(岡山縣加賀郡吉備中央町) 성주 스즈키 부젠노카미須々木豊前守를 미무라씨에게서 이반시켜 묘젠지성의 미무라군을 고립시켰다. 나오이에는 묘젠지성 측에 항복을 권유하였으나, 묘젠지성 측은 이를 거부하고 빗추 미무라 모토치카에게 원군을 요청했다.

위 소식을 접한 미무라 모토치카는 이시카와 히사토모石川久智, 우에키 히데나가植木秀長, 쇼 모토스케莊元祐 등을 가담시킨 2만여(1만이라고도 한다) 군세로 비젠을 침공했다. 미무라군은 가라카와辛川(岡山市北區辛川)에서 군의를 열었다. 그리하여 선진으로 쇼 모토스케에게 약 7천의 군사를 이끌게 하고, 가나미쓰 무네타카를 안내인으로 하여 남쪽으로 나아가 오카야마성을 크게 우회하여 아사히가와旭川를 건너 묘젠지성으로 진출하고, 중군은 이시카와 히사토모가 약 5천 군사를 이끌고 하라오시마原尾島(岡山市中區原尾島)로 진출하여 묘젠지성을 지키는 우키타군을 배후에서 공격하기로 했다. 총대장 모토치카는 나카시마 오이中島大炊를 안내인으로 8천여 군사를 이끌고 쓰리노와타시釣の渡し(岡山市北區三野)에서 아사히가와를 건너 시노고세무라四御神村(岡山市中區四御神)를 경유하여 누마성沼城(岡山縣岡山市東區沼)을 급습하기로 했다.

이에 대항하여 우키타 나오이에는 본거지 누마성을 출발, 5천여 군사를 5단 가마에5段構え로 배치하였다. 위와 같이 모토치카군이 묘젠지성으로 움직이자, 나오이에는 5천 군사를 동원하여 묘젠지성을 조

기에 공략하고, 모토치카군을 영내로 끌어들여 섬멸시킨다는 작전을 짰다. 나오이에는 가나미쓰 무네타카에게 미무라군이 후방을 공격하도록 유도하라고 지시하였다. 이에 가나미쓰 무네타카는 이시카와 히사토모에게 사자를 보내 묘젠지성과 제휴하여 우키타군을 협격하는 작전을 제안하였다. 즉 나오이에의 작전에 미무라 모토치카가 완전히 걸려든 것이다.

나오이에는 미무라군의 움직임을 확인하고 바로 묘젠지성에 대공세를 펴서, 순식간에 묘젠지성을 함락시켰다. 묘젠지성 성병과 함께 나오이에군을 협격할 예정이었던 미무라군의 묘젠지 공격작전은 나오이에의 이 전격적인 작전으로 차질을 빚게 되었다. 게다가 미사오야마三棹山(=操山) 부근까지 진군해 있던 미무라군 선봉대 쇼 모토스케군에 미사오야마 정상에 포진하고 있던 우키타군 선봉대가 철포 공격을 가해, 쇼 모토스케군은 혼란에 빠져 즉시 퇴각하였다. 우키타 다다이에군은 퇴각하는 쇼 모토스케군을 측면에서 협격하였고, 쇼 모토스케군은 우키타군에 반격을 가하였으나 패배했다.

한편 중군을 지휘하는 이시카와 히사토모는 묘젠지성 낙성과 선봉대의 패주 소식을 듣고, 노신 나카시마 가가노카미中島加賀守를 불러 작전 변경을 상의했다. 나카시마 가가노카미는 아사히가와 서안에 포진하여 강을 건너오는 우키타군을 공격하는 작전을 진언하고, 이시카와 히사토모도 그 의견에 동의하였다. 그러나 여러 신하들이 이 의견에 따르지 않아 의견일치를 보지 못한 채 우왕좌왕하는 사이, 우키타 본대 고모토河本씨, 쓰시마對馬씨, 하나부사 모토히데花房職秀 등의 부대가 3방면으로 공격하여 왔다. 할 수 없이 히사모토는 하라오시마무라原尾島村에서 방어전을 펼치기로 했다.

우키타 본대는 철포로 히사모토군을 공격하면서 돌격하였고, 고모토, 하나부사 부대는 히사모토군 좌우로 군사를 전개하여 협격하였다.

3방면에서 공격을 받고 혼란에 빠진 히사모토군은 나카시마성中島城(岡山縣岡山市中區中島)으로 패주하고, 우키타군은 야바타무라八幡村(岡山市中區八幡) 부근까지 추격하였다. 그러나 이곳에서 군세를 정비한 히사모토군이 반격을 개시하여 승리에 취한 우키타군을 패배시켰다. 모처럼 승기를 잡았으나 앞 전투에서 심대한 타격을 받은 히사마토군은 우키타군을 추격할 여유가 없어서 철수하였다.

미무라 모토치카는 시노고세무라 부근을 통과하던 중 묘젠지성에서 화염이 피어오르는 것을 보고 묘젠지성 함락에 크게 낙담하였고, 선봉대와 중군의 패주 소식이 본대에 전해지자, 본대는 크게 동요하였다. 대부분이 각지의 호족집단으로 편성된 미무라군 군사들이 전선을 이탈하였다. 이러한 혼란 중에도 미무라가 직신단 하타모토슈旗本衆는 선대 당주의 원수를 갚기 위해 남쪽으로 진군했다. 이 움직임을 포착한 나오이에는 일단 후퇴하여 휴식을 취하던 군사들을 발진시켰다.

모토치카는 소수 병력으로 포진하고 있던 나오이에 선진 아카시 가게치카明石景親, 오카 이에토시岡家利 부대를 순식간에 무너뜨렸으나, 후진을 맡은 도가와戶川, 나가후네長船, 우키타 부대들이 미무라군을 양쪽에서 공격하였다. 복수에 불타는 미무라군도 3방향에서 공격해 오는 우키타군에 견디지 못해 혼란에 빠져 무너졌다. 죽음을 각오한 모토치카는 우키타군에 최후의 일격을 가하려 하였으나, 수하들의 만류로 후퇴하였다. 병력 수가 적었던 우키타군은 미무라군을 추격하지는 못했다(묘젠지 합전明善寺合戰).

이 싸움으로 우키타씨는 최대 대항세력이었던 미무라씨를 비젠 서부에서 격퇴하였고, 철포 주조지 후쿠오카福岡(岡山縣瀨戶內市長船町福岡)를 장악하였다. 그리고 우라가미가에 대한 강한 영향력과 독립성을 확보했다. 이후 우키타씨는 비젠에서 우라가미씨 수하이면서도 센고쿠다이묘로의 입지를 확립해 나갔다.

〈그림 12〉 빗추·비젠·하리마 지역도

한편 1568년 모리씨가 규슈를 침공하고 있던 틈을 타, 비젠 우라가미 측 우키타 나오이에 군세가 빗추를 침공했다. 빗추 마쓰야마성松山城(岡山縣高梁市內山下)을 지키는 쇼 다카스케庄高資와 사이타성齊田城(岡山縣眞庭市下中津井. 佐井田城) 성주 우에키 히데나가 등은 이때 우키타 측으로 이반했다. 이에 편승한 우키타군은 사루카케성猿掛城(岡山縣倉敷市眞備町) 등도 공격하여 함락시켰다. 위기감을 느낀 아키의 모리 모토나리는 4남 모리 모토키요를 보내 사루카케성을 탈환하고, 나아가 빗추 마쓰야마성을 공격하여 쇼 다카스케를 몰아냈다. 모리씨가 우키타씨를 공략하는 사이 모토치카는 마쓰야마성을 탈환하고, 그 주위에 21개의 성채를 구축하여 요새화했다.

한편 우라가미 무네카게는 1569년 구 하리마 슈고가 아카마쓰 요시스케赤松義祐와 아카마쓰 노리후사赤松則房, 그리고 하리마 유력 재지영주 고데라 마사모토小寺政職 등과 함께 우라가미 마사무네씨 구원을 명목으로 하리마의 마사무네 유령을 손에 넣었다. 그리고서 무네카게는 서하리마에서 경계할 세력이었던 아카마쓰 마사히데赤松政秀를 치기 위해 하리마로 침공하였다. 무네카게는 아마고씨 재흥을 꿈꾸는 아마고 가쓰히사尼子勝久 등 반모리 세력을 적극 지원하고, 규슈 오토모 소린과도 동맹을 맺어 모리씨에 대항하였다.

무네카게의 공격을 견디기 어려웠던 아카마쓰 마사히데는 쇼군 요시아키와 오다 노부나가에게 구원을 요청하였다. 그리하여 8월부터 9월에 걸쳐 무네카게는 노부나가가 파견한 이케다 가쓰마사·벳쇼 야스하루別所安治 등의 공격을 받았다. 동시에 비밀리에 노부나가와 내통하고 있던 우키타 나오이에가 무네카게에게 반기를 들었다. 그러나 노부나가 세력(=히데요시)은 하리마 공격에 소극적이어서 몇 군데 성들을 공격하고는 바로 철수해 버렸다. 무네카게는 노부나가 측 아카마쓰 마사히데의 다쓰노성龍野城(兵庫縣たつの市龍野町)을 공격하여 11월 마사히데에게 항복을 받고 그 소령을 장악했다. 이렇게 하여 비젠에서 완전히 고립된 나오이에는 무네카게에게 사죄하고 공순한 태도를 보였다.

위 오다 노부나가의 위협이 사라지자, 무네카게는 1570년 빗추 남부로 침공했다. 그리고 아마고 가쓰히사의 요청에 호응하여 이즈모로 원군을 파견하였고, 별동대를 동쪽으로 보내 아카마쓰 노리후사를 지원, 벳쇼 나가하루가 거처하는 미키성三木城(兵庫縣三木市上の丸町)을 공격하였다. 무네카게는 1571년 동맹을 맺은 미요시씨 측 시노하라 나가후사와 협력하여 비젠 고지마에서 모리씨와 싸워 승리하였다. 그리고 동년 가을 이후 빗추 사이타성, 마쓰시마성松島城(岡山縣倉敷市松島) 등에서 모리·미무라 군사를 격퇴하였다. 그러나 1572년 북규슈에서 오토모 소린과 모리씨 사이의 대립이 모리씨의 승리로 마무리되자, 모리씨가 동진하였다. 이에 무네카게는 요시아키·노부나가에게 중재를 요청하여 모리씨와의 화해를 도모하였다. 처음에는 모리씨가 화해에 응하지 않았으나, 10월 모리·우라가미씨는 화해하고, 상대방 성들을 돌려주었다.

1573년 12월 노부나가의 중재로 무네카게는 벳쇼 나가하루와도 화해하였다. 이때 노부나가는 무네카게에게 주인장을 발급하여 비젠, 하리마, 미마사카 3 지역의 지배권을 인정하였다. 이리하여 무네카게는 구주 아카마쓰씨를 능가하는 지위를 얻고 우라가미씨의 전성기를 맞았다. 그런데 노부나가 주인장에는 우라가미씨와 관련 없는 동하리마를 지배하는 고데라씨와 벳쇼씨 등까지 우라가미씨 신하로 간주하여 무네카게는 이들로부터 반감을 샀다. 이 점에 착안한 나오이에가 고데라 마사모토에게 맡겨져 있던 우라가미 마사무네 손자 히사마쓰마루久松丸를 비젠으로 들여보낼 것을 비밀리에 타진하고, 마사모토의 승인을 얻어 히사마쓰마루를 자신의 영내로 데려왔다.

1574년 3월 히사마쓰마루를 옹립한 우키타 나오이에는 다시 우라가미 무네카게에게 반기를 들고 비젠·미마사카 각지에서 무네카게군과 싸웠다. 무네카게는 빗추의 미무라 모토치카, 미마사카의 미우라 사다히로三浦貞廣 등과 동맹을 맺고, 오토모 소린, 미요시 나가하루에게도 원군을 요청하였으나 성공하지는 못했다. 더욱이 히사마쓰마루의 존재와 나오이에의 책략이 먹혀들어가 미마사카 누모토沼本씨와 간노菅納씨 등과 무네카게의 수하 신하들이 나오이에 측으로 이반하였다. 이렇게 되자 무네카게는 고전을 면치 못하게 되었고 방관하던 모리 데루모토도 노부나가의 무네카게·나오이에 화해 주선 요청을 무시하였다. 뿐만 아니라 노부나가 첨병으로 모리씨에 대항하던 우라가미씨를 무너뜨리기 위해 우키타 나오이에를 지원하기로 결정하였다.

한편 1574년 모리 모토나리 2남 깃카와 모토하루가 우키타 나오이에는 표리부동한 자라 신용하기 어렵다면서 우키타 나오이에와의 동맹에 반대하였지만, 데루모토는 3남 고바야카와 다카카게와 안코쿠지 에케이安國寺惠瓊의 중재로 동맹을 맺었다. 때문에 나오이에에게 원한이 있었던 미무라 모토치카는 모리씨를 이반하여, 숙부 미무라 지카시게 三村親成와 그의 아들 지카노부親宣 등의 반대에도 불구하고 오다 노부나가와 내통했다. 이 때문에 지카시게·지카노부는 모토치카를 버리고 도망했다. 이해 겨울 미무라씨 이반에 위기를 느낀 데루모토는 다카카게를 총대장으로 삼아 빗추로 8만 대군을 파병하여 빗추 병란備中兵亂을 일으켰다.

미무라군 본성 마쓰야마성은 위에서 언급했듯이 요새화되어 있어서, 모리군은 마쓰야마성을 우회하여 사루카케성·구니요시성國吉城(岡山縣高梁市川上町)·가쿠슈성鶴首城(岡山縣高梁市成羽町) 등 마쓰야마성 주변의 성들을 차례로 함락시켰다. 그러면서도 요새화된 마쓰야마성은 총력으로 공격하지 못하고 지구전을 통한 내부 이반을 유도하며 성의 붕괴를 기다렸다. 성을 포위당한 지 1개월이 지나자 미무라군의 사기가 떨어져 결국 모리씨에 내응하여 덴진노마루天神の丸가 함락되었다. 그후 차례로 모리씨에 내응하는 자들이 나타났다. 마침내 1575년 5월 가신의 설득으로 모토치카는 마쓰야마성에서 나와 처자와 가신들과 함께 도망하였다. 마쓰야마성은 함락되었고, 모토치카는 도망 도중에 다카카게에게 자진을 요청하여 6월 쇼렌지松連寺에서 자진한다. 이로써 센고쿠다이묘 미무라씨는 멸망하였다. 이에 빗추의 대반은 모리씨, 남부 일부는 우키타씨가 영유하게 되었다.

한편 우라가미 무네카게는 나오이에령의 수운 등 중요한 거점에 많은 직할지를 설정하고 그곳으로 다이칸을 보내 나오이에의 소령지배에 제한을 가했다. 우라가미씨가 미마사카에 세력을 확대해 나가고 있었던 데 비해, 나오이에의 소령은 서비젠으로 국한되었으나 나오이에 세력이 마쓰다씨 구령 일부로까지 확대되면서 비젠에 대한 영향력이 강화되었다. 거기에 모리씨가 나오이에를 적극 지원하자 무네카게는 곤경에 빠졌고 더욱이 중신 아카시 유키오明石行雄 등이 무네카게를 이반하였다. 무네카게는 9월 덴진야마성에서 우키타군의 포위망을 뚫고 탈출하여 하리마 고데라 마사모토에게 의지하여 퇴각하였다. 그러나 그 후 무네카게는 노부나가가 파견한 아라키 무라시게의 지원을 얻어 우키타탄성宇喜多端城(소재지 불명)을 탈환하여, 그곳으로 입성했다고 한다. 그 후 우라가미가 재흥 움직임은 있었으나, 이로써 우라가미가는 멸망하였다.

또한 아마고씨 멸망 후 동생들과 다카다성을 탈환하고, 야마나카 유키모리와 손잡고 모리 모토나리와 싸운 미마사카 미우라 사다히로도 1575년 모리씨의 침공으로 멸망하였다. 사태가 이에 이르자 고립을 면치 못하게 된 아마고 재흥군은 모토하루 등 모리 주력군이 퇴각한 후에도 이나바 모리 세력에게 지속적으로 압력을 받아, 1576년 5월경 와카사오니가성에서 퇴각하였다. 한편 유키모리는 노부나가와 면회하여 노부나가 신하로서 아마고 재흥을 꾀했다.

한편 1567년 부젠과 지쿠젠筑前에서 오토모 측 재지영주들이 모리 모토나리와 내통하여 봉기하였다. 이 봉기에 오토모 소린의 중신 다카하시 아키타네高橋鑑種도 가담하였는데, 소린은 다치바나 도세쓰立花道雪 등에게 명하여 모토나리와 내통해 봉기한 세력을 평정하였다. 이 모리씨와의 전투 중에 소린은 선교사에게 화약 원료인 초석의 수입을 요청하고, 기독교 보호자임을 자처했다. 소린은 1569년 히젠肥前에서 세력을 확대하는 류조지 다카노부龍造寺隆信를 토벌하기 위해 군사를 발진했으나, 모토나리가 지쿠젠으로 침입해 왔기 때문에 퇴각하였다. 소린은 다타라하마 싸움多々良浜の戰い에서 모리군에게 타격을 가하고, 중신 요시오카 나가마스吉岡長增의 진언을 받아들여 오우치씨의 신하였던 오우치 데루히로에게 수군 와카바야시 시게오키若林鎭興를 붙여 스오로 상륙시켜 모리씨 배후를 위협하여, 모토나리를 아키로 몰아냈다(오우치 데루히로의 난大內輝弘の亂).

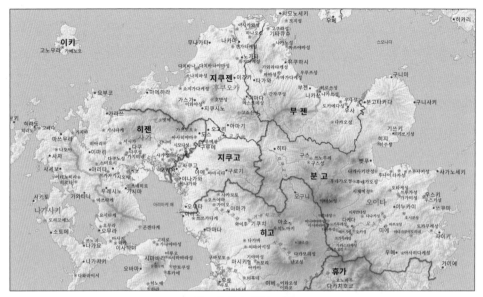

〈그림 13〉 규슈 북부 지역도

소린은 1570년 3천 병사를 이끌고 히젠에서 세력을 확대하고 있는 류조지 다카노부를 토벌하기 위해 다시 히젠으로 침공하였다. 류조지 측은 사가성佐嘉城(佐賀縣佐賀市城內. 佐賀城)에 군사를 모아 농성했다. 오토 모 소린이 고라산高良山에 진을 치고 류조지군을 공격했으나 사기가 높은 류조지군은 쉽게 물러서지 않았다. 전황은 답보 상태에 빠지고 수개월이 흘렀다. 류조지 측으로서는 장기간의 농성전에 필수인 원군 이 없어서 불리하였다. 승리 소식이 없자 소린은 8월 동생 오토모 지카사다大友親貞에게 3천 군사를 이끌고 전선으로 가서 류조지 측을 총공격하라고 명했다. 8월 17일 지카사다는 사가성 북쪽에 위치하는 이마야마今山에 포진했으나, 점괘가 좋지 않아 8월 20일에 사가성 총공 격을 개시하기로 했다.

그런데 총공격 전날 밤 지카사다가 이마야마 본진에서 승리하지도 않았는데 축하연을 열어 군의 사기를 떨어뜨렸다. 간자에게서 이 정보

를 접한 사가성 나베시마 노부오鍋島信生(후의 直茂)는 류조지 다카노부에게 이마야마의 오토모군 본진을 야습하도록 건의하였다. 류조지 진영은 이 작전에 부정적이었으나, 다카노부 생모 게이긴니慶誾尼가 오토모 공격의 격檄을 날리자 위 기습책을 받아들였다. 노부오 이하 500여 기습부대가 편성되었고, 8월 19일 밤부터 20일 새벽까지 노부오의 기습부대가 사가성을 빠져나가 지카사다의 이마야마 본진 배후에 매복했다. 새벽 노부오는 적진에 철포를 쏘아 모반자가 있다는 허위정보를 흘려 오토모군을 혼란시켰다. 이로 말미암아 오토모군은 서로 싸우며 혼란에 빠졌다. 이 틈을 타 노부오 기습부대는 지카사다 본진으로 돌진하여, 나리마쓰 노부카쓰成松信勝가 지카사다를 죽였다. 총대장을 잃은 오토모군은 2천여 명의 희생자를 내고 퇴각해야 했다(이마야마 싸움今山の戰い).

다카노부는 이마야마 싸움에서 승리하였으나, 이 싸움은 국지전으로 오토모군 본진에 대한 타격은 없었다. 이 시기 류조지 다카노부는 오토모군이 침공할 때 반기를 든 인근 호족을 차례로 토벌하거나 복속시켜 세력을 확대하였다. 그러나 오토모씨의 히젠 지배를 완전히 배제할 수는 없어서 다카노부는 오토모씨에게 순종하는 자세를 취하였다. 승기를 놓친 오토모군은 반년에 걸친 포위에도 사가성 공략의 실마리를 잡지 못했다. 9월 말 류조지 측은 오토모 측에 화해를 제안하고, 다카노부는 동생 류조지 노부치카龍造寺信周를 소린에게 인질로 보냈다. 이를 오토모 측이 승인하여 10월 1일 오토모씨와 류조지씨 사이에 화해가 성립하고, 소린은 분고로 귀환했다. 이 싸움 이후 류조지 다카노부는 오토모 소린과 시마즈 요시히사와 어깨를 나란히 하는 규슈 3대 세력으로 부상하였다.

3. 시마즈씨의 대두

　시마즈 요시히사는 1566년 아버지 다카히사의 은거로 가독을 상속하여 시마즈씨 16대 당주가 되었으나 정국은 여전히 다카히사가 장악하고 있었다. 1569년 시마즈씨는 오쿠치大口에서 사가라相良씨와 히시카리菱刈씨와 다투었다. 사가라 요시시게相良義滋는 1545년 2월 5일 <요시시게 법식義滋法式> 5개조를 제정하고, 1546년 8월 15일 <고시키모쿠御式目> 20개조를 제정하여 자신의 영지 구마球磨·야쓰시로八代·아시키타군葦北郡에 공포하였다. 그리고 1555년 2월 7일 사가라 하루히로相良晴廣가 21개조를 제정하였다. 이 하루히로 21개조와 위 요시시게 20개조를 합한 41개조가 분국법 <사가라씨 법도相良氏法度>다. 이렇듯 사가라씨는 독자의 법도를 만들어 영지를 지배하고 있었다. 그리고 히시카리씨는 사가라씨와 연합하여 이사군伊佐郡 북부에서 세력을 자랑하던 우시쿠소牛屎씨에게 대항, 우시쿠소씨를 구축하고 이사군 전체를 장악했다.
　1567년 11월 시마즈 요시히사가 공격해 오자, 히시카리 다카아키菱刈隆秋는 조카 쓰루치요鶴千代를 옹위하여 오스미大隅 오구치大口, 우마코시馬越 등에서 대항하였다. 다카아키는 히고肥後 사가라 하루히로를 이은 사가라 요시히相良義陽와 연합하여, 1568년 정월 시마즈 요시히로島津義弘를 도자키堂崎에서 격파했다. 그러나 1569년 5월 히시카리·사가라 연합군은 오구치 도가미오 싸움戸神尾の戰い에서 시마즈군에게 대패하였다. 그런데 이토 요시마스伊東義益의 급사로 시마즈군이 7월 마사키인眞幸院에서 퇴거하자, 사가라군은 9월 오구치성大口城(鹿兒島縣伊佐市大口)을 공략하여 개성하였다. 그러나 시마즈군은 히시카리씨 본성 오구치성을 공격하여 히시카리·사가라씨에게 항복을 받았다. 다카아키는 오구치성을 나와 사가라씨의 히토요시성人吉城(熊本縣人吉市麓町)으로 갔다. 그후 오구치성에는 오구치 지토大口地頭로 임명된 니이로 다다모토新納忠元

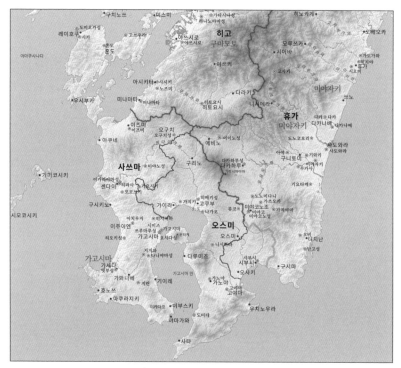

〈그림 14〉 규슈 남부 지역도

가 들어와 오구치·히시카리 지역을 지배하였다. 이를 계기로 시마즈 씨는 1570년 12월 28일 도고東鄕씨, 이리키인入來院씨에게 항복을 받아 사쓰마薩摩를 통일하였다.

그 후 사가라씨는 1572년 기자키바루 합전木崎原合戰에서 이토 요시스케伊東義祐와 연합하여 시마즈 요시히로를 협격하고자 하였으나, 오히려 요시히로의 습격을 받은 이토군이 괴멸하여 부랴부랴 퇴각하였다. 1575년 노부나가의 의뢰를 받은 전관백 고노에 사키히사가 사가라씨를 비롯한 시마즈, 이토, 오토모씨 등의 화해를 권유하고, 모두 함께 연합하여 모리군에 대항하도록 설득하였다. 그러나 이토씨 멸망을 바로 앞두고 있던 시마즈씨의 반대로 위 계획은 무산되었다. 그럼에도

시마즈씨와 사가라 요시히는 사키히사의 중재로 화해하였다. 이것은 이 지역에서는 아직도 조정의 권위가 통하고 있었던 것을 보여준다.

한편 시마즈씨는 사쓰마 통일 이전부터 사쓰마·오스미·휴가·히고 지역과 접한 요충지 마사키인의 귀속을 둘러싸고 휴가日向 이토 요시스케와 대치하고 있었다. 1572년 5월 이토 요시스케는 중신 이토 스케야스伊東祐安를 총대장으로 이토 스케노부伊東祐信, 이토 마타지로伊東又次郎, 이토 스케하루伊東祐靑 등을 대장으로 하는 3천 군사로 시마즈령을 침공하여, 이이노성飯野城(宮崎縣えびの市飯野)에 있던 요시히사 동생 시마즈 요시히로를 영격했다. 그런데 요시히로가 겨우 군사 300인을 이끌고 출격하여 기자키바루에 매복하여 이토군을 괴멸시켰다. 이는 적은 군사로 다수의 군사를 격파한 싸움으로 '규슈의 오케하자마桶狹間'로 불린다(기자키바루 싸움木崎原の戰い). 이 싸움과 함께 시마즈씨는 오스미 통일전을 전개하여, 1573년 네지메禰寢씨, 1574년에는 기모쓰키肝付씨와 이지치伊地知씨를 귀순시켜 오스미를 통일하였다. 최후로 남겨진 휴가는 1576년 이토씨 다카하루성高原城(宮崎縣西諸縣郡高原町)을 공략, '총 48성'을 자랑하던 이토 측 지성주들을 복속시켰다. 이로써 시마즈씨는 휴가를 통일하는 데 성공하고, 이토 요시스케는 분고 오토모 소린을 의지하여 망명하였다. 그리하여 마침내 시마즈씨는 3주=사쓰마·오스미·휴가 통일의 비원을 달성했다.

4. 조소카베씨의 대두

한편 이 시기 시코쿠四國 도사土佐 지역에서 조소카베 모토치카長宗我部 元親가 대두하였다. 조소카베씨는 진시황秦始皇의 후예라 하는 진씨秦氏 가 시조라 하기도 하고, 소가蘇我씨의 자손이라고도 한다. 조소카베씨

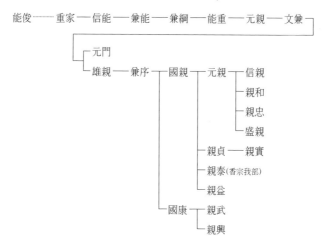

가 도사로 들어온 시기는 불명확하나, 13세기에는 도사에서 조소카베씨의 행적을 알 수 있다. 여하튼 도사로 들어온 조소카베씨는 나가오카군長岡郡 오코岡豊(高知縣南國市岡豊町)를 거점으로 가초香長 평야(나가오카군, 가미군香美郡)에 자리 잡았다. 남북조기 조소카베씨 11대 당주 노부요시信能는 북군 아시카가 측에 가담하여 도사 슈고 호소카와 아키우지細川顯氏 밑에서 나가오카군 하치만야마八幡山 동사카모토東坂本에서 남조군과 싸웠다. 그 공으로 노부요시는 가미군 요시와라쇼吉原庄(香南市吉川町西部)와 나가오카군·가미군·도사군土佐郡의 각지 계 1134정町(덴쇼기 검지 석고로 1정은 약 10석)을 받아, 지역권력으로 발전하는 기초를 다졌다.

12대 당주 가네요시兼能는 1345년 호소카와씨에게 무소 소세키夢窓疎石가 1318년 창건한 규코암吸江庵(吸江寺)의 데라부교寺奉行에 임명되었다. 14대 당주 요시시게能重는 1386년경 요시와라쇼 전역을 지배 하에 흡수했다. 요시시게는 1380년 도사 슈고다이로 입부한 호소카와 요리마스細川賴益(細川遠州家 초대)와 결속하여 규코암 데라부교와 요시와라쇼를 지배하여 상당한 실력을 쌓았던 것이다.

관백이었던 이치조 노리후사一條敎房(土佐一條氏 초대)가 오닌의 난을 피해 영지가 있는 도사 하타노쇼幡多莊로 내려와, 도사 재지영주들의 협조로 세력기반을 확보했다. 16대 당주 후미카네文兼는 1471년 장자 모토카도元門(17대 당주)를 추방하여 규코암 데라부교에서 해임되었고, 영지 일부도 잃었다. 모토카도는 히사타케久武씨·나카우치中內씨를 데리고 무자수행武者修行하여 이세 구와나씨 가신이 되었다. 후미카네·모토카도의 쟁란은 모토카네 동생 가쓰치카雄親가 18대 가독을 잇는 것으로 해결되었다. 그런데 오닌의 난 후 중앙에서 권력을 잡은 본가 호소카와 마사모토細川政元가 1507년 6월 암살당했다(에이쇼의 착란永正の錯亂). 이로 말미암아 도사 슈고다이 호소카와씨를 포함한 호소카와씨 일족이 교토로 올라갔다. 그리하여 도사도 슈고의 영국지배가 끝나고 센고쿠기戰國期를 맞는다.

이 시기 도사는 맹주인 도사 이치조土佐一條씨 밑에 도사 7웅이 할거하고 있었다. 즉 도사 이치조씨：도사코쿠시土佐國司, 하타군幡多郡 16,000관貫(1관=1~2석)을 필두로 ① 모토야마本山씨：나가오카군 5,000관, ② 기라吉良씨：아가와군吾川郡 5,000관, ③ 아키安藝씨：아키군安藝郡 5,000관, ④ 쓰노津野씨：다카오카군高岡郡 5,000관, ⑤ 고소카베香宗我部씨：가미군 4,000관, ⑥ 오히라大平씨：다카오카군 4,000관, ⑦ 조소카베씨：나가오카군 3,000관 규모로 도사 지역을 할거하고 있었고, 그 외에 야마다山田씨, 가타오카片岡씨 등 유력 호족들이 있었다.

위에서 보듯이 소소카베씨는 도사 7웅 중 가장 약세였고, 19대 당주 가네쓰구兼序 때는 오코성岡豊城(高知縣南國市岡豊町)에서 추방되어 일시 멸망지경에 이르렀다. 가네쓰구는 주변 호족에게 반감을 사 1508년 모토야마·야마다·기라·오히라 연합군 3천에 거성이 함락 당하기도 하고, 규코암 사령문제로 오쓰성大津城(高知縣高知市大津)을 점거한 덴지쿠天竺씨에게 멸망하였다고도 한다. 이 싸움에서 가네쓰구 유아 지오마루千雄丸

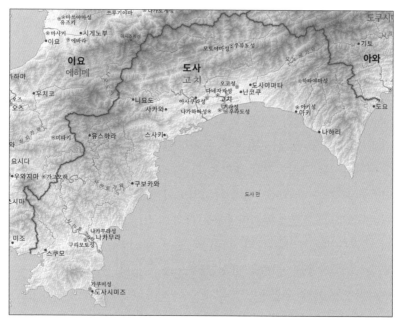

<그림 15> 도사 지역도

는 오코성을 탈출하여 도사 이치조씨가 있는 나카무라中村로 도망하여
보호받았다.

　지오마루는 도사 이치조씨 당주 이치조 후사이에一條房家 밑에서 원
복하고 조소카베 구니치카長宗我部國親로 개명했다. 그리고 후사이에의
배려로 1518년 오코성으로 돌아와 조소카베씨를 부흥시켜 20대 당주
가 되었다. 구니치카는 요시다 다카요리吉田孝賴 등의 후견을 받으며
조소카베씨 지배를 강화하고, 야마다씨, 고소카베香曾我部씨, 기라씨
등을 차례로 공략하여 세력을 확대해 나갔다. 영지에는 무사들을 안착
시키고 부국강병을 추진했다. 한편 구니치카는 당시 도사 내에서 최고
실력자였던 모토야마씨 당주 모토야마 시게무네本山茂宗(梅慶)의 적남
모토야마 시게토키本山茂辰에게 딸을 시집보내 인척관계를 맺었다. 이
시기 위 7웅 중 살아있는 자는 조소카베씨, 모토야마씨, 그리고 아키씨

뿐이었다.

1555년 모토야마 시게무네가 사거하자, 구니치카는 원수였던 모토야마씨를 강하게 압박했다. 이에 시게무네의 뒤를 이은 모토야마 시게토키는 우라도만浦戸灣에 있던 수하 주민들을 시켜 다네자키성種崎城(高知縣高知市種崎)에 배로 수송되고 있던 조소카베씨측 병량을 약탈하였다. 그리하여 양자 관계는 급격히 악화하였다.

구니치카는 모토야마령 침공을 도모하였으나, 모토야마 측 나가하마성長浜城(高知縣高知市長浜) 수비가 의외로 강하여 무력만으로는 함락시킬 수 없었다. 그런데 나가하마성은 축성된 지 오래되어 성문이 부식되어 있었기 때문에 시게토키가 성하의 유명 장인인 후쿠도메 우마노조福留右馬丞를 고용하여 문을 다시 세우도록 명했다. 이 정보를 입수한 구니치카는 몰래 후쿠도메에게 사자를 보내, 여러 사람이 문을 밀면 문이 열리게끔 만들라고 부탁했다. 파격적인 조건으로 중용하겠다는 꼬임에 빠진 후쿠도메는 구니치카의 지시대로 문을 수리했다.

1560년 5월 27일 구니치카가 다네자키성에서 출진하여 나가하마성을 야습했다. 조소카베 측은 용이하게 성문을 돌파하여 성병 군사들의 저항 없이 나가하마성을 함락시켰다. 모토야마 측은 자신들의 본거지 모토야마성本山城(高知縣長岡郡本山町)으로 집결하였다. 5월 28일 아침 조소카베군은 나가하마성에서 남쪽 셋케이지雪溪寺로 출진하였고, 모토야마군은 그 서쪽 히데노日出野에 진을 쳤다. 오전 10시경부터 양군이 격돌했다. 개전 초기에는 수에서 유리한 모토야마군이 우위를 점했으나, 조소카베군의 반격을 받아 시게토키는 우라도성浦戸城(高知縣高知市浦戸)으로 퇴각했다(도노모토 싸움戸ノ本の戰い). 추격하는 조소카베군은 남북 해안선에 배를 배치하여 우라도성을 봉쇄하고, 육로에도 책을 세워 우라도성을 포위하였다. 그러나 구니치카가 병에 걸리는 바람에 수일 후 병사를 물렸다.

구니치카 적남 조소카베 모토치카長宗我部元親는 주위 사람들에게 '히메와코姬若子'라 놀림받았으나, 싸움이 시작되자 처음 출전이면서도 50기를 이끌고 나가 70여 인을 베는 용감성을 보였다. 더욱이 구니치카 등의 제지를 뿌리치고 모토야마 측 지성 우시오에성潮江城(高知縣高知市筆山町)을 탈취했다. 이 같은 활약 이후 사람들은 그를 '오니와코鬼若子', '데키비토出來人'라 부르며 두려워하였다고 한다.

1560년 6월 조소카베 구니치카가 사망하고, 그 뒤를 이은 모토치카는 사나운 재지 병사들을 동원해 세력을 확대해 나갔다. 나가하마 싸움에서 패한 모토야마 시게토키는 모토치카의 공격에 눌려 1560년 말경에는 현 고치시高知市 서남부 일부를 제외하고는 모두 모토치카에게 빼앗기게 된다. 1561년 3월 모토치카는 모토야마 측 간다神田·이시다테石立를 경략하여, 시게토키를 아사쿠라성朝倉城(高知縣高知市朝倉)과 기라성吉良城(高知縣高知市春野町)으로 몰아넣었다. 모토치카는 도사 고쿠시로 반타군 나카무라성中村城(高知縣四万十市中村丸の內)을 중심으로 영향력을 갖고 있던 나카무라고쇼中村御所라 불린 공가 다이묘公家大名 이치조씨와 함께 1562년 9월 16일 아사쿠라성을 공격하였다. 그러나 모토치카는 시게토키의 아들이자 자신의 조카가 되는 모토야마 지카시게本山親茂의 분전으로 패배하고, 9월 18일에는 가모베鴨部 미야마에宮前에서 시게토키군과 결전을 벌였으나 승부를 내지 못했다. 그러나 세력권이 축소된 시게토키를 이반한 가신들이 모토치카에게로 돌아서자, 1563년 1월 시게토키는 아사쿠라성을 포기하고 모토야마성으로 돌아가 농성하였다.

이해 미노 사이토씨로부터 정실을 맞아 모토치카의 큰 동생 지카사다親貞가 기라씨를 이었다. 둘째 동생 지카야스親泰는 구니치카 생전에 고소카베씨를 이어, 도사 동부지역 아키군安藝郡을 지배하는 아키 구니토라安藝國虎와 싸웠다. 도사 중앙부를 지배하는 조소카베씨는 도사

동부를 지배하는 아키씨와 이전부터 견원지간이었다. 1563년 조소카베 모토치카가 모토야마씨를 공격하자, 아키 구니토라는 모토치카의 본거지인 오코성을 공격하였으나 후쿠도메 지카마사福留親政 등의 활약으로 패하였다(후쿠도메의 아라기리福留の荒切り). 그 후 아키씨를 토벌하기 위해 모토치카가 군사를 일으켰으나, 이치조 가네사다一條兼定의 중재로 양자는 화해하였다.

모토야마 측은 5월 세력 만회를 위해 오코성을 공격하였으나, 실패하였다. 시게토키는 1564년 4월 7일 모토야마성을 포기하고 우류노성瓜生野城(高知縣長岡郡本山町)에서 농성하며 모토치카군에 철저히 항전하였다. 그런 상황 중에 시게토키가 병사하였다. 그의 뒤를 이은 지카시게도 모토치카에게 항전하였으나, 결국 1568년 겨울 모토치카에게 항복하였다. 이리하여 모토치카는 도사 중부지역을 완전히 평정하였다.

한편 고노河野씨 무장 무라카미 요시쓰구村上吉繼가 모리씨의 이요 출병으로 세력이 약화된 이치조 가네사다로부터 독립을 꾀하자, 모토치카가 1567년 요시쓰구에게 전승을 축하하는 등 연락을 취하면서 독립성을 강화하였다. 한편 1569년 7월 모토치카는 3천 상비군과 4천 지역군 이치료구소쿠一領具足(무장농민과 지역무사로 편성된 반농반병半農半兵)를 이끌고 오코성을 출발, 아키군 와지키和食에 진을 쳤다. 이에 대항하여 아키 구니토라는 5천 병사를 모아 야나가레八流에 진을 쳤다. 모토치카는 군을 둘로 나누어 한 부대는 해안으로(후쿠도메 지카마사福留親政 이하 병사 5천), 나머지 모토치카 본대 2천은 내륙을 통해 구니토라군을 공격하였다. 해안을 따라 진공한 5천의 조소카베군은 야나가레에서 구로이와 에치젠黑岩越前(黑岩種直)이 이끄는 아키군 2천과 격돌하였다. 구로이와 에치젠은 지리의 이점을 살려 승리할 것이라 생각했으나, 이치조씨 원군 2천~3천이 도착하지 않아 내부 분열이 생기면서 패주하였다. 한편 모토치카 본대 2천은 아키군 배후 공격에 성공하여,

아키군 본대 3천을 아키성安藝城(高知縣安藝市土居)으로 몰아넣었다. 아키 군은 성에서 농성을 지속하였으나, 식량이 떨어져 간데다 요코야마 민베橫山民部가 우물에 독을 타 식수도 사용하지 못하게 되었다. 사태가 여기에 이르자, 구로이와 에치젠은 성병의 목숨을 구해주는 조건으로 모토치카에게 항복하고, 8월 11일 아키 구니토라는 자진했다. 이제 모토치카에게 남은 것은 도사 서부를 지배하는 이치조씨뿐이었다.

이치조 가네사다는 1558년 이요 우쓰노미야 도요쓰나宇都宮豊綱의 딸과 결혼했다가 1564년 이혼하고, 분고 오토모 요시시게大友義鎭의 차녀와 결혼하여 오토모씨와 우호관계를 맺었다. 가네사다는 이요에 서 패권을 장악하기 위해 1568년 도요쓰나를 지원하여 이요로 진출하 였으나, 아키安藝 모리씨의 지원을 받은 고노河野씨와 싸워 대패했다(모 리씨毛利氏의 이요伊予 출병). 이즈음 도사에서 조소카베 모토치카가 대두하였다. 이에 1569년 가네사다는 매부 아키 구니토라에 호응하여 모토치카를 치려 하였으나, 위에서 보았듯이 1569년 구니토라가 오히 려 모토치카에게 토벌되었다.

1571년 모토치카는 이치조씨 가신이자 도사 7웅의 한 사람으로 도사 다카오카군高岡郡 중서부 쓰노노쇼津野莊와 산간부 쓰노신쇼津野新莊·유 스하라쇼梼原莊를 지배하고 있던 쓰노씨를 격멸하고, 3남 지카타다親忠 를 양자로 보내 다카오카군으로 세력을 확대했다. 한편 무고하게 자신 의 중신 도이 소산土居宗珊을 살해해서 신망을 잃은 이치조 가네사다는 하뉴羽生·다메마쓰爲松·야스나미安並 등 3가 합의에 따라 1573년 9월 강제로 은거 당하고, 1574년 2월 분고 우스마臼杵로 추방되어 처가 오토모씨에 의지했다. 그의 뒤는 이치조 가네사다의 적자 이치조 다다 마사一條內政가 이었다.

가네사다의 추방 소식을 접하고 격분한 가쿠미성加久見城(高知縣土佐清 水市加久見) 성주 가쿠미 사에몬加久見左衛門은 평소부터 도사 이치조씨

노신들에게 반감을 품고 있던 오키 사쿄신大岐左京進·오쓰카 야기에몬大塚八木右衛門·에구치 겐바江口玄蕃·하시모토 이즈미橋本和泉 등과 공모해서 거병하여 나카무라를 습격, 노신들을 척살하였다. 이 어수선한 틈을 타 모토치카가 반란 진압을 명분으로 출정하여 싸우지도 않고 나카무라를 점령해 버렸다. 이에 가네사다가 1575년 구령 회복을 위해 규슈에서 돌아와 이요 우와지마宇和島에서 거병, 옛 신하들을 따라 본거지 도사 나카무라로 복귀했다. 호족들의 호응을 얻어 병사 3,500을 나카무라에 집결시킨 가네사다는 시만토가와四万十川 하구 서안의 구리모토성栗本城(高知縣四万十市赤松町)으로 들어가, 시만토가와에 장애물을 설치하고, 지형의 이점을 살린 모토치카 영격을 준비했다.

이치조씨 측이 시만토가와 동쪽 집락과 나카무라성 성하 시가를 습격하여 도발하자, 3일 만에 조소카베 모토치카가 군사 7,300을 이끌고 시만토가와 동안으로 출격했다. 당시 도사는 상비군제도가 일반화되어 있지 않았음에도 단기간에 이렇게 많은 군사를 모아 출진한 것을 보고 이치조 측이 매우 놀랐다고 한다. 양군은 시만토가와를 끼고 동·서로 대치하였다. 우선 조소카베 측 제1진이 정면에서 도하를 시도하자, 수에서 열세인 이치조 측이 후퇴하면서 활과 철포를 쏘며 응전했다. 이에 틈을 주지 않고, 조소카베 측 제2진을 이끄는 후쿠도메 요시시게福留儀重가 북쪽으로 올라가 장애물이 없는 상류에서 우회하는 움직임을 보였다. 두 방향에서 협격당할 것을 두려워한 이치조 측이 부대를 나누어 상류로 향한 후쿠도메군을 추격하였지만, 이 틈을 놓치지 않고 모토치카가 남은 전군에게 도하 명령을 내렸다. 적은 병력이 분산된데다 집결된 병사들의 지휘계통까지 흔들리던 참에 배 이상의 병력이 돌진해 오자, 이치조 측은 조소카베군을 영격하지 못하고 산산이 흩어졌다(시만토가와 싸움四万十川の戰い). 이 싸움의 승리로 모토치카는 도사를 완전히 통일하였다.

1575년 도사를 통일한 모토치카는 가신들의 반대를 물리치고 나카시마 베쿠노스케中島可之介를 오다 노부나가에게 파견하였다. 모토치카의 장남 야사부로弥三郞의 후견(에보시 오야烏帽子親)을 노부나가에게 맡기고자 했던 것이다. 교섭은 성공하여 야사부로는 노부나가로부터 '노부信'자를 받고 노부치카信親로 개명하였다. 이때 노부나가는 모토치카의 아와 침공을 인정하였고, 나아가 모토치카의 실력 여하에 따라 시코쿠 전체를 소령화하는 것도 인정하였다 한다.

　　이리하여 조소카베씨는 시코쿠 지역의 통일을 지향하는 센고쿠다이묘로의 기반을 확보했고, 노부나가는 조소카베씨가 반노부나가 세력에 가담하는 염려를 덜었다.

5장 오다 노부나가와 잇키 세력의 대결

1. 우에스기 겐신의 상경작전과 기이 잇코잇키

노부나가는 1575년 11월 4일 곤다이나곤權大納言, 11월 7일 무문武門의 동량만이 임명되는 우코노에다이쇼右近衛大將에 임명되었다. 이때 노부나가는 고쇼御所로 공경들을 모아놓고 쇼군 취임식에서 행해지는 의례인 진좌鎭座를 거행했다. 이후 노부나가는 쇼군과 마찬가지로 '우에사마上樣'로 불렸다. 이는 노부나가가 천황이 인정하는 '천하인'이었음을 나타낸다(이 임관으로 노부나가가 아시카가 요시아키 추방 후에도 요시아키의 적자 기진義尋을 옹립하여 무로마치 막부체제(=공무통일정권)를 유지하는 노선을 포기하고, 무로마치 막부체제를 부정하는 방향으로 전환했다고 보는 학설이 있다). 그리고 같은 날 적자 노부타다가 진수부쇼군의 전관인 아키타조노스케秋田城介, 차남 노부카쓰가 사코노에추쇼左近衛中將에 임관했다. 그리고 11월 28일 노부나가는 동미노 이와무라성을 함락시킨 노부타다를 정실 노히메의 양자로 삼고, 오다가 가독과 미노·오와리 등 오다가 영국을 물려주었다. 그러나 노부나가는 오다 정권의 정치·군사를 총괄하는 입장을 유지했고, 센고쿠다이묘보다 상위에 존재하는 천하인으로서 전 일본을 지배하는 모습을 보였다. 그리고 1576년 정월 비와코에 접한 아즈치安土에 천하인의 상징인 아즈치성安土城(滋賀縣近江八幡市安土町)을 축성하기 시작했다.

한편 위에서 보았듯이, 모리씨는 주고쿠中國 지역에서 노부나가 측으로 이반한 빗추 미무라씨를 빗추 병란을 통해 멸하고, 비젠과 미마사카에서도 우키타 나오이에와 동맹을 맺어 덴진야마성天神山城(岡山縣和氣郡和氣町) 싸움을 후원한 우라가미 무네카게·미우라 사다히로를 패배시켜 동쪽으로 세력권을 확대했다. 이렇게 하여 육로로는 하리마까지 진출할 수 있게 된 모리씨는 해로로는 세토瀨戶 내해 제해권을 확보하여 오다 노부나가에 대항할 수 있는 세력으로 성장했다. 이제 모리씨는 노부나가와 대항하는 혼간지와의 연합을 모색하였다.

앞에서 보았듯이, 이시야마 혼간지 측이 노부나가에게 대패하고, 나가시마 잇키 세력도 노부나가에게 유린되어 상황이 불리해지자, 혼간지 겐뇨는 노부나가에게 사과하고 화해를 청하였다. 노부나가는 앞으로의 행동을 보고 사면할 것인지를 결정하겠다고 답했는데, 노부나가가 대단히 유리한 상황이었음을 보여준다. 그런데 노부나가로서는 아직 우에스기·다케다·모리씨에 둘러싸여 있어서 위 혼간지의 화해 요청이 사실 불리한 것도 아니었다.

그런데 1576년 봄 겐뇨는 모리 데루모토가 비호하고 있던 쇼군 요시아키와 함께 재삼 거병하였고, 이에 노부나가는 4월 14일 아케치 미쓰히데 등에게 명하여 이시야마 혼간지 세력을 포위했다. 그러나 혼간지는 로노키시樓岸(大阪市中央區)와 기즈木津(大阪市浪速區)에서 해상을 통해 탄약과 병량을 보급받고 있었다. 노부나가군이 기즈를 공격하자, 혼간지 세력은 역으로 1만 군세로 기즈의 노부나가군을 몰아내면서 덴노지 성채 부근까지 진격했다. 이 공격으로 노부나가군 반 나오마사塙直政가 전사했다. 위기에 빠진 아케치 미쓰히데는 성채를 세워 농성하면서 노부나가에게 원군을 요청했다.

이 소식을 접한 노부나가는 지배지역에 군사 진발을 명하고, 약 3천 군사를 인솔하여 덴노지를 포위한 15,000여 혼간지군을 공격·돌파하여 미쓰히데가 지키는 덴노지 성채로 들어갔다. 노부나가는 성채 병력과 합류하여, 성채에서 나와 혼간지군을 공격하였다. 농성책을 예상하였던 혼간지 세력은 예상을 벗어난 공격에 당황하여 패주, 이시야마 혼간지로 퇴각했다(덴노지 합전天王寺合戰). 그 후 노부나가는 혼간지 주변 사방에 부속 성채를, 스미요시 해변에 요해를 설치하고, 반 나오마사의 후임 사령관으로는 사쿠마 노부모리를 임명하여 혼간지를 완전히 포위하였다.

경제적으로 봉쇄된 혼간지는 모리 데루모토에게 원조를 요청하였다. 데루모토가 이 요청에 응하여, 7월 15일 무라카미 수군 등 모리 수군 700~800척(실제로는 600척 정도)이 병량과 탄약을 운반하기 위해 오사카 해상에 모습을 드러냈다. 노부나가군이 곧바로 배하의 구키九鬼 수군 등 300여 척을 동원하여 기즈가와木津川 하구를 봉쇄했다. 그러나 모리 수군은 우세한 전력을 이용해 호로쿠히야焙烙火矢(토기 화로와 도기에 화약을 넣고 도화선을 설치하여, 도화선에 불을 붙여 적진을 향해 던지는 일종의 수류탄)로 노부나가 측 구키 수군을 불태웠다. 대승을 거둔 모리 군은 혼간지에 병량과 탄약을 공급했다(제1차 기즈가와구치 해전木津川口海戰). 노부나가는 어쩔 수 없이 육로 감시를 강화한 후 병사들을 후퇴시켰다.

이즈음 겐신은 오다 노부나가와의 싸움에서 곤경에 처한 혼간지 겐뇨와 화해했다. 당연히 겐신과 노부나가의 동맹은 파탄났다. 1575년 노부나가가 혼간지를 공격하고 에치젠으로 침공하였기 때문에, 겐뇨와 에치젠 잇코종 문도들이 겐신에게 원조를 요청하였다. 겐뇨는 겐신을 괴롭히는 잇코잇키 지도자였으나, 겐신은 이 요청을 받아들여 상경길을 열려 했다. 그리고 1576년 모리씨에 의탁하여 구라柄에 있던 전 쇼군 요시아키가 반노부나가 세력을 규합하고, 5월경부터 가이 다케다씨·사가미 호조씨·에치고 우에스기씨의 화해(=고소에쓰 일화甲相越一和)를 시도하였다.

요시아키가 주도한 고소에쓰 일화甲·相·越一和는 성립하지 못하였으

〈그림 16〉 가가·노토·엣추 지역도

나, 이즈음 노부나가 포위망이 다시 형성되었다. 10월 요시아키가 겐신에게 노부나가 토벌을 요청하고, 겐신은 상경을 서둘렀다. 이 시기 노부나가는 조정으로부터 나이다이진內大臣, 이어 우다이진右大臣으로 임명되었기 때문에, 이 싸움은 완전히 무가 상호간의 쟁패였다.

1576년 9월 겐신은 명목상의 간레이 하타케야마씨가 슈고로 있던 엣추로 침공, 잇코잇키 지배 하의 도야마성·도가오성梅尾城(富山縣富山市 舟倉. 舟倉城, 船倉城, 梅尾城, 梅野城, 戶加尾城, 外川城, 戶川城)·마스야마성·모리야마성·유야마성湯山城(富山縣氷見市森寺. 森寺城)을 차례로 공략했다. 그리고 시이나 야스타네椎名守護代가 지키는 하스누마성蓮沼城(富山縣小矢部市蓮沼)을 함락시켜 엣추를 평정했다. 이어 겐신은 노토能登로 나아갔다. 특히 노토의 거점 나나오성七尾城(石川縣七尾市古城町)은 에치고에서 교토로 나아가는 길의 주요 병참선이었기 때문에, 겐신이 상경하려면 나나오성의 확보는 필수 불가결하였다. 당시 나나오성 성주는 하타케야마씨의 어린 당주 하타케야마 하루오마루畠山春王丸였으나, 실권은 중신 조 쓰구쓰라長續連·쓰나쓰라綱連 부자가 장악하고 있었다. 이 시기 노부나가 측에 가담하려는 조長씨 부자와 겐신에게 가담하려는 유사 쓰구미쓰遊佐續光가 주도권 싸움을 하고 있었기 때문에, 나나오성 내부는 친노부나가파와 친겐신파로 나뉘어 격렬히 대립하고 있었다. 겐신은 평화리에 나나오성을 접수하려 했으나, 하타케야마 세력이 평의 결과 겐신에 항전할 것을 결의했다.

그리하여 노토 패권을 둘러싼 겐신과의 나나오성 싸움이 발발했다. 1576년 11월 겐신은 노토로 출진하여, 구마키성熊木城(石川縣七尾市中島町上町)·아나미즈성穴水城(石川縣鳳珠郡穴水町)·가부토야마성甲山城(石川縣鳳珠郡穴水町)·쇼인카와시리성正院川尻城(石川縣珠洲市正院町)·도기성富來城(石川縣羽咋郡志賀町. 富本城, 岡野城) 등 노토 지역 성들을 차례로 공략한 후 나나오성을 포위하였다(제1차 나나오성 싸움七尾城の戰い). 그러나 나나오성은 세키도야마계石動山系의 북단 마쓰오야마松尾山 위에 세워진 난공불락의 거성巨城으로 군사력만으로는 함락시키기 어려운 성이었다. 겐신은 부성으로 세키도야마성石動山城(石川縣鹿島郡中能登町)을 축성하여 나나오성을 공격하면서 해를 넘겼다. 그런데 1577년 호조 우지마사가 간토로 진군해 왔기 때문에 겐신은 가스가야마春日山로 일시 후퇴하였다. 그 사이 겐신이 전년에 공략하였던 성들이 다시 친노부나가 세력의 수중으로 돌아갔다.

노토 전황이 악화된 데다 간토 장수들의 원군 요청을 받아 고민하고 있던 겐신에게 요시아키와 모리 데루모토는 신속한 상경을 독촉하는 밀서를 보냈다. 이에 겐신은 1577년 윤7월 다시 노토로 침공하여 다시

이 지역의 성들을 공략하고 나나오성을 포위했다(제2차 나나오성 싸움). 이때 성내에 역병이 돌고, 허수아비 하타케야마 하루오마루도 병사하여, 나나오성에는 염전 분위기가 만연했다. 그러나 조 쓰구쓰라는 오다 노부나가의 원병에 희망을 걸고 항복하려 하지 않았다. 이에 겐신은 유사 쓰구미쓰 등을 꾀어 9월 15일 반란을 일으키게 했다. 이 반란으로 노부나가 측에 기대고 있던 조 쓰구쓰라 등이 살해되었고, 마침내 나나오성은 겐신에게 함락되었다. 그 이틀 후 17일 겐신은 가가加賀와 경계를 이루는 노토 스에모리성末森城(石川縣寶達志水町)을 공략하여 노토 전체를 장악하였다.

한편 노토에서 겐신이 활발히 군사활동을 전개하고 있는 가운데, 노부나가는 1577년 2월 기이 사이카슈를 토벌하기 위해 대군을 이끌고 출전한다. 기이 지역은 고야산高野山·고카와데라粉河寺·네고로지根來寺·사이카슈 등의 사사 세력과 소위 소코쿠잇키惣國一揆를 강화한 잇키 세력들이 지역자치를 행하고 있어서 무로마치 막부 중기 이후 슈고 하타케야마씨의 기이 재배는 위의 사사 및 잇키 세력의 협력 없이는 불가능하였다. 기이의 무사세력으로는 슈고 하타케야마씨를 비롯해 유카와湯河·야마모토山本·아이스愛洲씨 등 재지영주층을 들 수 있다. 이들은 하타케야마씨와 상하관계를 맺거나(隅田·安宅·小山氏 등), 막부 직속의 호코슈로 임용되어 하타케야마씨에게서 독립했다(湯河·玉置·山本氏).

당시 사사령은 조정·막부의 경찰권, 군사권, 징세권이 미치지 않는 지역(檢斷不入, 守護不入, 諸役不入)으로, 모반인 수색에서도 마찬가지였다. 즉 세속권력이 규제하지 못하는 일종의 아질Asyl의 성격을 유지하고 있었다. 이러한 사사 경내에는 빈부귀천을 가리지 않고 여러 종류의 인간들이 모여들었고, 경내는 사원이 가지는 선진문화와 결합한 도시로 성장하여 갔다. 이러한 유력 사원들은 대개 친조정의 성격을 띠었고, 교토 무가정치의 중추와 가까운 곳에 위치하면서, 정치적 중립과 군사적 불가침을 보장받아 상공업과 금융의 거점으로서 강력한 경제력을 유지하였다. 이러한 성격이 강한 도시를 '경내도시境內都市'라 하며, 고야산과 네고로지는 그것을 대표한다 할 수 있다.

당시 승려는 불법을 수행하는 학승과 절 행정을 담당하는 행인行人으로 나누어지는데, 시기가 내려올수록 행인 세력이 강해지면서 사원 동향은 행인들의 의사에 좌우되게 된다. 기이 지역에서는 지역무사들이 고야산과 네고로지의 보인坊院을 설립하고, 자제들을 출가시켜 자신들이 설립한 보인의 문주로 들여보내는 일이 성행하였다. 이러한 식으로 네고로지의 주인이 된 행인으로 센시키보泉識坊 쓰치바시土橋씨, 스기노보杉之坊 쓰다津田씨, 세이진인成眞院 나카中씨 등이 있다. 위와 같은 경향은 기이뿐 아니라 이즈미, 가와치, 야마토에서도 마찬가지였다. 이들 지역무사 출신 행인들은 '소분惣分'이라는 회합체를 구성하여 네고로지의 방침을 정했다. 즉 이들은 네고로지의 간판을 빌려 지역무사들과 연합하여 지역을 통치하였고(잇키), 경내도시 네고로의 경제력을 배경으로 이즈미 남부에 세력권을 확대하였다.

이렇듯 독립된 사사 세력과 잇키 세력 때문에 슈고 하타케야마씨는 사사 세력과 타협하며 다이묘 영국제(센고쿠다이묘)를 성립·확립시켜 나갔다. 그러나 15세기 후반 이후 하타케야마씨의 내부 분열과 항쟁이 장기화하고, 사사 세력과 잇키 세력이 강력하여 무가 세력을 중심으로 한 일원적 지역지배를 지향하는 센고쿠다이묘가 크게 성장하지 못했다. 사이카雜賀는 『무카시아와모노카타리昔阿波物語』에 "슈고는 없고, 백성이 영유하는 지역"이라고 기록되어 있듯이, 슈고의 영향력이 약하였고, 지역무사들이 잇키를 맺고 결속을 강화하여 슈고 권력을 배제하면서 자치를 행하였다. 이를 '소코쿠惣國'라 부른다. 사이카 소코쿠雜賀惣國 지배는 아마군海部郡에서 나구사名草·나카군那賀郡 일부까지 미쳤다.

사이카슈는 기이 북서부(현 和歌山市 및 海南市 일부) '사이카노쇼', '도가고十ヶ郷', '나카고中郷(中川郷)', '미나미고南郷(三上郷)', '미야고宮郷(社家郷)' 등 다섯 지역五組·五搦의 지역무사들로 구성되었다. 위에서 보았듯이 이들은 철포로 무장한 뛰어난 실력을 자랑하는 용병집단으로 활약하였고, 해운과 무역에 종사하여 탄탄한 재력을 갖추고 있었다. 사이카슈는 사이카노쇼의 쓰치바시씨, 도가고(現和歌山市西北部, 紀ノ川河口付近北岸)의 사이카당을 지휘하는 스즈키鈴木씨 등이 지휘하였는데, 오닌의 난 후 기이와 가와치 슈고다이묘 하타케야마씨의 요청으로 긴키 각지를 돌며 싸우며 마침내 용병집단으로 성장했다.

위에서 본 것처럼 1570년 오다 노부나가와 미요시산닌슈 사이에 노다성·후쿠시마성 싸움이 일어나자, 스즈키 마고이치 등 사이카슈는 용병부대로 미요시군에 가담했다. 한편 요시아키의 요청에 응한 하타케야마 아키타카가 사이카·네고로슈 등을 원군으로 보내, 이들이 한때 오다 노부나가 측에 가담한 적도 있었다. 그러나 노부나가와 이시야마 혼간지가 노다성·후쿠시마성에서 싸울 때는 사이카슈가 이시야마 혼간지 측에 가담하여 노부나가 측을 크게 괴롭혔다(이시야마 합전).

노부나가는 혼간지와 화해하였으나, 혼간지와 기이 지역 잇키 세력이 연합하여 노부나가에 대항할 가능성은 대단히 높았다. 이에 노부나가는 혼간지 제압에 앞서 사이카슈를 제압하기 위해 1576년 5월경부터 사이카슈에 공작하여 1577년 2월까지 사이카 다섯 조五組 중 미야고·나카고·미나미고 등 소위 사이카 세 조三組를 자신 편으로 끌어들이는 데 성공했다.

1577년 2월 2일 노부나가는 자신에게 호의적이었던 네고로슈와 자신 편으로 돌아선 사이카 세 조의 협력을 받으면서, 나머지 사이카슈 두 조(=사이카노쇼·도가고)를 공격하기 위해 대동원령을 내리고, 9일 아즈치를 출발하여 상경하였다. 노부나가는 자신의 오미 군사에 적남 오다 노부타다가 이끄는 오와리·미노의 군사, 기타바타케 노부카쓰·

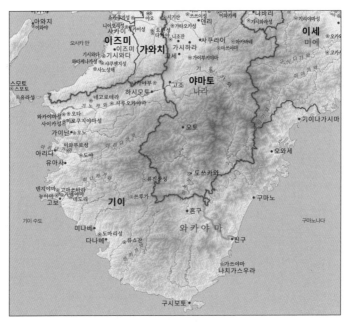

〈그림 17〉 이즈미·기이 지역도

오다 노부타카織田信孝(神戸信孝)·오다 노부카네織田信包 수하의 이세 군사, 그리고 기나이·에치젠·와카사·단고·단바·하리마 등의 병사도 합류시켜 13일 교토를 출발하여 이즈미로 들어갔다. 노부나가군은 17일 사이카슈의 전위 거점인 가이즈카貝塚를 공격하였으나, 가이즈카 수비병들은 전날 밤 이미 해로를 통해 기이로 퇴각한 상태였다. 노부나가군은 17일 네고로슈와 합류하여 18일 사노佐野, 22일 시다테信達(志立, 泉南市)로 본진을 옮겼다.

노부나가군은 내륙山手과 해안浜手 방면으로 각각 3만 병사를 진군시켜 사카이슈 공격을 개시하였다. 내륙대는 네고로슈와 위 사이카슈 3조를 선봉대로 세우고, 사쿠마 노부모리·하시바 히데요시·호리 히데마사堀秀政·아라키 무라시게·벳쇼 나가하루別所長治·벳쇼 시게무네別所重宗, 해안대는 다키가와 이치마스·아케치 미쓰히데·나가오카 후지타카

(=호소카와 후지타카)·니와 나가히데·쓰쓰이 준케이·야마토슈에 오다 노부타다·기타바타케 노부카쓰·오다 노부타카·오다 노부카네 등으로 구성하였다. 해안대는 단노와淡輪(岬町)에서 세 부대로 나뉘어 교시토게孝子峠를 넘어 사이카 측 방어선을 돌파하여 남하해서 나카노성中野城(和歌山縣和歌山市中野)을 포위했다. 2월 28일 노부나가는 본진을 단노와로 이동시키고, 같은 날 나카노성은 노부나가 측의 항복 권유를 받아들여 개성했다. 3월 1일 노부나가군은 히라이平井의 스즈키 마고이치 거관和歌山市을 공격했다.

내륙대의 노부나가군은 시다테에서 가자후키토게風吹峠를 넘어 네고로로 진격, 기노카와紀ノ川를 넘어 동쪽에서 사이카슈를 압박했다. 이에 대항하여 사이카슈는 사이카성雜賀城(和歌山縣和歌山市和歌浦)을 본성으로 삼고, 사이카가와和歌川 연변 미로쿠지야마성弥勒寺山城(和歌山縣和歌山市秋葉町)을 중심으로 북쪽에 도젠지야마성東禪寺山城(和歌山縣和歌山市打越町)·조게성채上下砦·우사야마 성채宇須山砦·나카쓰성中津城(和歌山縣和歌山市中之島), 남쪽으로 고사키 성채甲崎砦·다마쓰시마 성채玉津島砦·누노히키하마 성채布引浜砦를 쌓고, 강변에는 책柵을 설치하여 방어선을 구축했다.

2월 24일 이후 내륙대 선봉 호리 히데마사군이 사이카가와 도하를 시도했다. 사이카군은 히데마사군의 도하를 막기 위해 사이카가와 강 밑에 끝을 뾰쪽하게 깎은 나무逆茂木·나무통·항아리·창검 등을 가라앉혔다. 이로 말미암아 히데마사 측은 도하에 어려움을 겪었고, 도하한 자들도 습지대에서 움직임이 둔해져, 25인씩 2열 횡대로 구성된 사이카슈 측 총포대와 궁수들에게 살해되었다. 그리하여 히데마사군은 많은 손해를 입고 퇴각하였다.

그 후 게릴라전이 전개되어 전국戰局은 교착 상태에 빠지나, 스즈키 마고이치·쓰치하시 모리시게土橋守重(土橋若太夫)·구리무라 사부로타이후粟村三郎大夫 등 7인이 연서하여 노부나가에게 이시야마 혼간지와의 싸움에 배려한다는 서약서誓紙를 제출하고 항복하였다. 이에 노부나가는 3월 15일 주인장을 내어 사이카 세력을 사면하고, 21일 진을 풀고 교토로 향했다. 이 시기 요시아키와 모리 데루모토는 노부나가 측이 사카이 세력에게 패배했다고 선전하였고, 노부나가는 사이카슈의 재기에 대배하여 사노 성채佐野砦(大阪府泉佐野市)를 구축하여 그곳에 오다 노부하루織田信張를 주둔시켰다.

그런데 반년도 지나지 않은 7월 사이카노쇼·도가고를 중심으로 하는 사이카슈가 다시 거병하여 노부나가 측에 가담했던 세 조에게 보복을 가하기 시작했다. 8월 16일 이노마쓰하라井ノ松原(海南市)에서 스즈키 마고이치 등 사이카슈는 히다카군日高郡 재지영주 무사들의 응원을 받으며 미나미고의 토호 이나이 히데쓰구稻井秀次·오카모토 야스케岡本弥助 등을 격파했다. 그리하여 노부나가는 다시 사쿠마 노부모리 부자를 대장으로 7만~8만 군사를 동원하여 사이카슈 공격에 나섰으나 제압에는 실패했다. 그리고 다음해 1578년 5월 사이카노쇼·도가고, 나카고·미나미고 병사들을 동원하여 미야고 오타성을 1개월에 걸쳐 포위 공격하게 하였으나, 성을 함락시키지는 못했다(제1차 오타성 싸움太田城の戰い).

기이 잇키 세력을 제압한 후, 조 쓰구쓰라의 원군 요청을 받은 노부나가는 1577년 나나오성을 구원하기 위해 군사파견을 결정하고, 겐신과의 일전에 돌입했다. 시바타 가쓰이에를 총대장으로 하시바 히데요시·다키가와 이치마스·니와 나가히데·마에다 도시이에·삿사 나리마사 등 3만여 대군이 8월 에치젠 기타노쇼성北ノ庄城(福井縣福井市中央1丁目)으로 집결하였다. 노부나가군은 동월 8일 나나오성을 향해 에치젠을 출발, 가가에서 잇코잇키 세력과 교전하면서 진군하였다. 도중에 히데요시가 총대장 가쓰이네와 의견이 맞지 않아 회군하는 등 혼란이 생겼으나, 9월 18일 가쓰이에가 이끄는 노부나가군은 데도리가와手取川를 건너 미즈시마水島에 진을 쳤다. 그러나 위에서 보았듯이 이미 나나오성은 겐신에게 함락되어 있었다.

노부나가군이 데도리가와를 넘어 가가 북부에 이르렀다는 소식을 접한 겐신은 노부나가군을 영격하기 위해 수만 대군을 이끌고 단번에 남하, 가가 가호쿠군河北郡·이시카와군石川郡을 바로 제압하고, 맛토성松任城(石川縣白山市古城町)까지 진출하였다. 노부나가군은 9월 23일 나나오성이 함락되었다는 소식과 함께 겐신이 이끄는 대군이 맛토성에 착진했다는 급보를 받았다. 형세가 불리하다고 판단한 가쓰이에가 철퇴하기 시작하였고, 겐신이 이끄는 우에스기군 본대 8천은 23일 밤 데도리가와 도하에 어려움을 겪던 가쓰이에군을 추격하여 격파했다(데도리가와 싸움手取川の戰い).

겐신은 1577년 12월 18일 가스가야마성春日山城(新潟縣上越市中屋敷. 春日城)으로 귀환하여, 12월 23일 대동원령을 내리고 다음 원정을 준비하였다. 그러나 1578년 3월 15일 원정을 개시하려 했던 겐신이 3월 9일 쓰러져 13일 향년 49세로 급사했다.

2. 마쓰나가 히사히데의 반란과 우에스기씨 공략

이렇듯 노부나가가 우에스기 겐신·모리 데루모토·이시야마 혼간지 등 반노부나가 세력에 둘러싸여 분투하고 있던 1577년, 마쓰나가 히사히데가 혼간지 전선에서 멋대로 이탈, 노부나가를 이반하여 시기산성으로 들어가 농성하였다. 히사히데는 1568년 노부나가가 상경하자 미요시씨를 이반하여 노부나가에게 항복하였고, 노부나가 주선으로 요시아키의 직신으로 임명되어 야마토를 지배하고 있었다. 1572년 미요시 요시쓰구·미요시산닌슈 등과 연합하여 노부나가에 대한 모반을 다시 도모하였다가 1574년 1월 기후에서 노부나가를 알현하고 노부나가에게 용서를 구했으나, 야마토 지배권은 반 나오마사에게 돌아갔다. 이후 히사히데는 대혼간지전 지휘관으로 근임하고 있었다.

그런데 반 나오마사가 1576년 5월 3일 혼간지와의 이시야마 전투에서 대패하고 사망하였다. 히사히데는 다음 야마토 슈고가 누가 될지 주목하고 있었는데, 노부나가의 선택은 히사히데의 숙적 쓰쓰이 준케이이였다. 쓰쓰이 준케이는 이전의 시기산성 싸움과 도다이지 대불전 싸움에서 미요시산닌슈와 함께 히사히데에게 대적했던 인물이었다. 노부나가 상경 후에 양자는 상호 동등하였으나, 쓰쓰이 준케이가 야마토 슈고로 임명되는 바람에 마쓰나가 히사히데의 입장이 애매해졌다. 노부나가는 이반한 히사히데와 화해하였으나, 노부나가 입장에서 보면 이미 배반한 적이 있는 히사히데보다는 준케이를 야마토 슈고로 임명한 것이 어쩌면 당연했을 것이다. 그러나 히사히데는 이 조치가 불만스러웠을 것이고, 게다가 준케이는 일찍이 히사히데의 중요 지배 거점이었던 다몬야마성을 파각하는 등 마쓰나가씨 세력의 약화를 지향하는 움직임을 보였다. 이에 정치적 위기감을 느낀 히사히데가 노부나가를 이반하였다고 보인다.

당시 히사히데는 두 가지를 염두에 두고 있었던 것 같다. 하나는 이시야마 혼간지에서 농성하고 있는 겐뇨, 다른 하나는 상경을 지향하는 우에스기 겐신이었다. 당시 겐뇨 측은 이전 싸움에서 반 나오마사를 사망케 하였고, 제1차 기즈가와구치 싸움木津川口の戰い으로 모리씨에게 무기·식량 등을 보급받아 군사력이 증강되어 있었다. 그리고 겐신은 2만 대군을 이끌고 상경할 목표를 갖고 있었고, 겐뇨의 명령에 따라 가가 잇키슈는 게릴라 전법으로 시바타 가쓰이에군의 진군을 방해하면서 우에스기군을 측면 지원하고 있었다. 히사히데는 단독으로는 노부나가군에 대항할 수 없었으나, 위 겐뇨·모리씨·겐신 3자와 보이지

않는 묵계로 노부나가에 이반했다고 보인다.

마쓰나가 히사히데는 1577년 8월 17일 이시야마 혼간지를 공격하기 위해 머물고 있던 덴노지 성채를 불사르고, 자식 히사미치를 데리고 시기산성으로 들어가 농성했다. 이때 히사히데는 기마 300여, 군사 8,000여를 거느리고 있었다. 당시 '성명인城名人', '근세식 성곽 건축의 할아버지祖'라 불렸던 히사히데는 18일부터 신기산성의 보강공사를 했다.

아즈치성에서 이 소식을 접한 노부나가는 사카이 다이칸 마쓰이 유칸을 시기산성으로 보내, 히사히데가 이반 이유를 자세히 설명하면 그에 따라 처리하겠다고 했다. 이미 두 차례나 배반한 히사히데에 대한 이례적인 조치였으나, 히사히데는 이 관용을 거절했다. 이에 격분한 노부나가는 9월 후반경 쓰쓰이 준케이, 아케치 미쓰히데, 호소카와 후지타카 등을 출진시켜 호류지法隆寺에 포진시켰다. 이어 10월 1일 노부나가군은 시기산성의 지성 가타오카성片岡城(奈良縣北葛城郡上牧町)을 약 5천 병사로 공격하였다. 마쓰나가군은 에비나 가쓰마사海老名勝正政(友淸), 모리 히데미쓰森秀光(正友) 등이 이끄는 약 1천 병사로 가타오카성을 방어했다. 이 싸움으로 쓰쓰이군에서도 전사자가 꽤 나왔으나, 마쓰나가군 유력 무장 에비나, 모리를 포함한 150여 명이 전사하였고, 가타오카성도 함락되었다.

10월 3일 시바타 가쓰이에에게서 데도리가와 싸움에서 승리한 우에스기 겐신이 나나오성에서 움직이지 않는다는 보고가 노부나가에게 들어왔다. 겐신이 진군하지 않았던 것은 호설豪雪을 염려한 때문이라고도 하고, 호조 우지마사가 간토로 출진하여 본국을 방어해야 했기 때문이라고도 한다. 어쨌든 노부나가는 겐신이 더 이상 진군하지 않을 것으로 판단하고, 적남 오다 노부타다를 총대장으로 하여 사쿠마 노부모리·하시바 히데요시·니와 나가히데 등 가가에 출진해 있던 군사들을 시기산성 공격 원군으로 보냈다. 이때의 노부나가군 군세는 4만이 었다고 한다. 저번에는 다케다 신겐의 사망으로 모반에 실패하였고, 이번에는 우에스기 겐신이 움직이지 않아 히사히데는 모반 실패를 목전에 둔 상황이었다.

싸움은 10월 5일 시작되었다. 4만 대군이 일제히 시기산성을 공격하였으나, 성명인으로 불린 히사히데가 증축한 시기산성은 그리 간단하게 함락되지 않았다. 이날 싸움에서 히사히데 무장 이이다 모토쓰구飯田基次가 이끄는 200여 인이 노부나가군 수백 명을 사상하였고, 마쓰나가군의 저항도 강하였다. 노부나가는 이날 히사히데의 인질(히사미치久通의 자식으로 히사히데의 손자)을 교토 로쿠조 가와라마치에서 참수했다.

노부나가군의 압도적 군사력 앞에 히사히데는 겐뇨에게 사자 모리 요시히사森好久를 황급히 파견하여 원군을 요청했다. 모리 요시히사는 10월 7일 시기산성을 나가 10월 8일 이시야마 혼간지에서 가가 철포중 200명을 이끌고 귀성하여 산노마루三の丸 부근에 배치했다. 모리 요시히사의 보고에 따르면, 2~3일 후 모리씨 원군이 도착하고, 이시야마 혼간지도 원군을 보내겠다고 겐뇨가 말했다고 하여, 히사히데는 대단히 기뻐했다고 한다.

그런데 모리 요시히사는 이전 쓰쓰이 준케이 부하로 준케이 거성 쓰쓰이성筒井城(奈良縣大和郡山市筒井町)이 함락되자, 낭인牢人으로 생활하다 히사히데의 수하로 들어가 재주를 인정받은 사람이었다. 요시히사는 시기산성을 나오자, 준케이 부장 마쓰쿠라 시게노부松倉重信 진소를 찾아가 시기산성의 사정을 알렸다. 이에 크게 기뻐한 준케이는 요시히사에게 금 30량을 주고, 철포병 200명을 맡겨 복병을 명했다. 이 200명의 철포대가 혼간지에서 보냈다는 철포대였던 것이다.

10월 9일 오후 6시 전후부터 양군의 싸움이 시작되었다. 그러나 총공격은 다음 날인 10일 이루어졌다. 오다 노부타다의 허락을 얻어 쓰쓰이 준케이가 최전선에서 시기산성을 공격하고, 마쓰나가군은 활과 철포로 저항하였다. 그러던 중 천수天守에 가까운 산노마루 부근에서 일제히 불길이 올랐다. 모리 요시히사가 이끄는 철포대 200명이 반란을 일으킨 것이다. 견고함을 자랑하던 시기산성도 내부 공격에는 어쩔 수 없었다. 이에 마쓰나가 히사히데·히사미치 부자가 자진하였고, 시기산성은 노부나가군에게 함락되었다.

히사히데를 토벌한 10월, 노부나가에 저항하던 단바 가메야마성龜山城(京都府龜岡市荒塚町)의 나이토 사다마사內藤定政(단바 슈고다이)가 병사했다. 이를 호기로 본 노부나가는 가메야마성·모미이성籾井城(兵庫縣篠山市福住)·사사야마성笹山城(兵庫縣篠山市北新町) 등 단바 지역 성들을 공략하였다. 그리고 동년(1577) 노부나가는 8녀 오이누노카타お犬の方를 단바 슈고로 간레이를 세습한 호소카와 게이초가細川京兆家 당주 호소카와 아키모토의 정실로 보내 단바를 장악했다.

한편 11월 노토·가가 북부를 침공한 우에스기군이 가가 남부로 침공하여, 가가 지역을 우에스기씨 영국으로 편입시켰다. 이러한 상황은 노부나가와 겐신의 직접 대결 양상을 보여주나, 1578년 3월 13일 겐신의 갑작스런 사망과 함께 이 둘의 운명을 건 일전은 벌어지지 않았다.

그리고 노부나가는 1574년 11월 4일 곤다이나곤權大納言에 오른 이후, 11월 7일 겐고노에다이쇼兼右近衛大將에, 노부타다에게 가독을 물려준 후인 1576년 11월 13일 정3위, 11월 21일 나이다이진內大臣, 1577년 11월 16일 종2위, 11월 20일 사다이진左大臣, 1578년 1월 6일 정2위로 고속 승진을 거듭하였다. 노부나가는 쇼군과의 관계가 어그러진 시기에 관위에 취임하기 시작하여, 반노부나가 세력 다이묘들의 결집기에 승진을 거듭한 것이다.

그러나 1578년 3월 위 우에스기 겐신의 사망으로 정국이 크게 변화하였다. 즉 겐신의 사망으로 서쪽의 모리씨를 제외하면 더 이상 자신에게 대립할 세력이 없다고 노부나가는 판단했을 것이다. 이러한 판단을 바탕으로 노부나가는 타 다이묘들과는 비교할 수 없는 절대적 지위, 그리고 천황과 결별한 자신이 창출한 권력으로 절대적 지위·권위를 자리매김하고 싶었을 것이다. 그리하여 1578년 4월 9일 1577년 11월에 취임했던 사다이진과 우코노에다이쇼를 사퇴하였고, 이것은 아즈치 성 완성 후 보이는 노부나가의 신격화로 나타난다.

1570년 3월 아카이 나오마사赤井直正(=荻野直正)와 조카 아카이 다다이에赤井忠家가 상경하여 히데요시의 중재로 노부나가를 알현하여 충성을 맹세하였다. 이에 노부나가는 아카이 나오마사에게 히카미군氷上郡·아마타군天田郡·이카루가군何鹿郡 등 단바 오쿠 3군奧三郡을 안도했다. 그런데 1571년 11월 다지마 슈고로 아리코야마성有子山城(兵庫縣豊岡市出石) 성주인 야마나 스케토요와 다지마 재지영주로 야쿠노성夜久野城(京都府福知山市夜久野町) 성주인 이소베 도요나오磯部豊直 등이 히카미군에 있는 아다치足立씨 거성 야마가이성山垣城(兵庫縣丹波市青垣町)을 공격하였다.

야마나씨는 오닌의 난 후 급속히 쇠락하였는데, 야마나 스케토요가 가키야垣屋씨·오타가키太田垣씨·다이노쇼田結庄씨·야기八木씨 등 다지마의 유력 재지영주들을 차례차례 토벌하였다. 그리고 일족인 이나바 야마나가因幡山名家 야마나 노부미치山名誠通를 공략하고, 동생 야마나 도요사다山名豊定를 이나바에 파견하여 이나바 슈고다이로 삼았다. 물론 명분은 이나바 슈고다이 야마나 노부미치의 유아가 성인이 될 때까지 정부를 후견한다는 것이었디. 그러나 스케토요가 이나바를 실질 지배하고, 이나바 재지영주들을 무력으로 압박하여 신종하게 하였다. 그리하여 슈고가 야마나씨는 다지마·이나바를 중심으로 한 센고쿠다이묘로 성장하였다. 1561년 아버지 야마나 무네토요山名致豊를 이어 야마나씨 본거지 다지마의 슈고쇼守護所였던 고노스미야마성此隅山城(兵庫縣豊岡市出石町)을 확대·수축하여 방어를 강화하였다. 스케토요는 1564

〈그림 18〉 이나바·다지마·단고·단바 지역도

년 자신에 대항하는 이나바 재지영주 다케다 다카노부를 공격하였으
나 실패하였고, 1569년 아마고 가쓰히사와 야마나카 유키모리 등 아마
고씨 재흥세력이 이즈모를 침략하자, 이들을 지원하여 모리씨와 대립
하였다.

1569년 노부나가의 명령을 받은 기노시타 히데요시가 다지마를 침
공하였다. 스케토요는 거성 고노스미야마성을 버리고 보다 견고한
아리코야마성으로 옮겨가 히데요시에 대항하였으나 견디지 못하고
이즈미 사카이로 도망하였다.

스케토요는 사카이 호상 이마이 소큐今井宗久의 중재로 오다 노부나
가를 만나 충성을 맹세하고 노부나가로부터 다지마 이즈시군出石郡의
지배권을 인정받았다. 그리하여 스케토요는 1570년 아리코야마성 성
주로 복귀하고, 그 뒤 노부나가와 동맹관계인 아마고 가쓰히사 등과
협력하여 노부나가와 적대하던 모리씨와 싸웠다.

이런 상황 속에서, 1570년 단바 아카이 다다이에가 스케토요를 공격
하여 다케다성竹田城(兵庫縣朝來市和田山町竹田), 고노스미야마성을 점령하

였다. 이에 대항하여 스케토요가 1571년 노부나가 원군을 얻어 단바 히코미군을 공격하였다. 그러나 구로이성黑井城(兵庫縣丹波市春日町. 保月城, 保築城) 성주 나오마사와 고야성後屋城(兵庫縣丹波市氷上町) 성주 다다이에가 야마가이성을 구원하여 야마나·이소베군을 격퇴했다.

한편 1573년 깃카와 모토하루 등 모리군이 이즈모, 호키, 이나바로 진군하여 아마고군을 격파하면서 다지마를 압박하였고, 이에 다케다성 성주 오타가키 데루노부太田垣輝延는 모리군에 항복하였다. 그 후에도 모리 측과 대립·항쟁을 계속하던 스케토요는 1575년 5월, 깃카와 모토하루에게 서장을 보내 동맹藝但同盟을 맺었다. 이것으로 스케토요는 일단 위기를 모면하였으나, 10월 아카이 나오마사가 다케다성을 공격하여 함락시켰다. 이에 스케토요가 노부나가에게 원군을 요청하였으나, 당시 노부나가는 반노부나가 세력에 포위되어 있어서 원군을 보내줄 형편이 아니었다.

1575년 에치젠 잇코잇키 평정이 일단락되자, 노부나가는 아케치 미쓰히데를 총대장으로 삼아 단바 토벌에 나섰다. 노부나가 입장에서는 깃카와 모토하루를 공략하기 전에 교토와 가까운 단바를 평정하여 배후의 걱정거리를 없앨 생각이었을 것이다. 미쓰히데는 에치젠에서 오미 사카모토성으로 돌아와 전열을 정비한 후, 10월 초순 단바를 향해 출병한 것으로 보인다. 이때 아카이 나오마사는 다케다성에 있었으나, 미쓰히데의 출병 소식을 듣고 구로이성으로 들어가 전투태세를 강화했다. 한편 노부나가는 10월 1일 단바 재지영주들에게 주인장을 내어, 노부나가 측에 가담할 것을 권유했다. 이에 호응하여 야카미성八上城(兵庫縣篠山市八上內)의 하타노 히데하루波多野秀治 등 재지영주 다수가 노부나가 측에 가담하게 되었다.

하타노 히데하루는 할아버지 하타노 다네미치波多野稙通 사후 미요시 나가요시에 복속하였으나, 나가요시가 죽자 1566년 하타노가波多野家의 원래 거성 야카미성을 탈환해서 독립하였고, 하리마 벳쇼 나가하루를 사위로 삼아 벳쇼씨와 동맹을 맺었다. 1568년 노부나가가 요시아키를 옹립하여 상경하자, 히데하루는 노부나가에게 신종했다. 한편 아케치 미쓰히데는 구로이성 주위에 2~3개소의 성채를 세우고 압도적 병력으로 구로이성을 포위했지만 쉽사리 함락시키지 못했다. 히데하루는 미쓰히데군에 가담하여 단바에서 노부나가에 대항하는 호족세력을 토벌하였다.

그러나 히데하루는 구로이성 공격 개시부터 2개월 이상 지난 1576년 1월 15일 주도면밀하게 단바 호족들에게 협력 의사를 전달하고, 노부나가에게 반기를 들었다. 이때 미쓰히데군은 구로이성 남쪽 히라마쓰平松로 이동하였고, 이에 대항하여 히데하루는 구로이성 동쪽에서 히카미성氷上城(兵庫縣丹波市氷上町) 성주 하타노 히데타카波多野秀香군이, 서쪽에서 기리야마성霧山城(三重縣津市美杉町) 성주 하타노 히데히사波多野秀尙군이, 북쪽에서 야카미성 성주 하타노 히데하루군이 미쓰히데군을 공격하는 작전을 세웠다. 그러던 중 미오노성三尾城(兵庫縣丹波市春日町) 성주 아카이 요시이에赤井幸家(아카이 나오마사 동생)가 미쓰히데군에 기습을 가하고, 이를 신호로 하타노 히데타카군과 하타노 히데히사군이 서쪽과 동쪽에서 미쓰히데군을 협격하였다. 미쓰히데군은 일단 가시와라柏原 방면으로 후퇴하려 하였으나, 다카미성高見城(兵庫縣丹波市氷上町)에서 기다리고 있던 아카이 다다이에赤井忠家에게 구로이가와黑井川로 쫓겨 대패했다(제1차 구로이성 싸움黑井城の戰い).

대패한 미쓰히데는 교토로 도망하였다가 사카모토성으로 돌아갔다. 그리고 1개월 후 다시 전열을 정비하여 2월 18일 사카모토성을 출발하여 단바로 출진하였지만 이번에는 거의 싸우지도 않고 군사를 철수하였다. 그리하여 천하의 노부나가군을 구축한 아카이 나오마사는 무명을 크게 떨쳐 '단바의 붉은 도깨비丹波の赤鬼'로 불렸다.

미쓰히데가 단바에서 나오마사와 전면 대결을 하지 않고 철수한 것은 당시 노부나가 측의 전황과 관련되어 있었다. 당시 미쓰히데는 기나이를 전전하며 이시야마 혼간지와의 싸움(덴노지 싸움), 기이 정벌, 가가 공격, 시기산성 싸움 등에 참가하여, 단바에 집중할 수 없는 상황이었다. 말하자면 미쓰히데군은 필요에 따라 전장에 투입되는 유격군단의 성격을 띠고 있었다.

한편 나오마사는 위 싸움 후 반노부나가 세력의 한 축을 담당하게 된다. 요시아키와 깃카와 모토하루의 사자 안코쿠지 에케이, 다케다 가쓰요리 사자 아토베 가쓰스케跡部勝資와 나가사카 미쓰카타長坂光堅, 이시야마 혼간지 겐뇨의 밀사가 나오마사를 찾았다. 특히 혼간지는 나오마사에게 노부나가의 동향과 그 대응책 등을 전한 것으로 보이며, 나오마사는 깃카와 모토하루에게 대도와 말 등을 헌상하고 상경을 재촉했다.

미쓰히데는 시기산성 싸움이 끝난 1577년 10월 제2차 단바 토벌전에 나섰다. 우선 미쓰히데군은 다키군多紀郡에 있는 모미이성, 구와다군桑田郡에 있는 가메야마성龜山城(京都府龜岡市荒塚町. 龜岡城, 龜寶城)을 함락시키고, 이 두 성을 단바 토벌의 본거지로 삼았다. 미쓰히데는 제1차 단바 토벌전 때와는 달리 일거에 구로이성을 공격하지 않고 그 주변의 성들을 차례로 공략해 나가는 전략을 구사했다. 노부나가는 호소카와 후지타카·다다오키忠興 부자를 미쓰히데 원군으로 파견하여, 1578년 3월 야카미성과 기리야마성을 완전히 포위하였다.

이런 절체절명의 위기 상황에서 3월 9일 나오마사가 병사했다. 강인하게 단바를 지켜왔던 아카이 측은 나오마사의 죽음에 크게 동요하였다. 미쓰히데를 이반했던 단바의 재지영주들은 야카미성이 아케치군에게 포위당하는 것을 본 후, 다시 미쓰히데에게 항복하였다. 나오마사 동생 아카이 유키이에赤井幸家가 아카이군 지휘를 맡았으나, 4월

노부나가는 하시바 히데나가군을 증파하여 구로이성의 지성들을 함락시켰다. 미쓰히데는 군세를 야카미성에 배치하면서도 벳쇼 나가하루와 후술하는 아라키 무라시게의 모반에 대처하였다(미키 합전三木合戰·有岡城の戰い).

미쓰히데는 1579년 3월 야카미성과 구로이성을 차단하기 위해 가네야마성金山城(兵庫縣篠山市追入)을 축성하였다. 마침내 5월 5일 히카미성, 6월 1일 야카미성이 함락되었고, 미쓰히데는 7월 다시 구로이성 공략을 위해 출진하였다. 미쓰히데와 아카이씨의 최후의 일전은 8월 9일 이른 아침에 시작되었다. 시오텐 마사타카四王天政孝 부대가 경비가 허술해진 센조지 성채千丈寺砦(兵庫縣丹波市春日町)를 점령하자, 신중을 기하던 미쓰히데는 주성루主曲輪를 총공격하였다. 미쓰히데군의 유도작전으로 주성루는 소수의 병력만이 지키고 있었다. 다다이에 등이 분전하였으나 결국 성을 방화하고 도망하였다. 이로써 노부나가는 단바를 확실히 장악하여 모리씨를 북쪽에서 견제할 수 있게 되었다. 1580년 노부나가는 단바를 미쓰히데에게, 단고를 호소카와 후지타카에게 안도하였다.

한편 우에스기 겐신은 실자도 없고 후계자도 정하지 않은 상태로 1578년 3월 13일 급사했다. 때문에 양자 우에스기 가게카쓰와 우에스기 가게토라가 후계를 둘러싸고 대립하였다(오타테의 난御館の亂). 가게카쓰는 우에다 나가오가上田長尾家 당주 나가오 마사카게長尾政景의 차남으로 1555년에 태어나, 1564년 아버지가 죽자 가스가야마성으로 들어가 숙부 겐신의 양자가 되었다. 1575년 이름을 나가오 아키카게에서 우에스기 가게카쓰(일설에는 나가오 가게카쓰)로 개명함과 동시에 겐신의 관도官途인 단조쇼히쓰彈正少弼를 물려받았다. 가게토라는 호조 우지야스의 7남으로, 엣소 동맹越相同盟 체결로 1569년 겐신에게 인질로 보내져 1570년 겐신의 양자로 입양되었다. 겐신이 간토칸레이직을 가게토라에게, 에치고를 가게카쓰에게 각각 물려주려 했다고 하나 불분명하다.

여하튼 후계자 계승을 둘러싸고 벌어진 대립에서, 가게토라는 우에스기 가게노부上杉景信·혼조 히데쓰나本庄秀綱·기타조 다카히로 등의 지지를 얻고, 실가 호조가와 동맹을 맺은 다케다가의 후원도 있어서 처음에는 우세하였다. 하지만 가게카쓰 측이 가스가야마성 혼마루·긴조金藏를 탈취하자, 5월 13일 가게토라는 처자들을 데리고 가스가야마 성을 탈출하여 성하에 있는 전 간토칸레이 우에스기 노리마사上杉憲政 거소에서 농성하였다. 호조씨는 사타케·우쓰노미야 연합군과 대적 중이어서 가게토라에게 원군을 파견할 상황이 아니었다. 이에 고소 동맹甲相同盟에 기초하여 다케다 가쓰요리에게 원군을 요청하였고, 이 에 호응한 가쓰요리가 5월 시나노·에치고 국경까지 출병하였다.

6월 가게카쓰는 가쓰요리와 화해교섭을 시작, 북시나노北信濃 지역의 우에스기령을 가쓰요리에게 할양하는 조건으로 화해하였다(고에쓰 동맹甲越同盟). 이는 가게토라·호조씨의 입장에서 보면 배신행위였다. 6월 중 가쓰요리가 에쓰후越府에 착진하여 가게카쓰와 가게토라 사이 를 조정하기 시작하여, 8월 가게토라와 가게카쓰가 일시 화해하였다.

그러나 8월 중 미카와 도쿠가와씨가 스루가 다케다령으로 침입하 자, 가쓰요리는 에치고에서 철병하였고, 가게토라·가게카쓰 사이의 화해는 깨졌다. 1579년 눈 때문에 호조씨의 원군을 기대할 수 없던 상황에서 가게토리의 거관은 함락되었고, 가게토라는 호조 우지마사 를 의탁하여 오다와라성으로 도망하려 하였다. 그러나 도중에 사메가 오성鮫ヶ尾城(新潟縣妙高市大字宮内) 성주 호리에 무네치카堀江宗親의 모반으 로 자해하였고, 그의 정실도 동생 가게카쓰의 항복 권고를 거절하고 자해했다. 적남 도만마루道滿丸도 우에스기 노리마사에 이끌려 가게카 쓰의 진으로 향하던 도중 노리마사와 함께 살해되었다. 이리하여 가게카쓰는 오타테의 난 승리로 겐신의 후계자 지위에 올랐고, 가게토라 측의 패배로 고소 동맹은 파탄하였다.

위 우에스기씨의 내부 혼란을 호기로 판단한 노부나가는 1578년 4월 사이토 도시하루를 총대장으로 삼고, 엣추 출신의 엣추 슈고다이가였던 진보 나가즈미神保長住와 삿사 나가아키佐々長穐 등의 병사를 붙여 히다에서 엣추를 공격하였다. 당시 호쿠리쿠를 공략하고 있던 시바타 가쓰이에는 가가 잇코잇키로 틈이 없었고, 노토도 우에스기 측이 장악하고 있었다. 그리하여 노부나가는 히다에서 엣추를 공격하여 우에스기군과 에치고의 연락을 끊어 격파시키는 전략을 취했다. 나가즈미는 옛 신하들과 재지영주들을 끌어들여 도나미군礪波郡 마스야마성을 공략하는 성과를 올렸으나, 여전히 엣추는 우에스기 측에게 유리하였다. 노부나가는 9월 오다 노부타다 가신 사이토 도시하루가 이끄는 미노와 오와리濃尾군을 원군으로 엣추 전선에 투입하였다.

사이토 도시하루가 이끄는 노부나가군은 미키三木씨의 지원을 얻어 엣추 남부로 진출해서 쓰게성津毛城(富山縣富山市東福澤)을 공략하고, 진보군에게 수비를 맡겼다. 이어 노부나가군은 더욱 북진하여 이마이즈미성今泉城(富山縣富山市今泉)을 공격하였으나, 수비가 너무 견고하여 밤에 퇴각하였다. 노부나가군은 가와다 나가치카, 시이나 고시로椎名小四郞 등이 이끄는 우에스기군에게 추격당했지만 지형이 복잡한 쓰키오카노月岡野에서 일거에 역습을 감행하여 추격군을 격파하고 이어 이마이즈미성까지 공략했다.

이 싸움으로 눈치만 보고 있던 엣추 재지영주들이 속속 노부나가 측으로 귀부하였고, 노부나가는 노부타다 신하 모리 나가히데毛利秀賴, 사카이 엣추노카미坂井越中守, 모리 나가요시森長可, 사토 히데카타佐藤秀方 등을 원군으로 증파하였다. 그러나 엄동에 따른 위험과 아라키 무라시게의 모반 때문에 철수를 명할 수밖에 없었다. 이로써 일시 진전을 보였던 노부타다군의 엣추 평정은 좌절되었고, 우에스기씨에게 재기의 시간을 벌어주었다. 그러나 우에스기군 역시 위 싸움에 패배하여 퇴각할 수밖에 없었다.

노부나가는 전국全國 다이묘들에게 서장을 보내 위 싸움의 승리를 대대적으로 선전하여 자신의 강한 군사력을 자랑했다. 이후 시바타 가쓰이에군이 우에스기령 노토·가가를 공략하고, 엣추로도 침공하여 반노부나가 세력의 노부나가 포위망은 붕괴하였다.

노부나가는 싸움의 승리로 영국이 확장되자 각지에 수하들을 배치하고, 이들 다이묘급 수하들로 하여금 영지를 비교적 독자적으로 지배하고 군사력을 강화시키도록 하여, 영지 방어와 주변 지역 공략을 담당하게 했다. 우에스기 가게카쓰에 대해서는 시바타 가쓰이에·마에다 도시이에·삿사 나리마사 등을, 다케다 가쓰요리에 대해서는 다키가와 이치마스·오다 노부타다 등을, 단바의 하타노 히데하루波多野秀治에 대해서는 아케치 미쓰히데·호소카와 후지타카 등을, 모리 데루모토에 대해서는 하시바 히데요시를, 이시야마 혼간지에 대해서는 사쿠마 노부모리를 배치하여 대항하게 했다.

당시 노부나가가 전국에 배치한 주요 수하 다이묘들을 정리하여 보면 다음과 같다.

미노·오와리·히다 : 오다 노부타다, 사이토 도시하루, 아네가코지 요리 쓰나姉小路頼綱
대다케다 방면 : 다키가와 이치마스·오다 노부타다 군단(1573년 결성)
대혼간지 방면 : 사쿠마 노부모리 군단(1576년 결성, 1580년 소멸)
호쿠리쿠 방면 : 시바타 가쓰이에 군단(1576년 승격)
긴키 방면 : 아케치 미쓰히데 군단(1580년 승격)
산인·산요 방면 : 하시바 히데요시 군단(1580년 승격)

간토 방면 : 다키가와 이치마스 군단(1582년 결성)

시코쿠 방면 : 오다 노부타카, 쓰다 노부즈미津田信澄, 니와 나가히데·하치야 요리타카 군단(1582년 결성)

도카이도東海道 : 도쿠가와 이에야스

이세·이가 방면 : 오다 노부카쓰·오다 노부카네

기이 방면 : 오다 노부하루

그리고 오와리군을 궁수대弓衆·철포대鐵砲衆·기마대馬廻衆·근위 부속대小姓衆·小身衆 등 기동성을 갖춘 직속군단으로 편성하고, 1576년에 이들을 아즈치로 집결시켰다. 이미 오다가에는 직속군단을 지휘하는 슈큐로슈宿老衆와 사키테슈先手衆 등이 있었는데, 이들과 새로 편성된 군단과의 연휴를 강화했다.

3. 이시야마 혼간지와의 최후대결

1576년 이나바에서 아마고씨 재흥을 도모하다가 모리씨에 쫓겨 도망한 나카야마 유키모리山中幸盛는 상경하여 오다 노부나가를 면회하였다. 노부나가로부터 '좋은 남자'라 칭찬받은 유키모리는 노부나가의 수하가 되어 아마고씨 재흥을 노렸다. 1576년 유키모리는 아케치 미쓰히데군에 가담하여 단바 야기성八木城(兵庫縣養父市八鹿)과 모미이성을 공격하였다. 11월 아케치군이 모미이성 공격에 실패하자, 유키모리 등 아마고 재흥군은 미쓰히데군의 후방 방어를 맡아 추격하는 하타노·아카이군을 영격하여 물리치는 공을 세웠다. 1577년 유키모리는 노부나가의 적자 오다 노부타다를 따라 가타오카성을 공격하고, 마쓰나가 히사히데가 농성하는 시기산성 공략에도 참가하여 혁혁한 공을

세웠다.

하리마는 무로마치 시기에 슈고 아카마쓰씨의 영국이었으나, 가키쓰의 난嘉吉の亂으로 아카마쓰씨는 몰락하였다. 그 후 아카마쓰씨는 재흥되기는 하지만 그 일족과 가신들이 대두하고, 센고쿠기에는 이 세력들이 반독립 상태로 각 지역에 할거하고 있었다. 특히 벳쇼씨는 아카마쓰씨 일족으로 동하리마 일대에 강력한 세력을 이루고 있었다. 하리마 서쪽에는 모리씨와 그 막하의 우키타 나오이에, 하리마 동쪽에는 기나이를 제패한 오다 노부나가가 세력을 떨쳤다. 따라서 하리마 재지세력들은 모리씨와 오다씨를 저울질하며, 양자와 우호관계를 맺고 있었다. 모리씨와 오다씨도 하리마를 완충지대로 삼아 상호 우호관계를 유지하였으나, 노부나가에게 추방당한 요시아키와 이시야마 혼간지 겐뇨의 요청으로 모리씨가 반노부나가 측으로 가담하면서, 모리씨와 노부나가는 적대하게 되었다.

이러한 정세 변화에 따라 하리마는 노부나가 측과 모리씨 측으로 나뉘어 서로 대립하게 된다. 1577년 5월 중부 하리마 고차쿠성御着城(兵庫縣姫路市御國野町) 성주 고데라 마사모토小寺政職가 모리 측과 싸워 친노부나가 기치를 선명히 하자, 다수의 재지영주가 노부나가 측으로 기울었다. 이러한 상황 속에서 1577년 10월 노부나가 명령에 따라 시바타 히데요시가 하리마로 진군하였다. 유키모리 등 아마고씨 재흥군은 미쓰히데를 떠나 히데요시군에 가담하였다. 12월 하시바 히데요시가 하리마로 들어와, 우키타 나오이에의 지배 하에 있던 서하리마 고즈키성上月城(兵庫縣佐用郡佐用町)과 후쿠하라福原 등을 공략하였다. 하시바 히데요시는 고즈키성을 수비하기 위해 아마고 가쓰히사·야마나카 유키모리 등을 들여보냈고, 유키모리는 주군 아마고 가쓰히사와 함께 고즈키성을 거점으로 삼아 아마고씨의 재흥을 도모했다. 고즈키성은 규모는 작지만 비젠·미마사카·하리마의 경계에 위치하여 전략상 대단히 중요하였다. 따라서 우키타 나오이에는 고즈키성을 탈환하기 위해, 1578년 3월 9일 휘하의 마베키 시로지로眞壁次郎四郎에게 약 3천 군사로 고즈키 성을 공격하게 하였다. 그러나 유키모리가 약 800명의 군사로 마베케 군을 야습하여 승리를 거뒀고, 이에 하리마의 거의 전 지역이 노부나가 세력의 지배 하로 들어갔다.

그러나 노부나가와 벳쇼씨의 관계는 1577년 10월 가코가와성加古川城 (兵庫縣加古川市加古川町本町)에서 이루어진 히데요시와 벳쇼 요시치카別所吉親 회담加古川評定에서 악화된다. 미키성 성주 벳쇼 나가하루別所長治를 대신해서 회담에 참석한 벳쇼 요시치카別所吉親는 모리 측에 호의적이 었고 명문 의식도 강했다. 그런 까닭에 출신 신분이 비천한 히데요시를 은근히 무시하기도 하고 히데요시의 물음에 자기 가문의 군공을 늘어 놓는 등 회담이 오래 걸렸다. 히데요시는 불쾌해하였고, 요시치카는 불만을 품고 미키성으로 돌아와 나가하루를 설득해서 노부나가를 이 반하도록 했다.

1578년 히데요시가 다시 주고쿠 지역 공략을 위해 하리마로 갔다. 그런데 1578년 2월 요시치카 조카로 벳쇼씨 당주인 벳쇼 나가하루가 노부나가를 이반하고 모리 측에 가담하였다. 벳쇼씨의 영향권 아래에 있던 동하리마 세력들도 여기에 동조하고, 조도신슈淨土眞宗 문도들을 다수 포함하고 있던 하리마 중부의 미키씨와 서하리마의 우노宇野씨도 나가하루를 지원했다. 이들의 지원을 받으며 나가하루는 미키성에서 농성하면서 모리씨의 지원을 받고자 했다.

벳쇼씨의 노부나가 이반 이유로는 위에서 본 벳쇼씨가 아카마쓰씨 일족이라는 명문 의식으로 말미암아 히데요시와 틈이 생긴 것을 들고 있다. 그 밖에도 노부나가군의 고즈키성 학살, 벳쇼씨가 일찍이 모리 씨와 우호관계였다는 점, 하리마에 조도신슈 문도들이 많았던 점, 노부나가의 소령 안도 약속에 대한 불신감, 벳쇼 요시치카와 벳쇼

시게무네別所重宗 형제의 대립, 인척관계인 단바 하타노波多野씨의 노부나가 이반, 고즈키성 처치에 대한 불신감 등을 들고 있다.

벳쇼 나가하루가 농성하는 미키성에 동하리마 일대에서 약 7,500인이 모여들었다. 이 가운데에는 벳쇼씨에 동조한 재지영주들 외에 조도신슈 문도들도 다수 포함되어 있었다. 때문에 많은 병량이 필요하였다. 싸움 중 세토 내해 제해권을 장악한 모리씨와 아가성英賀城(兵庫縣姬路市飾磨區英賀宮町)의 미키 미치아키三木通秋 등이 해상을 통해 병량을 수송하였다. 벳쇼씨 측은 해변에 위치한 다카사고성高砂城(兵庫縣高砂市高砂町東宮町)과 우오즈미성魚住城(兵庫縣明石市大久保町) 등에 병량을 내려 지성과 연결해서 가코가와加古川와 산길을 통해 미키성으로 운반했다. 이에 대응하여 히데요시는 미키성의 지성들을 공략하는 전략을 세웠다(병량 차단전략).

1578년 3월 29일 히데요시는 미키성 포위를 개시하고, 4월 1일 벳쇼군 근처 호소카와쇼細川庄(三木市細川町) 영주 시모레이제이가下冷泉家 당주 레이제이 다메즈미冷泉爲純·다메카쓰爲勝 부자와 벳푸성別府城(兵庫縣加古川市別府町西脇)의 벳쇼 시게무네를 격파했다. 4월 3일부터 6일에 걸쳐 히데요시군은 미키성의 지성 중 하나인 노구치성野口城(兵庫縣加古川市野口町)도 함락시켰다.

그런데, 이즈음 모리씨의 3만 원군이 4월 18일 아마고 가쓰히사와 유키모리가 지키는 고즈키성을 포위하였다(고즈키성 싸움上月城の戰い). 이에 히데요시는 일단 동하리마 지역에서 싸움을 멈추고, 4월 하순 고즈키성 동측 다카쿠라야마高倉山에 포진하였다. 그러나 병력이 적어 모리군에 맞서지 못한데다 노부나가로부터 미키성 공격을 중시하라는 명령이 내려왔기 때문에 고즈키성 공략은 교착 상태에 빠진다. 더욱이 6월 21일에는 다카쿠라야마 싸움에서 패하여 6월 26일 진을 풀고 쇼샤잔書寫山까지 후퇴하면서 고즈키성은 고립무원 상태가 되었

다. 마침내 고즈키성은 병량도 바닥나, 성을 떠나는 자들이 많았다. 이러한 상황을 견디지 못해 7월 5일 유키모리 등 아마고 재흥군이 모리군에게 항복하였다. 이로써 유키모리를 중심으로 한 두 번째 아마고씨 재흥운동도 실패로 끝났다.

한편 5월 노부나가는 적남 오다 노부타다를 대장으로 한 2만 병사를 고즈키성 구원을 위해 파견했다. 구원군의 주목적은 미키성의 지성 포위였다. 노부타다는 동생 노부카쓰·노부타카 등과 함께 미키성 서부에 있는 성들(간키성吉神城·시카타성志方城·다카사고성高砂城)을 포위하였고, 니와 나가히데·다키가와 이치마스·아케치 미쓰히데 등은 히데요시를 구원하기 위해 출병하였으나, 위에서 보았듯이 상황 타파에 이르지는 못했다.

위 모리씨의 고즈키성 공략 목적이 고즈키성 탈환뿐이었는지, 보급로가 길어지는 것을 피하려 한 것이었는지 모리씨도 더 이상 동진하지는 않았다. 이를 본 노부나가군은 동하리마에서 작전을 재개, 고즈키성을 구원하기 위해 파견한 군세와 노부타다 군세를 합쳐 6월부터 10월에 걸쳐 미키성 서부의 간키성·시카타성·우오즈미성·하시타니성端谷城(兵庫縣神戸市西區櫨谷町)·다카사고성을 공략하고, 미키성에 대치하는 히라이야마平井山(미키성 북동 약2km) 본진을 포위하기 위해 부성付城을 구축했다. 이 때문에 벳쇼씨는 병량 보급이 곤란해졌다. 구원군은 위 지성들을 함락시킨 후 아라키 무라시게의 반란, 호쿠리쿠 싸움, 혼간지 싸움으로 말미암은 것인지는 불명확하나 퇴각했다.

한편 노부나가는 1576년 모리씨와의 제1차 기즈가와구치 싸움에서 패한 후, 구키 요시타카에게 명하여 대동大筒·대철포大鐵砲를 장착하고, 호로쿠히야焙烙火矢를 무력화시킬 '철갑선' 6척을 이세 오미나토大湊에서 건조하게 했다. 『다몬인닛키多聞院日記』에 의하면 이 '철갑선'은 길이 22미터에 폭 12미터였다고 한다. 당시로서는 공전의 대함이었고, 대단

한 방어력을 갖춘 함선이었다고 보인다. 다만 이를 증명할 사료가
『다몬인닛키』뿐이어서 의심스럽다.

어쨌든 1578년 6월 26일 구키 요시타카는 완성된 '철갑선' 6척과
다키가와 이치마스의 대선 1척과 함께 구마노우라熊野浦를 출발하여
오사카만으로 향했다. 도중 단노와 혹은 사이카 해상에서 사이카슈의
소선 다수가 구키 함선 등을 포위하고 공격하여 왔다. 구키는 이들을
대포로 포격해서 격퇴시켰다. 구키 함선은 7월 17일 사카이에 도착하
여 18일 오사카만에 그 모습을 드러냈고, 구키는 요소요소에 함선을
배치하여 다시 오사카만을 봉쇄했다. 노부나가는 9월 30일 사카이에
도착하여 이 함선들을 보고, 구키 요시타카와 다키가와 이치마스 등을
치하했다.

그런데 1578년 10월 노부나가군 유력 무장 아라키 무라시게가 이반
했다. 아라키 무라시게는 1535년 셋쓰 이케다씨 가신 아라키 요시무라
荒木義村의 적남으로 태어나, 이케다 가쓰마사 가신으로 출사하였고,
이케다 나가마사池田長正의 딸과 결혼하여 이케다씨 일족이 되었다.
그러나 미요시산닌슈의 책략으로 이케다 도모마사와 함께 미요시씨
로 이반하여 가쓰마사를 추방한 후 이케다씨를 장악하였다. 그리고
1571년 8월 시라이가와라白井河原 싸움 승리로 노부나가의 마음을 사
미요시씨에서 오다씨로 돌아섰다. 1573년 이바라키성茨木城(大阪府茨木市
片桐町) 성주로 임명되었고, 와카에성 싸움에서도 공을 세운 그는 1574
년 11월 이타미伊丹씨가 지배하는 아리오카성有岡城(兵庫縣伊丹市伊丹1丁目.
伊丹城)을 함락시키고 아리오카성 성주로 임명되어 37만석의 셋쓰 전역
을 지배했다. 1575년에는 아리마군有馬郡 분군分郡 슈고였던 아카마쓰씨
를 계승하여 셋쓰 아리마씨를 멸하고 아리마군을 평정했다. 무라시게
는 호소카와細川 정권기·미요시三好 정권기 셋쓰 통치의 중심인 아쿠타
가와성(大阪府高槻市殿町)·고시미즈성을 폐하고 아리오카성을 중심으로

한 새로운 지배체제를 구축하였으며, 에치젠 잇코잇키 토벌, 다카야성 싸움, 덴노지 싸움과 기이 정벌 등에서도 공을 쌓았다.

그런 아라키 무라시게가 주고쿠와 호쿠리쿠, 그리고 혼간지와의 싸움이 한창이던 시기에 모반을 했다는 것은 오다 노부나가에게 큰 충격을 주었다. 특히 무라시게의 영지 셋쓰가 미키성에서 롯코六甲 산지를 끼고 남쪽에 위치하여, 이 모반은 노부나가 측에게 전략상 약점을 드러낼 수 있었다. 즉 무라시게의 모반은 셋쓰 지역 항구를 통해 모리씨의 원조 병량을 받아 하나쿠마성花隈城(兵庫縣神戶市中央區花隈町)에서 니부야마丹生山(단조산)를 넘어 미키성으로 운송할 수 있는 새로운 보급로가 뚫리는 것을 의미했다. 이에 히데요시 부장 구로다 요시타카黑田孝高가 무라시게를 설득하고자 아리오카성으로 갔으나 무라시게에게 체포되어 성에 유폐되었다. 요시타카의 주군 고데라 마사모토가 무라시게에게 호응했기 때문에 취한 조치였다.

이 위기 속에서 노부나가는 조정을 움직여 혼간지와 화해하고자 했다. 조정은 노부나가의 요청에 따라 혼간지에 칙사를 파견했으나, 혼간지는 모리씨가 이 화해에 찬성한다면 화해하겠다고 답변했다. 사실상의 화해 거부였다. 이에 노부나가는 다시 모리씨에게 화해를 요청하는 사자를 파견하였지만, 모리씨는 노부나가와 화해할 의사가 없었던 듯하다.

마침내 11월 6일 모리 수군 600여 척이 기즈가와 부근에 나타났다. 이에 대응하여 구키 등이 모리 수군을 영격하자, 모리 수군은 구키 함선을 포위하고 호로쿠히야로 공격하였다. 구키의 6척 '철갑선'은 모리 수군을 기다렸다가 대장이 타고 있을 것으로 생각되는 함선에 대포·대철포로 집중 공격하는 전술을 썼다. 이에 공포심을 느낀 모리 수군은 구키 함선에 접근하지 못하고, 함선 수백 척이 퇴각했다(제2차 기즈가와구치 싸움). 위 싸움으로 노부나가 측은 오사카만 제해권을 다시 장악하였고, 이시야마 혼간지와 아라키, 그리고 벳쇼씨는 모리군의 원조를 받지 못하고 고립되었다. 이로써 노부나가군이 혼간지·모리 연합군에 대해 우위를 확보하였다. 그리고 제2차 기즈가와구치 싸움에서 거둔 승리로 노부나가는 모리씨·혼간지와의 화해 교섭을 중단하고, 무라시게 공략에 힘썼다. 무라시게의 반란은 노부나가의 신속한 대처로 주변 노부나가 측 무장들의 호응을 얻지 못해, 반란 자체는 오래 지속되었지만 이시야마 혼간지 공략에 큰 영향을 미치지는 못했다.

한편 1579년 2월 6일 벳쇼씨는 병량부족 사실이 확실해지자, 국면을 타개하기 위해 히데요시 본진 히라이야마平井山로 약 2,500인을 출병시켰으나 패하였다(히라이야마 합전平井山合戰). 5월 히데요시는 셋쓰에서 벳쇼씨에게 병량을 수송하는 중계지점인 니부야마丹生山 메이요지明要寺와 오고성淡河城(兵庫縣神戶市北區淡河町)을 공략하여 벳쇼씨 측의 병량 보급이 더욱 곤란해졌다. 6월 벳쇼씨의 반노부나가 전선의 일각인 하타노 히데하루波多野秀治의 야카미성이 아케치 미쓰히데에게 함락되고, 히데하루는 체포 처형되었다. 한편 13일 히데요시 부장 다케나카 시게하루竹中重治도 히라이야마 진중에서 사망하였다.

9월 10일 모리씨와 벳쇼씨가 출병하여 병량을 미키성으로 들여오는 작전을 수행했다. 모리씨의 보급부대가 히데요시 부장 다니 모리요시谷衛好가 지키는 미키성 서측 히라타 진지를 공략하여 모리요시를 잡고, 벳쇼씨 측 요시치카가 이끄는 3,000병이 미키성 밖 오무라大村 부근으로 출병하였다. 싸움은 혼전이었으나, 벳쇼씨 측 오고 사다노리淡河定範 등 다수의 무장들이 사망하고 참패했다(히라타·오무라 합전平田·大村合戰). 이로써 미키성으로 병량을 반입하는 시도도 실패로 끝났다.

게다가 10월 우키타 나오이에가 모리 측을 이반하여, 모리씨 영국과 하리마·셋쓰 사이가 분단되어 모리씨의 벳쇼씨 지원 역시 불가능해지게 되었다. 이에 히데요시가 벳쇼씨에게 항복을 권유하였으나, 벳쇼씨는 그것을 거절하였다. 한편 11월 벳쇼·모리씨와 공동전선을 펴고 있던 무라시게의 아리오카성을 노부나가군이 공략하였다. 무라시게는 낙성 전인 9월 2일 아리오카성을 탈출, 아마가사키성尼崎城(兵庫縣尼崎市北城內. 大物城)·하나쿠마성을 전전하며 노부나가군에게 저항하였으나, 결국 몰락하였다(아리오카성 싸움有岡城の戰い). 아리오카성에 유폐되어 있던 구로다 요시타카는 구출되어 히데요시와 재회하고, 요시타카의 주군이었던 고데라 마사모토는 고차쿠성이 노부나가군에게 함락되자, 모리씨 영국으로 도망하였다. 그 후 요시타카는 거성 히메지성姬路城(兵庫縣姬路市本町)을 히데요시에게 제공하였고, 히메지성은 히데요시의 거성이 되었다.

1580년 1월 미키성은 이미 병량이 바닥나 거의 아사 상태였다(미키노히고로시三木の干殺し). 노부나가군은 미키성의 지성들을 공격, 6일 나가하루의 아우 도모유키友之가 지키는 미야노우에宮ノ上 성채를, 11일 요시치카가 지키는 다카오야마성鷹尾山城(兵庫縣三木市福井)을 공략하여 남아 있는 것은 미키성 본성뿐이었다. 14일 히데요시는 성중에 항복을 권고하고, 성주 일족이 절복하면 병사들의 목숨은 보장하겠다는 조건을 제시했다. 17일 나가하루 일족이 절복하고 이로써 1년 10개월에 걸친 미키성 농성전은 히데요시의 승리로 종료되었다.

그리하여 노부나가는 이시야마 혼간지를 지원하는 모리씨의 동진을 하리마 지역에서 차단하였다. 이는 이시야마 혼간지를 중심으로 한 반노부나가 전선의 동요를 의미하며, 동시에 노부나가의 서진정책(모리씨 평정)의 전진기지를 확보했다는 것을 의미한다.

무라시게가 왜 노부나가를 이반하였는지는 분명하지 않다. 『인토쿠키陰德記』는 이시야마 합전에서 노부나가와 교전하는 이시야마 혼간지에 모리 세력과 내통한 무라시게가 병량을 몰래 반입했다고도 기록하고 있다. 그리고 『부코야와武功夜話』에 따르면, 간키성 공성전에서 성내 내통자 간키 사다미쓰神吉貞光는 무라시게와 오랜 친구로, 간키성 낙성 후 하시바 히데요시가 사다미쓰의 조명을 허락하였으나, 사다미쓰는 곧바로 벳쇼 나가하루에게 달려가 하시바군에 대항하였다. 사다미쓰가 주저 없이 벳쇼 측으로 달려간 것으로 미루어, 노부나가 측이 사다미쓰와 무라시게가 내통하고 있다고 무라시게를 의심하였다고 기록하고 있다. 즉 무라시게의 노부나가 이반에 대해 이시야마 혼간지 내통설, 사다미쓰와 무라시게 내통설로 설명하고 있다. 그런데 아마노 다다유키天野忠幸는 논문 「아라키 무라시게의 셋쓰 지배와 모반」에서 셋쓰 상황에 주목하여, 셋쓰 재지영주와 백성들 사이에 노부나가 정권의 지배강화 움직임에 반발하는 움직임이 급격히 높아지면서 그들이 자신을 배제하기 전에 그들과 함께 노부나가를 이반하는 쪽을 선택한 것이라고 보았다. 한편 노부나가 측 신하들 중에서도 무라시게의 중용을 고깝게 보는 자가 있었다. 호소카와 후지타카는 노부나가에게 무라시게의 모반이 의심된다며 모반 3개조謀反三か條를 노부나가에게 올렸다고도 한다(일종의 노부나가 측 내부 갈등설).

여하간 아라키 무라시게의 모반 소식에 놀란 노부나가는 아케치 미쓰히데, 마쓰이 유칸, 만리 시게모토万見重元 등을 아리오카성에 파견하였다. 미쓰히데는 그의 딸이 무라시게의 적남 아라키 무라쓰구荒木村次의 처라는 친척의 연으로 선택된 것으로 보인다. 그리고 무라시게 모반 소식을 접한 다카쓰기성 다카야마 우콘도 무라시게를 설득하기 위해 아리오카성으로 향했다. 이들 사자들은 무라시게에게 노부나가에게 받은 은혜, 노부나가를 이길 가능성이 없다는 점, 패배 후 엄벌에 처해질 것임을 역설하고, 노부나가에게 인질을 보내라고 요구했다. 우콘은 위 사자들의 의심을 풀기 위해 이미 두 명의 인질을 노부나가 측에 보내고도 장남까지 인질로 맡겼다.

무라시게는 일단 사자들의 설득을 받아들여 어머니, 아들과 함께 아즈치로 떠났다. 그러나 도중 이바라키성에 이르렀을 때, 아즈치에 가서 절복당하기보다 셋쓰에서 노부나가와 일전을 벌여야 한다는 가신의 통보를 받고, 나카가와 기요히데中川清秀에게 저지 당했다고 한다. 후로이스의 『니혼시』에 따르면, 무라시게의 가신들이 자신들은 노부나가에 가담할 생각이 없으며 곧바로 인질들이 돌아오지 않는다면 다른 사람을 영주로 받들겠다고 했다고 한다. 상황이 이렇게 되자 무라시게는 내키지는 않았으나, 아리오카성으로 돌아와 노부나가에 대한 모반을 명확히 했다고 한다.

무라시게는 노부나가와의 대결을 결심하고, 아시카가 요시아키足利義昭, 모리 데루모토, 겐뇨에게 인질과 서약서를 보내 동맹을 맹세했다. 서약서 내용을 보면 다음과 같다. ① 혼간지와 뜻을 함께한 이상 선악에 대해서 상담하고, 정성을 다할 것, 혼간지의 요구에는 승낙할 것, 오다 노부나가를 물리쳐 천하의 형세가 어떻게 변하든 혼간지는 아라키 무라시게를 버리지 말 것. ② 지행에 대해 혼간지는 간섭하지 말고, 혼간지의 지행지에 대해서는 이견이 없다, 백성 문도는 아라키가 지배하고, 혼간지는 간섭하지 않는다. ③ 셋쓰 지역의 일은 물론이려니와 소망하는 지역의 지행에 대해 혼간지는 관련하지 않는다. 공의(쇼군) 및 모리씨에 대해 충절을 다할 것이기 때문에 희망에 따르도록 혼간지는 최선을 다한다, 또 아라키와 싸우고 있는 로닌 문도는 혼간지가 멈추게 한다.

이후 무라시게는 아리오카성에서 농성하면서 노부나가군에 1년간 철저히 항전하였다. 측근 나카가와 기요히데와 다카야마 우콘이 노부나가 쪽으로 이반하면서 전황이 아주 불리해졌지만, 그 와중에도 무라시게는 만리 시게모토군을 무찌르는 등의 전과를 올렸다. 그러나 병량도 부족하였고, 기대하던 모리씨 원군도 오지 않아 궁지에 몰린 무라시게는 마침내 1579년 9월 2일 혼자 아리오카성을 빠져나가, 적남 무라쓰구의 거성 아마가사키성으로 도망하였다.

11월 19일 노부나가는 아리오카성을 지키는 아라키 규자에몬荒木久左衛門(이케다 모토마사) 등 아라키 가신들에게 아마가사키성과 하나쿠마성을 내주면 처자들을 살려주겠다고 약속했다. 규자에몬 등은 아리오카성에 노부나가 측 인질로 처자를 남겨둔 채 아마가사키성을 지키는 무라시게를 설득하러 갔으나, 무라시게가 수락하지 않아 궁박해지자 처자를 버리고 도망하였다. 노부나가는 무라시게와 규자에몬 등에게 본보기로 인질을 처형하라고 명했다. 그리하여 12월 13일 아리오카성 여자 고용인女房衆 122명이 아마가사키 근처 나나마쓰七松에서 철포와 장도로 살해되었다. 12월 16일 교토로 호송된 무라시게 일족과 중신 가족 36인도 마차大八車에 묶어 교토 시가지에서 돌린 후 로쿠조 가와라마치에서 참수하였다. 그러나 무라시게는 자식 무라쓰구와 함께 아라키 모토키요荒木元清가 있는 하나쿠마성으로 옮겨가 노부나가군에 대항하다가(하나쿠마성 싸움花隈城の戰い), 모리씨를 의지하여 도망하였다.

한편 제2차 기즈가와구치 싸움에서 모리 수군이 패하여 노부나가 측이 오사카만 제해권을 장악하자, 혼간지는 탄약과 병량 결핍의 위험에 노출되었다. 더욱이 1579년 10월 아리오카성이 노부나가군에게 함락되었다. 미키성의 정세도 다소 어렵기는 하였으나 서서히 노부나가 측의 우세로 기울고 있었다. 이에 노부나가는 12월 이시야마 혼간지와 항구적인 화해를 검토하기 시작하여 비밀리에 조정에 화해 중재를 요청하였다. 그 와중인 1580년 1월 히데요시가 미키성을 함락시켰다.

상황이 여기에 이르자, 혼간지는 완전히 고립 상태에 빠지고, 위의 화해 교섭 움직임에서 노부나가가 우위를 차지하게 된 것은 말할 나위도 없다. 3월 1일 조정은 혼간지에 가주지 하루토요勸修寺晴豊와 니와타 시게야스庭田重保를 칙사로 파견하고, 혼간지 측은 도시요리슈年寄衆의 의견을 물어 노부나가와의 화해를 추진한다. 노부나가는 개전의 경위를 아는 고노에 사키히사를 별도로 혼간지에 파견하여 혼간지 측과 협의하게 했다. 이 화해 교섭은 '칙명강화勅命講和' 형식을 띠었는데, 노부나가가 화해를 제안하는 형식이었으나 실제로는 혼간지가 화해를 원하였다고 할 수 있다. 윤3월 7일 혼간지는 겐뇨의 측근 시모쓰마 라이렌下間賴廉·시모쓰마 라이류下間賴龍·시모쓰마 나카타카下間仲孝 등이 서명한 서지誓紙를 노부나가에게 제출하였고, 1580년 3월 17일 노부나가와 세 번째 화해가 성립하였다.

화해의 조건·내용은 다음과 같았다(本願寺史料研究所 編纂, 『本願寺史』 淨土眞宗本願寺派 '西本願寺' 發行).

① (혼간지를) 총사면(할 것).
② 덴노지 북성에서 우선 고노에도노近衛殿(노부나가)가 군사를 교체하고(물리고), (혼간지 측이) 오사카에서 퇴성할 때 오시즈카에서도 퇴각하고, 이번 사자들을 들여보낼 것.
③ 인질에 유의할 것.
④ 나고 드는 말사는 전과 마찬가지일 것.
⑤ 가이 2군(江沼·能美)은 오사카 퇴거 이후 (노부나가에게) 반환할 것.
⑥ (혼간지 측의) 오사카 퇴거 기한은 7월 오본お盆(15일) 전까지 할 것.
⑦ 하나쿠마花熊·오사키尼崎는 (혼간지 측이) 오사카 퇴거 때 (노부나가에게) 환부할 것.

1580년 4월 9일 겐뇨는 이시야마 혼간지를 적자 신몬제키新門跡 교뇨教如에게 넘기고, 기이 사기노모리鷺森御坊로 퇴거했다. 그러나 사이카와 아와지淡路 문도들은 이시야마로 들어오는 병량으로 생활해 왔기 때문에, 이시야마를 떠나면 궁핍해질 것이라며 불안해했다. 따라서 이들은 교뇨에게 노부나가에 대한 대항을 계속해야 한다고 주장하였고, 교뇨 역시 이 의견에 동조하였다. 그리하여 겐뇨가 이시야마를 떠난 후에도 노부나가에게 저항하는 교뇨 세력이 혼간지를 계속 점거하였다. 7월 2일 겐뇨는 노부나가에게 사자를 보내 예를 표하고, 노부나가도 그에 맞춰 예를 표했다. 이 시기를 전후하여 아라키 무라시게가 하나쿠마성 싸움에서 패하여 도망하였는데, 고노에 사키히사가 이러한 상황 악화를 다시 교뇨에게 설명하며 혼간지 퇴각을 설득하였다. 이에 교뇨도 혼간지 퇴각을 결정하고 사이카로 퇴거하였다. 그리하여 노부나가는 8월 2일 이시야마 혼간지 세력을 완전히 제압하고, 혼간지에 방화하였다. 불길은 3일 동안이나 지속되었다고 한다. 이로써 10년여 지속되던 지리한 혼간지와의 싸움은 노부나가의 승리로 종지부를 찍었다.

6장 '천하인'=노부나가 정권의 팽창

1. 이가 소코쿠잇키·고야산 공략

1) 아즈치성의 위용, 노부나가 신격화, 아즈치 종론

위에서 보았듯이 히데요시의 주고쿠 공략이 막바지를 향해 치닫고, 아라키 무라시게의 반란도 거의 진압되어 가고, 모리씨와 연합한 이시야마 혼간지와의 최후 대결도 끝을 향하고 있던 1579년 5월, 마침내 아즈치성安土城이 완성되었다. 아즈치성은 원래 오미 슈고 롯카쿠씨의 간논지성 지성이었으나, 1576년 정월 니와 나가히데를 총책임자로 하여 3년여 공사 끝에 완성되었던 것이다. 노부나가는 1579년 5월 이 아즈치성으로 이주하였다.

노부나가가 아즈치에 자신의 거성을 세운 것은 아즈치가 기후성보다 교토에 가깝고, 비와코의 수운을 이용할 수 있다는 이점을 갖고 있었기 때문이다. 그리고 아즈치가 호쿠리쿠 가도에서 교토로 향하는 요충지라, 에치젠·가가의 잇코잇키에 대비한다는 의도도 있었을 것이다. 여기에다 당시 에치고에서 세력을 떨치던 우에스기씨를 대비하려는 마음도 있었을 것이다.

아즈치성은 5중(처마)7층으로 이루어져 있으며, 높이는 16간間(1간=약 1.8미터)으로, 1층은 바위로 쌓아 만든 창고였고, 2~7층까지가 각종 이용 공간이었고, 최상층인 7층은 노부나가가 기거하는 공간이었다. 1층을 제외한 각 층은 수많은 벽화·화조도로 장식되었다고 한다. 특히 3층에는 고대중국의 현인 백이·숙제와 신선·선녀도가, 4층에는 용호

상박도, 중국 전설상의 은자 허유許由·과부巢父도가, 5층에는 화조도, 6층에는 석가모니 설법도와 16제자도, 7층은 내·외벽에 모두 금박을 두르고, 용을 새긴 기둥과 삼황오제·공문십철孔門十哲·상산사고商山四皓 (소위 죽림7현)가 그려져 있었다고 한다.

이러한 것들을 언제 설계했는지는 정확히 알 수 없으나, 적어도 1579년 단계에서 노부나가가 자신을 유·불·선 사상을 초월한 존재로 자리매김하려 하였음을 짐작하게 한다. 루이스 후로이스는 『니혼시』에서 (노부나가는) 죽어가는 인간이 아니라, 신으로 불멸하는 (존재)와 같이 존경받기를 희망했다. … (노부나가는) 아즈치성의 산에 소켄지總見寺를 짓고 … 첫째로 부자가 이곳 소켄지에 와서 숭경하면 더욱 부를 쌓고, 가난한 자가 이곳에 와서 숭경하면 그 공덕으로 부자가 될 것이며, 자녀나 후계자가 없는 자가 이곳에 와서 숭경하면 바로 자손을 얻을 것이고, 장수하고 평화와 안락을 얻을 것이다. 둘째로 (이곳에 와서 숭경하면), 수명은 80에 이르고, 질병은 바로 치유될 것이며, 희망·건강·평화를 얻을 수 있다. … 매월 노부나가 생일날을 성일聖日로 삼아 이곳으로 와야 한다. 이를 믿는 자는 필연코 약속한 것을 얻을 것이고, 이를 믿지 않는 사악한 자는 현세에서도 내세에서도 망할 것이라고 노부나가가 주장했다고 했다. 특히 소켄지에는 신체神體가 없고, 노부나가를 신체로 하여 살아있는 신불神佛이라 했다고 했다.

이를 통해 알 수 있듯이, 이 시기에 노부나가의 신격화가 진행되고, 아즈치성은 일본 전국을 아우르는 노부나가 권력의 상징으로서 센고쿠다이묘 권력을 초월해서 존재하는 압도적인 위용을 만천하에 드러냈다. 한편 아즈치성에서 가까운 지역으로 비와코가 한눈에 내려다보이는 능선에 소켄지를 짓고, 그 밑으로 평지에 이르는 산록에 수하 다이묘들의 저택을 배치하였다. 한편 아즈치성 밑에 상인거리인 성하정城下町(조카마치)을 건설하고, 성이 완성되기 전인 1577년 라쿠이치·라쿠자령樂市·樂座令을 내렸다.

라쿠이치·라쿠자령은 기존의 자座(자는 상공업자나 예능인들의 동업자조합, 라쿠는 자유로운 상거래를 의미함)가 가지고 있던 판매독점권, 비과세권, 불입권 등을 배제하여 자유시장을 건설하여 상업을 활성화하기 위한 정책이다. 일원지배를 지향하는 센고쿠다이묘들은 신흥 상공업자들을 육성하기 위해 세금을 감면해 주는 등의 정책을 실시하였는데, 성하정에 라쿠이치·라쿠자령을 내려 경제를 활성화시키고 이들 신흥 상공업자들을 자신이 관리할 수 있도록 조직하고자 했던 것이다.

오미 롯카쿠 사다요리는 센고쿠기 최초로 1548년 거성 간논지성 성하정에 라쿠이치령을 내렸다고 하나 사실과 내용은 알 수 없다. 도토미 이마가와 우지지네도 1566년 4월 후지 오미야富士大宮에 라쿠이치령을 내렸다. 이마가와씨의 이 라쿠이치령을 참고하여 노부나가는 1568년 9월 미노 가노加納에 라쿠이치·라쿠자령을 내렸다. 그 내용은 ① 상공업자들의 자유로운 왕래 보장, 각종 세금의 면제, ② 자유로운 상거래의 보장, ③ 물건 압매押買, 횡포狼籍, 싸움喧嘩·口論 등 (상인 간의 다툼) 금지, ④ 위 조항을 어긴 자는 엄벌에 처한다는 것이었다. 이후 노부나가는 1572년 오미 가나모리, 그리고 1577년 아즈치에 각각 라쿠이치·라쿠자령을 내렸다.

가나모리 젠류지善立寺에 내려진 라쿠이치·라쿠자령은 ① 가나모리를 라쿠이치·라쿠자로 정해 과세를 면제하고, 장원 지배자들은 채무자의 대리인에 대한 물건 압류를 금지하고, 도리에 맞지 않는 (채무) 독촉을 하지 말 것, ② 이 지역을 통과하는 물품은 가나모리로 집하, 통과할 것, ③ 내지 못한 세금을 낼 의무와 빌린 쌀, 그리고 차용한 돈의 변제 의무를 면제할 것, ④ 이 법령을 어긴 자를 엄벌에 처할 것 등을 규정하였다.

1577년에 내려진 아즈치 성하정의 라쿠이치·라쿠자령의 주요 내용은 ① 아즈치성을 라쿠이치로 명한 이상, 여러 자諸座의 특권과 여러 세금, 여러 잡세 등을 모두 면제함, ② 이 지역을 왕래하는 상인은 가미 가도를 이용해서는 안 되며, 교토를 오갈 때 반드시 아즈치성에서 기숙할 것, ③ 노부나가 영국에 덕정을 실시하더라도, 아즈치성은 덕정을 면제함(덕정에 따른 채무 파기는 없음), ④ 타 지역 사람이 아즈치성을 왕래할 경우, 이전에 살던 것처럼 누구의 가신이든 차별하지 않을 것. 만약 노부나가 가신을 칭하면서 임시과역을 걷으려는 자가 있으면 (그것을) 정지할 것, ⑤ 싸움, 말다툼, 채무자 재산을 몰수하는 행위(國質·所質·鄕質·押買·押賣·押借 등등)는 일절 금할 것, ⑥ 오미 지역에서의 말馬 매매는 아즈치성에서만 행할 것, ⑦ 위 명령을 어기는 자는 엄벌에 처할 것 등이다.

위에서 알 수 있듯이 가노에 내린 라쿠이치·라쿠자령은 이마가와 우지자네의 그것과 대동소이하나, 가나모리에 내린 라쿠이치·라쿠자 령은 물자 유통에 중점을 두고 있다. 아즈치성의 라쿠이치·라쿠자령 은 그 연장선상에서 더 정교해지고 발전된 형태라고 할 것이다.

노부나가의 상공업정책에서 또 하나 주목해야 할 점은 1569년 2월 내려진 화폐공정비가령撰錢令(에리제니령)과 1574년 말경 내려진 검문소 關所 철폐령이다. 주지하듯이 검문소는 군사전략에서 중요한 역할을 하였으나, 유통·교통에는 최대 장애였다. 당시 영주들은 육로와 해로 를 불문하고 검문소를 설치하여 왕래자들에게 통관세關錢를 부과하여 수익을 올렸다. 당연히 유통업자들에게 이 검문소의 존재는 부담스러 웠을 것이다. 일례로 이세진구 근처의 마쓰사카시松阪市에서 나이구內宮 까지 50킬로 정도를 가는 데 100몬 이상이 들었다고 한다. 이에 노부나 가는 유통·교통을 원활하게 하기 위해 영국의 검문소 철폐령을 내렸 다. 이후 노부나가는 평정한 지역을 대상으로 검문소 철폐령을 지속적 으로 내렸다.

한편 무로마치 막부기에 들어와 상품유통이 활발해지면서 화폐유통이 활성화되었다. 이때 화폐는 종래의 송전宋錢에 명전明錢이 주로 사용되었다. 화폐 수요가 확대되자, 사주조의 악전과 조악한 중국전, 그리고 파전破錢 등이 다량으로 유입·유통되었다. 악전들이 거래에 다량 이용되자, 양전인 송전과 영락전을 선호하는 경향이 강해져 원활한 상거래를 저해하였다. 이에 양전과 악전의 비가를 정해 양전과 악전을 모두 거래에 사용하게 하고, 그리하여 물품유통을 활성화하고자 화폐공정비가령을 발포하였던 것이다(종래 화폐공정비가령에 대해서는 찬전(양전에 대한 선호)을 금지할 의도로 시행되었다고 이해했으나, 요즘은 찬전을 제한하되 혼입비율과 교환비율 등을 정해 찬전 행위를 공인한 면을 강조하고 있다).

노부나가도 1568년 9월 가노에 라쿠이치·라쿠자령을 내린 후 1569년 화폐공정비가령을 내려 화폐유통량을 증가시키고 아울러 악화 유입을 방지하여 유통을 활성화하고자 했다. 노부나가는 송전·영락전 등 양화를 1몬으로 정하고(기준전基準錢), 선덕전宣德錢(명전宣德通寶) 등은 기준전의 1/2, 파전 등은 1/5, 사주전인 남경전南京錢(중국 남경에서 주조된 사전) 등은 1/10 등으로 모든 화폐의 비가를 정하여 상거래 활성화를 꾀했다. 그러나 그 성과를 확인할 만한 사료가 발견되지 않아 시행과 효과를 확인할 수는 없다.

한편 1579년 5월 중순 정토종 조렌지淨蓮寺의 레이요 교쿠넨靈譽玉念이 교토에서 아즈치로 와 설법을 행하였다. 이에 대해 법화종 신도 다테베 쇼치建部紹智와 오와키 덴스케大脇傳介가 교쿠넨의 설법에 이의를 제기했다. 교쿠넨은 이 이의 제기에 대해 아직 어려 (자신의 불법을) 들어도 이해할 수 없을 것이니, 훌륭한 법화종 스님을 모시고 오면 답하겠다고 했다. 이 소식을 접한 법화종 측은 교토 조묘지頂妙寺 승려 니치코日珖, 조코인常光院 승려 닛타이日諦, 구온인久遠院 승려 니치엔日淵 등 법 높은 승려들을 아즈치로 파견하기로 했다.

소문이 퍼져 교토와 아즈치 주변의 승려와 신도들이 아즈치로 모여들었고, 이 소문은 노부나가의 귀에도 들어갔다. 노부나가는 정토종과 법화종 측에 사자를 파견하여 자신의 가신들 중에도 법화종 신도가 다수 있어서 자신의 생각으로 종론에 간여하려 하니 일을 크게 만들지 말라고 지시했다. 정토종 측은 노부나가의 지시에 따르겠다고 회답하였으나, 법화종 측은 종론의 승리를 자신하며 노부나가의 지시에 따르지 않았다. 그리하여 마침내 정토종 측과 법화종 측 간에 종론이 벌어지게 되었다(아즈치 종론安土宗論).

이에 노부나가는 그렇다면 이 종론의 심판자를 파견할 테니, 서류로 경과와 승패 과정을 보고하라 하고, 임제종의 난젠지南禪寺, 겐닌지建仁寺의 장로 뎃소케이슈鐵叟景秀를 종론 심판자로 초대했다. 그리고 때마침 인가코시因果居士가 아즈치에 왔기 때문에, 그도 심판관으로 참석시켜, 드디어 5월 하순 아즈치성에서 벗어나 있던 정토종 조고인淨嚴院에서 종론이 행해졌다.

종론은 다기에 걸쳐 격렬한 대답과 비판이 오갔는데, 법화종 측이 화엄의 묘妙, 아함의 묘, 방등의 묘, 반야의 묘에 대해 답변을 하지 못해 정토종의 승리로 끝나고, 법화종 측은 향후 타 종파를 비방하지 않는다는 기청문을 제출하고 물러났다. 이 종론에 대해서는, 보통 노부나가의 책략 때문에 정토종의 의미 불명한 발언에 빠졌다고 해석해 왔다. 법화종 측은 정토종 측의 '방좌 제4의 묘方座第四の妙'란 발언을 '데이안貞安(정토종 측 승려)의 비겁한 손으로 상대방을 연기 속에 휘감았다'고 했다.

그런데 종파 간의 갈등이라면, 조정이 해결해야 할 문제였다. 그럼에도 노부나가가 나서서 종파 간의 갈등·대립에 끼어들고, 나아가 종론의 승패를 가늠하게 했다는 사실은 아주 특이하다. 즉 이 종론을 통해 노부나가는 자신을 종교의 논리까지 좌우할 수 있는 존재로 자리매김했던 것이다. 여기에 아즈치성 완성과 노부나가의 신격화, 그리고 사관사직 등을 감안하면, 이 시기 노부나가는 중세권력과는 이질적인 권력이 종교를 장악하는 근세권력으로 진화했음을 짐작하게 한다.

2) 이가 소코쿠잇키와 고야산 공략

한편 기타바타케가의 양자였던 노부나가 차남 오다 노부카쓰는 1576년 기타바타케 도모노리 등 기타바타케 일족을 미세의 변三瀨の變을 통해 제거하여 이세를 장악하고, 이가를 영국화하고자 했다. 그런 가운데 1578년 2월 이가 향사 시모야마 헤베下山平兵衛(下山甲斐守)가 노부카쓰를 방문하여 이가로 안내할 것을 청했다. 노부카쓰는 1578년 3월 다키가와 가쓰토시瀧川雄利에게 기타바타케 도모노리가 은거해 있던 마루야마성丸山城(三重縣伊賀市枛川)을 수축하라고 명했다. 이 소식에 이가 향사들이 놀라서 마루야마성 서쪽 덴도산天童山으로 밀정을 보내 마루야마성의 축성 모습을 알아보게 했다. 그 결과 수축되는 마루야마성은 3층의 천수와 천수대는 기단석축으로 견고하게 쌓고, 니노마루二の丸에의 등성로는 아홉 번 구부러지는 장대한 규모라는 사실을 알게 되었다.

이 소식을 접한 이가 향사 11명이 곧바로 헤이라쿠지平樂寺에 모여 마루야마성이 수축되기 전에 성을 공격하자고 결의했다. 그리하여 마루야마성 주변 고베神戶, 우에바야시上林, 비토比土, 자이료才良, 고리무라郡村, 오키沖, 이치베市部, 이다猪田, 이나구依那具, 시주큐四十九, 히지키比自技 등 재지영주들의 군사가 집결하고, 10월 25일 집결한 닌자忍者들이 노부나가 측에 총공세를 가했다. 불의의 공격을 받은 노부나가 측 다키가와 가쓰토시군과 인부들은 우왕좌왕하다 점심이 지난 시각에 잔존 병력을 규합하여 이세로 패주했다.

1579년 9월 16일 이가 향사=재지영주들이 마루야마성의 수축을

방해한 것에 화가 난 노부카쓰는 노부나가와 상의도 없이 독단으로 병사 8,000을 이끌고 이가를 세 방향으로 침공했다. 그러나 이가 향사들은 각지에서 항전, 노부카쓰군을 이가에서 패주시켰다. 야습과 송진 횃불松明을 이용한 교란작전과 지리의 이점을 살린 이가슈의 기습으로, 노부카쓰군은 2~3일 사이에 2,000명 이상 전사하였다. 게다가 1,500명을 이끄는 노부카쓰 중신 쓰게 야스시게柘植保重가 전사하는 등 큰 피해를 입고, 노부카쓰도 이세로 패주하였다(오니코부토게 싸움鬼瘤峠の戰い, 제1차 덴쇼이가의 난天正伊賀の亂). 노부카쓰가 독단으로 이가를 침공했다가 패주했다는 소식을 들은 노부나가는 격노하여, 부자의 연을 끊겠다고 할 정도로 노부카쓰를 질책하고 근신을 명했다. 노부나가는 위 싸움에서 활약한 닌자에게 강한 경계심을 보였으나, 당시는 혼간지와의 대립이 격화되어 바로 이가 평정에 돌입할 수는 없었다.

한편 1581년 4월 가미쓰게上柘植의 후쿠치 이요노카미 무네타카福地伊予守宗隆와 가와이무라河合村의 미미스 야지로 도모아키耳須弥次郎具明가 아즈치성에 있던 노부나가를 찾아와 이가 공략의 길안내를 맡겠다고 청했다. 이에 이가 공략을 결심한 노부나가는 노부카쓰를 총대장으로 삼아 5만 병사를 이가로 출병시켰다. 이가 공략군은 9월 6일 여섯 부대((1) 伊勢地口: 織田信雄·津田信澄 (2) 柘植口: 丹羽長秀·瀧川一益 (3) 玉瀧口: 蒲生氏鄕·脇坂安治 (4) 笠間口: 筒井順慶 (5) 初瀨口: 淺野長政 (6) 多羅尾口: 堀秀政·多羅尾弘光)로 편성하여 공격을 개시했다. 이에 대항하여 이가슈는 비지야마성比自山城(三重縣伊賀市長田)에 3,500명(비전투원 포함 10,000명), 헤이라쿠지平樂寺(후의 이가고즈케성)에 1,500명을 배치하여 농성했다. 이가슈는 가와라河原(혹은 비지야마의 경사지)에 야영하고 있던 가모 우지사토군을 야습하여 승리를 거두고, 쓰쓰이 준케이筒井順慶군을 야습하여 1,000명을 살해했다. 이에 노한 가모 우지사토蒲生氏鄕는 다키가와 이치마스瀧川一益의 원군을 얻어 헤이라쿠지를 강습하여, 어렵게 헤이라쿠지를 함락시켰

다. 그러나 난공불락의 요새인 비지야마성은 니와 나가히데丹羽長秀 등이 여러 번 공격하였으나, 낙성에는 실패하였다(비지야마성 싸움比 自山城の戰い, 比自山の七本槍).

그런데 노부나가군이 총공세를 전개하기 하루 전, 비지야마성 성병 모두가 가시와라성柏原城(三重縣名張市赤目町)으로 도망하였다. 그 후 노부 나가 측의 계략에 휘말린 이가슈 다수가 노부나가 측에 내응하여 결속 력이 약해졌다. 각지로 진격하여 9월 11일 이가를 거의 제압한 노부나 가군은 촌락과 사원을 불사르고 주민을 닥치는 대로 살해하였다. 헤이 라쿠지에서는 승려 700여 명이 참수되었고, 이가의 전체 인구 9만 중 비전투원을 포함해 3만여 명이 살해되었다고 한다.

나라 오쿠라 고로지大倉五郎次라는 사루가쿠다이후猿樂太夫가 가시와 라성에 와 화해를 중재하고자 했다. 소묘다이惣名代 다키노 요시마사瀧 野吉政가 28일 아침 노부카쓰를 만나, 성병의 안전을 조건으로 화해를 하고 가시와라성을 개성하였다(『노부나가코키』에는 정전 시기를 9월 11일로 기록하고 있다). 가시와라성의 개성으로 덴쇼이가의 난天正伊賀の亂(이가 소코쿠잇키伊賀惣國一揆)은 종결되었다. 10월 9일 노부나가는 이가를 시찰 하고, 아하이군阿拜郡, 이가군伊賀郡, 나바리군名張郡을 다키가와 가쓰토 시瀧川雄利에게, 야마다군山田郡을 오다 노부카네織田信兼에게 주어 지배하 게 했다.

한편 1581년 고야산高野山 측이 아라키 무라시게 잔당을 숨겨주고, 아시카가 요시아키와 내통하여 노부나가에 대항하려는 움직임을 보 였다. 『노부나가코키』에 의하면, 노부나가가 사자 십 수인을 고야산으 로 보냈는데 고야산 측이 이 사자들을 모두 살해했다고 한다. 『고야슌 주高野春秋』에는 1580년 8월 노부나가가 고야산 문도와 아라키 무라시 게 잔당과의 관계를 묻는 서장을 마쓰이 유칸을 통해 고야산 측에 보내고, 9월 21일 잇키 세력에 가담한 고야산 승려聖들을 체포해 투옥

하거나 살해했다고 한다. 이로 말미암아 1581년 1월 고야산 승려들이 네고로지와 협력하여 고야 다이슈잇키高野大衆一揆(大衆은 산문 등의 승려집단)를 결성하여 노부나가에 대항하였다고 한다.

노부나가는 이즈미 기시와다성岸和田城(大阪府岸和田市岸城町) 성주 오다 노부하루를 총대장으로 임명하고 고야산 공격을 명했다. 그리고 1월 30일 고야산 승려 1,383명을 체포하여 이세와 교토 시치조七條 강변에서 처형했다. 10월 2일 노부나가는 호리 히데마사 군세를 원군으로 파견하여 네고로지를 공격하게 해 350명을 체포했다. 10월 5일 고야산 7개소 입구에서 원군으로 온 쓰쓰이 준케이군도 가세하여 고야산을 총공격했으나, 고야산 측도 용감히 응전하여 싸움은 장기화하였다. 1582년 들어 노부나가가 가이 정벌에 주력하였기 때문에, 고야산 싸움은 일시 소강 상태에 빠졌다. 다케다씨가 멸망한 후인 4월, 노부나가는 노부하루 대신 노부타카信孝를 고야산 공격군 총대장으로 임명하였고, 노부타카는 고야산을 공격하여 고승 131명과 문도 다수를 살해했다. 그러나 이번 싸움도 결말을 보지 못한 채, 노부나가는 혼노지의 변으로 사망했다.

2. 다케다씨 멸망과 우에스기씨 공략

1578년 3월 13일 에치고 우에스기 겐신이 사망하자 가게토라와 가게카쓰 사이에 후계자를 둘러싸고 오타테의 난이 발생하였다. 위에서 보았듯이 다케다 가쓰요리는 이 내분이 종결된 후 명확하게 가게카쓰를 지원하지는 않았으나, 이로 말미암아 호조씨와의 관계가 악화된다. 9월 양자 사이의 고소 동맹이 파탄나고, 다케다·호조씨는 경계를 이루는 스루가·이즈·고즈케 방면에서 대립·항쟁하게 된다. 호조씨는 도쿠가와 이에야스와 동맹을 맺고, 스루가에서 다케다씨를 협공하였다. 이에 대해 가쓰요리는 누이동생 기쿠히메菊姬를 가게카쓰에게 시집보내 우에스기씨와 군사동맹을 맺는다(고에쓰 동맹甲越同盟). 그러나 위 쟁란의 후유증으로 우에스기씨의 영향력은 크게 약화되어 있었다. 때문에 고에쓰 동맹은 대호조 동맹이 아니라 대노부나가 협약으로 기능했다. 더욱이 호조씨와 이에야스가 동맹을 맺고 있어서 가쓰요리의 움직임은 대단히 제약되어 있었다. 이에 가쓰요리는 10월 8일 호조씨 배후에 있는 히타치 오타 스케마사太田資正(三樂齋道譽)를 통해 히타치 사타케 요시시게佐竹義重와 동맹을 맺는다(고사 동맹甲佐同盟). 나아가 아와 사토미 요시요리里見義賴와 고유미쿠보小弓公方 등과 연합하여 호조씨에 대항하였다. 특히 고즈케 전선에서는 사나다 마사유키眞田昌幸 등의 활약으로 호조씨를 압도했다.

한편 가쓰요리는 나가시노 싸움 후 소강 상태에 있던 노부나가와의 관계를 개선하기 위해 사타케 요시시게의 중재로 노부나가와 화해를 모색했다(고요와요甲江和與). 가쓰요리는 1579년 11월 16일 노부나가 양녀를 어머니로 하는 적남 다케다 노부카쓰武田信勝의 관도를 노부나가에게 요청하고, 노부나가는 이 요청을 받아들였다.

1579년 8월 우에스기 가게토라를 지원했던 고즈케 우마야바시성廐橋城(群馬縣前橋市) 조다이 기타조 다카히로北條高廣가 아버지 다카사다가 우에스기 가게카쓰에게 살해되어서인지 다케다 측으로 이반했다. 한편 4월 23일 가쓰요리는 스루가 에지리성으로 출병하여, 4월 25일 다카텐진성에 가까운 구니야스國安(掛川市)에 본진을 쳤다. 이에야스는 마무시즈카성馬伏塚城(靜岡縣袋井市淺名)에서 나와 미쓰키見付에 본진을 치고, 가쓰요리군과 대치했다. 그러나 4월 27일 가쓰요리는 구니야스에서 철수하여, 4월 29일 오이가와大井川를 넘어 고후로 돌아갔다.

가쓰요리는 고소 동맹 붕괴 후, 1579년 7월 동고즈케로 출병하여 적대관계인 호조 우지쿠니와 대진했다. 『고요군칸甲陽軍鑑』에 따르면, 우지쿠니는 하치가타鉢形 지치부슈秩父衆를 이끌고 히로키성廣木城(埼玉縣兒玉郡美里町)·다이부쓰성大佛城(埼玉縣兒玉郡美里町)을 함락시키고, 이에 대항하여 가쓰요리는 서고즈케슈를 이끌고 위 양 성을 탈환하려 하였으나 철수하였다고 한다. 이러한 상황 속에서 9월 도쿠가와·호조씨 사이에 동맹이 맺어졌다.

한편 1579년 9월 15일 이에야스의 장남 노부야스信康가 이에야스의 명으로 절복하는 사건이 발생했다. 노부야스는 1562년 노부나가·이에야스 동맹(기요스 동맹)이 체결되자, 1567년 5월 노부나가 딸 도쿠히메德姬와 결혼하였고, 이에야스가 하마마쓰성으로 옮기자 오카자키성에 머물렀다. 1573년 이래 전투에 참가하여 용맹성과 과감성을 보였던 노부야스가 갑자기 이에야스에게 절복을 명받고 자인한 것이다.

이 사건에 대해 『미카와모노카타리三河物語』는 다음과 같이 기술하고 있다. 도쿠히메는 시모인 쓰키야마도노築山殿(이마가와 요시모토의 백모라고도 하고 누이동생이라고도 한다)와 사이가 나빴고, 노부야스와도 사이가 나빴다고 한다.

이에 도쿠히메가 아버지 노부나가에게 편지를 띄워 부부 사이가 좋지 않으며, 쓰키야마도노가 다케다 가쓰요리와 내통한다는 내용을 알렸다. 노부나가는 사자로 온 이에야스씨 중신 사카이 다다쓰구酒井忠次를 규찰했는데, 다다쓰구는 노부야스를 전혀 변호하지 않았다. 이에 노부나가는 도쿠히메의 편지 내용을 사실로 인지하게 되었고, 결국 이에야스에게 노부야스의 절복을 요구했다. 이 요구에 대해 이에야스 신하들 사이에서는 반대 의견이 비등하였고, 아예 노부나가와의 동맹 관계를 파기해야 한다는 주장까지 나왔다. 그러나 이에야스는 사카이 다다쓰구가 도쿠히메의 주장을 인정한 이상, 노부나가의 노여움을 피할 수는 없다고 보고, 노부야스에게 절복을 명했다고 한다. 쓰키야마도노는 8월 29일 후타마타성으로 호송되던 중 사나루코佐鳴湖 호반에서 이에야스의 가신 오카모토 도키나카岡本時仲, 노나카 시게마사野中重政에게 살해되었고, 노부야스는 9월 15일 유폐지 후타마타성에서 절복하였다고 한다.

하지만 노부나가가 도쿠히메와의 불화만을 이유로 최대의 동맹자인 이에야스의 장남이자 사위인 노부야스를 절복시키려 하였다는 것은 이해하기 어렵다. 노부야스의 절복에 결정적인 역할을 한 사카이 다다쓰구가 중신 지위를 계속 유지했던 점도 그렇다. 그래서 노부야스와 불화한 사람은 도쿠가와 일문들(松平康忠, 久松俊勝, 松平康元), 혹은 이에야스라는 설이 있다. 그리하여 이에야스 부자 불화설과 가신단과의 불화설이 주장되기에 이른다. 그리고 소설가 덴큐 고로典廐五郎는 당시 도쿠가와가에는 전선에 투입되어 전공을 올려 출세가도를 달리는 하마마쓰성파와 후방지원과 노부나가와의 외교관계를 담당한 오카자키성파가 상호 대립·분열하고 있었는데, 양파의 대립이 이에야스와 노부야스의 대립으로 발전하여 마침내 오카자키성파가 이에야스를 추방하려 하였으나 실패하고, 그로 인해 노부야스 절복사건이 발생했다고 했다. 이 파벌 항쟁설은 다니구치 가쓰히로谷口克廣도 지지하여, 오카자키파가 이에야스에 대한 불만, 혹은 이에야스의 하타모토에 대한 불만으로 노부야스를 등에 업고 쿠데타를 기도하였으며, 쓰키야마도노도 이 쿠데타와 관련이 있을 것이라 추측했다.

한편『도다이키』는 노부야스가 가신에게 무례하게 대했다고 적고 있고, 도쿠히메가 노부나가에게 보낸 서장에는 ① 노부야스는 성격이 격하여 자주 난폭한 행동을 했다, ② 노부야스는 영내 본오도리에서 복장이 초라한 자와 춤을 잘 못 추는 자를 재미삼아 활로 쏘아 죽이고, 죽은 자를 적의 첩자라고 했다, ③ 수렵장에서 한 승려를 만났는데, 수렵장에서 승려를 만나면 수렵물이 적게 나타난다는 속설을 믿고

화가 나서 승려를 잡아 살해했다, ④ 노부야스는 도쿠히메가 딸만 둘을 낳아 화가 나서 부부사이가 나빴다고 했다. 이 기술들은 노부야스의 절복 원인을 노부야스의 비행에서 찾는 견해를 뒷받침하는 사료로 인용되고 있다.

한편 9월 호조 우지마사가 누마쓰에서 미시마로 침공하고, 9월 13일 다케다 가쓰요리는 스루가 기세가와黃瀨川에서 우지마사와 대치한다. 이에야스는 우지마사에 동조하여 도메朱目 사카성坂城(靜岡縣燒津市)·모치부네성持船城(靜岡縣靜岡市駿河區)을 함락시키고, 유이由比(由比町)·구라사와倉澤(菊川市)로 침공했다. 가쓰요리는 10월 에지리성까지 병사를 빼 이에야스를 기다렸으나, 이에야스는 철병했다. 이에 가쓰요리는 12월 9일 고후로 돌아갔다.

1580년 3월 우지마사가 이즈구치로 침공하여 오자, 가쓰요리는 아시가라토게足柄峠(小山町)에 포진하였다. 4월 가지와라 비젠노카미梶原備前守가 이끄는 호조 수군이 누마쓰로 침공하였고, 가쓰요리는 우키시마가하라浮島ヶ原(沼津市·富士市)에 포진하였으며, 다케다 수군은 이즈오키伊豆沖에서 호조 수군을 영격하였다. 9월 가쓰요리는 동고즈케로 출진, 도네가와를 넘어 닛타新田 가나야마성金山城(群馬縣太田市金山町)을 공격하고, 젠성膳城(群馬縣前橋市粕川町)을 함락시켰다.

대체로 호조씨와의 싸움에서 유리한 위치를 점하고 있던 가쓰요리는 1581년 정월 신푸성新府城(山梨縣韮崎市中田町中條)을 축성하고, 쓰쓰지가사키야카타躑躅ヶ崎館(山梨縣甲府市古府中)·요가이야마성要害山城(山梨縣甲府市上積翠寺町)이 있는 고후성甲府城(山梨縣甲府市)에서 신푸성으로 본거지를 이전하기 시작했다. 그리고 가쓰요리는 호조씨에 대항해 3월 14일 사타케 요시시게를 개입시켜 아와 사토미 요시요리와 동맹을 맺는다.

3월 22일 이에야스군의 공격으로 다카텐진성이 곤경에 빠지고(다카텐진성 싸움高天神城の戰い), 이즈음 노부나가와 화해를 시도하고 있던

가쓰요리는 노부나가를 자극하는 일을 경계하고 있었다. 때문에 가쓰요리는 원병을 파견하지 못하였고, 다카텐진성은 이에야스에게 함락되었다.

다카텐진성에 원병을 보내지 못해 성의 병사들을 다 죽음으로 몰아넣은 것은 다케다씨의 위신을 치명적으로 추락시켰다. 재지영주들은 크게 동요하였고, 노부나가는 이를 호기로 보아 다카텐진성 낙성을 크게 선전하였다. 오다·도쿠가와 측은 다케다 측에 가담하고 있는 무장들에게 모략을 써서 서로 사이가 좋지 않은 일문들과 눈치를 보던 재지영주들이 노부나가 측으로 이반하기 시작했다.

그런 가운데 3월 29일 다케다 수군은 이즈 구료쓰久龍津(靜岡縣沼津市)에서 가지와라 비젠노카미가 이끄는 호조 수군을 격파하고, 이즈 반도 서안을 습격했다. 이어 5월 가쓰요리는 도토미로 출격하였고, 9월에도 이즈로 출병하였다. 10월에도 호조 측 가사와라 마사타카笠原政堯(新六郞)가 수비하는 슨토군駿東郡 도쿠라성戶倉城(靜岡縣駿東郡淸水町德倉)을 공격하였다. 항전하던 마사타카는 11월 다케다 측과 내통하였다. 이에 가쓰요리는 스루가 누마쓰성 조다이 소네 가와치노카미曾禰河內守를 원군으로 파견하고, 가쓰요리도 직접 이즈로 출병하여 미시마에 본진을 둔 호조 우지마사와 대진했다. 그러나 12월 24일 가쓰요리는 신푸성으로 돌아왔다.

위에서 언급했듯이 당시 가쓰요리는 노부나가와 화해교섭을 계속하고 있었다. 가쓰요리의 측근 다이류지 린가쿠大龍寺麟岳 등과 협의하여 인질로 와 있던 오다 노부후사織田信房를 돌려보냈고, 노부후사의 중재로 노부나가와의 화해를 시도했다(고요와요甲江和與). 그러나 노부나가는 조정에 공작하여 오기마치 천황에게 가쓰요리를 '동이東夷=조적朝賊'으로 인식시키고, 이와시미즈하치만구石淸水八幡宮 등의 유력 사사에 가쓰요리의 멸망을 비는 기도를 올리게 했다. 이로써 다케다씨 토벌 명분을 확보한 노부나가는 가쓰요리의 화해 요구를 묵살하고, 12월 내년(1582년)에 다케다씨를 정벌한다고 통고했다.

1582년 2월 신겐 사위로 외척인 시나노 기소다니木曾谷의 기소 요시마사木曾義昌가 신푸성 축성에 따른 부담 증대에 불만을 품고 노부나가 측으로 돌아섰다. 외척 기소씨의 반역에 격노하여 인질을 처형한 가쓰요리는 즉시 기소씨 토벌을 위해 사촌동생 다케다 노부토요武田信豊를 선봉으로 5천여 병사를 파견하고, 자신도 군사 1만을 이끌고 출진했다. 그러나 눈 때문에 진군이 대단히 어려웠고, 지리에 밝은 기소군은 다케다군을 농락했다.

한편 노부나가는 2월 3일 가이 정벌을 결정하고 군사동원령을 내렸다. 오다 노부타다가 이나伊那 방면에서, 가나모리 나가치카가 히다에서, 도쿠가와 이에야스가 스루가에서, 호조 우지나오北條氏直가 사가미·이즈·고즈케에서 다케다령 가이·시나노를 침공하기로 하였다(고슈정벌甲州征伐). 2월 3일 모리 나가요시, 단 다다마사団忠正의 노부나가군 선봉대가 기후성에서 출진하고, 2월 6일 모리森와 단団이 이끄는 군사가 기소木曾에서, 본대에서 감시역目付으로 파견된 가와지리 히데타카가 이나 가도伊那街道에서 시나노로 진군하였다.

노부나가 선봉대가 시나노로 진격하여 오자, 이나 가도 주변의 이와무라岩村 관문 다키자와瀧澤(長野縣下伊那郡阿智村·平谷村周邊) 영주였던 시모조 노부우지下條信氏의 가로 시모조 우지나가下條氏長(九兵衛尉)가 노부우지를 추방하고 노부나가군에 합류하였다. 그리하여 노부나가군 선봉대 가와지리 히데타카군은 싸움 없이 위 지역을 점령하였다. 이어 2월 14일 마쓰오성松尾城(長野縣飯田市) 성주 오가사와라 노부미네小笠原信嶺도 노부나가군으로 돌아섰다.

2월 12일 오다 노부타다와 다키가와 이치마스가 이끄는 본대 6만이 각각 기후성과 나가시마성長島城(三重縣桑名市長島町)에서 출진하여 2월 14

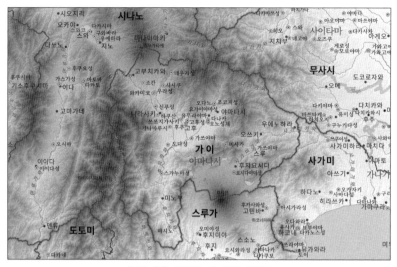

〈그림 19〉 가이와 그 주변 지역도

일 이와무라성으로 집결하였다. 그런데 노부나가군이 가이를 침공하기 시작한 2월 14일 아사마야마淺間山가 분화했다. 당시 사람들은 아사마야마의 분화를 이변의 전조로 여겼고, 분화 시점이 다케다 가쓰요리를 조적으로 지명하고 노부나가군이 가이를 침공한 시점과 겹쳤기 때문에 다케다군은 크게 동요하였다.

　노부나가는 이치마스에게 젊은 노부타다를 잘 보좌할 것을 명하였고, 2월 16일 다케다군은 도리이토게鳥居峠에서 노부나가의 지원을 받은 기소 요시마사군에게 패배했다. 17일 노부타다가 진군하여 18일 이이다飯田까지 침공하자, 이이다성飯田城(長野縣飯田市追手町) 성주 호시나 마사나오保科正直는 성을 버리고 다카토성으로 도망하였다(마사나오는 후에 노부나가에게 투항하여 다카토성 성주가 됨). 이이다성 함락 소식을 들은 다케다 노부카도武田信廉(가쓰요리의 숙부)는 전의를 상실하고, 오시마성에서 항전할 수 없다고 판단하여 오시마성을 버리고 도망하였다.

　한편 2월 18일 도쿠가와 이에야스가 하마마쓰성에서 출진하여 가케가와성에 들고, 2일 20일 요다 노부시게依田信蕃가 지키는 다나카성을 포위하고, 2월 21일 슨푸성으로 진군했다. 호조 우지마사北條氏政는 고보토게小佛峠와 미사카토게御坂峠 등 사가미와 가이 경계에 선봉대를 파견한 후, 2월 하순 스루가 동부로 침입했다. 이에야스는 2월 28일 스루가에 남아 있던 다케다 측의 거점 도쿠라성·산마이바시성三枚橋城(靜岡縣沼津市大手町)을 함락시키고, 이어 3월 누마쓰沼津와 요시와라吉原에 있던 다케다씨 측 성들도 함락시켰다. 고즈케 방면에서는 우지마사 동생 호조 우지쿠니北條氏邦가 우마야바시성 성주 기타조 다카히로에게 압력을 가하고, 나아가 사나다 마사유키 영지를 위협하였다.

2월 28일 노부나가는 가와지리 히데타카에게 다카토성 공략을 위한 진성陣城의 구축을 명하고, 3월 1일 노부타다는 다케다 측 니시나 모리노부仁科盛信(信盛)가 농성하는 시나노 이나군伊那郡의 다카토성을 포위했다. 노부타다는 이나 승려를 통해 황금과 서장을 모리노부에게 보내 개성을 촉구하였다. 그러나 모리노부는 이 요구를 거절하고, 사자의 귀와 코를 베어 노부타다에게 돌려보냈다고 한다. 『노부나가코키』에 의하면, 3월 2일 노부나가군 약 3천이 다카토성을 총공격하기 시작하고, 이에 맞선 니시나 모리노부는 가로들과 함께 농성하며 양군이 격렬히 싸웠다고 한다. 이 싸움에서 이와쿠라가岩倉家 출신 오다 노부이에織田信家가 전사하는 등 노부나가군의 피해도 컸으나, 군사의 우위를 배경으로 다카토성 성문을 돌파하였다. 결국 니시나 모리노부·오야마다 마사유키小山田昌成·오야마다 다이가쿠노스케小山田大學助 등이 전사하고, 다카토성은 함락되었다.

2월 28일 기소 요시마사에게 패배한 다케다 가쓰요리는 스와에서의 대결을 포기하고, 천여 명의 병사와 함께 신푸성으로 퇴각하였다. 가쓰요리를 쫓는 노부타다는 다카토성 함락 다음 날 본진을 스와로 이동시키고, 다케다씨의 비호를 받고 있던 스와타이샤諏訪大社를 불태웠다. 기소 요시마사는 시나노의 요충지 후카시성深志城(長野縣松本市. 마쓰모토성松本城) 공략에 나섰다. 3월 1일 다케다씨 일족 아나야마 노부타다(=穴山梅雪)가 이에야스와 내통하여 노부나가 측으로 돌아섰다. 3월 3일 가쓰요리가 신푸성을 버리고 군나이郡內 오야마다 노부시게小山田信茂를 의지하여 도망하였다. 이에야스는 3월 4일 아나야마 노부타다의 안내를 받으면서 가이 침공을 개시했다.

노부나가는 3월 5일 아즈치성을 출발, 3월 6일 이비가와揖斐川에 도착하였다. 3월 7일 노부타다가 고후로 들어가 이치데우 구란도一條藏人의 사택에 진을 치고, 가쓰요리 일문·친척과 중신들을 탐색하여 모조리 처형하였다(武田信友·諏訪賴豊·武田信廉 등).

신푸성을 포기한 가쓰요리와 적남 노부카쓰信勝 일행은 군나이로 향하였지만, 도중에 오야마다 노부시게가 이반하였다. 『고요군칸』에 의하면, 가쓰요리 일행은 쓰루세鶴瀨(山梨縣甲州市大和町)에서 7일간 머물면서 오야마다 노부시게를 기다렸으나, 3월 9일 밤 노부시게는 군나이 출입로를 봉쇄하고, 가쓰요리 일행을 기도木戶에서 맞아들이는 것처럼 꾸며 철포를 쏘았다고 한다. 이에 가쓰요리와 노부카쓰는 이와도노岩殿행을 단념하고 덴모쿠잔天目山(山梨縣甲州市大和町)으로 향했다. 덴모쿠잔은 1417년 다케다가 당주 노부미쓰信滿가 우에스기 젠슈의 난에서 패주하여 자해한 곳이었다.

3월 11일 이에야스와 아나야마 노부타다가 만나 향후 일을 상의하고, 노부나가는 미노 이와무라성에 체재하고 있었다. 가쓰요리 일행은 덴모쿠잔 앞 다노田野에서 다키가와 이치마스군과 대치하였다. 가쓰요리의 가신 쓰치야 마사쓰네土屋昌恒·고미야마 도모하루小宮山友晴 등이 분투하였고, 아베 가쓰요시安倍勝寶도 적진으로 들어가 싸우다 전사하였다. 그리고 도리이바타鳥居畑 등에서 다케다군은 소수 병력으로 역투하여 노부나가 대군을 격퇴시켰다. 그러나 노부나가군을 막아내기는 중과부적이었다. 마침내 3월 11일 오전 11시경 가쓰요리·노부카쓰 부자와 게이린인덴桂林院殿은 덴모쿠잔 부근의 다노에서 자해했다. 이때 가쓰요리 나이 37세였고, 이로써 가이 다케다씨는 역사 속으로 사라졌다.

한편 다나카성을 지키며 노부나가군에 저항하고 있던 요다 노부시게도 아나야마 노부타다의 권고로 개성하였다. 3월 14일 나미아이浪合(長野縣下伊那郡阿智村)에 있던 노부나가에게 가쓰요리·노부카쓰 부자의 수급이 도착하고, 요다 노부시게는 본거지 가스가성春日城(長野縣伊那市西町)으로 귀환했다. 그 후 요다 노부시게는 오다 노부타다에 출사하려 하였으나, 이에야스의 권유로 이에야스령 도토미로 잠입했다. 3월 21일 노부나가가 스와에 도착하였고, 그곳에서 노부나가는 호조 우지마사 사자에게 전승 축하를 받았다. 그리고 3월 23일과 3월 29일 이 싸움에 참가한 장수들의 논공행상을 행했다. 그것을 보면, 다음과 같다.

다키가와 이치마스 : 고즈케, 지이사가타군小縣郡·사쿠군佐久郡

가와지리 히데타카 : 아나야마 노부타다 본관지를 제외한 가이, 스와군(아나야마 본관지의 대체지)

도쿠가와 이에야스 : 스루가

기소 요시마사 : 본령 기소다니木曾谷 안도, 지쿠마군筑摩郡·아즈미군安曇郡

모리 나가요시 : 다카이군高井郡·미노치군水內郡·사라시나군更科郡·하니시나군埴科郡

모리 나가히데 : 이나군伊那郡

아나야마 노부타다 : 본관지(가이 가와치甲斐河內) 안도, 적자 가쓰치요에게 다케다씨 가문을 잇게 하여 다케다씨 당주로 인정

모리 나리토시森成利 : 미노 가네야마성兼山城(모리 나가요시의 옛 거성)

단 다다마사 : 미노 이와무라성(히데타카의 옛 거성)

동시에 <가이·시나노 구니오키테國掟>가 내려졌다. 그것을 보면 다음과 같다.

① 검문소에서 세를 징수하지 말 것.

② 농민에게서 본연공本年貢 이외의 세금을 부과하지 말 것.

③ 충절을 다하는 자를 발탁하고, 저항하는 사무라이는 자해 혹은 추방할 것.

④ 소송에 신경을 써서 규명, 해결할 것.

⑤ 영내 사무라이에게 정중히 대할 것, 가벼이 여기지 않도록 마음을 쓸 것.

⑥ (영주가) 먼저 욕심을 내면 여러 사람들이 부족하니(부족하다고 생각하니), 모두에게 지배하게 하여 많은 사람(사무라이)들을 수하로 삼을 것.

⑦ 본국(노와리·미오) 사람 가운데 봉공을 원하는 자가 있으면, (신원을) 조사하여, 이전에 봉공한 사람에게 연락한 연후에 부지扶持할 것.

⑧ 성들을 단단히 수리할 것.

⑨ 철포, 탄약, 병량을 준비해 둘 것.

⑩ 각 지역을 다스리는 각인各人은 영내에 길을 만들 것.

⑪ 소령 경계에 대한 다툼이 있을 경우, 원한惡の儀이 없어야 할 것.

위 규정 외에 혹 불편한 일이 있다면, 노부나가에게로 와서 바로 말할 것.

위 구니오키테는 위에서 본 <에치젠 구니오키테>와 표현은 다르지만 동일한 성격을 띤다. 다만 다이묘로서의 도덕과 마음자세 등에 대한 조항이 빠져 있다. 이것은 광역지역 지배를 맡는 다이묘의 위치·지위가 완전히 노부나가 권력의 의지를 실현하는 존재로 자리하고 있음을 의미한다. 이것도 1575년 단계와 1580년 단계의 노부나가 권력의 질의 차이를 나타낸다 하겠다.

4월 노부나가는 고후로 향하는 도중 다이가하라台ヶ原(北杜市)에서 생애 처음 후지산을 보고, 4월 3일 다케다씨 역대의 본거지 쓰쓰지가사키 야카타의 불탄 모습을 시찰했다. 한편 노부타다군은 다케다씨 잔당이 숨어 있는 에린지惠林寺를 포위하고, 에린지에 다케다씨 잔당의 인도를 요청하였다. 에린지가 이를 거절하자, 하세가와 요지長谷川與次·쓰다 모토요시津田元嘉·세키 나리시게關成重·아카자 나가카네赤座永兼 등이 에린지를 불태웠다. 그리고 노부나가군은 다케다씨 측 무장들의 목을 가져오는 농민들에게 황금을 주었기 때문에, 농민들이 다케다씨 측 무장들을 죽여 노부나가 측에 바쳤다. 다케다씨 일문에 대한 노부나가의 처치는 대단히 단호하고 엄격하였으나, 고즈케·시나노·스루가의 다케다씨 측 무장들에게는 비교적 관대했다. 4월 10일 노부나가는 고후를 출발, 도카이도東海道 유람에 나섰다. 스루가에서 이에야스의 향응을 받고, 4월 13일 에지리江尻(靜岡市淸水區), 16일 하마마쓰를 경유하여 21일 아즈치성으로 귀환했다.

우에스기 겐신 사후 호쿠리쿠 지역의 지배를 노린 노부나가는 1581년 아라카와 합전荒川合戰을 일으키고, 노부나가 측에 출사하면서도 사실상 우에스기씨와 내통하던 간카이지성願海寺城(富山縣富山市願海寺) 성주 데라사키 모리나가寺崎盛永, 기후네성木舟城(富山縣高岡市福岡町木舟) 성주 이시구로 시게쓰나石黑成綱 등을 숙청하였다. 1582년 2월 노부나가는 가이 다케다씨를 멸하고, 3월 시바타 가쓰이에군이 우오즈성魚津城(富山

縣魚津市本町)을 포위하였다. 그러나 고지마 모토시게小島職鎮가 배후에서 우에스기 가게카쓰와 협력하여 노부나가 측의 진보 나가즈미가 지키는 도야마성을 급습해서 함락시켰다. 때문에 1582년 3월 11일 시바타 가쓰이에·삿사 나리마사·마에다 도시이에·사쿠마 모리마사佐久間盛政 등이 우오즈魚津 공격을 중지하고 도야마성을 공격하여 탈환했다. 그 후 4만에 이르는 가쓰이에군이 우오즈성 공격을 재개하였고, 우에스기씨는 3,800의 병력으로 가쓰이에군에 대항하였다.

한편 포위당한 우에스기 측 나카조 가게야스中條景泰는 가게카쓰에게 원군을 요청하였다. 그러나 에치고에 접한 시나노 및 고즈케에 노부나가 측 군대가 주둔하고 있는데다 에치고 신바타성新發田城(新潟縣新發田市大手町) 성주 신바타 시게이에新發田重家가 가게카쓰 영내로 침공하려는 움직임을 보이고 있어 가게카쓰는 우오즈성에 원군을 보낼 수 없었다. 대신 노토의 장수들과 아카다성赤田城(新潟縣刈羽郡刈羽村大字赤田町) 성주 사이토 도모노부齋藤朝信, 마쓰쿠라성松倉城(富山縣魚津市本町) 성주 조조 마사시게上條政繁를 구원군으로 파견하였다.

가게카쓰는 노부나가가 가이 정벌을 마치고 아즈치성으로 귀환한 후인 1582년 5월 4일, 군대를 이끌고 가스가야마성을 출발하여 5월 19일 우오즈성 동쪽 덴진야마성天神山城(富山縣魚津市天神山)으로 들어가 후방 수비의 진을 쳤다. 한편 가쓰이에군이 5월 6일 우오즈성 니노마루二の丸를 점령하고, 시나노 가이즈성에 있던 모리 나가요시와 고즈케 우마야바시성에 있던 다키가와 이치마스가 에치고로 침입하려는 움직임을 보였다. 이에 가게카쓰는 5월 27일 퇴진을 결심했다. 그 후 우에스기군은 농성전에 들어가 양군은 격렬한 공방전을 전개하였으나, 6월 3일 압도적 군사력을 자랑하는 가쓰이에의 군사력 앞에 우에스기 측 수장 13인(야마모토데라 다카나가山本寺孝長·요시에 무네노부吉江宗信·요시에 가게스케吉江景資·요시에 스케타카吉江資堅·데라시마 나가스케寺島長資·다데

누마 야스시게蓼沼泰重·아베 마사요시安部政吉·이시구치 히로무네石口廣宗·와카바야시 이에나가若林家長·가메다 나가노리龜田長乘·후지마루 가쓰토시藤丸勝俊·나카조 가게야스中條景泰·다케노마타 요시쓰나竹俁慶綱)이 자인, 마침내 우오즈성은 가쓰이에군에게 함락되었다.

그러나 혼노지의 변=노부나가 사망 소식이 가쓰이에군에 전해지자, 가쓰이에군은 사방으로 흩어졌다. 이에 공성이 된 우오즈성에 스다 미쓰치카須田滿親를 중심으로 한 우에스기군이 들어왔고, 우에스기 측은 엣추 동부에서 잃은 지역을 탈환하였다. 가게카쓰는 혼노지의 변 덕분에 구사일생으로 살아났으나, 오타테 난의 여파로 혼란이 장기화하고, 가게카쓰의 우에다슈 중용에 불만을 품고 모반한 신바타 시게이에와 호조바시放生橋에서 싸워 스가나 다지마노카미菅名但馬守·스이바라 미쓰이에水原滿家·고즈케 구베에上野九兵衛 등 용맹한 장수들을 잃었다(호조바시 싸움放生橋の戰い). 이렇게 해서 가게카쓰의 영내 지배력은 겐신 시기보다 현저히 저하되었다.

다키가와 이치마스는 1582년 오다 노부타다와 함께 가이 정벌에 참가하여 시나노로 침공하였다. 이때 이치마스는 가로家老 가와지리 히데타카와 군감軍監 모리 나가요시 등과 함께 공략전의 주력을 담당하였다. 이치마스는 가이 정벌에서 다케다 가쓰요리를 공격하여 덴모쿠잔 기슭에서 붙잡는 공을 세웠고, 호조 우지마사의 사자가 노부나가를 배알할 때 중개역申次役을 하기도 했다.

위에서 보았듯이, 전투 승리 후 노부나가는 다케다령을 가신들에게 분할하여 안도하였다. 3월 23일 이치마스는 고즈케와 인접한 시나노 지이사가타군·사쿠군을 안도받고 '간토고토리쓰기關東御取次'를 명받았다(『호조고다이키北條五代記』, 『간핫슈코센로쿠關八州古戰錄』 등 후대의 군기물軍記物에서는 이치마스를 '간토칸레이關東管領'라 했다). 그러나 이치마스는 영지보다 다기茶器 '주코코나스비珠光小茄子'를 소망했다고 한다. 노부나가는 이치마스에게 명마 '에비카게海老鹿毛'와 단도를 하사하고, 이어 간토 통치의 중개역을 맡겼다. 그리고 3월 29일 노부나가는 이 싸움에 참가한 장수들에게 위에서 보았던 논공행상을 했다.

이후 이치마스는 고즈케 미노와성箕輪城(群馬縣高崎市箕郷町), 우마야바시성으로 들어가 간토 진정에 힘썼다. 그리고 이치마스는 누마타성沼田城(群馬縣沼田市倉內)에 다키가와 마스시게瀧川益重를, 세이모西毛 마쓰이다성松井田城(群馬縣安中市松井田町)에는 쓰다 히데마사津田秀政를, 사쿠군 고모로성小諸城(長野縣小諸市丁)에는 도게 마사히데道家正榮를 배치했다. 이치마스는 재지영주들에게 그들이 지배하던 지역을 지배하게 하고, 근린 재지영주들은 그에게 인질을 보내 복속을 표했다. 이때 덴토쿠지 호엔天德寺寶衍과 구라가노 히데카게倉賀野秀景가 이치마스의 측근으로 활약하였으며, 이치마스는 간토의 호조 우지마사 부자, 사타케 요시시게, 사토미 요시요리뿐 아니라 무쓰陸奧의 다테 데루무네, 아시나 모리타카蘆名盛隆와도 연락을 취하였고, 이들은 이치마스를 통해 노부나가에 접근하였다. 이치마스는 호조씨에 중개하여(호조씨가 이치마스에 협조하여) 시모쓰케 기온성祇園城(栃木縣小山市城山町. 小山城)을 원성주 오야마 히데쓰나에게 반환하게 했다. 이미 호조 우지나오가 오다가의 여인을 맞아들이는 조건으로, 오다의 분국分國으로 간토를 일괄통치하겠다고 청하였다. 그러나 노부나가는 명확한 답변을 주지 않았고, 우지마사는 미시마타이샤三島大社에 우지나오의 간토 지배와 오다가와의 혼인 기원 원문을 올렸다. 우지마사는 노부나가의 위세를 두려워하여 이미 노부나가와 우호관계를 맺고 있었다.

간토는 물론 도호쿠 지역에 이르기까지 광대하게 영향력을 미치게 된 노부나가에 적대하는 세력은 약해진 에치고의 우에스기씨와, 아키의 모리씨뿐이었다. 이제 노부나가의 전국통일은 시간문제였다.

3. 사쿠마 노부모리 파면과 교토 군사 퍼레이드

노부나가는 1579년 9월 15일 도쿠가와 노부야스를 절복시켰다. 그리고 1579년 11월 새롭게 지은 니조고쇼를 황태자 사네히토신노에게 헌상했다. 동시에 사네히토신노의 5남 구니요시신노邦慶親王를 양자로 맞아 사네히토신노와 함께 니조고쇼로 들여보냈다. 1580년 8월에는 오랜 기간 이어진 혼간지와의 대립에서 승리를 거두고, 혼간지 전투 사령관이었던 중신 사쿠마 노부모리와 그의 아들 사쿠마 노부히데佐久間信榮를 혼간지 싸움에서의 실수를 구실로 사쿠마 노부모리에게 19개 조에 이르는 절함장折檻狀을 보내 고야산으로 추방하였다.

사쿠마 노부모리는 노부나가의 어린 시절부터 가까이에서 보좌하며 수많은 전투에 참전하여 공을 세운 인물이다. 1576년 당시 미카와·오와리·오미·야마토·가와치·이즈미·기이 등 7개 지역의 군사를 지휘하는 오다가의 최대·최강 군사령관이었으며, 오다가 제2인자였다. 그런 노부모리를 내친 이유는 무엇일까. 우선 19개조 절함장을 보자.

하나, 사쿠마 노부모리·노부히데 부자는 (덴노지성에) 5년간 머물면서 아무 공적도 올리지 못했다. 세상 사람들이 그것을 이상하다고 생각하는 것은 어쩔 수 없고, 자신(노부나가)도 생각이 미치는 바가 있어 (노부모리가 공적을 올리지 못함을) 분하게 생각한다.

하나, 노부모리의 마음心持을 미루어 짐작하니, 오사카(이시야마 혼간지)를 대적大敵이라고 생각하여 싸우지도 않고, 조의調儀·조략調略의 방법도 강구하지 않고, 오로지 수성守成을 견고히 하여 몇 년의 세월이 지나면, 적은 스님들이니, 마침내는 노부나가의 위광으로 퇴각할 것이라고 생각했는가? 그러나 무사도란 각별한 것일 것이다. 그러한 때마다 승패를 분별하여 일전을 수행하면, 노부나가를 위해, 또 노부모리 부자를 위해 병사들의 노고도 피하는 것이 진실로 (무사도의) 본의일 것이다. 한쪽으로만 생각하여 성만 지키려 한 것은 분별도 없고 품격도 의심스럽다.

하나, 단바에서 아케치 미쓰히데가 올린 공적은 두드러져 천하에 면목을 드러내고, 하시바 히데요시가 여러 지역에서 올린 공적은 (다른 장수, 혹은 노부모리 부자와) 비교할 수가 없다. 이케다 쓰네오키는 소록小禄을 받고 있으나, 하나쿠마성을 삽시간에 공략하여 천하에 명예를 드러냈다. 이에 노부모리도 분발하여, 훌륭한 공적을 냈어야 했다.

하나, 시바타 가쓰이에도 이러한 (미쓰히데, 히데요시, 쓰네오키의) 공적들을 듣고서, 에치젠 지역을 영유하면서 천하의 평판에 폐를 (끼칠까) 생각하여, 금년 봄 가가로 침공하여 (그곳을) 평정했다.

하나, 싸움에 승리하지 못해도 촉탁과 조략을 쓰고, 부족한 바를 노부나가에게 보고하여 해결하여야 했음에도, 5년간 (그것을) 하지 않은 것은 태만하고 잘못된 일이다.

하나, 야스다 도모무네保田知宗(노부모리 요리키與力)가 서장을 보내 주진하기를 혼간지 잇키를 무너뜨리기 위해서는 나머지 작은 성들을 대략 퇴산하여야 할 것이라 하고, 노부모리 부자가 (그렇게 하기로) 연판連判하였다. 그런데, 지금까지 보고 한 번 없이, (야스다를 통해) 서장을 보내는 것은 노부모리 부자의 어려움을 벗어나야 한다고 (생각하여), 여러 가지 이유로 이런저런 생각을 한 것인가?

하나, 노부나가 가중家中에서 노부모리는 진퇴에 각별하다. 미카와·오와리·오미·야마토·가와치·이즈미에 수하(요리키), 네고로슈를 더하면 기이에도 수하, 적은 지역을 가진 자들이라고 하여도, 일곱 지역의 수하, 그 위에 노부모리 수하들을 더해 임무를 수행하면, 어떠한 일전을 수행하더라도 이렇게(까지) 실패하지는 않앉을 것이다.

하나, 미즈노 노부모토 사후 가리야째谷를 맡겼는데, 전부터의 (이 지역) 사무라이들도 있었다고 생각하는바, 그런 점도 없고, 게다가 이 지역 사무라이들을 아마도 추방하였다. 그렇다 하여도 그 뒤를 구해두었다면(추방한 사람들을 대신 다른 사람으로 채우면) 전과 같을 것이나, 한 사람도 사무라이를 보충하지 않으면, (그 지역이) 노부모리의 직할지가 되고, (그 지역에서 세금을 걷어) 금은으로 만들었다. (이는) 언어도단이다.

하나, 야마사키를 주었는데, 노부나가가 언급한 자들도 바로 추방하였다. 이것도 위와 같은 가리야 처리와 같다.

하나, 이전부터 자신의 가신들에게 (지행을) 가증하기도 하고, 알맞게 요리키(수하)도 붙여서 새롭게 사무라이를 챙기는 것은 그렇게 잘못된 것이 아니라 해도, 소심하게 모아 관리하는 것만을 하였기 때문에, 이번에 천하의 면목을 잃은 것은 중국·조선·남만까지도 숨길 수 없는 일이다.

하나, 선년先年 아사쿠라씨를 물리칠 때刀根坂の戰い, 기회(시간)를 맞추지 못한 잘못을 나무랐는데, 노부모리는 죄송하게 생각지도 않고 결국 변명만 늘어놓았다. 게다가 자리를 박찬 것, 이때 노부나가는 면목을 잃었다. 이 정도가 아니라, 장기간 이곳(덴노지)에 있으면서 그대로 하는 것(노부나가의 면목을 잃게 하는 것)은 전대미문의 일이다.

하나, 노부히데의 죄상은 써서 나열하면, 한이 없다.

하나, 대략 말하면, 첫째 욕심이 많고, 고집이 세고, 좋은 사람을 쓰려고 하지 않았다. 게다가 조심스레 (일을) 처리했다고 하면, (그것은) 필경 노부모리 부자 모두가 무사도에 합당하지 않아 그러한 것이다.

하나, 요리키만을 오로지 (사용)하니, 타자의 공격에 대비할 때는 요리키에게 군역을 감당하게 하고, 자신 수하 사무라이는 쓰지 않아, 영국을 쓸모없게 하고, 그와 같이 마음먹고 있다.

하나, 노부모리의 요리키와 가신들까지 노부히데를 꺼려하는 것은 이의(말할 나위) 없다. 자신의 분별에 자만하고, 온화한 척하나 비단 속에 바늘을 숨겨두어 공포심을 갖게 하는 듯하다.

하나, 노부나가 치세에 30년 봉공해 온 동안 "노부모리의 활약이 비할 데 없다"고 할 정도의 공적은 한 번도 없었다.

하나, 노부나가 생애 속에서 승리를 놓치지 않았으나, 선년 도토미 (미카타가하라 싸움)에 원군을 보냈을 때는 상호 승패를 가리지 못한 것은 분명하다. 그렇다 하더라도 이에야스의 일도 있고, 늦기는 하였으나 형제를 죽이고, 또 죽여야 할 사람들을 죽였으나, 노부모리는 운 좋게 피했는가라고 사람들이 이상하게 생각함에도, 한 사람도 죽이지 않고, 게다가 (원군의 장인) 히라테 히로히데平手汎秀를 죽게 버려두고도 태연한 얼굴을 하는 등은 분별없음을 보여주는 것임에 틀림없다.

하나, 이러하다면, 어딘가의 적을 평정하고, 패전을 설욕한 후에 귀찮하던가, 또는 싸워죽던가 해야 할 일이다.

하나, 부자 모두 머리를 깎고 고야산에라도 은둔하고, 지속하여 사면을 구하는 것이 당연할 것이다.

위와 같이 수년간 하나도 공적이 없는 자, 노부모리의 어리석음의 상세를 이번 야스다 사건에서 생각하게 되었다. 무릇 천하를 지배하고 있는 노부나가에게 말대답하는 자는 전대에 시작하였으나, 이로써 끝으로 2개조를 실행해야 한다. 받아들이지 않는다면, 두 번 다시 사면은 없을 것이다.

이상과 같이 노부나가는 노부모리 부자의 부적절한 행위를 일일이 들어가며 비판하고, 그들을 고야산으로 추방하였다. 이 비판의 근거는 "대략 말해, 첫째 욕심이 많고, 고집이 세고, 좋은 사람을 쓰려고 하지 않았다. 게다가 조심스레 (일을) 처리했다고 하면, (그것은) 필경 노부모리 부자 모두가 무사도에 합당하지 않아 그러한 것이다"로 요약된다.

그런데 노부모리 추방은 또 다른 의미를 가지고 있다. 그것은 '노부나가에게 말대답하는 자'로 대표되는 권력자의 추방이다. 노부나가에게 말대답을 할 수 있는 자라면 노부나가가 오와리에서 센고쿠다이묘로 성장하는 과정에서 노부나가와 연합한, 논리에 입각하면 노부나가 다이묘 권력 형성의 동반자이면서 상호 의존관계에 있던 선대부터의 오다가 직신단이다. 이들은 노부나가 권력을 지탱하는 최대 기반이기도 하지만, 노부나가 권력을 견제하는 세력으로도 기능할 수 있다. 특히 이들은 노부나가가 권력을 절대화하는 과정에서는 최대의 걸림돌이 될 수 있었다. 이러한 시각에서 보면, 노부모리 부자의 추방은 센고쿠다이묘 권력에서 '천하인' 권력으로 진화하는 과정, 그리고 노부나가의 신격화 과정에서 발생한 사건이었다고 보아도 좋을 것이다.

1581년 1월 23일 노부나가는 아케치 미쓰히데에게 교토에서 군사 퍼레이드인 우마조로에馬揃え를 준비하라고 명했다. 이 행사는 고노에 사키히사 등의 공가들, 기나이를 비롯한 노부나가 분국의 다이묘들, 그리고 재지영주들을 총동원해서 노부나가군의 실력을 오기마치 천황 이하 조정은 물론 교토 내외의 민중들, 나아가 타 지역 다이묘들에게 과시하는 일대 군사 퍼레이드였다. 그런데 이 우마조로에의 개최를 요구한 것은 노부나가가 아닌 조정이었다고 한다. 노부나가는 1581년 초 아즈치에서 폭죽 축제인 사기초左義長를 거행했었는데, 이 소식을 들은 조정 측이 교토 고쇼 가까이에서 이 축제를 재현해줄 것을 요청했다. 폭죽 축제를 우마조로에로 바꾼 것은 노부나가의 의지였다고 보인다.

2월 28일 교토 궁궐 동쪽 마장馬場에서 대대적인 우마조로에가 행해졌다京都御馬揃え. 『노부나가코키』에 의하면 그 규모와 참가자들은 다음과 같았다. 니와 나가히데, 하치야 요리타카, 아케치 미쓰히데, 무라이 사다나리가 이끄는 군사들(제1, 2, 3, 4대), 오다 노부타다를 비롯한 오다가 가중이 이끄는 군사들(제5대), 그리고 고노에 사키히사를 필두로 한 공가들, 노부나가 근위대, 시바타 가쓰이에와 그가 거느리는 장수와 군사들, 그리고 궁수들, 승려들 등이다.

이 군사 퍼레이드를 『노부나가코키』는 "귀천·군중들은 이러한 시기에 태어나 … (중략) … 고마울 따름으로 생각하고, 말대末代(현재)의 구경거리"라 하고 있다. 즉 교토 내외는 물론 근처 인민들까지 소문을 듣고 행사를 구경하러 와 교토가 일시 크게 혼란스러웠다고 한다. 그리고 3월 5일 노부나가는 다시 명마 500여 기를 동원하여 우마조로에를 거행했다. 그리고 8월 1일 팔삭八朔 축제 때 아즈치성 성하에서 다시 우마조로에를 거행한다. 이 퍼레이드 역시 고노에 사키히사 등의 공가들도 참석한 대대적인 것이었다. 이것은 아즈치가 무가정권의 중심이라는 것을 만천하에 공언한 하나의 사건이었다.

군사 퍼레이드들은 노부나가가 오기마치 천황正親町天皇을 압박하여 황태자 사네히토신노誠仁親王에게 양위를 하게 하기 위한 시위였다고도 한다. 혹은 천하포무天下布武를 표방하는 노부나가가 주변 다이묘들을 견제하고, 군사력을 과시하기 위해서라고도 하고, 노부나가가 교토의 평화회복과 오다가의 천하장악을 내외에 선전하기 위해서라고도 한다. 퍼레이드에 천황과 공가를 초대한 이유에 대해서도 조정을 위압하기 위해서라고 하기도 하고, 그저 단순히 천황 측이 사열을 희망했기 때문이라고도 한다.

어쨌든 3월 5일 열린 우마조로에가 끝난 이틀 후인 3월 7일 오기마치 천황은 노부나가에게 사다이진左大臣에 오를 것을 청하고, 3월 9일 그 뜻을 노부나가에게 전했다. 노부나가는 "천황이 양위하여, 사네히토신노가 즉위할 때 사다이진에 오르겠다"고 답변했다. 조정은 노부나가의 이 제안을 평의하여 수용 의사를 노부나가에게 전하고, 3월 24일 노부나가도 이에 동의했다. 그러나 4월 1일 노부나가가 갑자기 "금년이 금신金神(불운을 가져오는 흉신)의 해여서 양위하기에는 좋지 않다"고 하여 천황의 양위와 노부나가의 사다이진 취임이 연기되어 버렸다.

4. 모리·조소카베씨와의 대립

한편 1580년 노부나가의 명을 받아 하시바 히데요시가 돗토리성을 공격한다. 돗토리성 성주이자 이나바 슈고인 야마나 도요쿠니는 일단 농성에 들어갔다. 도요쿠니는 1564년 형 야마나 도요카즈山名豊數 사후 야마나카 유키모리 등 아마고씨 재흥군의 도움을 받아 이나바 야마나가 가독을 계승하였다. 1573년 모리씨 무장 깃카와 모토하루의 공격을 받고 항복하여 모리씨 군문에 들어갔다가 1578년 노부나가 측으로 돌아섰다. 히데요시의 공격을 받은 도요쿠니는 중신 나카무라 하루쓰구中村春續, 모리시타 도요森下道譽 등이 철저항전을 주장하였음에도 불구하고, 9월 홀로 히데요시 진중으로 들어가 항복하였다. 이렇게 해서 목숨을 구한 도요쿠니는 같은 9월에 모리씨가 진군해 오자 다시 모리씨에게 항복하였다. 모리씨는 돗토리성 성장城將으로 우시오 하루시게牛尾春重를 들여보냈으나, 하루시게가 부상을 당해 1581년 3월 모리씨 중신 깃카와 쓰네이에吉川経家를 돗토리성 성주로 들여보냈다.

1581년 4월 돗토리성을 잃은 도요쿠니는 오다 노부나가에게 밀사를 보내지만 밀사가 이치바성市場城(鳥取縣八頭郡八頭町) 성주 모리 도요모토毛

利豊元 가신들에게 체포되어 참수당한다. 밀사 사건으로 도요쿠니가 노부나가 측과 내통하고 있다는 사실이 모리 측에 발각되자, 도요쿠니는 도망하여 히데요시에게로 갔다. 이러한 상황 속에서 잔존하는 야마나씨 구신들이 차례로 모리씨에게 종속하였다. 이 때문에 노부나가가 1581년 주고쿠 지역의 공략을 맡고 있던 히데요시에게 다시 돗토리성의 공격을 명하였던 것이다.

히데요시는 돗토리성을 공략하면서 하리마의 미키성을 공격할 때 썼던 병량 차단전략을 다시 구사했다. 『인토쿠타이헤이키陰德太平記』에 따르면, 히데요시는 와카사에서 이나바로 상선을 보내 쌀을 비싼값에 사들였다. 그리고 1,400명이 농성하고 있는 돗토리성으로 부근 농민들 2,000명 이상을 몰아넣고는 모리세의 하천과 바다를 통한 병량 반입을 막았다. 당시 성에 비축된 병량은 20여 일분으로, 위의 작전이 전개되자 바로 병량이 바닥나 성민들은 아사 상태에 빠졌다. 이 처참한 상황에 성주 쓰네이에가 자인하고, 돗토리성은 히데요시에게 개성되었다. 돗토리성에는 아자이씨 구신으로 히데요시 부하였던 미야베 게이준宮部繼潤이 조다이城代로 들어가고, 돗토리성은 노부나가군의 산인 지역 공략거점이 되었다. 이어 히데요시는 모리 측 간 미치나가菅達長(淡路十人衆)가 지키는 이와야성岩屋城(岡山縣津山市中北上)을 공략하였다.

한편 히데요시는 돗토리성을 개성시킨 후 곧바로 호키로 출병하여 우에시성羽衣石城(鳥取縣東伯郡湯梨浜町)의 난조 모토쓰구南條元續를 구원하고자 하였다. 당시 깃카와 모토하루는 우마노야마馬ノ山(鳥取縣東伯郡湯梨浜町)에 포진하여 히데요시와의 전면전을 준비하였다. 히데요시는 깃카와 모토하루와의 전면전을 피하면서, 우에시성에 병량과 탄약 등을 보급하고 1581년 10월 28일 전군을 철수시켰다(우마노야마 싸움馬ノ山の戰い).

이어 히데요시는 모리씨의 전진기지로 기능하고 있던 아와지 평정을 개시했다. 1581년 11월 히데요시는 이케다 모토스케池田元助와 함께 아와지로 나아가 유라성由良城(兵庫縣洲本市由良町)의 아타기 기요야스安宅淸康를 무찌르고, 이어 11월 15일 이와야성에서 승리하여 아와지를 제압하여 하리마나다播磨灘 제해권을 장악하였다. 히데요시는 이와야성을 이코마 지카마사生駒親正에게 주고, 아와지 전체 지배는 센고쿠 히데히사仙石秀久에게 맡겼다. 아타기 기요야스의 복속으로 아타기씨安宅氏의 세력권에 있던 쇼도시마小豆島도 노부나가 측으로 귀속되었다.

그런데 다지마의 재지영주들이 잇키를 일으켰다. 히데요시는 수하인 도도 다카토라藤堂高虎를 다지마로 파견해서 이 잇키를 평정하였다. 히데요시는 하리마에 성 파괴城割를 명하여 슈고가의 거성이었던 오키시오성置塩城(兵庫縣姫路市夢前町)을 파각하고, 오키시오성의 건물과 부재部材, 기단석축 등을 자신의 본거지인 히메지성으로 옮겨왔다. 한편 1579년 10월 이래 노부나가와 내통하고 있던 우키타씨가 비젠·빗추·미마사카의 각지에서 모리씨와 대립하였는데, 이 일련의 싸움에서 최대의 격전은 후술할 하치하마 싸움八浜の戰い(岡山縣玉野市)이었다.

1581년 말 우키타 나오이에가 53세의 나이로 오카야마성에서 병사하였으나, 우키타씨는 이것을 비밀에 부치고 있었다. 1582년 봄 모리씨가 호이다 모토키요穗井田元淸를 총대장으로, 쓰네야마성常山城(岡山縣岡山市南區)으로 진군시켜 고지마군兒島郡을 제압하고자 했다. 이에 우키타씨는 우키타 하루이에宇喜多春家·우키타 모토이에宇喜多基家 부자를 대장으로 삼아 도가와 히데야스戶川秀安, 오카 이에토시岡家利 등을 이끌고 하치하마성八浜城(岡山縣玉野市八浜町)에 포진하고, 쓰네야마성에 대항하기 위해 무기이잔麥飯山에 성채를 세웠다. 그러나 성채 건설 사실을 알아차린 모리군이 무기이잔을 점령하고 우키타군과 하치하마성에서 대치하였다. 마침내 1582년 2월 24일, 무기이잔 기슭으로 꼴을 베러 나온 우키타군을 모리군 수명이 공격한 사건을 계기로 오사키무라大崎村(玉野

市八浜町大崎)에서 양군이 격돌하였다. 이 싸움으로 우키타 모토이에가 전사하고, 우키타군은 하치하마 7본창八浜七本槍(能勢賴吉, 國富貞次, 宍甘太郎兵衛, 馬場職家, 岸本惣次郎, 小森三郎右衛門, 粟井三郎兵衛正晴)의 활약으로 모리군을 겨우 막아냈다(하치하마 싸움). 이후 우키타군은 하치

〈그림 20〉 빗추·비젠 지역도

하마성에서 농성하면서 히데요시의 구원군을 기다렸다.

히데요시는 1582년 3월 비젠·빗추로 들어가, 3월 17일 비젠 고지마 쓰네야마성에서 모리군과 싸웠다. 이 싸움에는 노부나가의 4남으로 히데요시의 양자가 된 하시바 가쓰이에羽柴秀勝가 처음 출진하였다. 4월 중순 우키타군도 히데요시군에 가세하여, 빗추 히바타성日幡城(岡山縣倉敷市日畑) 싸움에서 히바타 가게치카日幡景親를, 비젠 간무리야마성冠山城(岡山縣岡山市北區) 싸움에서 하야시 시게자네林重眞를, 비젠 니와세성庭瀨城(岡山縣岡山市北區)에서 이노우에 아리카게井上有景를, 가모성加茂城(岡山縣岡山市北區) 싸움에서 가쓰라 히로시게桂廣繁를 격파하여, 빗추·비젠의 모리측 성들을 함락시켰다. 히데요시는 전년 사망한 우키타 나오이에의 차남인 12세의 적자 하치로八郎에게 '히데秀' 글자를 주어 우키타 히데이에宇喜多秀家로 개명시키고 히데요시군에 합류시켰다. 한편 동요하고 있던 모리 수군에 계략을 써서 4월 14일 모리군에 귀속한 이요伊予 구루시마來島씨를 귀순시켰다. 이로써 무라카미 수군村上水軍은 모리 측과 노부나가 측으로 분열하였고, 시와 제도島塩飽諸島는 노부나가(히데요시) 측에 속하게 되었다.

한편 노부나가는 규슈 북부지역의 오토모씨와 우호관계에 있었고, 규슈 남부의 시마즈씨와는 일찍부터 외교관계를 유지하고 있었다. 노부나가는 대립하고 있던 오토모씨와 시마즈씨를 준산구准三宮 고노에 사키히사를 중재자로 하여 화해시켰고, 시마즈 요시히사는 노부나가에게 공물을 헌납하여 공순한 태도를 보였다. 노부나가는 1581년 8월 13일 "노부나가 자신이 출진하여 … 서국을 무찔러 일본 전국을 남김없이 노부나가의 지배 하에 둘 생각"이라는 의사를 여러 번 표명하였으나, 고즈키성 공방 때에는 중신들이 규슈 정벌에 반대하였고, 히데요시가 돗토리성을 공격하고 있을 때에는 이가 공략으로 출진하지 못했다. 마침내 이가를 평정한 후(고야산 제외) 교토를 중심으로 한 기나이와 그 주변 지역을 완전히 평정한 노부나가는 본격적으로 서국의 최대 다이묘 모리씨에 대한 정벌 의욕을 불태웠다.

모리씨에 대한 히데요시의 공격은 위에서 보았다. 우키타 히데이에가 영유하고 있던 비젠 오카야마岡山 서쪽은 모리씨 세력범위였기 때문에, 히데요시는 모리군과 비젠·빗추 경계지역에서 계속 공방전을 펼쳤다. 1582년 3월 15일 히데요시는 히메지성에서 빗추로 2만 군세를 몰아 출진하였다. 도중에 일찍이 우키타씨 거성이었던 가메야마성龜山城(=沼城. 岡山縣岡山市東區沼)에서 우키타씨가 노부나가군에 협조적이라는 사실을 확인하고, 우키타군 1만을 더해 총 3만 군세로 빗추로 진군해 들어갔다.

빗추 다카마쓰성高松城(岡山縣岡山市北區高松)은 저습지를 이용한 평성平城(沼城)으로, 철포·기마 전법으로도 공략하기 쉽지 않은 성이었다. 다카마쓰성은 시미즈 무네하루淸水宗治가 3천~5천여 병력으로 지키고 있었다. 히데요시는 먼저 다카마쓰성 주위의 지성들을 차례로 공략하고, 4월 15일 우키타군을 선봉으로 한 3만 대군으로 다카마쓰성을 포위했다. 그리고 두 번에 걸쳐 다카마쓰성을 공격하였으나, 역습을 받아 후퇴했다.

한편 모리 데루모토가 이끄는 원군 4만이 접근하여 오자, 히데요시는 노부나가에게 구원군을 요청하는 사자를 보냈다. 노부나가는 히데요시에게 단바를 평정했던 아케치 미쓰히데군을 보낸다고 회신하고, 하루라도 빨리 다카마쓰성을 함락시킬 것을 엄명했다. 이러한 상황 속에서 히데요시는 5월 7일 저습지를 이용한 평성이라 공격이 어렵다는 점을 역이용한 수공水攻을 결정했다. 이날은 노부나가가 3남 오다 노부타카에게 시코쿠四國 출진 명령을 내린 날이었다.

히데요시는 즉시 제방공사에 착수하여 하치스카 마사카쓰蜂須賀正勝를 공사 책임자築堤奉行로 임명하였다. 제방 축조는, 우키타 다다이에宇喜多忠家가 구로다 요시타카의 지도 하에 몬젠무라門前村(JR吉備線足守驛付近)에서 가와즈가하나蛙ヶ鼻(石井山南麓, 下出田村)까지, 하라코사이무라原古才村는 하치스카씨가, 마쓰이松井에서 모토코야마本小山까지는 호리오 요시하루堀尾吉晴·이코마 지카마사·기노시타 빗추木下備中·구와야마 시게하루桑山重晴·도다 마사하루戶田正治 등이, 가와즈가하나에서 그 앞은 다지마슈가 담당하였다. 아사노 나가마사淺野長政는 배와 선장들을 모아 다카마쓰성이 호수에 떠있는 상황을 전제로 한 공격을 준비하게 했다. 공사에는 사졸과 농민들이 동원되었는데, 그들에게 1표俵에 전錢 100몬文, 미米 1승升이라는 당시로서는 상당한 보수를 지불했다. 제방은 동남약 4킬로미터, 높이 8미터(낮은 지역은 24미터), 상폭 12미터에 달하여 길고 견고하였다. 공사는 5월 8일에 착수하여 12일 만에 신속히 완성되었고, 제방 안으로 아시모리가와足守川의 물을 끌어와 넣었다. 때마침 장마철이어서 아시모리가와 강물이 불어나 다카마쓰성은 완전히 고립된 섬으로 변했다. 히데요시는 이 완성된 제방 위에 설치한 감시소에서 성내를 감시하게 했다.

이로써 다카마쓰성은 보급로가 완전히 차단되어 병량미가 바닥나고, 고바야카와 다카카게, 깃카와 모토하루 등 모리씨의 원군도 오지 않아 병사들의 사기도 저하되었다. 마침내 모리 데루모토가 5월 21일 사루카케성에 본진을 치고, 다카마쓰성에 가까운 이와사키야마岩崎山(庚申山)에 하루모토, 그 남쪽 히사시야마日差山에 다카카게가 착진했다. 그러나 이미 제방이 완성된 상태여서 모리 원군은 움직일 수가 없었고, 게다가 노부나가가 원군이 도착할 예정이었다.

할 수 없이 모리 측은 히데요시와의 강화를 결정했다. 모리 측은 군승 안코쿠지 에케이를 구로다 요시타카에게 파견하여, 빗추·빈고·미마사카·호키·이즈모의 할양과 성 병사들의 생명보전을 강화조건으로 제시했다. 히데요시는 이 조건을 거부하고, 위 다섯 지역의 할양과 다카마쓰성 성주 시미즈 무네하루의 절복을 제안했다. 모리 측은 시미즈 무네하루에게 구원 불가와 히데요시에 대한 항복을 전했으나, 무네하루는 자신은 성과 함께 목숨을 바치겠다고 하면서 제안을 거절했다. 모리 측은 안코쿠지 에케이를 다카마쓰성으로 보내 무네하루를 설득하였다. 무네하루는 주가 모리가와 성내 병사들이 무사할 수 있다면 아무래도 좋다고 답하고, 자신과 형 겟쇼뉴도月淸入道, 동생 난바 무네타다難波宗忠, 세치카 노부요시末近信賀(末近左衛門) 등 4인의 목숨을 바치는 대신 농성중인 병사들의 목숨을 구해달라는 탄원서를 안코쿠지 에케이에게 부탁했다(빗추 다카마쓰성 싸움備中高松城の戰い).

그런데 6월 3일 밤 히데요시 측은 아케치 미쓰히데가 모리 측으로 보낸 사자를 체포하여 노부나가가 혼노지에서 비명횡사한 사실을 알아냈다. 히데요시는 바로 구로다 요시타카와 상의하여 속히 모리 측과 강화를 하고, 아케치 미쓰히데를 토벌하기 위해 상경한다는 방침을 세웠다. 히데요시 측은 노부나가의 횡사로 후원군이 오지 않을 것이라는 사실을 모리 측이 알아차리기 전에 강화를 하고자 한 것이다. 6월 4일 히데요시는 안코쿠지 에케이를 호출하여 가와베가와河邊川(高梁川)

와 하치만가와八幡川 이동지역의 할양(빗추·미마사카·호키는 모리측에 양보)과 시미즈 무네하루의 자인을 화해조건으로 제시했다. 노부나가가 횡사한 사실을 몰랐던 모리 측은 어쩔 수 없이 이 조건을 수락하고 강화했다. 그리고 모리 측의 인질로 깃카와 히로이에吉川廣家와 고바야카와 모토후사小早川元總(후의 小早川秀包)가 히데요시 측으로, 히데요시의 인질로 모리 시게마사森重政·모리 다카마사森高政 형제를 모리 측으로 보냈다.

시미즈 무네하루는 히데요시가 보낸 술과 안주로 연회를 열고, 성내 청소를 가신들에게 명하였다. 그리고 나서 자신의 형 겟쇼뉴도와 동생 난바 무네타다難波宗忠, 가신 세치카 노부요시는 히데요시가 보낸 배를 타고 히데요시 본진에 도착하여 절복한다. 무네하루는 히데요시와 잔을 나누고, 마이舞를 춘 후 "세속을 이제야 건너 무사의 이름을 다카마쓰의 이끼에 남기고서浮世をば今こそ渡れ武士の名を高松の苔に殘して"라고 하는 이세離世의 구句를 남긴 후 절복했는데 히데요시는 그를 무사의 귀감이라며 칭찬했다고 한다. 당시 세치카 노부요시도 "주군을 위해 이름은 다카마쓰에 남기고, 마음은 돌아간다 고향으로君がため名を高松にとめおきて心は皈(かえ)る古郷の方"라는 이세의 구를 남겼다.

한편 1580년 6월 조소카베 모토치카는 고소카베 지카야스香宗我部親泰를 아즈치로 파견하여 노부나가에게 아와 이와쿠라성岩倉城(德島縣美馬市脇町田上)의 미요시 야스토시三好康俊를 복속시켰음을 보고하고, 아와 정복을 위해 야스토시의 아버지 미요시 야스나가가 조소카베씨에게 적대하지 않도록 힘써 줄 것을 청하여 노부나가의 양해를 얻어냈다. 이때 모토치카와 노부나가의 교섭창구(取次役)로 아케치 미쓰히데가 활약했다. 이즈음 모토치카에 대항하는 미요시 야스나가가 히데요시에게 접근하는데, 히데요시는 당시 교전 중인 모리씨에 대항하기 위해 미요시씨 수군을 자신 편에 두고자 했다. 그리하여 양자 사이에 동맹이 맺어져, 1581년 2월경까지 히데요시의 조카 마고시치로孫七郎(후의 豊臣秀次)가 야스나가의 양자로 들어갔다고도 한다(후지타 다쓰오藤田達生·다니구치 가쓰히로谷口克廣는 이 학설을 부정하였다).

그리고 약해진 도사 이치조가를 부흥시키려 한 이치조 다다마사一條內政가 1580년 6월 아케치 미쓰히데를 중재자로 모토치카의 도사 지배를 부정하고, 노부나가-다다마사-모토치카의 위계질서를 주장했다(秋澤繁說). 그런데 모토치카가 이치조 다다마사를 1581년 2월 반란에 연좌되었다는 이유로 도사에서 추방하였다. 이것은 '노부나가-다다마사-모토치카' 질서에 대한 모토치카의 거부·부정을 나타낸다. 이렇듯 모토치카와 다다마사가 대립하는 가운데 야스나가는 1581년 3월 조소카베씨에 복속해 이와쿠라성 성주로 있던 미요시 야스토시三好康俊를 노부나가 측으로 이반하게 했다.

위 사정들로 말미암아, 노부나가는 1581년 6월 고소카베 지카야스에게 미요시씨에게 협력할 것을 요구하는 주인장을 내린다. 이는 노부나가의 시코쿠 정책이 미요시씨를 중시하는 쪽으로 변화한 것을 여실히 보여준다. 조소카베씨에게 압력을 받던 아와 미요시씨, 이요 고노河野씨와 사이온지 긴히로西園寺公廣 등이 노부나가에게 구원을 요청했기 때문에 노부나가는 모토치카에게 도사와 아와 남부만의 영유를 허락하고, 타 점령지는 반환하라고 명했다. 게다가 모토치카에게 이치조가一條家 가신으로 노부나가 정권에 신종할 것을 요구했다.

그러나 모토치카는 시코쿠 정복은 노부나가도 이미 인정했던 것이며, 영지도 자력으로 획득하여 노부나가의 도움을 받은 적이 없기 때문에 노부나가의 명령에 따를 이유가 없다고 강변하면서 노부나가의 명령을 거부했다. 미쓰히데가 이시가이 요시토키石谷賴辰를 파견하여 모토치카를 설득하려 했으나 1581년 후반기에 교섭은 결렬되었다.

이 시기 조소카베씨는 노부나가와 대립하고 있던 모리씨와 우호관계에 있었다. 아와의 친조소카베씨 세력이었던 오니시 가쿠요大西覺用가 1577년 2월 모리 측에 가담하자, 4월 조소카베씨가 오니시大西씨를 공격하였다. 그런데 7월 모리씨는 오니시씨의 조소카베씨에 대한 복속을 인정하였고, 오니시씨와 사누키 친모리씨 세력으로 1579년 이후 조소카베씨 슬하로 들어간 가가와 노부카게香川信景를 통해 모리씨와 모토치카는 협력관계를 유지하고 있었다. 조소카베씨와 노부나가의 우호관계가 깨지면서 모리씨와 보토치카는 1581년 8월까지는 사누키 아마기리성天霧城(香川縣仲多度郡多度津町)에서 대노부나가 동맹을 맺었다. 그리고 모토치카는 동부 이요의 가네코 모토이에金子元宅와도 1581년 중에 동맹을 맺었다.

모토치카로서는 세토 내해에 영향력을 가진 모리씨와 제휴하면, 미요시씨와 대립하고 있던 상황에서 모리씨와 미요시씨가 연합해서 조소카베씨를 공격하는 상황을 피할 수 있고, 노부나가와 모리씨가 대립하고 있었기 때문에 노부나가가 모토치카를 공격하지 못할 것이라 판단했을 것이다. 그런데 노부나가의 입장에서 보면, 모리씨에 대한 토벌을 본격화하던 시점에서 노부나가와 모리씨 양측과 우호관계를 유지하려는 조소카베씨의 태도를 신뢰할 수 없었을 것이다(平井上總 학설).

1580년 9월 시노하라 지톤篠原自遁과 동부 이요의 야스토미安富씨가 구로다 요시타카를 개입시켜, 주고쿠 공격을 맡은 히데요시에게 인질을 보내 복속하였고, 히데요시는 요시타카에게 아와지 공격을 명했다. 10월 히데요시는 아와지 시치성志知城(兵庫縣南あわじ市志知松本)에 진출한 요시타카에게 조소카베씨에 저항하는 시노하라 지톤의 기즈성木津城(德島縣鳴門市撫養町木津) 및 모리 무라하루森村春의 도사 도마리성土佐泊城(德島縣鳴門市鳴門町土佐泊浦)에 병량과 탄약을 보급하도록 했다.

위에서 보았듯이, 11월 중순 히데요시는 이케다 모토스케와 함께 아와지로 건너가 유라성의 아타기 기요야스安宅貴康를 항복시켰다. 이어 이와야마성岩屋城(兵庫縣淡路市岩屋)을 공략하여 이코마 지카마사에게 이와야마성 수비를 맡기고, 센고쿠 히데히사에게 아와지 지배를 명했다. 그리고 야스토미씨를 복속시켜 그 세력권인 쇼도시마도 자신의 지배 하에 넣었다. 또한 1582년 4월에는 시와쿠 제도도 노시마能島의 무라카미씨를 이반하고 히데요시에게 귀복했다.

한편 1582년 5월 상순 노부나가는 3남 오다 노부타카를 총대장으로 삼고, 니와 나가히데·하치야 요리타카·쓰다 노부즈미를 부장으로 한 시코쿠 토벌군을 편성하여 시코쿠 공격을 명했다. 이때 노부나가는 주인장을 통해 시코쿠 정복 후 사누키는 노부타카에게, 아와는 미요시 야스나가에게 안도하고, 이요·도사의 귀속은 노부나가가 아와지시마로 출진한 시점에 알리겠다고 했고, 노부타카에게는 시코쿠 재지영주들의 통제와 관련한 유의점을 전달했다. 노부나가는 노부타카를 미요시 야스나가의 양자로 들여보내 미요시씨를 잇게 함으로써 시코쿠를 통치하게 할 예정이었던 듯하다. 동시에 간베 도모모리는 12년 만에 유폐에서 풀려나, 은거지 이세 사와성澤城(三重縣鈴鹿市飯野寺家町)으로 돌아가 노부타카 원정 중의 간베성神戶城(三重縣鈴鹿市神戶本多町)을 지키도록 명받았다.

노부타카는 소령 북이세의 가와노河曲·스즈가鈴鹿 2군의 15~60세까지의 묘슈名主·백성들, 이세의 낭인들, 그리고 이세 각지의 재지영주들을 동원하였다. 나아가 근린의 이가슈·고가슈 700~800인, 기이 사이카슈 1,000명도 동원하였다. 노부타카의 징집은 단바·단고에도 미쳤고, 재지영주들에게 병량·말사료·무기·탄약·선원들을 조달하여 시코쿠 원정군에 보급하도록 명했다. 그리고 남야마시로 소라쿠군相樂郡에도 동원령을 내렸다. 사카이에는 구키 요시타카가 이끄는 '철갑선' 9척을 포함한 시마志摩·도바鳥羽 수군, 기이 해적들 배 100척이 대기하고 있었고, 노부타카는 사카이에 배 200척을 조달하여 출항할 예정이었다. 이는 사카이 상인들에게 대단히 큰 부담이었다.

　미요시 야스나가는 5월 시코쿠 원정군 선봉으로 임명되어 쇼즈이성 勝瑞城(德島縣板野郡藍住町勝瑞)으로 들어가 아와 친미요시 세력을 규합하고 이치노미야성一宮城(德島縣德島市一宮町)·에비스야마성夷山城(德島縣德島市八万町)을 공략했다. 조소카베 측 노나카 사부로 사에몬野中三郎左衞門·이케우치 마사타케池內眞武(池內肥前守) 등은 이치노미야성 성주 이치노미야 나리스케一宮成祐·에비스야마성 성주 쇼노 겐토키庄野兼時(庄野和泉守)를 인질로 잡고 무기牟岐(德島縣海部郡)로 퇴각했다. 모토치카는 5월 21일 아케치 미쓰히데의 수하 사이토 도시미쓰齋藤利三에게 서장을 보내 노부나가에게 공순하겠으며, 이치노미야성·에비스야마성·하타야마성畑山城(德島縣阿南市桑野町)에서 철수할 것을 청하고, 도사 입구에 해당하는 가이후성海部城(德島縣海部郡海陽町)·오니시성大西城(德島縣三好市池田町)은 확보하고 싶다는 의향을 전했다. 이는 아와·사누키에서 전면 철수하라는 노부나가와의 줄다리기 외교의 일면을 보여준다.

　5월 29일 노부타카군은 셋쓰 스미요시住吉(大阪市)에 착진하고, 노부즈미·나가히데군은 셋쓰 오사카, 요리타카賴隆군은 이즈미 기시와다岸和田에 집결하여 총세 14,000명이 도해를 준비했다. 이 군사들은 6월 3일 시코쿠로 출항할 예정이었으나, 6월 2일 혼노지의 변으로 출항은 중지되었다. 이로 말미암아 후원군을 잃은 야스나가는 쇼즈이성을 버리고 도망하였다. 절체절명의 위기에 처했던 조소카베씨는 위기에서 벗어나 일전하여 아와·사누키 침공의 기회를 잡았다.

7장 오다 노부나가의 몰락=혼노지의 변

　오다 노부나가는 1582년 3월 11일 덴모쿠잔 싸움에서 승리하여 다케다 가쓰요리·노부카쓰 부자를 자해하게 하고, 3월 27일 다카토성을 공략한 노부타다에게는 천하의 지배권을 물려주겠다며 칭찬했다. 노부나가는 고후에서 반례를 위해 온 노부타다를 스와에 남겨두고 군세를 해산시켰다. 그리고 소수 병력의 호위 속에서 후지산을 전망하면서 유유자적하게 귀환 길에 올랐다. 4월 3일 불타버린 신푸성을 시찰하고, 일찍이 적이었던 신겐의 거관 쓰쓰지가사키야카타 터에 임시로 지어진 거관에서 잠시 체류한 후, 4월 10일 만족스레 고후를 떠났다.

　당시 도호쿠 지역의 주요 다이묘들인 사타케 요시시게, 사토미 요시요리, 아시나 모리타카, 오노데라 가게미치小野寺景道, 다테 데루무네, 그리고 오슈奧州 지역 다이묘들도 노부나가의 대리인 다키가와 이치마스에게 사자를 보내 진물을 바쳐 노부나가에게 신종하는 자세를 보여왔고, 간토 호조씨는 이미 1580년 노부나가와 동맹관계를 맺어 신종 태도를 명확히 했다. 사타케씨도 노부나가와 우호관계를 맺고 있었다. 따라서 호쿠리쿠를 포함한 도호쿠 지역에서 노부나가에 적대하는 세력은 겐신기에 비하면 세력이 크게 약화된 우에스기씨뿐이었다.

　호조 우지마사·우지나오 부자는 노부나가에게 함께 가이를 공략하기로 하였으나, 도쿠라성 공략 이후 별다른 공을 세우지 못하였다. 이들은 단잔端山을 노부나가에게 사자로 보내 3월 21일 술·술병白鳥德利, 26일 스와에서 쌀(千表)을 헌상하고, 4월 2일 꿩 500마리, 4일 말 13필과 매鷹 3마리 등을 헌상하며 우호를 표하였다. 그러나 노부나가는 이

선물을 탐탁치 않게 여겼던지 말과 매 등을 돌려보냈다. 반면 오랜 기간 노부나가의 동맹자였던 도쿠가와 이에야스는 영국을 통과하는 노부나가 일행에게 배려 깊은 접대를 하여 노부나가를 흡족하게 했다. 이들 노부나가의 동맹자들은 노부나가의 다음 표적이 되기보다는 그의 위세에 복종하는 태도를 선명하게 보였던 것이다.

한편 조정은 가이를 정복한 노부나가에게 전승을 축하하기 위해 가주지 하루토요勸修寺晴豊(사네히토신노의 의형)를 칙사로 파견했다. 하루토요는 노부나가가 개선한 이틀 후인 1582년 4월 23일 아즈치에 도착했다. 『하루토요코키晴豊公記』에 의하면, 조정은 4월 25일 노부나가를 태정대신太政大臣(다조다이진) 혹은 관백關白, 혹은 정이대장군으로 추거하는 소위 '3직추임三職推任'을 추천하였다. 그리고 5월 4일 사네히토신노의 친서를 휴대한 두 번째 칙사가 노부나가를 방문했다. 이 두 번째 칙사의 방문에 당황한 노부나가는 모리 나리토시森成利(蘭丸)를 하루토요에게 보내 조정의 의향을 타진하니, 하루토요는 "노부나가를 쇼군에 추임시키고자 하는 사자"라고 했다. 노부나가는 6일과 7일 칙사에게 향응을 베풀고, 위 제안에 대한 답변을 하지 않은 채 그들을 돌려보냈다. 이러한 와중에 5월 17일 히데요시가 노부나가의 출진을 구하는 연락이 왔고, 노부나가는 모리씨 정벌을 위한 출진을 결심하였다.

한편, 노부나가의 시코쿠 정책 변경으로 모토치카의 중재역을 맡고 있던 아케치 미쓰히데는 체면을 구겼다. 당시 노부나가의 전국 평정정책으로 노부나가 중신들이 전국 각지에서 전공을 올리는 시기에 기나이에 머물며 유격군 역할을 담당하던 아케치 미쓰히데의 입장은 특수한 것이었다. 긴키近畿 지역 일원에 정치·군사 기반을 가지고 있던 미쓰히데는 오미·단바·야마시로에 직속 가신을 거느리고 있었고, 더욱이 수하 다이묘(與力大名, 組下大名)로 단고 미야즈성宮津城(京都府宮津市鶴賀)의 호소카와 후지타카·다다오키忠興 부자, 야마토 고리야마성의 쓰쓰이 준케이, 셋쓰 아리오카성의 이케다 쓰네오키, 이바라키성의 나카가와 기요히데, 다카쓰기성의 다카야마 우콘을 거느리고 있었다. 말하자면 미쓰히데는 긴키군 사령관, 긴키의 '간레이'라고 할 수 있었다.

미쓰히데는 영국 북오미·단바, 나아가 배하의 단고, 와카사, 야마토, 셋쓰슈를 거느리고 출진하였을 뿐만 아니라, 가이 토벌 때는 노부나가의 신변 근위를 맡았고, 교토부교 지위를 떠났다고는 하나 공가를 개입시켜 여전히 조정과 교섭하고 있었다. 정보를 수집하는 교토쇼시다이京都所司代 무라이 사다카쓰와 함께 교토 행정에도 깊이 관여하였으며, 니조성 건설에서는 부교로 종사하는 등 다양한 일을 했다. 1581년 우마조로에에서는 총괄 책임을 맡는 등 노부나가 군단 내에서 그는 2인자였다고도 할 수 있다. 중신 다키가와 이치마스와 니와 나가히데가 간토로 자주 파견되기도 하고 시코쿠 정벌 준비와 이에야스 접대로 어수선한 상황 속에서 혹시 노부나가를 제거하려 한다면, 그것은 미쓰히데만이 가능한 상태였다.

1582년 5월 14일 노부나가는 아즈치성에 온 호소카와 후지타카에게 아케치 미쓰히데의 전선 지휘 임무를 해제하니, 아케치 미쓰히데는 15일 아즈치로 올 예정인 도쿠가와 이에야스의 향응을 준비하라고 명했다. 이에 미쓰히데는 교토·사카이에서 온 수많은 진귀한 물건들을 챙겨 15일부터 3일 동안 오랫동안 다케다씨와 싸운 도쿠가와 이에야스에게 금 2,000매를 헌상하고, 소령을 안도받은 아나야마 노부타다 등을 접대했다. 그런데 17일 빗추 다카마쓰성을 공략하고 있던 하시바 히데요시에게서 모리 데루모토·고바야카와 다카카게·깃카와 모토하루가 다카마쓰성 구원을 위해 군대를 파견하였으니, 원군을 보내달라고 요청하는 서장이 노부나가에게 도착한다. 이에 노부나가는 '지금 아키 세력과 (노부나가 세력이) 근접하여 있는 것은 하늘이 준 좋은 기회다. 출진해서 주고쿠 지역 영주들을 토벌하고, 단번에 규슈까지 평정해 버리자'라고 결심하였다. 노부나가는 호리 히데마사를 사자로 빗추에 파견하고, 미쓰히데와 그의 부하들, 호소카와 후지타카·이케다 쓰네오키·다카야마 우콘·나카가와 기요히데·시오카와 나가미쓰塩川長満에게 히데요시 원군의 선진을 담당하도록 명했다(『가와스미타이코키川角太閤記』는 미쓰히데의 출진 목적이 모리 영국인 호키·이즈모로 난입하여 후방을 교란하는 것이었다고 한다). 미쓰히데는 급히 거성 사카모토성으로 돌아가 출진을 준비했다.

노부나가는 19일 아즈치성 소켄지總見寺에서 이에야스, 고노에 사키히사, 아나야마 노부타다, 구스노키 마사토라楠木正虎(楠長譜), 구스노키 조운楠長雲, 마쓰이 유칸 등에게 고와카다이유幸若太夫의 마이舞를 관람시켰다. 흐뭇해진 노부나가는 마이 공연이 빨리 끝나자, 단바 덴가쿠田楽 우메와카다이유梅若太夫에게 다음 날 공연할 예정인 노能의 공연을 명했다. 그런데 이 노가 마음에 차지 않았던지 우메와카다이유를 질책하여 다시 마이를 공연하게 하고 나서야 기분이 풀렸다고 한다. 20일 이에야스에 대한 접대는 니와 나가히데, 호리 히데마사, 하세가와 히데카즈長谷川秀一, 스가야 나가요리 등 4명이 맡았다. 노부나가는 이에야스에게 교토·오사카·나라·사카이 등지를 유유자적하게 돌아볼 것을 권했다. 이에 따라 21일 이에야스와 노부타다는 하세가와 히데카즈의 안내를 받으며 교토를 출발하여 유람을 떠났다. 노부나가의 명으로 니와 나가히데와 쓰다 노부즈미가 먼저 오사카로 가 이에야스를 접대할 준비를 했다. 21일 노부나가의 적남 노부타다도 소수 인원을 대동하여 교토로 와 묘카쿠지妙覺寺로 들어왔다. 노부타다가 이 시기 교토에 온 이유는 정확히 알 수 없으나, 이에야스와 함께 오사카·사카이로 가기 위해서라고 하기도 하고, 시코쿠 정벌 준비에 바쁜 동생 오다 노부타카를 위로함과 동시에 노부나가와 함께 아와지로 출진하기 위해서라고도 했다.

26일 사카모토성을 출발한 미쓰히데는 별도 거성인 단바 가메야마성으로 가서 27일 가메야마 북쪽의 아이고야마愛宕山에 올라 아이고곤겐愛宕權現을 참배하고, 그곳에서 묵었다. 『노부나가코키』에 의하면, 미쓰히데가 무엇을 생각했는지 다로보太郎坊 앞에서 두세 번 제비뽑기를 했다고 한다. 28일(이설에는 24일) 미쓰히데는 이토쿠인威德院 니시보西坊에서 렌가카이連歌會(愛宕百韻)를 개최한 다음 가메야마성으로 돌아왔다. 29일에는 화살과 탄환이 든 물건들이 포함된 화물을 서국으로 옮기게 했다고 한다(『가와스미타이코키』).

한편 29일 노부나가는 루스이슈留守居衆와 소반슈御番衆에게 아즈치성 수비를 맡기고, 전투 준비를 하고 대기하다가 명령이 떨어지는 대로 출진하라고 명했다. 그리고 소수의 근위대만을 대동한 채 교토 혼노지로 들어갔다. 노부나가가 상경한 이유는 명확하지 않지만, 가주지 하루토요의 『히비키日〃記』와 노부타카 주인장에 따르면, 6월 4일 주고쿠 공격과 관련하여 사카이를 거쳐 아와지로 갈 예정이었다고 한다. 노부나가가 아즈치성에서 38점의 명기名器를 가지고 교토로 간 것을 감안하면, 상경은 자신이 가지고 있는 다구茶具를 공개하고, 다회茶會를 개최할 목적도 있었던 것 같다. 특히 노부나가는 하카타 호상 시마이 소시쓰島井宗室가 가지고 있던 다기茶器 나라시바카타쓰키楢柴肩衝를 욕심내어 다회를 개최해서 이 나라시바카타쓰키를 양여받고 싶어했던 것이 아닌가 싶다. 일설에는 오와리력尾張暦 채용 문제를 조정과 교섭하기 위해 상경하였다고도 한다.

교토로 온 노부나가는 6월 1일 사키히사, 하루토요, 간로지 쓰네모토甘露寺経元 등의 공경과 승려 40명을 초대하여 혼노지에서 다회를 열었다. 다회를 마치고 주연을 벌인 후, 묘카쿠지에 묵고 있던 노부타다가 내방하여 함께 술을 나눴다. 밤이 깊어지자 노부타다는 묘카쿠지로 돌아가고, 노부나가는 혼인보 산사本因坊算砂와 가시오 리겐鹿塩利賢의 대국을 보고 나서 잠자리에 들었다.

6월 1일 미쓰히데는 군사 13,000명을 이끌고 단바 가메야마성을 나섰다. 이때 모습을 『가와스미타이코키』는 교토에 있는 모리 란마루森蘭丸에게서 지급 연락飛脚이 왔는데, 내용은 노부나가가 주고쿠 출진 준비가 되었는지 확인하려는 것이었다고 쓰고 있다. 미쓰히데는 이를 수하들에게 설명하고, 오후 4시경 (출정) 준비가 완료되는 대로 출발했다. 미쓰히데는 가메야마 동쪽 시바노柴野에 도착하여, 오후 6시경 사이토 도시미쓰에게 군사 13,000명을 집합시키도록 했다.

미쓰히데는 시바노에서 1.5킬로미터 정도 떨어진 시노무라 하치만구篠村八幡宮에서 군의軍議를 열고, 아케치 히데미쓰明智秀滿에게 중신들을 집합시키라고 명했다. 히데미쓰, 아케치 미쓰타다明智光忠, 사이토 도시미쓰, 후지타 유키마사藤田行政(傳五), 미조오 시게토모溝尾茂朝가 모인 가운데 미쓰히데는 모반에 관해 말하고, 노부나가를 토벌하여 천하의 주인이 될 계략을 짰다.

미쓰히데는 오이노사카老ノ坂에 올라 야마자키山崎를 돌아서 셋쓰로 진군한다고 병사들에게 알렸다. 군사를 빠르게 동쪽으로 진군시킨 그는 오이노사카토게老ノ坂峠를 넘어, 쓰카케峇掛에서 병사를 쉬게 하면서 병량을 지급하고 말들도 멈춰 세웠다. 쓰카케는 교토와 서국으로 향하는 분기점이었다. 미쓰히데는 노부나가에게 모반을 밀고할 자가 있을까 염려하여, 가신 아마노 겐에몬天野源右衛門(安田國繼)을 진군로로 먼저 보내 수상한 자가 보이면 참살하라고 명했다. 여름이어서 아침 일찍 나와 밭에서 일하던 농민들은 살기에 찬 무사들을 보고 놀라 도망하였고, 아마노 겐에몬은 이들 농부 20~30명을 추격하여 살해했다고 한다(『가와스미타이코키』). 미쓰히데 별동대는 가라토고에唐櫃越에서 시조四條 가도로 이어지는 산길을 이용하였다고도 한다(아케치코에明智越え 전승).

6월 2일 미명 가쓰라가와에 도착한 미쓰히데는 말 신馬の沓을 벗기고 보졸들에게는 짚신足半草鞋으로 갈아 신도록 명하고, 화승火繩을 1척5촌으로 잘라 불을 붙이고, 다섯 개씩의 불을 밑으로 향하도록 지시했다. 전투 준비였다. 아케치군 가신들은 노부나가의 명으로 도쿠가와 이에야스를 토벌하는 것이라고 생각했다고 한다(『혼조소에몬오보에가키本城惣右衛門覺書』). 루이스 후로이스도 노부나가의 명으로 이에야스를 척살하기 위한 것이 아닌가 의심했다고 기술하고 있다. 한편『가와스미타이코키』에는 미쓰히데가 오늘부터 덴카사마天下樣가 된다고 고하여 노부나가에 대한 모반을 말했다고 하며, 병사들의 출세는 수완 여하에 달렸다고 말했다고도 한다. 또한 미쓰히데가 "적은 혼노지에 있다"라고 선언했다고도 한다. 그러나 이는 속설에 불과하다.

가쓰라가와를 넘어설 즈음 날이 밝았다. 선봉 사이토 도시미쓰가 교토 시중으로 들어가 경비초소木戶를 열어제치며 혼노지를 향해 대를 나누어 진군할 것을 명했다. 6월 2일 새벽(오전 4시경) 아케치군이 혼노지를 완전히 포위했다.

『노부나가코키』에 의하면 노부나가와 그를 모시던 고쇼슈小姓衆는 이 소란을 아랫사람들의 싸움으로 여겼는데, 잠시 후 아케치군이 함성을 지르며 전각에 철포를 쏘아댔다. 노부나가가 모반인가, 누가 모반을 일으켰을까라고 모리 란마루에게 묻고, 사정을 알아보게 했다. 란마루가 아케치군의 모반이라고 보고하자, 노부나가는 "어쩔 수 없군"이라 말했다 한다. 통설에는 노부나가가 미쓰히데의 능력과 성격을 가늠해 보고 탈출이 불가능하겠다고 생각한 것이라고 해석하고 있다.

아케치군이 사방에서 공격하여 왔기 때문에 불당御堂에서 방어하고 있던 고반슈御番衆도 어전御殿의 고쇼슈와 합류하여 함께 응전하였다. 야시로 쇼스케矢代勝介(屋代勝助) 등 4명이 마구간에서 적진으로 뛰어들어 싸웠으나 전사하였고, 마구간에서 잡일을 하던 주겐슈中間衆 등 24인이 전사했다. 어전 부엌에서 다카하시 도라마쓰高橋虎松가 분투했으나 그곳에서도 24인이 전사했다. 유아사 나오무네湯淺直宗와 오쿠라 마쓰주小倉松壽가 황급히 혼노지로 뛰어들어와 싸웠으나 역시 전사하였다. 노부나가는 처음에는 활로, 다음에는 창으로 싸웠으나, 싸움 도중 폐에 상처를 입고 내실로 물러났다. 노부나가는 끝까지 자신의 시중을 들던 여성들女房衆에게 피난할 것을 명하고, 불타는 어전 안에서 문을 걸어잠그고 오전 8시 즈음 자인했다(혼노지의 변).

한편 미노·오와리·가이·시나노에 영향력을 가진 오다 노부타다는 혼노지의 변 당시 묘카쿠지에 머물고 있었다. 혼노지의 변 소식을 전해듣자 바로 아버지를 구원하기 위해 혼노지로 달려갔지만 노부나가의 자인 소식을 듣는다. 이에 노부타다는 이복동생 쓰다 겐자부로津田源三郞(織田源三郞信房), 측근 사이토 도시하루, 교토쇼시다이 무라이 사다카쓰 등과 함께 황태자 사네히토신노의 거소인 니조 신고쇼로 이동하여 사네히토신노를 탈출시킨 후, 소수의 근위 병력과 함께 니조 신고쇼에서 농성하면서 선전하였다. 그러나 아케치 측의 이세 사다오키가 공격해오자, 중과부적이었다. 결국 노부타다는 26세의 젊은 나이로 자인하였다.

그런데 미쓰히데는 왜 노부나가에 모반했을까? 현재까지는 정설·통설은 없고, 학설이 분분하다. 근세부터 1960년대까지 혼노지의 변 요인에 대한 주류 견해는 미쓰히데 야망설과 원한설이었다. 미쓰히데에게 천하를 취하려는 야망이 있었다는 야망설은 센고쿠 시대의 모반과 하극상이 당연한 행위였다는 인식으로 쉽게 받아들여졌다. 또 사료에 보이는 노부나가의 미쓰히데에 대한 부적절한 행위로 말미암아 미쓰히데가 모반하였다는 원한설 역시 야망설과 함께 오랫동안 설득력을 유지해 왔다. 이 학설들이 받아들여졌던 것은 강담講談과 군기물軍記物 등이 널리 유포되어 있었고, 2차, 3차 사료에 대한 충분한 고증과

검정이 없었기 때문이다. 자위를 위해 모반하였다는 라이산요賴山陽의 주장으로 대표되는 수동적 동기를 주장하는 불안설焦慮說·窮鼠說도 있으나, 이는 원한이 공포로, 복수가 자위로 바뀌었을 뿐 본질적 논거는 야망설·원한설과 다르지 않다.

패전 후 실증사학에 바탕한 연구가 발전하면서 미쓰히데의 모반 연구에 먼저 착수한 다카야나기 미쓰토시高柳光壽는 야망설을 주장(『아케치 미쓰히데明知光秀』)하여 유력시되었던 원한설을 부정했다. 원한설을 주장하던 구와다 다다치카桑田忠親가 이 야망설에 반론을 가하면서 양자는 비교적 양질의 1차 사료 고증을 통해 논의를 전개하였다. 특히 구와다 다다치카는 1973년 단순한 원한설(사분설私憤說)이 아니라 무도의 면목을 세우기 위해 주군 노부나가를 모살했다는 설을 전개했다. 요즘의 의분설과 명분 존재설은 이 구와다 다다치카에게 영향받았다고 볼 수 있다. 노부나가 비도 저지설信長非道阻止說을 주장한 오와다 데쓰오小和田哲男도 이 계통 위에 서 있다. 야망설은 혼노지의 변 후 미쓰히데의 행동·계획이 지리멸렬했다는 사실을 비판하고, 미쓰히데가 천하를 취하려 한 점을 강조하면서 사전계획 없이 노부나가가 무방비로 혼간지에 머무는 것을 보고 모반을 시도했다는 돌발설(우발설)로 발전했다. 그러나 양 설은 설득력 있는 고증이 불충분하여 정설로 인정받지 못했다.

야망설이나 원한설, 불안설은 모두 미쓰히데 스스로의 의지로 혼노지의 변을 일으켰다는 사실을 전제로 한 미쓰히데 단독범설(=미쓰히데 주범설)이다. 그런데 작가 야기리 도메오八切止夫는 1967년에 주범이 따로 있다는 주범 별재설別在說(음모론의 일종)을 주장했다(『信長殺し, 光秀ではない』). 야기리는 노히메濃姬가 사이토 도시미쓰와 공모하여 혼노지로 군사를 파견하였고, 이때 시코쿠 정벌을 준비중이던 노부나가군을 마카오 침략으로 오인한 선교사가 폭약을 던져 노부나가를 살해했다는 기상천외한 주장을 했다. 1990년경부터 학계에서 조정 흑막설(조정 관여설)이 갑자기 각광을 받아 유력한 학설로 부상했다. 이전부터 흑막설은 고증을 요하지 않는 작가들이 주로 주장하였으나, 근래 창작분야에 사학이 혼입하여 주범 존재설과 흑막 존재설(공모설), 그리고 복합설로 불리는 여러 설이 유행하고 있다. 2009년 아케치 겐자부로明智憲三郎도 일종의 공모설을 주장했다(『本能寺の變427年目の眞實』).

이러한 미쓰히데 단독범설에 대치하여, 미쓰히데를 배후에서 조종한 흑막이 있었다던가 음모가 있었다던가 공모자가 있었다던가 하는 주장에 대해 사료 고증·검증이 불충분하다는 지적이 있는 것은 당연하다. 2006년 스즈키 마사야鈴木眞哉와 후지모토 마사유키藤本正行는 흑막은 원래 존재하지 않는다고 주장하면서, ① 혼노지의 변의 흑막으로 지정된 사람이나 집단이 어떻게 미쓰히데와 접촉했는가를 설명하지 못하는 점, ② 실행 시기의 전망과 기밀누설 방지책에 대한 설명이 없는 점, ③ 미쓰히데가 모반에 동의해도, 중신들을 어떻게 설득했는지에 대한 설명이 없는 점, ④ 흑막들이 미쓰히데를 구체적으로 돕지 않은 것 등을 설명하지 못한 점, ⑤ 결정적인 사료를 제시하지 못하는 점 등을 지적하였다(『信長は謀略で殺されたのか-本能寺の變·謀略說を嗤う』).

제2부
도요토미 히데요시豊臣秀吉 시기

1장 도요토미 히데요시의 대두

1. 야마자키 싸움과 다이묘들의 움직임

아케치 미쓰히데는 교토를 제압한 후, 곧바로 노부나가·노부타다 부자 잔당을 추포하였다. 그리고 노부나가의 본거지 아즈치성으로 들어가 오미를 제압하려 하였으나, 세다성勢多城(滋賀縣大津市瀬田) 성주 야마오카 가게타카山岡景隆가 세다하시瀬田橋와 거성을 불태우고 고카군甲賀郡으로 퇴각해 버렸다. 이 때문에 세다하시 가교 설치에 3일이나 소비한 미쓰히데는 우선 사카모토성으로 들어가 6월 4일까지 오미를 거의 평정하고, 6월 5일 아즈치성으로 들어갔다. 그리고 아즈치성이 소장하고 있던 재물들을 강탈하여 가신과 자신에게 가담한 무장들에게 나누어 주었다. 6월 7일 사네히토신노는 요시다 가네미吉田兼和를 칙사로 아즈치성에 있는 미쓰히데에게 파견하여 승리를 축하하고, 교토 치안을 당부했다. 이에 미쓰히데는 6월 8일 아즈치를 출발, 9일 조정에 은 500매, 5산五山(天龍寺, 相國寺, 建仁寺, 東福寺, 万壽寺)과 다이토쿠지에 각각 은 100매, 칙사 가네미에게도 은 50매 등 공가들에게 총 은 700매를 헌상하고, 가미교上京·시모교下京에 지세地子錢 면제 명령을 내렸다. 이로써 미쓰히데는 새로운 '천하인'이 탄생하였음을 천하에 알렸다.

아케치 미쓰히데는 사위로 단고 다나베성田邊城(京都府舞鶴市南田邊) 성주 호소카와 다다오키細川忠興와 그의 아버지 호소카와 후지타카에게 자신의 편에 설 것을 권유하였다. 그러나 후지타카·다다오키 부자는

노부나가의 사망에 조의를 표하며 6월 3일 삭발하여 중립 태도를 취하였고, 마쓰이 야스유키松井康之를 통해 오다(간베) 노부타카에게 모반의 뜻이 없음을 표했다. 나아가 후지타카는 며느리인 미쓰히데 딸 가라샤ガラシャ를 유폐하여 미쓰히데의 권유를 거절함과 동시에 반미쓰히데 태도를 명확히 했다. 아마도 6월 8일 이전에 히데요시가 후지타카에게 모종의 연락을 취했을 가능성이 크다. 미쓰히데는 6월 9일 다시 후지타카에게 편지를 보내, 자신에게 협조하면 셋쓰와 희망에 따라 다지마나 와카사를 후지타카 부자에게 주겠다고 하고, 자신은 50~100일 사이에 주위를 평정하고, 그 후 다다오키와 자신의 적자 아케치 미쓰요시明智光慶에게 정무를 맡기고 은퇴할 것을 약속한다고 했다. 그러나 후지타카는 이 제안에도 대응하지 않았다.

미쓰히데는 야마토를 지배하는 쓰쓰이 준케이에게도 사자를 파견하여 자신에게 협조할 것을 요청했다. 준케이는 6월 2일 상경 도중이었으나, 혼노지의 변 소식을 듣고 되돌아갔다. 4일 병사를 내어 야마시로로 출병하고, 5일 병사 일부를 오미로 보내 미쓰히데에게 협력하였다. 이 때문에 주위에서는 준케이가 미쓰히데 측에 가담한 것으로 생각하였으나, 준케이는 9일 거성 고리야마성으로 퇴각하여 농성 준비에 들어갔다. 이에 미쓰히데는 10일 우지가와宇治川·기쓰가와木津川를 건너 오토코야마男山(京都府八幡市)에 가까운 호라가토게洞ヶ峠(京都府八幡市·大阪府枚方市市)까지 진출하여 준케이에게 압력을 가하였다. 그러나 준케이는 이러한 움직임에 반응하지 않았고, 야마시로로 파견한 군사까지 철수시켜 버렸다. 이에 미쓰히데는 준케이를 자신 편으로 가담시키려는 시도를 포기하고, 오토코야마에 주둔하고 있던 병력을 철수시켜 시모토바下鳥羽에 진을 쳤다. 그리고 10~11일 사이에 병사 일부와 농민들을 징발하여 덴노잔天王山 북쪽에 있는 요도성을 수축하고, 그 서쪽의 쇼류지성에 병사를 배치했다.

한편 다케다 가쓰요리와 내통한 것으로 의심받아 노부나가에게 1580년 추방된 안도 모리나리安藤守就는 미쓰히데에 호응하여, 2일 아들 안도 사다하루安藤定治와 함께 미노에서 거병하였다. 그러나 8일 기타가타성北方城(岐阜縣本巣郡北方町) 성주 이나바 잇테쓰稻葉一鐵에게 공격받아 자해했다.

혼노지의 변으로 노부나가가 사망한 사실을 숨기고 모리씨와 화해한 히데요시는 다카마쓰성에 아내 기타노만도코로北政所(ねね)의 숙부이며 심복인 스기하라 이에쓰구杉原家次를 배치하고 교토로 진군했다. 그리고는 더 이상 노부나가의 사망 사실을 숨길 수 없다고 생각하여 모리 측에 6월 4일 저녁쯤 노부나가 사망 소식을 전했다. 이 소식에 깃카와 모토하루 등은 퇴각하는 히데요시군을 추격하자고 하였으나, 하루모토의 동생 고바야카와 다카카게는 서지를 교환한 이상 화해 약속을 지켜야 한다고 하여 추격론을 제지하였다. 당시 모리 측은 빗추 마쓰야마성松山城(岡山縣高梁市)에 본진을 두고 영국 방어에 중점을 두고 있었기 때문에 빠른 시일 내에 수비전략에서 추격전략으로 전환하는 게 쉽지 않았다. 한편 히데요시는 모리 측이 추격할 경우를 대비해 비젠에 우키타 히데이에군을 배치하고, 우키타군이 모리군에 돌파당하더라도 호키의 난조 모토쓰구南條元續가 모리령으로 침공하여 모리군 배후를 노린다는 계획을 세워두었다고 보인다. 이러한 정세를 읽었던지 데루모토도 고바야카와 다카카게의 의견에 동의하고, 히데요시 측 인질 모리 시게마사·다타마사 형제와 모리 측 인질 고바야카와 히데카네·가쓰라 히로시게를 서로 교환하였다.

한편 미쓰히데 입장에서는 모리군이 히데요시를 배후에서 치게 되면, 동서에서 히데요시군을 협격할 수 있다고 보고 사자를 모리 측에 파견하였으나, 위에서 보았듯이 그 사자는 히데요시 측에게 체포되었다. 그럼에도 불구하고 모리 측에 6월 4일 노부나가 사망 소식이 전해져, 모리 측이 히데요시를 추격·협격하려 하였다면 가능했을지도 모른다. 그러나 모리 측은 미쓰히데에게 응하지 않고 히데요시를 택했다.

히데요시가 다카마쓰성에서 히메지성으로 귀환한 것에 대해 불분명한 점이 많으나, 산요도의 노도노野殿(岡山縣岡山市北區)를 경유하였다고 보인다. 히데요시의 다카마쓰성 출발 일자에 대해서도 의견이 분분하다. 즉 히데요시가 모리 측과 화해한 직후 6월 4일 오후라는 설, 6월 6일 다카마쓰성을 출발했다는 설도 있다(高柳光壽, 池享, 藤田達生, 谷口克廣). 그리고 유아사 조잔湯淺常山은 『조잔키단常山紀談』에서 히데요시가 6월 7일 새벽에 다카마쓰성을 출발했다고 하였다(본서는 6월 6일설을 채용하였음).

6월 5일 모리 측의 동태를 살피며 히데요시는 수공을 위해 쌓았던 제방 남단을 절단하였다. 아시모리가와足守川 하류 일대가 늪지 상태로 변하면 모리 측이 히데요시를 추격한다 하더라도 군사행동이 어려워 전군을 움직이기까지 상당한 시간이 소요될 것이라 생각했을 것이다. 히데요시는 모리 측이 다카마쓰의 진을 풀고 퇴각하는 것을 확인한 후, 6월 6일 다카마쓰성 포위를 풀고 히메지로 향했던 것으로 보인다.

그리고 히데요시는 6월 5일 셋쓰 이바라키성 성주로 아케치 미쓰히데와 가까운 나카가와 기요히데에게 6월 5일중에 비젠 가메야마성(누마성)까지 갈 예정이며, 교토에서 온 연락에 의하면 노부나가는 살아서 오미 젠쇼膳所(滋賀縣大津市)로 후퇴했으며, 자신도 신속히 귀경할 예정이라는 내용의 편지를 보냈다. 노부나가가 생존해 있다는 허위정보는 혼노지의 변이 가져올 기요히데의 동요와 의심을 진정시키려 한 것으로, 정보조작을 통해 기요히데가 미쓰히데 측에 가담하는 일이 없도록 신경 쓰고 동시에 자신에게 유리한 상황을 만들고자 획책하였음을 나타낸다.

오카야마성 동쪽의 가메야마성은 오카야마성으로 옮기기 전까지 우키타 나오이에가 사용한 거성으로, 두 성의 거리는 약 22킬로미터로 히데요시가 다카마쓰성을 출발한 6월 6일 안에 도착할 수 있는 곳이었다. 이 가메야마성에서 히메지성까지는 약 70킬로미터다. 히데요시의 히메지성 귀환은 6월 7일 저녁설이 유행하나, 이는 히데요시가 6월 4일 다카마쓰성을 출발했다는 견해에 바탕한 것이다. 그러나 히데요시 6월 6일 다카마쓰성 출발설에 따르면, 히데요시는 7일 홍수로 가메야마성에 머물렀고 히메지에 도착한 것은 8일이 된다.

히메지성에 도착한 히데요시군은 6월 9일 아침까지 쉬면서 히메지성의 재물을 관리하는 구라부교藏奉行를 소집하여 성내에 비축된 금전과 미곡량을 조사케 하고, 이것들을 직위 고하에 따라 장병들에게 나누어 주었다. 이것은 히데요시가 히메지성에서 농성하지 않는다는 것, 미쓰히데 토벌을 명확히 한 것임과 동시에 히데요시의 결사 태도를 분명하게 한 것으로 보인다. 히데요시는 6월 9일 아사노 나가마사를 히메지성에 남긴 후 전군을 이끌고 히메지성을 출발했다. 9일 아카시明石를 거쳐 한밤중에 효고항 근처에서 야영한 히데요시는 별동대를 조직하여 아카시 해협에서 아와지시마 동안으로 진군시키고, 9일 미쓰히데 측에 가담할 가능성이 있던 간 미치나가菅達長가 지키는 스모토성洲本城(兵庫縣洲本市小路谷)을 공격해서 함락시켰다.

또한 히데요시 서간에 의하면, 미쓰히데는 6월 10일 고가久我(京都市伏見區) 부근에 착진해 있었다. 10일 히데요시가 접근하고 있다는 소식을 들은 미쓰히데는 급히 요도성·쇼류지성을 수축하고, 오토코야마男山에 포진한 병사들을 교토로 철수시켰다. 미쓰히데가 셋쓰·가와치 방면으로 이동하리라고 판단한 히데요시는 하리마·셋쓰 접경 부근에 이와야성채岩屋砦를 세우고 부근 방어를 강화하여 미쓰히데 측의 급습에 대비했다. 그런데 당시 오사카에 체재중이던 오다 노부타카가 미쓰히데군에 포위당해 자인했다는 풍문이 떠돌았다. 10일부 히데요시 서장에

의하면, 히데요시는 6월 11일까지 효고 혹은 니시노미야西宮(兵庫縣西宮市) 주위까지 행군할 예정이었다. 미쓰히데는 10일 교토 시모토바에 있었고, 야마자키山崎 주변으로 병사를 파견하였는데, 이 시기 히데요시와 미쓰히데는 서로 상대방의 의도를 살피며 의도적으로 정보전을 펴고 있었던 것이다.

히데요시군은 상황을 예의주시하면서 10일 아침 아카시를 출발, 그날 밤 효고에 도착하였고, 11일 아침 효고를 출발하여 그날 저녁쯤 셋쓰 아마가사키尼崎에 도착했다. 아마가사키 동쪽에는 요도가와淀川가 흐르는데 그 요도가와 대안이 오사카다. 히데요시는 주군의 원수를 갚는 전쟁에 임하는 결의를 보이기 위해 아마가사키 동부에 있는 세이켄지栖賢寺에서 자신의 상투髻를 잘랐다고 한다. 그리고 오사카에 재진 중인 니와 나가히데, 오다 노부타카 및 아리오카성 성주 이케다 쓰네오키에게 자신의 아마가사키 도착을 알렸다. 6월 12일 히데요시군은 아마가사키에서 사이고쿠 가도西國街道로 진군하여 돈다富田(大阪府高槻市)에 착진하고, 이케다 쓰네오키, 나카가와 기요히데, 다카야마 우콘 등 셋쓰 장수들이 연달아 히데요시 진영에 합류했다. 한편 미쓰히데는 기독교 다이묘 다카야마 우콘을 예수회 선교사 올간티노Organtino Gnecchi Soldo를 통해 회유하려 했으나 실패했다.

돈다는 조도신슈淨土眞宗 교교지敎行寺 지나이초寺內町로 오사카 평야 북단에 있어서 덴노잔에 가깝고, 이바라키성과 다카쓰기성의 중간에 위치하여 사이고쿠 가도西國街道로 통하며, 요도가와 수운도 이용할 수 있었다. 게다가 약간 높은 지형에 위치한 돈다는 수비에도 비교적 용이한 군사거점이었다. 이에 히데요시는 돈다에 야영을 설치하고 작전회의를 열었다. 그 결과 좌익山手으로 하시바 히데나가와 구로다 요시타카를, 중앙中手筋道으로 다카야마 우콘, 나카가와 기요히데, 호리 히데마사를, 우익川手으로 이케다 쓰네오키, 이케다 모토스케, 가토

미쓰야스加藤光泰를 배치하여 교토 진격을 결정하고, 우콘·기요히데 등에게 선발을 명하였다. 이 히데요시군에 노부타카·나가히데가 오사카에서 합류하여 히데요시 총 군세는 『다이코키太閤記』에 4만여, 『가네미쿄키兼見卿記』에 2만여로 기록되어 있다. 노부나가 측은 노부타카를 아케치 토벌군 총대장으로 세웠으나 노부타카가 이끄는 병사들은 대부분 도망한 상태여서 히데요시군이 도착하기만을 기다리고 있었다. 이에 반해 히데요시는 기나이의 유력 장수들을 규합하여 군사주도권을 잡고 있었다.

『다이코키』에 기록된 히데요시 측 군사를 보면, 다카야마 우콘·기무라 시게코레木村重茲가 2,000, 나카가와 기요히데가 2,500, 이케다 쓰네오키·이케다 모토스케·가토 미쓰야스가 5,000, 니와 나가히데가 3,000, 오다 노부타카가 4,000, 히데요시 본대(하시바 히데나가·구로다 요시타카·하치스카 마사카쓰·호리 히데마사·나카무라 가즈우지中村一氏·호리오 요시하루, 미코다 마사하루神子田正治·하치야 요리타카 등) 20,000으로 총 36,500이다. 이에 대항하는 미쓰히데군은 『다이코키』에 따르면, 미노군 사이토 도시미쓰·시바타 가쓰사다柴田勝定가 2,000, 오미군 아쓰지 사다유키阿閉貞征·미조오 시게토모溝尾茂朝(明智茂朝)가 3,000, 야마시로·단바군 마쓰다 마사치카松田政近·나미카와 야스이에並河易家가 2,000, 막부 신하 이세 사다오키·스와 모리나오諏訪盛直·미마키 가네아키御牧兼顯가 2,000, 가와치군 쓰다 마사토키津田正時가 2,000, 미쓰히데 본진이 5,000으로 총 16,000이었다.

16,000 병사로 히데요시군 36,500 병사를 대적해야 하는 미쓰히데는 요도가와와 덴노잔에 끼인 야마자키의 좁은 길로 진격해 오는 히데요시군을 차례로 격파한다는 작전을 세웠다. 미쓰히데는 위 작전에 입각하여 쇼류지성을 전선으로 요도성을 좌익, 엔묘지가와円明寺川(현 小泉川) 연변을 우익으로 하여 군사를 배치하고, 중앙에 사이토 도시미쓰와

아쓰지 사다유키 등 오미군을 선봉대로 배치하기로 했다. 그러나 미쓰히데 본진은 12일에도 시모토바에 주둔해 있는 상태였고, 작전을 위해서는 야마자키를 내려볼 수 있는 전략요충지인 덴노잔을 확보할 필요가 있었지만 그렇게 하지 않았다. 게다가 히데요시군의 신속성에 비하면 미쓰히데군의 움직임은 너무나 둔했다고 한다.

마침내 양군은 6월 12일경부터 엔묘지가와를 끼고 대진하였다. 전날 밤 히데요시 측 나카가와中川·다카야마高山 등 셋쓰슈가 야마자키 마을을 점령하고 최전선에 착진하였고, 이케다 쓰네오키 등이 우익에, 구로다 요시타카·하시바 히데나가·미코다 마사하루 등이 덴노잔(표고 270미터) 기슭의 구 사이고쿠 가도를 따라 포진하였고, 본진은 후방 호샤쿠지寶積寺에 포진했다. 이에 대해 아케치군은 온보즈카御坊塚에 있는 미쓰히데 본진 전면에 사이토 도시미쓰·아쓰지 사다유키·가와치슈河內衆·구 바쿠후슈幕府衆 등이 동서로 방위선을 쳐서 진군하는 히데요시군을 영격하고자 했다. 당시 야마자키에는 늪지가 많아 대군이 통과할 수 있는 길은 덴노잔과 늪 사이의 좁은 공간밖에 없었다. 미쓰히데군은 바로 이점을 노렸다.

소규모 국지전은 13일 일찍부터 전개되었다. 양군이 대치하던 중, 오후 4시경 덴노잔 기슭을 가로질러 다카야마 우콘 부대 옆에 진을 치기 위해 이동하던 나카가와 기요히데 부대를 미쓰히데 측 사이토 도시미쓰 부대 우측에 포진해 있던 이세 사다오키 부대가 습격하자, 이에 응하여 사이토 부대도 다카야마 부대를 공격하기 시작하였다. 사이토·이세 부대의 맹공에 나카가와·다카야마 부대는 궁지에 빠졌으나, 히데요시 본대 중 호리 히데마사군이 후방에 도착했다. 그리고 덴노잔 기슭에 포진해 있던 요시타카·히데나가·마사하루 등의 부대가 전방으로 전개하고, 마쓰다 마사치카·나미카와 야스이에가 나카가와·다카야마 양 부대의 측면을 돌파하여 덴노잔 중턱으로 진격하여 왔다. 그리하여 나카가와·다카야마군과 마사치카·야스이에군이 일진일퇴의 공방전을 벌였다.

전국이 크게 변한 것은 일각 후 요도가와 연변을 따라 북상한 이케다 쓰네오키·모토스케元助 부자와 가토 미쓰야스가 이끄는 군사가 비밀리에 엔묘지가와를 건너 쓰다 노부하루津田信春를 기습하면서부터였다. 세 방면으로부터 이루어진 이 기습으로 쓰다 부대는 장병들이 도망하면서 혼란에 빠졌다. 여기에 이케다 부대에 이어 니와·노부타카 부대도 우익에서 일제히 밀어닥쳐 미쓰히데 본대 측면을 분단하는 상황이 되었다. 이에 고전하고 있던 나카가와·다카야마 양 부대도 사이토·이세 양 부대에 반격을 가하였다.

전군으로 동요가 확산되면서 미쓰히데군은 마침내 무너진다. 미마키 가네아키 부대가 히데요시 측에 괴멸되었고, 미쓰히데는 전선 후방의 쇼류지성으로 퇴각하였다. 주력인 사이토 부대가 패주하여 전선을 이탈하였고, 구로다 요시타카 등과 교전하던 마쓰다 마사치카, 후방 방어를 맡은 이세 사다오키 등도 싸움 중에 사망했다(야마자키 싸움).

히데요시 측도 피해가 커서 저녁이 되자 미쓰히데 측을 추격할 수 없었다. 사기가 떨어진 미쓰히데군은 쇼류지성으로 후퇴하였으나, 평성인 쇼류지성은 대군이 주둔할 수 없었다. 병사들의 탈주와 이산이 이어지면서 미쓰히데군에는 겨우 700여 명만 남았다. 미쓰히데는 몰래 쇼류지성에서 나와 사카모토성으로 도망하던 중, 오구리스부키小栗栖藪(京都市伏見區. 현재 '아케치부키明智藪'라고 부른다)에서 토민의 죽창을 맞아 사망했다고도 하고 가신의 도움을 받아介錯 자인했다고도 전한다. 이렇게 하여 미쓰히데의 천하는 열흘 만에 막을 내렸다.

13일 쇼류지성에 든 히데요시는 호리 히데마사에게 오미로 나아가 오미 지역의 교통을 장악하여 미쓰히데를 수색하라고 명했다. 호리 부대는 14일 미쓰히데 후미 방어를 위해 급히 출병한 아케치 히데미쓰

明智秀滿군을 우치데하마打出浜에서 영격하여 격파했다. 300여 병사를 잃고 패주한 히데미쓰는 사카모토성에서 호리 히데마시에게 가보를 증정한 후, 처자를 살해하고 미조오 시게모토·아케치 미쓰타다와 함께 자인했다. 나카가와·다카야마 양 부대는 단바 가메야마성으로 나아가, 미쓰히데의 아들 아케치 미쓰요시明智光慶를 자인하게 하고 가메야마성을 점령하였다. 나카가와와 다카야마는 아케치씨 가운데 승적이 있는 자를 제외하고는 모두 살해했다. 나가하마성의 쓰마키 노리타카妻木範賢, 사와야마성의 아라키 유키시게荒木行重, 야마모토야마성山本山城(滋賀縣長浜市湖北町山本. 阿閉城)의 아쓰지 사다유키·아쓰지 사다히로阿閉貞大 부자, 야마자키 가타이에山崎片家 등은 도망치거나 항복하였다. 교토로 들어온 히데요시군은 16일까지 오미를 평정하였다. 17일 가타타堅田에 잠복해 있던 사이토 도시미쓰 등은 생포되어 교토 로쿠조가와라에서 참수 혹은 책형磔刑을 받았다. 이로써 아케치 미쓰히데가 꿈꾼 천하지배는 허공으로 산화했다.

한편 간토 지역에서 강력한 영향력을 행사하고 있던 다키가와 이치마스는 표면상 호조씨와 우호관계를 유지하였다. 그러나 이치마스가 시모쓰케의 기온성을 원래 성주 오야마 히데쓰나에게 반환하게 하는 등 호조씨에게 불리한 결정을 내리자, 간토 지배를 지향하던 호조씨가 내심 불쾌해하였다. 게다가 고즈케가 노부나가 직할령으로 편입되고, 사타케 요시시게를 의지하던 오타 스케마사太田資正·가지와라 마사카게梶原政景 부자까지 이치마스에게 출사하자, 호조씨는 초조해하면서 노부나가에 대한 불신감도 싹텄다.

이치마스는 6월 9일 혼노지의 변 소식이 전해지자, 시노오카 히라에 몬篠岡平右衛, 쓰다하루 에몬津田治右衛門, 다키가와 마스시게 등의 가신을 불러 이 소식을 전하였다. 다키가와 마스시게 등은 이 사실을 고즈케슈에게는 숨기고 상경할 것을 권유하였으나, 이치마스는 수하 성주들이 노부나가의 사망 소식을 다른 사람들을 통해 알게 될 경우 자신들을 의심의 눈으로 보게 될 테니 성주들을 소집하라고 명했다 한다.

6월 10일 고즈케 지역 장수들을 불러모아 이치마스는 혼노지의 변 소식을 전하고, 상경하여 오다 노부카쓰·노부타카를 옹위하고, 미쓰히데와 싸워 노부나가의 은혜에 보답하자고 하였다. 만약 이 기회에 호조씨를 편들어 자신과 싸우려 한다면 싸움을 피하지 않을 것이며, 유·불리를 따지지 않고 자신은 상경할 것이라고 했다.

한편 이즈음 미노와성을 내준 나이토 마사아키內藤昌月는 나이토씨에 의지하고 있던 호시나 마사토시保科正俊, 호시나 마사나오 등과 함께 이치마스와의 일전을 각오하였다고 한다. 그런데 이치마스 측으로부터 협력 요청을 받고 안도하였다고 한다. 6월 11일 이치마스가 조쇼지 長昌寺(廐橋)에서 노를 흥행하였는데, 경비가 엄중하여 고즈케슈를 살해할 계략이 아닌가 하는 소문이 기타조 다카히로北條高廣(구 우마야바시성주) 가신들 사이에 퍼졌다.

혼노지의 변 소식을 접한 누마즈성沼須城(群馬縣沼田市上沼須町) 성주 후지타 노부요시藤田信吉가 1582년 6월 이치마스에 반란을 일으켰다. 그는 에치고 나가오 이가노카미에게 사자를 보내 우에스기 가게카쓰上杉景勝와 내통하여, 5천 군사를 이끌고 다키가와 마스시게가 4천 군사로 지키고 있는 누마타성을 공격하여 성루 중 하나를 점거했다. 6월 13일 마스시게로부터 이 소식을 보고받은 이치마스는 2만 병사(新田의 瀧川豊前, 小幡, 安中, 和田, 倉賀野, 由良, 館林의 長尾, 箕輪의 內藤)를 이끌고 누마타성으로 달려가 후지타 노부요시를 격파하였고, 후지타 노부요시는 에치고로 도망하였다. 이즈음 북시나노의 모리 나가요시, 남시나노의 모리 나가히데는 영지를 버려둔 채 미노와 오와리로 귀환하였고, 가이의 가와지리 히데타카는 18일 다케다 유신에게 피살되었다.

호조 우지마사는 6월 11일 다키가와 이치마스에게 호조 우지테루北

條氏照의 가로인 후카야深谷의 가노 이치안狩野一庵에게 혼노지의 변 소식을 들었으며 앞으로도 계속 협조관계를 유지하겠다는 뜻을 전했다. 그런데 호조 우지테루의 군사가 이미 후카야까지 북상해 있었다. 호조씨는 노부나가와 노부타다의 사망이 확인되자, 6월 12일 군사동원령을 내리고, 호조 우지마사·우지나오·우지쿠니氏邦·우지노리氏規 등이 이끄는 5만(5만 6천이라고도 함) 병사로 고즈케를 침공했다. 이에 대항해 이치마스는 우마야바시성에 다키가와 다다유키瀧川忠征, 마쓰이다성에 쓰다 히데마사와 이나다 규조稻田九藏 군사 1,500기를, 고모로성에는 도게 마사히데를 주둔시키고, 18,000의 군사를 이끌고 호조군을 맞아 싸웠다.

6월 16일 호조 우지나오가 구라가노倉賀野 방면으로 진군하였고, 6월 18일 다키가와군은 호조 우지쿠니의 수하 사이토 미쓰스케齋藤光透와 그의 동생 사이토 모토모리齋藤基盛가 지키는 가나쿠보성金窪城(埼玉縣兒玉郡上里町)과 가와이성川井城(栃木縣那須烏山市下川井)을 공격하여 함락시켰다. 그리고 가나쿠보하라金窪原에서 벌어진 싸움에서는 신겐·가쓰요리의 구신들을 중심으로 한 조슈슈上州衆와 다키가와군이 호조 우지쿠니의 하치가타슈鉢形衆 5천과 싸워 이시카와 다이가쿠石山大學, 호사카 오이노스케保坂大炊介를 살해하였으나, 이치마스 측 조슈슈 사에키 이가노카미佐伯伊賀守도 살해되었다. 이 싸움에서 호조씨는 다키가와군에게 패배하고 추격을 당했다. 6월 19일에도 호조 우지나오가 2만 군사로 다키가와 이치마스군 3천과 싸웠으나 패배했다. 이처럼 연전연패의 상황에서 호조 우지마사는 동생 우지노리에게 군사 1만을 주어 다키가와군을 포위·공격하게 했다. 이에 대응하여 이치마스는 후진의 조슈슈를 투입하려 했으나, 기타조 다카히로 등의 진군이 더디어 제대로 대응할 수 없었다. 어쩔 수 없이 이치마스는 운을 하늘에 맡기고 호조군으로 돌진하였다. 호조군은 일시 당황하였으나 곧 전열을 가다듬은 우지나오가 이치마스군을 공격하여 마침내 이치마스군을 격파하였다(간나가와 싸움神流川の戰い). 이때 다키가와 측 중신 시노오카篠岡, 쓰다津田, 오타太田, 구리타栗田 등 5백 기, 그리고 조슈슈 기베 사다토모木部貞朝, 구라가노 히데카게倉賀野秀景의 아들들도 전사하였다.

6월 19일 구라가노성倉賀野城(群馬縣高崎市倉賀野町)을 거쳐 우마야바시성으로 퇴각한 이치마스는 20일, 조슈슈 인질이었던 기타조 다카히로의 차남 등을 석방하고, 그날 밤 조슈슈를 미노와성에 모아 이별 연회를 마친 후 심야에 미노와성을 떠났다. 21일 이치마스는 쓰다 히데마사와 그의 수하 1,500기를 더해 2,000기로 우스이토게碓氷峠를 넘어 도게 마사히데가 지키는 고모로성에 착진했다. 이곳에서 사쿠군·지사가타군小縣郡 재지영주들의 인질인 요다 야스쿠니依田康國와 사나다 마사유키의 노모 등을 기소 요시마사에게 인도하여 기소다니木曾谷 통과를 승인받고 27일 고모로성을 떠났다. 이때 이치마스는 고모로성을 요다 노부시게에게 안도하도록 도게 마사히데에게 명했다고 한다. 28일 다키가와군이 시모스와에 도착하여 기소 요시마사의 통행 인가 답변을 받은 후 기소다니를 통과하여 오다씨 영국인 미노로 들어갔다. 이치마스는 미노 오와리에서 노부타다의 장남 산보시三法師(織田秀信)를 배알하고, 7월 1일 자신의 영국 이세 나가시마로 귀환했다.

2. 기요스 회의와 시즈가타케 싸움

한편 혼노지의 변이 발생한 6월 2일 도쿠가와 이에야스는 아나야마 노부타다와 사카이에 체재하고 있었는데, 노부나가와 합류하기 위해 교토로 향하는 중이었다. 그런데 도중에 가신 혼다 다다카쓰本多忠勝가 교토 상인 자야 시로지로茶屋四郎次郎에게서 혼노지의 변 소식을 들었다.

이에야스는 이이모리야마飯盛山 밑에서 이 소식을 접하고, 핫토리 한조服部半藏의 진언에 따라 이가의 험준한 산길을 넘어 가부토고에加太越를 거쳐 이세에서 해로를 통해 본거지 미카와로 돌아갔다. 이에야스와 도중에 헤어진 아나야마 노부타다는 우지타와라宇治田原(京都府宇治田原町)에서 토민에게 살해 당했다. 이에야스는 6월 4일 미카와 오카자키성으로 귀환하자, 아케치 토벌군을 일으켜 오와리 나루미鳴海까지 진군하였으나, 히데요시가 미쓰히데를 이미 제압했다는 소식을 듣고 철수하였다.

이러한 상황 변화 속에서 이에야스는 무주공산 상태인 가이·시나노 경략에 나섰다. 『도다이키當代記』에 의하면, 이에야스는 6월 10일경 가이 이와쿠보관岩窪館(山梨縣甲府市岩窪町)을 본거로 하는 가와지리 히데타카에게 가신 혼다 노부토시本多信俊(百助)를 파견하여 가와지리河尻氏의 협조를 요청하였다. 그러나 히데타카는 사자 혼다 노부토시를 6월 14일 이와쿠보관에서 살해해 버린다. 원래 노부토시와 히데타카는 아는 사이였는데, 이에야스가 잇키를 선동하여 가이를 탈취할 속셈을 갖고 있다고 의심하여 노부토시를 살해하였다고 한다(『부토쿠헨넨슈세이武德編年集成』). 15일 가이 재지영주들이 잇키를 일으키자, 히데타카는 탈출을 시도하였다가 잇키 세력에 살해된다.

이에야스는 6일 다케다가에 신종하다 이에야스의 가신이 된 오카베 마사쓰나岡部正綱에게 서장을 보내, 아나야마 본거 시모야마관下山館(山梨縣南巨摩郡身延町下山)에 성을 수축하도록 명하고, 후지카와富士川와 스루가를 잇는 가와치로河內路 변에 스가누마성菅沼城(山梨縣南巨摩郡身延町寺澤)을 수축하였다. 또한 이에야스는 다케다가의 유신이었던 요다 노부시게를 사쿠군으로 보냈다. 요다 노부시게는 이에야스가 다케다씨와 싸울 때 스루가 다나카성田中城(靜岡縣藤枝市田中)에서 도쿠가와씨와 싸웠고, 다케다씨가 멸망한 후에는 시나노 사쿠군 가스가성春日城(長野縣佐久市)에 귀환해 있다가, 노부나가의 처벌이 두려워 이에야스에게 보호를 요청하고 도토미에 잠복해 있었다고 한다.

가이로 파견된 오카베 마사쓰나는 아나야마씨 거관 시모야마관으로 들어가 6월 12일부터 23일에 걸쳐 소네 마사타다曾根昌世와 연서로 가이 재지영주들에게 지행안도장을 발급하였다. 요다 노부시게는 다케다가의 유신 약 900명을 모아 20일 다시 고모로성으로 들어갔다. 당시 이에야스는 서쪽으로 진군하고 있었으나, 6월 15일 야마자키 싸움에서 아케치 미쓰히데가 히데요시에게 패했다는 소식을 나루미에서 보고받았다. 이에 이에야스는 사카이 다다쓰구를 쓰시마津島로 보내 위의 정보를 확인하고, 21일 하마마쓰로 회군하였다.

하마마쓰로 돌아온 이에야스는 시나노·가이 재지영주층 장악에 힘쓰면서, 사카이 다다쓰구·오쿠다이라 노부마사奧平信昌를 신슈로信州路로 진출시켜 남시나노를 확보했다. 그리고 자신은 모토스本栖(富士河口湖町本栖) 토호 와타나베 히토야노스케渡邊囚獄佑의 안내를 받으면서 나카미치오칸中道往還을 통과하여 무주공산인 가이로 진군했고, 7월 9일 고후로 들어갔다. 이로써 이에야스는 남시나노와 야쓰시로八代·고마巨摩·야마나시山梨 등 가이 3군을 장악했다. 한편 사쿠군은 우스이토게를 넘어온 호조씨에게 점령되었다.

가와지리 히데타카 피살과 다키가와 이치마스·모리 나가요시의 패주를 확인한 이에야스는 오다 가중에 영향력을 강화한 히데요시와 교섭을 시작했다. 히데요시는 7월 7일 이에야스가 군대를 파견하여 확보한 시나노·가이·고즈케에 대한 이에야스의 영유를 인정한다는 서한을 보냈고, 이로써 이에야스는 미카와·도토미·스루가·시나노·가이·고즈케 영유를 인정받았다. 그러나 후술하듯이 고즈케를 둘러싼 호조씨와의 대립이 이어졌다.

한편 혼노지의 변으로 혼란해진 상황을 야마자키 싸움의 승리로 수습한 히데요시는 6월 27일 노부나가 후계자 지정과 소령 분할을 위해 기요스성淸洲城(愛知縣淸須市一場)에서 회의를 열었다. 소위 기요스 회의다. 이 회의에는 시바타 가쓰이에, 니와 나가히데, 하시바 히데요시, 이케다 쓰네오키 등 4인이 참석했다. 앞에서 언급했듯이 시바타 가쓰이에는 1582년 3월부터 우에스기 측 엣추 우오즈성·마쓰쿠라성松倉城(富山縣魚津市鹿熊)을 공격하고 있었고, 노부나가의 사망 사실을 모른 채 6월 3일 우오즈성을 함락시켰다(우오즈성 싸움魚津城の戰い). 가쓰이에가 노부나가의 사망을 알게 된 것은 6일 밤이었고, 곧 전군을 퇴각시켜 기타노쇼성으로 돌아왔다. 우에스기 측은 혼노지의 변 소식을 접하자 곧바로 실지 회복에 나섰고, 여기에 대응하느라 가쓰이에는 겨우 18일에야 오미로 출동하였다. 그러나 미쓰히데는 이미 히데요시에게 제압당한 상태였다. 니와 나가히데와 이케다 쓰네오키의 움직임은 위에서 본 대로다. 다키가와 이치마스는 위와 같은 상황으로 말미암아 기요스 회의에 참석하지 못했다(일설에는 호조씨와의 간나가와 싸움에서 패배한 책임을 물어 기요스 회의에 참석시키지 않았다고도 한다).

기요스 회의에서 시바타 가쓰이에는 노부나가 후계자로 노부나가의 3남 오다 노부타카를 추천하였으나, 히데요시는 노부나가의 적자였던 노부타다의 장남 산보시 오다 히데노부三法師織田秀信를 추천하여 가쓰이에와 대립했다. 이케다 쓰네오키와 니와 나가히데 등은 히데요시를 지지하였다. 히데요시는 가쓰이에와 나가히데의 의견을 절충하여 산보시를 노부나가의 후계로 정하고, 노부타카를 산보시의 후견인으로 삼자고 제안하였다. 가쓰이에도 히데요시의 의견에 따를 수밖에 없었다. 산보시는 혼노지의 변 당시 기후성에 있었으나, 마에다 겐이前田玄以와 하세가와 요시타케長谷川嘉竹(長谷川與次)의 보호 속에 기요스성으로 피신해 있었다. 이렇게 하여 세 살 난 어린 산보시가 노부나가의 후계자로 결정되었다(『가나이몬조金井文書』, 『다몬인닛키多聞院日記』 등에 의하면 오다 노부카쓰와 노부타카가 후계자 지위를 주장하지 않았기 때문에, 가쓰이에와 히데요시가 산보시를 노부나가의 후계자로 하였다고 한다. 노부나가 후계를 둘러싼 가쓰이에와 히데요시의 의견 대립은 후대에 쓰인 『가와스미타이코키』에 처음으로 보인다).

기요스 회의의 또 하나의 쟁점은 영지 재분배였다. 노부카쓰는 오와리, 노부타카는 미노를 상속하고, 오다 노부카네가 북이세와 이가, 호소카와 후지타카는 단고, 쓰쓰이 준케이는 야마토, 다카야마 우콘과 나카가와 기요히데는 본령 안도, 니와 나가히데는 와카사와 오미 시가군滋賀郡·다카시마군高島郡의 15만석 가증, 이케다 쓰네오키는 셋쓰 아마가사키와 오사카 15만석 가증, 호리 히데마사는 오미 사와야마佐和山 영유로 정해졌다. 가쓰이에에게는 에치젠과 그의 희망에 따라 히데요시의 영지였던 나가하마 12만석이 주어졌고, 그는 나가하마성을 양자 시바타 가쓰토요柴田勝豊에게 주었다. 히데요시는 아케치 미쓰히데의 영지였던 단바와 야마시로·가와치를 차지하였다(노부나가의 4남으로 히데요시의 양자가 된 하시바 가쓰이에가 아케치 미쓰히데가 지배하던 단바를 상속했다). 이렇게 하여 히데요시 영지는 28만석이 증가되어 시바타 가쓰이에를 능가하였다. 노부나가의 후계자 산보시는 오미 사카타군坂田郡 3만석과 아즈치성을 상속받고, 호리 히데마사가 다이칸으로 산보시 영지를 관장하기로 했다.

이후 히데요시와 가쓰이에는 주변 세력들을 끌어들이기 위해 애썼다. 호쿠리쿠의 가쓰이에는 후방의 우에스기 가게카쓰와 우호관계를 강화하고, 도사 조소카베 모토치카와 기이 사이카슈를 끌어들였다. 특히 사이카슈는 히데요시가 출진한 틈을 타 이즈미 기시와다성 등을 공격하여 히데요시 측의 후방을 위협하였다. 한편 노부타카가 지배하는 미노의 유력 부장 이나바 잇테쓰稻葉一鐵가 히데요시 측으로 기울어 히데요시에게 유리한 상황이 조성되었다.

가쓰이에는 10월 16일 호리 히데마사에게 각서를 보내 히데요시가 기요스 회의의 서약을 어기고 부당하게 영지를 재분배했다고 하면서, 히데요시의 호지성寶寺城(京都府乙訓郡大山崎町. 야마자키성山崎城) 축성에 대해서도 함께 비난하고, 다키가와 이치마스와 오다 노부타카와 함께 히데요시를 비판하는 탄핵장을 다이묘들에게 보냈다. 이에 대해 히데요시는 10월 15일 양자 하시바 가쓰이에를 상주로 삼고 노부나가의 장례를 치러 궁지에서 벗어났다. 한편 히데요시는 10월 20일 호리 히데마사에게 보낸 서장에 하시바羽柴라는 성姓을 사용하였는데, 이로 보아 히데요시가 이미 오다가 가신들을 장악하기 시작했음을 알 수 있다.

그런데 10월 28일 히데요시와 니와 나가히데, 이케다 쓰네오키가 산보시를 오다가 당주로 정했던 기요스 회의의 결정을 뒤집어, 산보시가 성인이 될 때까지라는 단서가 붙기는 했지만 어쨌든 노부카쓰를 오다가 당주로 옹립하여 주종관계를 맺었다. 11월 가쓰이에는 마에다 도시이에·가나모리 나가치카·후와 가쓰미쓰不破勝光를 히데요시에게 파견하여 화해를 청했다. 이는 호쿠리쿠에 있던 가쓰이에가 눈 때문에 움직이기 어려웠기 때문인데, 히데요시는 오히려 이를 역으로 이용하였다. 우선 히데요시는 마에다 도시이에·가나모리 나가치카·후와 가쓰미쓰 등을 회유하고, 다카야마 우콘·나카가와 기요히데·쓰쓰이 준케이·미요시 야스나가 등에게 인질을 보내도록 하여 기나이 방어를 강화했다.

한편 기요스 회의 때 산보시를 아즈치성으로 돌려보내기로 결정하였으나, 숙부 오다 노부타카가 그를 기후성에 머물게 했다. 마침 12월 에치젠의 가쓰이에가 눈 때문에 움직일 수 없음을 호기로 본 히데요시는 노부타카가 산보시를 아즈치로 돌려보내지 않는다는 구실을 들어 노부타카 타도의 병을 일으켰다. 12월 2일 히데요시는 모리씨에 대처하기 위해 산인에 미야베 게이준宮部繼潤·산요에 하치스카 마사카쓰를 배치하고, 12월 9일 이케다 쓰네오키 등 다이묘들에게 동원령을 내렸다.

5만 대군을 이끌고 호지성을 출발한 히데요시는 12월 11일 호리 히데마사의 사와야마성에 들고, 시바타 가쓰이에의 양자 시바타 가쓰토요가 지키는 나가하마성을 포위했다. 가쓰이에와 가쓰이에의 다른 양자 시바타 가쓰마사 등과 사이가 좋지 않았던 가쓰토요는 히데요시의 책략에 말려 히데요시에게 항복하고 나가하마성을 개성하였다. 이어 12월 16일 히데요시는 미노로 침공, 이나바 잇테쓰 등의 항복을 받았다. 이즈음 오다 노부타카 측에 합류하는 세력도 있어서 히데요시는 공략군을 증강하여 노부타카의 가로 사이토 도시타카齋藤利堯가 지키는 가지타성加治田城(岐阜縣加茂郡富加町加治田)을 공격하여 항복을 받았다. 그리하여 기후성에 고립되어 있던 노부타카는 산보시를 히데요시에게 인도하고, 자신의 생모 사카坂씨와 딸을 인질로 보내 히데요시와 화해하였다.

1583년 1월 반히데요시파=가쓰이에를 지원하는 다키가와 이치마스가 이세 미네성峰城(三重縣龜山市川崎町)을 지키는 히데요시 측 오카모토 요시카쓰岡本良勝, 미노 세키성關城(岐阜縣關市)과 이세 가메야마성龜山城(三重縣龜山市本丸町)을 지키는 세키 모리노부關盛信 등을 격파하였다. 이치마스는 가메야마성에 다키가와 마스우지瀧川益氏, 미네성에 다키가와 마스시게, 세키성에 다키가와 다다유키를 배치하고, 나가시마성으로 나아가 히데요시 측을 공격하였다. 히데요시는 일시 교토로 후퇴하였으다가 2월 10일 북이세로 진격하여 2월 12일 이치마스의 거성 구와나성을 공격하였다. 그러나 구와나성은 견고하였고, 이치마스의 저항도 격렬하였다. 이에 히데요시는 12킬로미터 정도 후퇴해야 했고, 그의 별동대가 나가시마성과 나카이성中井城으로 향했으나, 그곳에서도 다키가와 측의 저항으로 패퇴했다. 그러나 가메야마성은 가모 우지사토·호소카와 다다오키·야마우치 가즈토요山內一豊 등이 공격하여 3월 3일 함락시켰다.

한편 2월 28일 가쓰이에는 마에다 도시나가前田利長를 선봉으로 출진시키고, 3월 9일 직접 잔설이 남은 길을 헤치며 교토를 향해 출진하였다. 3월 12일 가쓰이에는 마에다 도시이에, 사쿠마 모리마사 등 3만 병력을 이끌고 오미 야나가세柳ヶ瀨에 도착하여 포진했다. 한편 이치마스가 농성하는 나가시마성을 포위하고 있던 히데요시는 오다 노부카쓰와 가모 우지사토의 1만 병력을 이세에 남기고, 3월 19일 5만 병력을 이끌고 기노모토木ノ本에 포진했다. 이러한 상황 속에서 니와 나가히데도 가쓰이에의 서진西進에 대비하여 가이즈海津와 쓰루가로 진군하였다. 전선은 교착 상태에 빠졌다. 3월 27일 히데요시가 군사 일부를 이끌고 나가하마성으로 귀환하여 이세와 오미 정세에 대비했다.

4월 16일 히데요시에게 항복했던 오다 노부타카가 다시 이치마스와 결탁하여 거병, 기후성으로 진격했다. 그러자 오미·이세·미노 세 방면에서 작전을 수행하게 된 히데요시는 4월 17일 미노로 진군하려 하였으나, 이비가와揖斐川가 범람하여 오가키성大垣城(岐阜縣大垣市郭町)으로 들어갔다. 히데요시군 중 다수가 오미에서 철수하자 이를 호기로 본 가쓰이에가 부장 사쿠마 모리마사의 의견에 따라 4월 19일 모리마사에게 바로 오이와야마 성채大岩山砦(滋賀縣長浜市余吳町)를 공격하게 했다. 오이와야마 성채를 지키고 있던 나카가와 기요히데는 이 공격을 이겨내지 못하여 성채는 함락되고 자신은 전사했다. 이어 모리마사는 구로다 요시타카군을 공격했는데, 요시타카군은 이 공격을 겨우 막아냈다. 모리마사는 다시 이와사키야마岩崎山에 진을 치고 있던 다카야마 우콘도 공격하였다. 우콘 역시 공격을 견뎌내지 못하고 퇴각하여 기노모토의 하시바 히데나가 진으로 도망하였다. 하지만 가쓰이에는 모리마사에게 퇴각을 거듭 명했는데, 무슨 까닭에서인지 모리마사는 명령을 따르지 않고 계속 전선에 군대를 배치하였다.

4월 20일 시즈가타케 성채賤ヶ岳砦(滋賀縣長浜市木之本町)를 지키고 있던 구와나 시게하루는 전세가 불리하다고 판단하여 퇴각했고, 이에 모리마사는 시즈가타케 성채의 점령은 시간문제라고 생각했다. 그러나 이즈음 배로 비와코를 건너던 니와 나가히데가 진로를 바꾸어 가이즈로 상륙하였다. 나가히데가 이끄는 2,000 군사는 퇴각하기 시작한 구와나 시게하루 군사와 합류하여 시즈가타케 주변에 있던 모리마사군을 공격하였다. 나가히데·시게하루군은 순식간에 모리마사군을 격파하고 시즈가타케 성채를 확보했다. 동일(20일) 오가키성에 있던 히데요시는 오이와야마 성채 등의 낙성 소식을 접하고 즉시 회군하였다. 오가키성을 나온 히데요시군은 52킬로미터 떨어진 시즈가타케까지 겨우 5시간 만에 이동했다. 21일 사쿠마 모리마사는 히데요시 대군의 공격에 분투하였다. 히데요시는 공격 대상을 바꿔 시바타 가쓰마사柴田勝政를 공격하였고, 이로 말미암아 가쓰마사군을 모리마사가 구원하는 격전이 전개되었다.

이러한 급박한 상황 속에서, 시게야마茂山에 포진해 있던 가쓰이에 측의 마에다 도시이에군이 갑자기 전선을 이탈했다. 마에다 도시이에는 히데요시와 친구 사이였고, 가쓰이에와는 주종관계였는데 친구를 택한 것이다. 도시이에는 대치하던 시바타군을 공격하였다. 더구나 시바타 측의 후와 가쓰미쓰·가나모리 나가치카군도 퇴각했기 때문에, 모리마사군을 격파한 히데요시군은 시바타 가쓰이에 본대로 진격했다. 군사의 우위를 확보하고 있던 히데요시군에 무원의 가쓰이에군은 완전히 무너졌고, 가쓰이에는 에치젠 기타노쇼성으로 퇴각하였다(시즈가타케 싸움賤ヶ岳の戰い).

4월 23일 히데요시는 마에다 도시이에를 선봉으로 군대를 몰아 가쓰이에의 거성 기타노쇼성을 포위하였고, 가쓰이에는 4월 24일 부인 오이치ぉ市와 함께 자해하였다. 사쿠마 모리마사는 도망하다가 구로다 요시타카에게 체포되어 후에 참수되었다. 미노 방면의 오다 노부타카는 시바타 가쓰이에의 후방지원이 사라지자, 히데요시 측에 가담한 오다 노부카쓰에게 기후성을 포위당해 항복했다. 노부타카는 오와라 우쓰미內海(愛知縣南知多町)로 옮겨갔으나, 4월 29일 노부카쓰에게 절복을 명 받고 자해했다. 한편 이세 방면에 남아 있던 이치마스 군세는 한 달여에 걸쳐 농성하였으나, 이치마스가 삭발 후 성을 히데요시에게 넘겨주고 니와 나가히데의 에치젠 오노大野에 칩거했다.

위의 시즈가타케 싸움에서 공을 세운 장수들 중 7명, 와키자카 야스하루脇坂安治, 가타기리 가쓰모토片桐且元, 히라노 나가야스平野長泰, 후쿠시마 마사노리福島正則, 가토 기요마사加藤清正, 가스야 다케노리糟屋武則, 가토 요시아키加藤嘉明를 후세에 시즈가타케의 일곱 자루 창賤ヶ岳の七本槍라 칭했다.

한편 마에다 도시이에는 1581년 노부나가에게 노토 23만석을 안도받아 나나오성 성주가 되었고, 1582년 나나오성을 폐성하고 고마루야마성小丸山城(石川縣七尾市馬出町)을 축성하였다. 히데요시는 위 시즈가타케 싸움에서 공을 세운 도시이에에게 본령 안도와 함께 사쿠마 모리마사 구령 가가의 2군을 가증받고, 본거지를 고마루야마성에서 가가 가나자와성金澤城(石川縣金澤市丸の内)으로 옮겼다.

시즈가타케 싸움 승리로 오다가의 많은 구신들이 히데요시에게 접근하여 신종하였다. 싸움이 종료된 이틀 후인 4월 25일 히데요시는 모리 데루모토의 중신 고바야카와 다카카게에게 승리를 알리고, 중립을 유지하던 모리씨에게 은근히 복속해올 것을 요구했다. 그리고 바로 이시야마 혼간지 터에 1583년 8월 오사카성大坂城(大阪府大阪市中央區)을 수축하기 시작하고, 5월 조정으로부터 종4위하 산기參議에 임명되었다.

도쿠가와 이에야스·우에스기 가게카쓰·모리 데루모토·오토모 요시무네大友義統 등등 각지의 유력 다이묘들은 히데요시에게 사자를 보내 승리를 축하하면서 화해를 표했다. 니와 나가히데, 이케다 쓰네오키, 모리 나가요시, 가모 우지사토, 호리 히데마사, 하세가와 히데카즈 등 히데요시에게 협조하였던 오다가 구신들은 많은 포상을 받았다.

오다가의 실력자들을 제거한 히데요시는 이제 오다가 가신 제일의 지위를 확립하고, 표면상 산보시를 받들면서 오다가를 좌우했다.

3. 동국의 정세

한편 위에서 보았듯이, 혼노지의 변 소식을 접한 호조씨는 우선 고즈케로 진군하여 간나가와 싸움에서 다키가와 이치마스를 격파하고 고즈케 장악에 힘썼다. 호조 우지마사는 6월 26일 시나노 사쿠군 호족들을 신종시키고, 28일 고즈케로 공격 선봉군을 보냈다. 7월 들어 우지마사는 사나다 마사유키가 신종의 뜻을 보이자, 마사유키를 선봉으로 호조씨 주력군 43,000을 우스이토게를 넘어 가이로 진군시켰다. 이에야스 측 요다 노부시게가 고모로성을 버리고 후퇴하자, 호조씨는 다이도지 마사시게大道寺政繁를 고모로성에 배치하여 사쿠군을 장악했다. 그리고 가와지리 히데타카 사망으로 혼란한 틈을 타 가이 군나이郡內 지역도 장악했다. 가이 재지영주들은 다수가 이에야스에게 신종하였으나, 호조 측에 가세하는 세력도 있었다. 6월 중순 지치부오칸秩父往還(雁坂口)을 지키는 조코지성淨居寺城(山梨縣山梨市牧丘町. 中牧城)의 오무라 다다카타大村忠堯(三右衛門尉)·오무라 다다토모大村忠友(伊賀守)가 이끄는 야마나시군 구라시나倉科 토호 오무라성 오무라당大村党이 오노 성채大野砦(山梨縣山梨市大野)에서 농성하면서 호조 측에 가담했다. 그리고 가이 소샤總

社에 있는 가이나진자甲斐奈神社의 샤케슈社家衆 오이 세쓰모토大井攝元도 호조 측에 가담했다. 가이나진자에 있는 하시타테묘진橋立明神은 지쿠젠하라노루이筑前原の壘(山梨縣笛吹市一宮町東原字筑前原)를 갖춘 성채와 같았으며, 가이·사가미 사이의 가마쿠라 가도鎌倉街道에 가까웠다. 즉 호조씨는 가이나진자를 확보하여 가이 진출의 교두보로 삼으려 했고, 미사카토게御坂峠에 미사카성御坂城(山梨縣南都留郡富士河口湖町)을 쌓았다.

이에야스는 호조씨가 가이에서 전개한 군사행동에 대항해 아나야마 재지영주들을 가이나진자 지역으로 파견하여 오무라당과 하시타테묘진 샤케슈社家衆를 멸했다(『中牧合戰錄』). 나아가 이에야스는 가신 도리이 모토타다鳥居元忠에게 가마쿠라 가도鎌倉街道 연변의 오야마성小山城(栃木縣小山市城山町)을 개수하라고 명했다. 이 때문에 호조씨의 가이 진군이 지연되어, 호조씨는 가이 동부 군나이만 장악하게 되었다.

한편 시바타 가쓰이에는 함락시킨 지 오래지 않은 우오즈성에서 퇴각하기로 결정하고, 모리 나가요시도 우에스기씨의 본거인 에치고 가스가야마성 부근까지 침공하였으나 철수한다. 우에스기 가게카쓰는 바로 모리 나가요시를 추격하여 시나노로 침공, 북시나노의 요소인 이이야마성飯山城(長野縣飯山市飯山)과 가이즈성을 탈취하고, 전 시나노 슈고 오가사와라 나가토키小笠原長時의 아들 오가사와라 사다요시小笠原貞慶와 야마우라 가게쿠니山浦景國에게 소령 안도장을 발행해 가와나카시마川中島 이남의 영유를 획책했다. 6월에는 오가사와라 나가토키의 동생 오가사와라 도세쓰사이小笠原洞雪齋를 후원하여 기소 요시마사의 마쓰모토성松本城(長野縣松本市丸の內. 深志城)을 함락시키게 했다. 기소 요시마사는 영지를 확대하기 위해 미노로 퇴각하는 모리 나가요시를 공격했다. 그러나 나가요시가 기소 후쿠시마성福島城(長野縣木曾郡木曾町)으로 들어가 기소 요시마사의 적남 이와마쓰마루岩松丸(木曾義利)를 인질로 잡는 바람에 어쩔 수없이 나사요시의 퇴각을 도왔다. 거기에 간나가와 싸움에서 패배하고 퇴각해 온 이치마스가 자신이 거느리는 시나노 재지영주들의 인질을 석방할 것을 제안하자 이것도 받아들였다. 이렇게 하여 요시마사는 마쓰모토성을 우에스기 측에 탈취당했다.

이치마스 수하로 있던 사나다 마사유키가 간나가와 싸움 후인 7월 9일 호조 측으로 가담했다. 고즈케의 유력자인 마사유키의 가담으로 배후 위협의 걱정을 던 호조씨는 고즈케에 있던 주력군을 우스이토게에서 시나노 사쿠군으로 진격시켰다. 앞서 언급했듯이 사쿠군을 제압한 호조씨도 중부 시나노의 유력자 기소 요시마사와 스와 요리타다諏訪賴忠에게 소령 안도장을 발행하고, 주력 부대를 북진시켜 시나노 장악을 시도했다. 호조씨는 마사유키 등 시나노 장수들의 도움을 받아 어렵지 않게 가와나카시마까지 침공하여, 이미 북시나노를 장악한 우에스기 가게카쓰군과 대치했다.

한편 이에야스 측 요다 노부시게는 다케다 유신들에게 책략을 쓰면서 게릴라전을 전개하여 호조씨 병참을 위협했다. 남시나노와 가이를 장악하고 북진한 이에야스군의 사카이 다다쓰구 등이 스와 요리타다諏訪賴忠가 지키는 스와 다카시마성高島城(長野縣諏訪市高島)에 대한 공격을 개시했다. 7월 말 가게카쓰와 이에야스의 협격을 피하려는 호조씨와, 신바타 시게이에新發田重家에게 공격받을 우려가 있던 우에스기 측이 강화를 맺었다. 그리하여 호조씨는 우에스기씨에게 시나노 북부 4군의 소령화를 인정하고, 우에스기씨는 가와나카시마 이남으로 출병하지 않는다는 조건을 수락하고, 북부 시나노를 제외한 시나노 공략은 호조씨 역량에 의한다고 약속했다.

우에스기씨와 화해한 호조씨는 이제 전력을 도쿠가와씨에게 집중할 수 있게 되었다. 호조 측 약 4만의 주력군이 남쪽으로 진군하였다. 그리고 호조 우지타다氏忠·우지카쓰氏勝 등의 1만 군사로 가이 미사카토게를 감시하게 하고, 호조 우지쿠니에게 지치부秩父에서 가이를 침공할 태세를 갖추도록 하였다. 이렇게 하여 호조씨는 이에야스 1만군을 세 방향에서 포위하는 형국을 취하며 시나노·가이로 침공을 개시했다. 또한 아와安房 사토미 요시요리도 호조씨 측에 원군을 보내, 미사카토게에 주둔하고 있는 1만 호조군을 후원하였다.

8월 1일 스와 다카시마성을 공격하고 있던 사카이 다다쓰구 등 3,000 병사들은 호조 측 대군이 진군해 온다는 소식에 가이로 후퇴했다. 호조 주력군 43,000이 사쿠를 경유하여 사카이군을 추격하였으나, 이에야스군은 무사히 가이 신푸성으로 후퇴했다. 이를 쫓는 호조군도 가이로 들어와 와카미코성若神子城(山梨縣北杜市須玉町若神子)에 착진하여, 8월 6일 이에야스 측과 대치했다. 이에야스는 본진을 고후성甲府城 성하 손타이지尊體寺(甲府市城東一丁目)에 치고, 10일 남쪽에 있는 후추 방어를 도리이 모토타다 등 2,000 병사에게 맡기고, 진을 신푸성으로 옮겼다. 이에야스 측 병력은 8,000에 불과했다.

8월 12일 우지타다·우지카쓰군 10,000이 이에야스 배후를 치기 위해 가이 동부 군나이 지역으로 진격했다. 이에 대항하여 도리이 모토타다, 미야케 야스사다三宅康貞, 미즈노 가쓰나리水野勝成 등 2,000 병사가 구로코마黑駒 부근에서 응전하여 호조군 약 300을 사살하여 격퇴시켰다(구로코마 합전黑駒合戰). 호조씨와 이에야스군의 병력 차가 압도적이었음에도 이에야스 측이 승리를 거두자, 시나노 장수들이 호조 측을 이반하기 시작했다. 8월 22일 기소씨가 이에야스 측으로 이반하였고, 9월 들어 사나다眞田씨가 요다 노부시게 쪽에 가세하였다. 이에야스는 요다씨와 사나다씨에게 소네 마사타다 등을 붙여 전력을 강화하고, 게릴라전으로 시나노·고즈케 사이의 호조군 병참을 흔들었다.

구로코마 합전의 패배로 시나노에서 영향력이 약화된 호조씨는 고즈케 전력 일부를 시나노로 보냈으나, 위에서 보았듯이 이에야스 쪽으로 가담한 사나다씨가 호조 측에게 빼앗겼던 자신의 거성 누마타성을 급습하여 회복하였다. 고즈케 북부를 상실하고, 시나노에의 병참이 끊긴 호조군은 대군을 몰아 사나다씨 측 누마타성과 이와비쓰성岩櫃城(群馬縣吾妻郡東吾妻町)을 공격하여 사나다 측 성채들을 함락시켰다. 한편 누마타성 조다이 야자와 요리쓰나矢澤賴綱의 활약과 사나다 마사유키眞田昌幸의 적남 노부유키信幸가 80기를 이끌고 호조 측 도미나가 슈젠富永主膳군 5,000이 지키고 있던 아가쓰마군吾妻郡 데코마루성手子丸城(群馬縣吾妻郡東吾妻町)을 하루 만에 탈환하였다. 이렇듯 호조씨에 대한 사나다씨의 저항이 격렬하였기 때문에 호조씨는 고즈케 요소들을 함락시킬 수 없었다.

10월 들어 사나다 마사유키가 네즈禰津씨를 살해하고, 요다 노부시게가 고모로성을 습격하여 다이도지 마사시게를 구축했다. 중부 시나노에서는 기소 요시마사에 이어 이에야스의 지원을 받은 오가사와라 사다요시도 도세쓰사이를 배척하고 구령 후카시深志(松本市)로 들어갔다. 이에 많은 영주들이 이에야스 측으로 가담하였다. 호조 측은 고즈케와 사쿠군에 소수의 군사를 보냈으나 전국은 호전될 기미가 보이지 않았고, 게다가 위의 상황에 편승한 사타케 요시시게가 간토 평야에서 활발히 움직이기 시작했다.

이에 이에야스와의 강화를 결심한 호조씨는 10월 29일 오다 노부카쓰를 개입시켜 이에야스와 강화하였다. 강화조건은 ① 우지나오에게 이에야스의 딸 도쿠히메督姬를 시집보낸다, ② 가이·시나노의 이에야스 지배를 인정하고, 고즈케는 호조씨의 실력 여하에 맡기며 상호 간섭하지 않는다는 것이었다. 이로써 혼노지의 변 후 계속되었던 이에야스와 호조씨 간의 대립은 종결되었다.

도쿠가와·호조씨 동맹으로 도쿠가와·우에스기·호조씨의 대립은 종결되었으나, 시나노에서는 여전히 이에야스에 복속하지 않는 재지영주들이 발호하여 이에야스를 괴롭혔다. 유력 재지영주였던 스와 요리타다는 12월 이에야스에게 복속했으나, 다케다가 구신으로 1582년의 전란(덴쇼진고의 난天正壬午の亂)에서 많은 공을 세운 요다 노부시게는 이와오성岩尾城(長野縣佐久市鳴瀬岩尾) 공격에서 전사하였다. 가이 가와치는 아나야마 가쓰치요穴山勝千代에게 안도되었고, 오야마씨 영지였던 군나이에는 도리이 모토타다가 배치되었다. 가이 중앙부 구니나카國中(山梨郡, 八代郡, 巨麻郡)는 쓰쓰지가사키야카타躑躅ヶ崎館를 거점으로 하여 히라이와 지카요시平岩親吉와 오카베 마사쓰나를 파견하여 지배했다(1583년 오카베 마사쓰나 사망 후에는 히라이와 지카요시가 위 지역을 전부 지배함).

도쿠가와씨와 호조씨의 강화로 고즈케는 호조씨의 실력 여하에 달려 있었으나, 사나다씨령이었던 고즈케의 누마타 영유는 해결되지 않은 문제였다. 이에야스는 형식상 종속한 사나다씨에게 누마타를 호조씨에게 넘길 것을 요구했으나, 사나다 마사유키는 누마타가 이에야스에게 받은 영지가 아니라는 이유를 들어 이 요구를 거절했다. 양자와 인연이 있던 요다 노부시게가 중재에 나섰으나, 노부시게가 전사하면서 양자의 간극은 더욱 벌어졌다. 당시 우에스기씨를 제어하려면 사나다씨가 필요하였기 때문에, 이에야스도 사나다를 강압적으로 대할 수 없었다. 사나다씨는 우에스기씨에 대항한다는 명목으로 신축한 우에다성上田城(長野縣上田市二の丸)으로 본거지를 옮기고, 우에스기 측으로 이반하여 이에야스와 적대하게 된다.

이에 하마마쓰로 귀환해 있던 이에야스는 8월 사나다씨 토벌군을 일으켰다. 이에야스의 가신 도리이 모토타다, 오쿠보 다다요大久保忠世, 히라이와 지카요시 등 약 7,000 병사가 사나다씨 본거지 우에다성으로 파견되었다. 이에야스군은 가이에서 스와도諏訪道를 거쳐 홋코쿠 가도北國街道로 진군하여 우에다 분지 시나노 고쿠분지國分寺 부근에 진을 쳤고, 이에 대항하는 마사유키 군사는 약 1,200이었다. 마사유키는 우에다성에서, 장남 노부유키는 지성 도이시성戶石城(長野縣上田市上野)에서 농성했다. 지성 야자와성矢澤城(長野縣上田市殿城)에는 마사유키의 사촌인 야자와 요리야스矢澤賴康가 우에스기씨 군사와 함께 농성하였다.

윤8월 2일 우에다성으로 공격해 들어간 이에야스군은 니노마루까지 진격하였으나 마사유키의 반격을 받고 퇴각하였다. 마사유키군은 후퇴하는 이에야스군을 추격하여 1,300명을 전사시킨다. 다음 날 이에야스 측은 근린의 소호족으로 사나다씨 측에 가담한 마루코丸子씨가 지키고 있던 마루코성丸子城(靜岡縣靜岡市駿河區丸子)을 공격하였으나, 이곳 역시 요해지로 마루코씨의 완강한 저항에 부딪쳐 실패한다. 이후 이에야스군은 20일 정도 대치하다 28일 우에다에서 철수하였다. 11월 이에야스의 후다이 중신 이시카와 가즈마사石川數正가 히데요시 측으로 이반하자, 이에야스는 우에다 지역에서 군사를 완전히 철수시켰다.

4. 고마키·나가쿠테 싸움

1583년 오다 노부카쓰는 히데요시에게 아즈치성에서 퇴거 당했고, 이후 노부카쓰와 히데요시의 관계는 악화하였다. 1584년 노부카쓰는 히데요시가 하례에 오라는 명령에 반발하여 양자 관계는 더욱 악화하였다. 히데요시는 노부카쓰의 가신 쓰가와 요시후유津川義冬, 오카다 시게타카岡田重孝, 아자이 나가토키淺井長時 등 3가로를 회유하려 했고, 노부카쓰는 히데요시에 대항하여 이에야스와 동맹을 맺었다. 노부카쓰는 1584년 3월 6일 히데요시와의 싸움을 반대한 위 친히데요시파 3가로를 처형했다.

히데요시는 책략을 써서 세키 노리노부關盛信(万鐵), 구키 요시타카, 오다 노부카네 등 노부카쓰 측의 세 장수를 자기편으로 끌어들였다. 그리고 미노의 이케다 쓰네오키에게는 자기편에 서면 오와리와 미카와를 은상으로 주겠다고 했다. 이는 노부카쓰에 대한 사실상의 선전포고였다. 히데요시의 발 빠른 대처로 중앙을 장악할 기회를 잃은 이에야스는 노부카쓰 측에 가담하였고, 노부카쓰는 이에야스를 통해 조소카베 모토치카와 가이 사이카·네고로슈 등도 반히데요시 세력에 가담시켰다. 격노한 히데요시는 노부카쓰를 토벌하기 위한 출병을 단행했다.

1584년 3월 13일 이에야스가 기요스성에 도착하여 노부카쓰와 합류하였다. 그런데 그날 오다가의 후다이 가신으로 노부카쓰와 함께할 것으로 생각되었던 이케다 쓰네오키가 돌연 히데요시 측으로 이반하여 이누야마성犬山城(愛知縣犬山市大字犬山)을 공격·점령했다. 이에 대항하기 위해 이에야스가 15일 고마키야마성小牧山城(愛知縣小牧市堀の內)으로 달려갔다. 한편 3월 15일 이케다 쓰네오키와 협력하기 위해 모리 나가요시가 가네야마성兼山城(岐阜縣可兒市兼山. 金山城)을 나와 16일 하구로羽黑(犬山市)에 이케다 군세보다 돌출한 형태로 착진했다.

이러한 움직임을 포착한 이에야스군은 그날 밤 마쓰다이라 이에타다松平家忠·사카이 다다쓰구 등 5,000 병사를 하구로로 비밀리에 출진시켰다. 3월 17일 이른 아침 사카이 다다쓰구군이 모리 나가요시군을 기습하였으나, 나가요시 측 오쿠다이라 노부마사군 1,000명이 이 다다쓰구군 선봉대에 맞서 물리쳤다. 그러나 측면에서 공격하여 온 마쓰다이라 이에타다의 철포대 공격에 노부마사군은 후퇴를 해야 했다. 게다가 다다쓰구군 2,000 병사가 좌측에서 배후로 돌아 노부마사군을 공격할 움직임을 보이자, 노부마사군은 패주했다.

이에야스는 여세를 몰아 3월 18일 고마키야마성을 점령하고 주위에 성채와 토루土壘를 쌓아 히데요시군에 대비했다. 히데요시는 3월 21일 30,000 군사를 이끌고 오사카성을 출발, 3월 25일 기후로 진군하고 3월 27일 이누야마에 착진하였다. 양군은 고마키小牧 부근에서 대치하면서 상대방의 움직임을 살폈다. 4월 4일 이케다 쓰네오키가 히데요시를 방문하여 병사들을 미카와로 출진시켜 공격한다면 이에야스는 고마키를 지키지 못할 것이라고 건의하였다. 5일에도 쓰네오키는 히데요시를 방문하여 모리 나가요시와 함께 위 하구로 싸움의 수치를 씻겠다고 하였다.

이에 히데요시는 모리 나가요시 등을 본대로 하고, 지대를 편성하여 6일 미카와 서부로 출진할 것을 명하였다. 지대는 4월 6일 밤 미카와를 향해 출발했는데, 이때의 군편성을 보면 제1대 이케다 쓰네오키군 6,000, 제2대 모리 나가요시군 3,000, 제3대 호리 히데마사군 3,000, 제4대 하시바 히데쓰구羽柴秀次 8,000이었다.

이에야스는 4월 7일, 시노기篠木(春日井市)·조조성上條城(愛知縣春日井市上條) 주변에서 숙영한 하시바 히데쓰구군의 움직임에 관한 정보를 근린의 농민과 이가 재지영주들을 통해 얻었다. 이에 4월 8일 이에야스·노부카쓰 측 니와 우지쓰구丹羽氏次·미즈노 다다시게水野忠重와 사카키바라 야스마사·오스가 야스타카大須賀康高 등 4,500명이 고마키를 출발, 20시경 오바타성小幡城(愛知縣名古屋市守山區)에 도착하여 적정을 살폈다.

한편 이에야스와 노부카쓰 주력군 9,300은 20시 고마키야마를 출발, 24시 오바타성에 착진하여 오바타성에서 군의軍議를 열었다. 이 군의에서 병력을 2분해서 각개로 적군을 격파한다는 안이 결정되었다. 9일 2시 양군은 하시바 히데쓰구군을 공격하기 위해 출발했다. 히데쓰구군은 이에야스가 오바타성에 든 8일 행군을 재개하고, 9일 미명 이케다 쓰네오키군이 니와 우지시게丹羽氏重(氏次의 동생)가 수비하는 이와사키성岩崎城(愛知縣日進市岩崎町)을 공격하였다. 우지시게 등은 선전하였으나, 약 세 시간 만에 패배했다(이와사키성 싸움岩崎城の戰い).

이케다 쓰네오키가 이와사키성을 공격하고 있을 즈음, 하시바 히데쓰구·모리 나가요시·호리 히데마사 부대는 현재의 오와리 아사히시旭市, 나가쿠테시長久手市, 닛신시日進市에 걸친 지역의 햐쿠산바야시白山林

에서 휴식을 취하고 있었다. 이즈음 이에야스군이 그들의 배후에 이르러 있었다. 9일 4시 30분경, 하시바 히데쓰구군을 후방에서 미즈노 다다시게·니와 우지쓰구·오스가 야스타카군이, 측면에서 사카키바라 야스마사군이 기습하였다. 이 기습으로 히데쓰구군은 괴멸하고 히데쓰구는 말까지 잃은 채 겨우 도망하였다고 한다.

히데쓰구군보다 앞에 있던 호리 히데마사군은 히데쓰구군의 패배 소식을 듣고 바로 후퇴하여 히데쓰구군 패잔병과 함께 히노키가네檜ヶ根(長久手市)에 진을 치고, 추격해 오는 이에야스군을 기다렸다. 히데쓰구군을 격파한 이에야스군은 히노키가네 주변에서 호리 히데마사군을 공격했다가 오히려 쫓기는 꼴이 되었다. 노부카쓰·이에야스 본대는 9일 4시경 곤도야마權堂山 부근을 지나 이로가네야마色金山에 착진하였다. 이곳에서 별동대의 패배소식을 접하고, 야자코岩作를 통해 후지가네富士ヶ根로 진군하여 호리 히데마사군과 이케다 쓰네오키·모리 나가요시군 사이를 분단하였다. 이때 호리 히데마사는 이에야스의 마인馬印 금선金扇을 보고 전황이 불리하다고 판단하여, 쓰네오키와 나가요시의 원군 요청을 무시하고 후퇴했다.

이와사키성을 점령한 이케다 쓰네오키·모리 나가요시도 이에야스군의 출진 정보를 듣고 후퇴하기 시작했다. 이즈음 이에야스는 후지가네 마에야마前山에 진을 쳤다. 우익에 이에야스가 직접 3,300병을 이끌고, 좌익에 이이 나오마사井伊直政가 3,000병사를 지휘하였고 여기에 노부카쓰군 3,000이 가세했다. 한편 후퇴하여 이에야스군에 대치한 쓰네오키·나가요시군은 우익에 쓰네오키의 적남 이케다 모토스케와 차남 이케다 데루마사池田輝政군 4,000, 좌익에 나가요시군 3,000, 후방에 쓰네오키군 2,000을 배치했다.

4월 9일 양군은 오전 10시경부터 2시간여 격돌하면서 일진일퇴하였다. 그러다 모리 나가요시가 저격당해 사망하면서 전황은 이에야스 측에 유리하게 전개되었다. 군세를 재정비하려 했던 이케다 쓰네오키도 나가이 나오카쓰永井直勝의 창에 사망했다. 이케다 모토스케도 안도 나오쓰구安藤直次에게 살해되었고, 이케다 데루마사는 아버지와 형이 이미 전장을 떠났다는 가신의 말에 설득당해 전장을 이탈했다. 이미 쓰네오키·나가요시군은 궤멸하였고, 대승을 거둔 이에야스는 오바타성으로 돌아왔다. 이 나가쿠테長久手 싸움에서 히데요시군은 2,500여 명, 노부카쓰·이에야스군은 590여 명이 사망했다.

9일 고마키야마를 공격하던 히데요시는 오후에 햐쿠산바야시 싸움의 패배 소식을 듣고, 2만 군세를 이끌고 서둘러 전장에 가까운 류젠지龍泉寺로 향했다. 도중에 혼다 다다카쓰군 500여 명에게 저지를 받았으나, 저녁 무렵 이에야스가 오바타성에 있다는 소식을 듣고 그 다음 날 아침 노부카쓰·이에야스군을 공격하기로 하였다. 그러나 이에야스와 노부카쓰는 9일 야간에 오바타성을 나와 고마키야마성으로 귀환했다. 히데요시는 다음 날 이 소식을 듣고 가쿠덴樂田으로 물러났다.

나가쿠테 싸움이 벌어진 4월 8일 하시바 히데나가가 마쓰가시마성松ヶ島城(三重縣松阪市松ヶ島町)을 함락시키고, 성주 다키가와 가쓰토시는 하마다성浜田城(三重縣四日市市鵜の森)으로 옮겨가 농성했다. 그리고 모리 나가요시의 사망으로 경계가 허술해진 동미노에 미카와에서 이에야스군이 침공하여, 4월 17일 도야마 도시카게遠山利景가 옛 소령 아케치성明知城(岐阜縣惠那市明智町)을 탈환했다. 그 후 히데나가군은 5월 4일부터 오와리 가가노이성加賀野井城(岐阜縣羽島市下中町加賀野井), 오쿠성奧城(愛知縣一宮市奧町下口西), 다케가하나성竹ヶ鼻城(岐阜縣羽島市竹ヶ鼻町)을 대군으로 포위, 수공을 써서 차례로 함락시켰다. 이에 도야마 도시카게가 노부카쓰·이에야스에게 후방 지원을 요청하였으나 오히려 개성을 권고받았다. 결국 6월 10일 히데나가에게 아케치성을 개성하고, 히데요시는 6월 13일 기후성에 들고, 6월 28일 오사카성으로 돌아갔다. 이에야스는 고마키야마성을 사카이 다다쓰구에게 맡기고 기요스성으로 옮겨갔다.

이즈미에서는 3월부터 네고로·사이카슈 및 고가와데라粉河寺 문도들이 히데요시가 오사카를 비운 사이 사카이와 오사카를 공격하고, 기시와다성도 공격했다. 나카무라 가즈우지와 마쓰우라 무네키요松浦宗清가 공격들을 막아냈는데, 이 공방 때문에 히데요시는 6월 21일~7월 18일, 7월 29일~8월 15일, 10월 6일~10월 25일 전장을 떠나 오사카성으로 귀환해야 했다.

한편 북간토에서는 5월 초순부터 8월에 걸쳐 호조 우지나오가 이끄는 호조군과 사타케 요시시게·우쓰노미야 구니쓰나宇都宮國綱·사노 무네쓰나佐野宗綱·유라 구니시게由良國繁·나가오 아키나가長尾顯長 등 사이에 싸움이 벌어졌다(누마지리 합전沼尻の合戰). 1583년 호조 우지나오는 기타조 다카히로를 우마야바시廐橋에서 공격, 북부 사나다 마사유키령을 제외한 고즈케를 거의 제압하였다. 이에 사타케 요시시게, 우쓰노미야 구니쓰나 등 북간토 영주들의 위기감이 높아졌다. 이러한 상황 속에서 우에스기씨는 당시 호조 측에 가담한 유라 구니시게, 나가오 아키나가 형제를 설득하여, 1583년 11월 27일 호조 측 도미오카 히데타카富岡秀高를 고이즈미성小泉城(群馬縣邑樂郡大泉町)에서 공격하게 하였고, 이어 1584년 2월 24일 사노 무네쓰나도 고이즈미성을 공격하였다. 이에 호조씨는 고이즈미성 구원을 위해 출병하였고, 나가오씨의 거점 아시카가足利도 공격했다. 한편 사타케 요시시게, 우쓰노미야 구니쓰나는 4월 우쓰노미야성宇都宮城(栃木縣宇都宮市本丸町)에서 출진하여, 호조 측 오야마성을 공격하였다.

전선은 고즈케·시모쓰케 양 지역 남단에 동서로 길게 펼쳐졌다. 양 진영은 호조 측의 고이즈미성 근변과 사타케·우쓰노미야 측의 오야마성 근변의 중간인 누마지리沼尻(現栃木市藤岡)에서 격돌했다. 호조 진영 3,500기, 사타케·우쓰노미야 진영 3,000기가 5월 초순 누마지리에 착진하여 4개월 가까이 대치하였으나, 큰 전투는 벌어지지 않았다.

이 시기에 위에서 본 고마키·나가쿠테 싸움小牧·長久手の戰い이 전개되고 있었다. 사타케·우쓰노미야씨는 히데요시에게 빈번히 연락을 취하고, 우에스기 가게카쓰는 히데요시의 명에 따라 시나노로 출병하여 호조씨를 견제하였다. 호조씨는 전년 이에야스와 강화·동맹을 맺었는데, 아마도 대히데요시 공수동맹이었던 듯하다. 따라서 호조씨는 고마키·나가쿠테 싸움 직후 대히데요시 싸움에 참전하려는 움직임을 보였다. 7월 15일 호조씨는 책략으로 미나가와 히로테루皆川廣照 등을 이반시켜, 사타케·우쓰노미야 진영의 퇴로인 이와부네야마岩船山 이와부네진성岩船陣城(栃木縣栃木市岩舟町)을 함락시켰다(이와부네야마 싸움岩船山の戰い). 이를 계기로 양 진영은 후방의 동향도 있고 해서 강화 기운이 감돌아 마침내 7월 22일 강화하고 23일 퇴진하였다.

한편 시코쿠에서는 6월 11일 조소카베 모토치카가 소고 마사야스의 소고성十河城(香川縣高松市十川東町)을 함락시키고 사누키를 평정하였다(제2차 소고성 싸움十河城の戰い). 이에야스는 모토치카에게 도사·아와·사누키 3 지역을 주는 조건으로 도해하여 셋쓰나 하리마를 공격하라고 요구했다(노부카쓰는 고소카베 지카야스香宗我部親泰에게 비젠을 준다고 하였다한다). 히데요시도 모토치카의 움직임을 꺼려 고마키 재진 중에 오사카로 돌아오기도 했다. 6월 16일 다키가와 이치마스가 구키 요시타카의 아타케센安宅船과 함께 노부카쓰의 나가시마성과 이에야스의 기요스성 중간에 있는 가니에성蟹江城(愛知縣海部郡蟹江町), 시모이치바성下市場城(愛知縣豊田市市場町), 마에다성前田城(愛知縣名古屋市中川區前田西町)을 함락시키자, 노부카쓰·이에야스가 즉시 대응하여 함락된 성들을 탈환했다. 이에 이치마스는 배로 이세로 도망하였다(가니에성 합전蟹江城合戰). 히데요시가 전장에 없어서 위 노부카쓰·이에야스의 움직임에 대한 대응이 늦어졌으나, 하시바 히데나가·니와 나가시게丹羽長重·호리 히데마사 등

62,000 병사를 집결시켜 7월 15일 오와리 서측을 총공격하려 하였다. 그러나 가니에성이 이에야스·노부카쓰 측에 함락당하자 오와리 공격 계획을 일단 중지하였다.

8월 16일 히데요시가 오사카성에서 가쿠덴성樂田城(愛知縣犬山市樂田)으로 가고, 8월 28일 이에야스도 이와쿠라성으로 들어가 각각 가쿠덴과 이와쿠라에서 대진하였다. 9월 히데요시 측이 이에야스 측 스가누마 사다토시菅沼定利, 호시나 마사나오, 스와 요리타다의 쓰마고성妻籠城(長野縣木曾郡南木曾町)을 공격하였으나, 기소 요시마사의 중신 야마무라 요시카쓰山村良勝가 이를 막아냈다. 9월 9일 이에야스에 호응한 삿사 나리마사가 대군을 이끌고 노토 스에모리성을 공격하여 낙성 직전까지 갔으나, 마에다 도시이에의 맹공을 받아 퇴각했다(스에모리성 싸움末森城の戰い). 그리고 9월 15일 베키성戸木城(三重縣津市戸木町)에서 농성 중이던 고즈쿠리 도모마사木造具政 등 노부카쓰군은 가모 우지사토 등 히데요시군에게 패하였다.

히데요시는 싸움이 시작되고 반년 이상 지난 11월 12일 노부카쓰가 히데요시 측에 이가와 이세의 반을 할양한다는 조건으로 노부카쓰에게 강화를 청했다. 노부카쓰가 이를 수락하고 전선을 이탈하자 명분을 잃게 된 이에야스는 11월 17일 미카와로 귀환하였다. 히데요시는 할양받은 이가를 와키자카 야스하루에게, 이세는 가모 우지사토 등에게 주었다.

그 후 히데요시는 다키가와 가쓰토시를 사자로 하마마쓰성에 파견하여 이에야스에게 화해를 청하였다. 이에 이에야스가 차남 유키 히데야스結城秀康를 히데요시의 양자로 오사카로 보냄으로써 히데요시와 이에야스 간의 대립은 막을 내렸다. 이처럼 히데요시가 노부카쓰·이에야스와 각각 화해하자, 사이카·네고로슈와 시코쿠 조소카베 모토치카는 고립되었다.

2장 천하통일의 도정

1. 기이 평정

　10월 15일 히데요시는 종5위하 사고노에곤쇼쇼左近衛權少將에 올라 관직에서 주가였던 오다가를 능가하더니 1584년 11월 21일에는 종3위 곤다이나곤權大納言에 서임되어 공경의 반열에 올랐다. 이때 조정은 히데요시에게 쇼군 임관을 권했으나 히데요시가 거절하였다고 하는데, 명확하지는 않다. 이어 1585년 3월 10일 히데요시는 정2위 나이다이진內大臣에 서임되었고, 시코쿠 정벌이 한창이던 7월 11일 고노에 사키히사近衛前久의 양자로 들어가 관백직을 선하받았다.

　한편 조정은 1585년 5월 기준으로 관백에 니조 아키자네二條昭實, 사다이진에 고노에 노부타다近衛信輔, 우다이진에 기쿠테이 하루스에菊亭晴季(今出川晴季), 나이다이진에 하시바 히데요시가 재임하고 있었다. 조정은 기쿠테이 하루스에의 사임을 전제로 히데요시를 우다이진으로 승진시키고, 아키자네는 1년 정도 관백을 재임한 후 노부타다에게 관백직을 물려주고 사다이진을 겸하게 할 예정이었다. 그런데 조정의 우다이진 취임 요청에 대해 히데요시는 노부나가가 우다이진으로 있다가 아케치 미쓰히데에게 살해되었다면서 우다이진이 아닌 사다이진으로 승진하고 싶다는 뜻을 전했다. 조정은 히데요시의 요구를 받아들여 노부타다를 사임시키고, 히데요시를 사다이진으로 승진시키고자 하였다.

　이 소식을 들은 노부타다가 사다이진을 히데요시에게 물려주기 전에 현직 다이진으로 관백에 오르고 싶다는 의견을 오기마치 천황에게 상주하였다. 이에 관백 아키자네가 니조가에서 임명된 관백이 1년 내에 사임한 예는 없다면서, 노부타다의 요구를 거부할 것을 호소했다. 이후 5~6월 사이에 소위 '3례3답三例三答'이라 불리는 아키자네와 노부타다 사이의 논쟁이 벌어졌으나 결론을 내지 못했다. 조정은 노부타다파와 아키자네파로 2분되었고, 노부타다를 동정하는 분위기가 강했다.

마침내 노부타다와 아키자네는 오사카성의 히데요시를 방문하여 자신들의 정당성을 주장했다. 마에다 겐이前田玄以에게 보고를 받은 히데요시는 겐이와 기쿠테이 하루스에 등과 수습책을 논의하였다. 하루스에는 노부나가의 3직 추임을 참고하여 히데요시에게 관백으로 취임할 것을 권했고, 이 건의가 받아들여졌다. 하루스에와 겐이는 노부타다의 아버지 고노에 사키히사近衛前久(전관백, 태정대신太政大臣)에게 히데요시를 양자로 맞아들인 후 그를 관백에 임명하고, 노부타다는 후에 관백을 계승하는 안을 제시했다. 내키지 않았지만, 사키히사는 히데요시의 제안을 거부할 수 없었다.

이렇게 하여 히데요시가 1585년 8월 6일 관백 선하를 받았다. 9월 9일에는 도요토미豊臣라는 성을 하사받고, 1586년 12월에는 고요제이 천황後陽成天皇의 즉위와 함께 태정대신太政大臣으로 승진했다. 이로써 후지와라노 요시후사藤原良房 이후 700년간 이어져온 후지와라藤原씨의 섭관·관백직 계승은 중단되었다. 나아가 히데요시는 실자가 없다는 이유로 고요제이 천황의 이복동생 고사마루胡佐丸를 양자로 맞아들여 장래 도요토미성을 가진 그를 관백에 올리려 했다(히데요시는 이를 1588년 고요제이 천황의 주라쿠테이 행행 때 상주하였으나, 1589년 쓰루마쓰가 태어나자 그를 자신을 이어 다음 관백으로 올리려 하였다. 그러나 쓰루마쓰의 사망으로 히데쓰구가 관백직을 계승했다).

한편 혼노지의 변으로 사이카슈의 내부 역관계가 일변하였다. 1582년 6월 3일 아침 사카이를 통해 혼노지의 변 소식이 전해지자, 친노부나가파 사카이슈인 스즈키 마고이치가 당일 밤 사이카雜賀에서 도망하였고, 4일 아침에는 반노부나가파 사카이슈가 봉기하여 스즈키 마고이치 거소를 불태우고 마고이치 잔당을 공격했다. 이후 사이카는 반노부나가파 도바시土橋씨가 주도하여, 노부나가와 적대관계였던 미야고宮鄕 등과도 관계를 회복하고, 영역 경계로 대립하던 네고로·사이카슈와도 협력하게 된다.

1583년 11월 히데요시는 하치야 요리타카를 오미에서 에치젠 쓰루가 4만석을 주어 전출시키고, 나카무라 가즈우지를 기시와다성으로 들여보내 기이 정세에 대비하게 했다. 가즈우지의 직속병력은 약 3,000으로 기이군에 비해 태부족했기 때문에, 히데요시는 이즈미슈를 가즈우지에게 붙여 합계 약 5,000 병사로 편성하게 했다. 그런데 가즈우지가 이즈미 사사령을 몰수하자, 이에 대항하여 네고로·사이카슈가 하타케야마 사다마사畠山貞政를 명목상의 맹주로 세우고, 나카무라中村·사와澤·다나카田中·샤쿠젠지積善寺·센고쿠보리千石堀에 부성을 쌓았다. 기이 유카와湯河씨도 이들을 지원하였다. 이후 가즈우지군과 기이군 사이에 소규모 대립이 빈발하였다. 1583년 7월 겐뇨가 사기모리鷺森에서 가이즈카貝塚로 옮겨갔다. 이해 가을경부터 기이 세력의 움직임이 활발해졌으나, 10월 가즈우지는 병력이 적어 정면 공격을 하지 못하고 기이군의 야습에 대비할 것을 지시하였다.

마침내 1584년 1월 1일 기이군이 가즈우지를 공격해 왔고, 3일 가즈우지군은 기이 측 부성들을 공격하여 그곳을 지키던 남이즈미 병사들과 격전을 치렀다. 16일 기이군이 내원하여 와 부성들의 병력까지 합친 8,000 병사가 기시와다성을 공격하려 하였다. 이에 가즈우지군 6,000이 고기가와近木川에서 기이군을 맞아 싸워 물리쳤다.

1584년 3월 히다카군日高郡 유카와湯河·다마키玉置씨가 기이군에 가세하고, 네고로·사이카슈 및 고가와데라 문도들이 이즈미로 출격했다. 아와지의 간 미치나가菅達長 수군도 여기에 가세하여 기이군은 18일 수륙 양면으로 기시와다·오쓰를 위협하였다. 3월 18일 센고쿠보리성千石堀城(大阪府貝塚市橋本)을 포함한 지성들의 기이군 병사가 육로와 해상으로 기시와다성을 향해 진격하였다(기시와다 합전岸和田合戰). 19·20일에 비가 내려 싸우지 못하고, 21일 기이군이 사카이 부근에 이르러 별동대 5,000으로 기시와다성을 공격하였으나, 나카무라 가즈우지에게 패하였다. 기이 측의 고키성小木城·돗토리성鳥取城·샤쿠젠지성積善寺城(大阪府貝塚市橋本)이 함락되고, 하타케나카성畠中城(大阪府貝塚市畠中)·사와성이 불탔으며, 22일 사카이로 향하던 기이 측 부대도 사노로 돌아갔다. 한편 오쓰 재지무사 마나베 사다나리眞鍋貞成가 기이 측 간 미치나가 수군 200척 1,000병을 격퇴시켰다.

3월 21일 히데요시가 오와리로 출진하고, 22일 기이군은 두 부대로 나뉘어 도바시 헤이노조土橋平丞 형제가 이끄는 4,000~5,000 병사는 기시와다성을 공격하고, 또 한 부대는 사카이를 점령하여 사카이만도코로界政所 마쓰이 유칸을 쫓아냈다. 이어 26일 스미요시住吉와 덴노지로 진출하여 오사카성의 하치스카 이에마사蜂須賀家政·이코마 지카마사·구로다 나가마사黑田長政 등과 싸웠다. 아직 건설 중이던 오사카성은 무방비 상태여서, 기이군이 오사카 시가지를 파괴하고 불태웠지만 오사카성을 점령하지는 못하고 사카이·기시와다에서 철수하였다.

이 기이군의 공격은 히데요시가 고마키·나가쿠테 싸움에 출진하기 직전에 벌어진 것으로, 예정대로 21일 오사카를 출발하여 오와리로 출진했던 히데요시가 다시 오사카로 돌아와야 할 정도였다. 그 후 4월 기이군의 야스다 야스마사保田安政가 가와치 미야마見山(錦部郡)로 진출하고, 8월에는 미야마성見山城을 구축하여 활동거점으로 삼았다. 이

시기 기이 측 네고로·사이카슈는 시코쿠 조소카베씨와도 연락하고 있었고, 이에야스에게는 사자를 보내 충성을 맹세했다고 하나 분명하지 않다.

1584년 11월 고마키·나가쿠테 싸움이 위와 같이 정리되자, 히데요시는 반히데요시 세력의 일각을 이루는 기이에 대한 본격적인 공격에 나섰다. 1585년 2월 고바야카와 다카카게에게 모리 수군을 기시와다로 파견하라고 명하였고, 명령을 받은 다카카게는 3월 1일 수군을 이끌고 출진하였다. 기이 공격이 시작되자, 겐뇨는 신도들에게 히데요시에게 귀순할 것을 권유했다. 3월 9일 히데요시는 가이즈카지貝塚寺 사내에 금제를 내려 안전을 보장하고, 히데요시의 정실 시녀 고조스孝藏主를 가이즈카 혼간지로 파견하여 우의를 다졌다. 그리고 3월 상순 네고로지에 모쿠지키 오고木食應其를 파견하여, 사령 일부를 반환하는 조건으로 화해를 제안했다. 이에 대해 네고로슈 사이에 의견이 분분하였는데, 화해 반대자가 밤중에 오고의 숙소를 급습하는 바람에 오고는 급히 교토로 돌아갔다.

이렇게 하여 마침내 히데요시의 기이 침공이 개시되었다. 히데요시가 직접 10만 대군을 이끌고, 하시바 히데쓰구가 이끄는 선봉대 3만은 해안로浦手·산중로山手로 나뉘어 23단段으로 포진했다. 게다가 고니시 유키나가小西行長가 다수의 수군을 이끌고 참전하여, 히데요시 측은 육지와 바다 양 방면에서 네고로·사이카슈를 공격했다. 네고로·사이카슈는 사와·샤쿠젠지·하타케나카·센고쿠보리 등 이즈미 남부 성에 총 9,000여 병사를 배치하였다.

선봉 히데쓰구군이 3월 20일 오사카를 출발하여 가이즈카에 도착했고, 21일 히데요시가 오사카를 출발하여 21일 기시와다성에 입성했다. 같은 날 선봉대가 센난泉南으로 접근하였다. 공격을 다음 날로 미루자는 의견도 있었으나, 나카무라 가즈우지의 즉시개전 의견을 받아들여

바로 전투 태세를 취했다. 한편 히데요시는 21일 오후 3시경 기시와다 성 고구치虎口 주변을 둘러본 후 군의를 열었다. 이 회의에서 나카무라 가즈우지는 기이에서 제일 견고한 센고쿠보리성을 공격할 것을 건의하였고, 히데요시는 4시경 센고쿠보리성 즉시공격을 결단하였다.

그리하여 방위선 동쪽에 있는 센고쿠보리성 공격이 시작되었다. 센고쿠보리성 성주는 활의 명수로 알려진 오타니 사타이니호인大谷左大仁法印으로, 철포로 무장한 1,400~1,500여 정병과 부녀자 등 비전투원 4,000~5,000여 명이 지키고 있었다. 센고쿠보리성 공격대장인 도요토미 히데쓰구에게 호리 히데마사·쓰쓰이 준케이·하세가와 히데카즈 등 15,000여 병사가 가세하였고, 다나카 요시마사田中吉政·와타라세 시게아키渡瀬繁詮·사토 히데카타 등 3,000 병사도 가세하였다. 싸움은 21일 저녁부터 다음 날 새벽까지 이어졌다. 기이군의 저항은 거셌다. 해자는 깊고 혼마루로 연결된 다리도 끊어져 히데요시 측은 성을 쉽게 함락시키지 못했다. 혼마루 공격만으로 히데쓰구군 천 명이 사망하였다. 이때 쓰쓰이 준케이 부대(8,000)가 쏜 불화살로 성곽이 불타고, 화약상자에 불이 붙어 대폭발이 일어났다. 이를 계기로 히데쓰구군이 공격해 들어가 성내 네고로슈를 격파하고, 낙성 후에 불태웠다. 이때 히데요시는 사람과 동물 할 것 없이 생명 있는 것은 모두 살해하라고 엄명해, 성내에 있던 전투원·비전투원은 물론 말, 개, 고양이 등 살아있는 모든 생명체가 참살당했다.

히네군日根郡의 재지 무사·농민들이 지키던 하타케나카성은 나카무라 가즈우지의 공격에 강력히 저항하였으나, 21일 밤 센고쿠보리성의 낙성 소식에 스스로 성을 불사르고 퇴각했다. 21일 저녁 기이군 방위선의 중심인 샤쿠젠지성에서도 전투가 시작되었다. 오구리 가도小栗街道에 연접한 샤쿠젠지성은 9,500 병사가, 사와성은 6,000 병사가 수비하고 있었다. 이 성들도 네고로·사이카슈의 철포대가 주둔한 견고한

성이었다. 호소카와 다다오키·오타니 요시쓰구大谷吉繼·가모 마스히데 蒲生賦秀·이케다 데루마사 등이 샤쿠젠지성을 지키는 이데하라 우콘井出 原右近(出原右近)·야마다 하스이케보山田蓮池坊 등 네고로슈를 공격하였으나 성을 함락시키는 데는 실패했다. 그리고 전선 서쪽에 있는 사이카 측의 사와성도 나카무라 가즈우지·나카가와 히데마사中川秀政·다카야마 우콘 등이 공격하였으나 역시 함락시키지 못했다. 이러한 상황속에서 히데요시는 히데쓰구군에게 휴식을 명하고, 보쿠한사이 료친 卜牛齋了珍을 중재자로 22일 샤쿠젠지성, 23일 사와성과 화해하여 개성하였고, 네고로슈와 사이카슈는 영지로 돌아갔다.

3월 23일 이즈미를 제압한 히데요시는 기시와다성을 출발하여 네고로지로 향했다. 네고로슈의 주요 병력이 이즈미 전선에 출진하고 있었기 때문에, 네고로지에는 히데요시군에 맞설 군사도 없었고 남아 있던 승려들 역시 도망하였다. 때문에 네고로지는 거의 저항 없이 제압되었다. 히데요시는 그 날 밤 네고로지의 본당, 다보탑大塔과 남대문 등 일부를 제외한 모든 가람을 불태워버렸다. 네고로지는 3일간 불탔고, 그 모습을 가이즈카에 있던 혼간지에서도 볼 수 있었다고 한다. 네고로지 방화 원인에 대해서는, 히데요시 명령설 외에 네고로 측이 스스로 불태웠다는 자소설自燒說, 히데요시의 명령 없이 병사가 방화했다는 실화설失火說 등이 있다. 같은 날 혹은 다음 날인 24일 고가와데라도 불탔다.

그런데 22일 아리타군有田郡 재지영주 시라카시白樫씨의 유혹을 받아 히데요시 측으로 가담한 사이카노쇼雜賀莊의 오카슈岡衆가 사이카 미나토슈湊衆를 공격하여, 사이카 측이 혼란에 빠졌다. 쓰치바시 헤이스케土橋平丞가 조소카베 모토치카를 의지하여 도사로 도망하였고, 미나토슈도 배로 도망하려 하였으나, 너무 많은 인원이 타는 바람에 배가 침몰하여 많은 사람이 사망하였다. 23일 히데요시군 선봉대가 사이카노쇼로 침입하였고, 24일 네고로를 출발한 히데요시도 기노카와 북안을 서진하여 사이카로 들어갔다. 이날 히데요시군은 아와무라粟村의 도바시土橋씨 거관을 포위하고, 미나토湊·나카노시마中之島 일원을 방화하였다. 다른 지역들도 거의 불탔으나 사기모리데라鷺森寺 및 오카岡·우지는 무사했다. 그리하여 사이카노쇼도 멸망하였고, 히데요시는 25일 기미이데라紀三井寺를 참례했다.

히데요시 본대는 사이카슈 잔당이 농성하고 있는 오타성을 공격하고, 한편 히데요시는 센고쿠 히데히사·나카무라 가즈우지·고니시 유키나가 등의 별동대를 기이 남부로 파견하여 그곳을 평정하게 했다. 히데요시군의 기이 공격을 앞두고 기이 남부 재지영주들의 대응은 분열되어 있었다. 히다카군을 중심으로 큰 세력을 유지하고 있던 유카와 나오하루湯河直春가 항전을 주장한 데 대해, 아리타군의 진보神保·시라카시白樫씨, 히다카군의 나오하루 사위 다마키 나오카즈玉置直和(和佐玉置氏)는 히데요시군에 투항했다. 이 때문에 유카와 나오하루는 적을 앞에 두고 시라카시씨와 나지마名島(廣川町)에서 싸워야 했고, 이어 다마키씨의 데도리성手取城(和歌山縣日高郡日高川町)을 공격하였다(사카노세 합전坂ノ瀬合戰).

아리타군은 기이 슈고의 가격을 유지하고 있던 하타케야마 마사나오畠山政尙·사다마사貞政 부자의 본거로, 하타케야마씨는 실권은 없었지만 네고로·사이카슈의 명목상의 맹주로서 히데요시군의 공격대상이 되었다. 위의 시라카시·진보씨는 하타케야마씨의 수하였다. 3월 23일 이후 25일 이전까지 히데요시군은 하타케야마씨 지성 도야성鳥屋城(和歌山縣有田郡有田川町)을 공략하고, 본거 이와무로성岩室城(和歌山縣有田市宮原町)도 함락시켰다. 하타케야마 사다마사는 패주했다.

3월 23, 24일경 히데요시군은 히다카군으로 침입하여 유카와령을 침공했다. 유카와 나오하루는 방어가 어렵다고 판단, 고마쓰바라小松原

의 거관 기이 가메야마성龜山城(和歌山縣御坊市湯川町丸山)을 불태우고, 백부 유카와 노리하루湯河敎春가 지키는 도마리성泊城(和歌山縣田邊市)으로 후퇴했다. 그러나 도마리성도 센고쿠 히데히사·스기와카 무신杉若無心에게 공격받아, 나오하루와 노리하루는 28일까지는 성을 버리고 퇴각하여 류진산성龍神山城(和歌山縣田邊市)을 거쳐 구마노熊野로 향했다. 다나베田邊에 든 히데요시군 3,000여 명은 이 지역의 신사神社·불각佛閣을 모두 불태우고 소령을 몰수했다.

무로군牟婁郡(熊野地方)에는 구치노야口熊野의 야마모토山本씨가 유카와 씨에 동조하여 히데요시군에 철저히 항전했다. 히데요시군은 도마리성 점령 후 군사를 두 부대로 나누어, 스기와카 무신이 약 1,000명을 이끌고 야마모토 야스타다山本康忠가 농성하고 있는 류쇼잔성龍松山城(和歌山縣西牟婁郡上富田町)으로 향하고, 센고쿠 히데히사·비토 도모노부尾藤知宣·도도 다카토라는 1,500명을 이끌고 유카와군을 추격했다. 4월 1일 센고쿠 등 위 3장수는 시오미토게潮見峠(田邊市中邊路町)에서 유카와군의 반격을 받고 퇴각했다. 이즈음 스기와카군도 산포지三寶寺 강변(현재의 上富田町)에서 야마모토군에 패하여 토벌전은 교착 상태에 빠졌다. 그러나 유카와·야마모토군이 히데요시군을 구축할 만큼 강하지는 않아서, 이 방면의 싸움은 장기화하게 된다. 한편 오쿠구마노奧熊野 신구新宮의 호리우치 우지요시堀內氏善가 4월 13일 이전에 히데요시군에 항복하였고, 이어 다카가와라高河原·오야마小山·이로카와色川씨 등도 히데요시군에 투항하여 본령을 안도받았다. 구치노야에서도 아타기安宅씨가 히데요시군에 귀순했다.

4월 10일 히데요시는 고야산에 사자를 파견하여 항복을 권유하고, 확대한 영지의 반을 포기할 것, 무장을 해제할 것, 모반인을 숨겨주지 않을 것이라는 조건을 받아들이지 않는다면, 고야산을 모조리 불태우겠다고 위협하였다. 고야산 승려들은 회의를 열어 위 조건을 모두 받아들이기로 결정하고, 16일 객승 모쿠지키 오고에게 고야의 중보사가 천황嵯峨天皇 신한宸翰과 구카이空海 수인手印 문서를 지참시켜 미야고宮鄕에 재진 중인 히데요시에게 보냈다. 히데요시는 고야산의 의사를 받아들였고, 이로써 고야산의 존속은 보증되었다. 그 후 10월 23일까지 고야산의 무장해제가 완료되었다.

그 결과 고야산은 멸망을 피하고, 다이코 검지太閤檢地 종료 후인 1591년 1만석의 소령지배가 결정되었으며, 모쿠지키 오고는 1,000석을 받았다. 1592년 히데요시 어머니 오만도코로大政所 추도追善를 맞아 데하쓰지剃髮寺(후의 靑巖寺, 현재의 金剛峯寺)를 건립할 때 히데요시로부터 1만석을 기증받은 고야산은 총 21,000석을 영유하게 되었다. 이는 막번체제 하에서도 사령으로 인정되었다.

사이카노쇼는 히데요시군에 점령되었으나, 오타 사콘 무네마사太田左近宗正를 대장으로 재지무사 등 5,000명이 니치젠日前 구니카카스진구國懸神宮에 가까운 미야고 오타성에서 농성하고 있었다. 3월 25일 나카무라 가즈우지·스즈키 마고이치가 오타성을 방문하여 항복을 권유하였으나 거부 당했다. 오타성 이외에도 사이카에서는 여러 성들이 계속 히데요시에게 저항하고 있었다. 사타케 이가노카미佐武伊賀守(=佐武義昌)는 마토바 겐시로的場源四郞와 함께 고사이카의 성에서 농성하여, 32일 동안 성을 지켰고 오타성이 개성된 후에야 개성했다고 한다.

오타성은 단순한 군사거점이 아니라 수로가 주위를 둘러싼 환호 집락이었다. 히데요시는 처음에는 병량 차단전략으로 오타성을 공략할 생각이었으나, 병량 차단전략에는 시간이 걸리기 때문에 수공으로 바꾸었다. 히데요시가 단기 강공이 아닌 지구전을 선택한 것은 병력손실에 대한 우려 때문이기도 하지만, 희생이 많아져 고전하는 인상을 주는 것을 회피하기 위해서였다고 보인다. 또한 오타성을 지키는 데 유리한 물을 이용해 오타성을 공격함으로써 자신의 물 지배 능력을 과시하려 했다고도 보인다.

　히데요시는 자신을 총대장, 히데나가와 히데쓰구를 부장으로 하고, 그 밑에 호소카와 다다오키·가모 마스히데·나카가와 히데마사·마시타 나가모리增田長盛·쓰쓰이 사다쓰구筒井定次·우키타 히데이에·하세가와 히데카즈·하치스카 마사카쓰·마에노 나가야스前野長泰 등을 편성하여 오타성 공략에 나섰다. 히데요시는 3월 28일부터 수공을 위해 오타성에서 300m 떨어진 지역에 전장 7.2km, 높이 7m(제방 높이 3~5m, 길이 6km, 폭 30m라고도 한다)의 제방을 쌓기 시작했다. 제방공사 도중에 고카슈가 맡은 곳이 무너져 고카슈가 처벌을 받기도 하고, 야마나카 야마토노카미 시게토모山中大和守重友는 소령을 몰수당하기도 했다. 4월 5일까지 제방이 완성되자 저수를 시작했다. 공사에는 46만여 명이 주야로 동원되었다고 하며, 마침 4월 3일부터 수일 동안 큰 비가 내려 수량이 불어나면서 성이 마치 물 위에 떠있는 것처럼 보였다. 한편 오타성 북동쪽에는 이전부터 치수와 방어용 제방橫堤이 있었다. 오타성 농성이 시작되자, 오타성 측도 이 제방을 더욱 보강해서 성내 침수를 막았다.

　히데요시군은 오타성에서 북쪽으로 1km 정도 떨어진 구로다黑田에 본진을 쳤다고 한다. 히데요시군의 나카가와 도효에中川藤兵衛는 물로 둘러싸인 오타성을 13척의 아타케선으로 공격하였다. 배 앞에는 커다란 판자를 세워 철포와 활 공격에 대비하였다. 오타성 측에서는 수영을 잘하는 병사들을 뽑아 히데요시군 배 밑을 뚫어 침몰시키고, 다가오는 공격군을 철포로 공격하였다. 4월 8일 히데요시군은 오타성 측 제방을 갈라 오타성 성내를 침수시켜 대혼란에 빠뜨렸다. 그런데 제방을 가르면서 수압에 변화가 생겨, 9일 역으로 수공을 위해 쌓아둔 제방 일부가 붕괴되면서 우키타 히데이에군에 다수의 익사자가 생겼다. 붕괴된 이 제방을 히데요시는 60만 개의 흙 가마니를 사용하여 13일까지 복구하였다고 한다.

17일 오다 노부카쓰, 18일 이에야스의 차남 도쿠가와 기이德川義伊(=結城秀康)와 이시카와 가즈마사가 사이카에 체재하고 있던 히데요시를 방문했다. 히데요시는 당초 수공을 통해 수일 안에 오타성 측으로부터 항복을 받아낼 수 있을 것이라고 생각했으나, 농성 측의 저항이 의외로 강하였다. 4월 21일 히데요시 측은 단번에 매듭을 짓기 위해 고니시 유키나가 수군을 제방 안으로 들여보냈다. 아타케선과 대포를 동원한 이 공격으로 일시 성역을 대부분 점령하였다. 비록 오타성 성병의 철포 역공으로 유키나가군은 철수해야 했지만, 이 싸움으로 농성 측은 항전을 단념하여 22일 주요 인물 53인의 목을 내주고 항복하였다.

이에 히데요시는 잡병·농민들을 사면하고 무기를 몰수하되, 이들에게 농기구와 가재 등을 들고 고향으로 돌아가도록 해주었다. 이것이 히데요시가 병농분리兵農分離를 의도한 최초의 무기몰수령刀狩令이다. 미야고의 정신적 지주였던 니치젠구日前宮 사전社殿은 파각되었고, 사령은 몰수되었다. 이로써 기이 재지농민을 중심으로 한 잇키 세력은 무가세력인 히데요시에게 철저히 제압되었다.

잇키 세력은 히다카·무로군 일부에서 여전히 반항하였으나, 대부분의 지역에서 히데요시군에게 제압되었다. 히데요시는 기이를 하시바 히데나가령으로 하고, 히데나가는 기이 미나토에 깃카와 헤이스케吉川平介, 히다카 이리야마入山에 아오키 가즈노리靑木一矩, 고카와에 도도 다카토라, 다나베田邊에 스기와카 무신, 진구神宮에 호리우치 우지요시堀內氏善를 배치했다. 그리고 도도 다카토라를 부교로 임명하여 와카야마성和歌山城(和歌山縣和歌山市一番丁)을 축조하고, 와카야마성 조다이로는 구와야마 시게하루를 임명하였다. 히데나가가 실시한 덴쇼 검지天正檢地는 1585년 윤8월에 시작되어, 1587년 가을 이후 본격화하였다.

4월 말 잇키 세력 유카와 나오하루가 히데요시 측에 반격을 해오자, 시코쿠 정벌군 일부가 기이로 향했다. 유카와군은 9월 24일 에노키토게 榎峠에서 히데요시 측에 패하고, 나오하루는 야마나카山中로 들어갔다. 9월말 나오하루가 다시 공세를 취하였고, 토벌을 맡은 스기와카 무신·구와야마 시게하루·비토 시모쓰케노카미美藤(尾藤)下總守 등은 고전하였다. 결국 히데요시는 잇키군의 유카와씨 등을 완전히 토벌하지 못한 채 화해를 하고 유카와씨 등에게 본령을 안도했다. 1586년 유카와 나오하루가 사망하였는데, 그의 죽음에 대해서는 독살설과 병사설이 있다.

2. 시코쿠 평정

1) 조소카베씨의 시코쿠 통일

아와 침공을 진행하던 조소카베 모토치카는 오다 노부나가의 시코쿠 정벌계획으로 일시 물러나 있었다. 그런데 혼노지의 변으로 노부나가의 압력이 사라지자, 노부나가의 후원을 잃은 미요시 야스나가가 아와를 버리고 퇴각하였다. 그리하여 조소카베씨는 아와 공략에 절호의 기회를 얻었다. 1582년 8월 조소카베 노부치카長宗我部信親는 단숨에 이치노미야성·에비스야마성을 탈환했고, 쇼즈이성을 공략하고자 했다. 모토치카는 노부치카에게 아와 공격을 8월까지 늦출 것을 지시했으나, 노부치카는 소수의 병력을 이끌고 가이후海部(海陽町)에 이르렀고, 고소카베 지카야스를 의지하며 모토치카의 후원을 기다렸다. 그러나 모토치카는 장병과 영민의 피로를 생각해, 지카자와 에치고노카미近澤越後守를 파견하여 노부치카를 오코성으로 불러들였다. 모토치카는 오코성 내에서 군의를 열어, 가로 성주들城持衆과 재지영주들一領具足衆의 의견을 각각 별실에서 청취하였다. 가로들은 아와 전투의 연기를, 재지영주들은 즉시공격을 주장하였는데, 모토치카는 재지영주들의 의견을 채용하여 아와 침공을 결정했다.

조소카베군은 난카이도南海道를 북진하여 우시키성牛岐城(德島縣阿南市富岡町)에 입성하여, 우시키성에서 군의를 열었다. 그 결과 8월 26일 에비스야마성, 이치노미야성에 이르러 쇼즈이성을 향해 진군했다. 이보다 앞서 소고 마사야스十河存保는 이치노미야·에비스야마 두 성을 버린 채 쇼즈이성에 병력을 집결시켰고, 8월 27일에는 이도무라井戶村 부근에 전군을 집결시킨 후 군사를 3대로 나누어 방어태세를 취했다. 한편 고소카베 지카야스는 병사 3,000을 이끌고 나카토미가와中富川 남안에 착진했다. 8월 28일 모토치카는 군사軍師 도카쿠等覺의 의견에 따라 전군에 출격 명령을 내렸다. 정오경 선봉 지카야스군이 나카쓰가와中津川 북안을 향해 돌진했고, 이에 대항하여 마사야스군은 쇼즈이성을 본진으로 하고 쇼코지성勝興寺城(德島縣板野郡藍住町矢上. 矢上城)을 선진先陣으로 하였다. 마사야스는 이 쇼코지성에 아와·사누키의 미요시씨 수하 5,000여 병사를 배치하고, 오테大手 부근에는 2,000병을, 후진으로 3,000병을 배치하였다.

지카야스군이 나카토미가와를 도하하기 시작할 즈음, 노부치카·조소카베 지카요시長宗我部親吉가 이끄는 주력 14,000병이 남동쪽에서, 지카야스군 3,000이 서남쪽에서 진군하여, 총 17,000병이 양쪽에서 마사야스군을 공격하였다. 이에 모토치카와 화친을 맺고 있던 이치노미야성 성주 오가사와라 나리스케小笠原成助(一宮成助), 구와노성桑野城(德島縣阿南市桑野町) 성주 구와노 야스아키桑野康明 등도 6,000병을 이끌고 구로다노하라黑田ノ原에서 나카토미가와로 진격하였다.

여세를 몰아 조소카베군은 2만 병력으로 쇼즈이성을 포위했다. 이때 사이카슈 원군이 조소카베 측에 가담했다. 9월 5일 큰비가 5일 동안 계속 내려, 후방의 요시노가와吉野川 본류와 나카토미가와가 범람하여 이타노板野 평야 일대가 호수처럼 변했다. 이에 조소카베군은

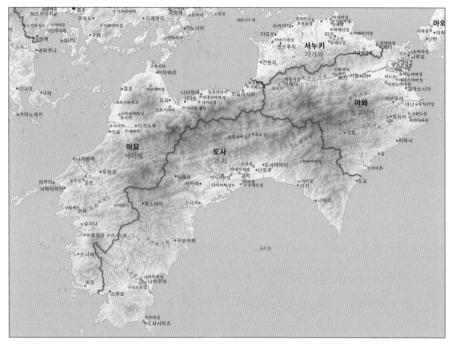

〈그림 21〉 시코쿠 지역도

민가 지붕이나 나무 위로 피신하였고, 이러한 상황을 본 소고군은 성병을 작은 배에 태워 지붕 아래나 나무 밑에서 조소카베군을 장창으로 찔러 사상하였다.

조소카베군은 본진을 고쇼인光勝院으로 옮기고, 이타노 평야에 물이 빠지자 진형을 가다듬어 다시 쇼즈이씨에 대한 공격을 재개했다. 양군은 쇼즈이성 내외에서 백병전을 치러 쌍방 모두 상당한 피해를 입었다. 본진에서 지휘하던 마사야스는 옥쇄를 각오하고 적의 본진으로 나아가 최후의 결전을 벌이려 하였으나, 측근 히가시무라 빈고노카미東村備後守의 간언으로 쇼즈이성으로 후퇴했다. 승리를 얻은 조소카베군은 다시 쇼즈이성을 포위했다. 9월 21일 모토치카의 공격을 당해내지 못한 마사야스는 항복문을 모토치카에게 보내, 쇼즈이성을 개성하는

조건으로 자신의 사면을 청했다. 이에 모토치카와 마사야스는 일단 화해하고, 마사야스는 사누키 도라마루성虎丸城(香川縣東かがわ市與田山)으로 퇴각하였다.

이 싸움 후, 아와 지역 성들은 대부분 조소카베씨에게 항복하였고, 모토치카는 항복한 아와 장수들 중 이치노미야성 성주 오가사와라 나리스케, 아와 우시키성 성주 신가이 도젠新開道善(=新開實綱) 등을 모반으로 의심하여 살해했다. 한편 1583년 4월 기즈성의 시노하라 지톤篠原自遁이 고소카베 지카야스의 공격을 받아 아와지로 패주함으로써 이제 아와에서 조소카베씨에 대항하는 자는 도사 도마리성의 모리 무라하루만 남게 되었다.

한편 조소카베 모토치카와 가가와 지카카즈香川親和(모토치카의 차남) 연합군이 사누키를 침공했다. 1582년 8월 6일 후지오성藤尾城(香川縣高松市香西本町)에서 농성하고 있던 고자이 요시키요香西佳淸는 모토치카군이 침입하자 가가와 유키카게香川之景의 중재로 지카카즈군에 항복했다. 고자이 요시키요군 1,000병이 가담한 지카카즈군은 8월 11일 사누키 고쿠분지國分寺에서 11,000 군사를 이끌고 출진하여 소고성을 포위했다. 당시 소고 마사야스는 쇼즈이성에 있었고, 소고 마사유키十河存之가 조다이城代로서 소고성을 지키고 있었다. 1만 대군이 침입했다는 소식을 들은 소고 마사유키는 장기전을 각오하여 1,000명의 성병을 들이고, 병량 3개월분을 비축하여 농성전에 대비했다.

가가와 지카카즈군은 히라기苹木 주변에 착진, 소고성 주변 농경지를 황폐화했다. 그 후 지카카즈군은 소고성을 사방에서 포위하고 공격로를 만들려 하였으나, 성 안에 다수의 철포가 있었고 사방의 성루櫓에서 철포를 방사하여 공격로 건설을 중지하였다. 조소카베 모토치카군은 소고성 220m 앞까지 공격하여, 대통大筒 2정으로 소고성 성루를 파괴하여 소고 마사유키는 농성전이 어렵게 되었다. 마침 이때 마에다성前田城

(香川縣高松市前田西町) 성주 마에다 무네키요前田宗淸가 모토치카군을 야습하여 소고성을 원호했다. 『시코쿠 고성四國の古城』에 의하면, 무네키요군은 닌자 전술을 써서 모토치카군을 괴롭히고, 야습을 벌이고 함정을 파고 모토치카군의 진지로 숨어들어 식료를 빼앗기도 했다고 한다. 이 때문에 모토치카의 소고성 공격은 원지에서 병참도 여의치 않은 장기전이 되어버려, 모토치카군 역시 피폐해지기 시작했다.

사누키 도라마루성으로 들어온 마사야스는 히데요시에게 원군을 요청하였다. 이에 히데요시가 아와지 스모토성洲本城(兵庫縣洲本市小路谷) 성주 센고쿠 히데히사에게 마사야스의 구원을 명했다. 그 사이 모토치카군은 이와쿠라嵒倉에서 산을 넘어 지카카즈군과 합류, 총세 36,000이 되었다. 모토치카군은 다시 소고성을 공격하였으나 함락시키지는 못했다. 그해 겨울 감시부대만 남겨둔 채 모토치카군은 일단 도사로 철수하여 제1차 소고성 싸움은 막을 내렸다(제1차 소고성 싸움十河城の戰い).

한편 1583년 4월 히데요시의 명을 받은 센고쿠 히데히사군이 아와지 시마에서 쇼도시마를 도해하여 기오카성喜岡城(香川縣高松市高松町. 高松城), 야시마성屋島城(香川縣高松市屋島)을 공격하였으나, 조소카베군의 반격을 받아 퇴각했다. 고니시 유키나가군도 고자이우라香西浦로 진공했으나, 조소카베군의 반격으로 상륙하지 못하고 퇴각했다. 동 시기 모토치카 본대도 움직여, 아와에서 오쿠보大窪를 넘어 다모야마田面山에 진을 치고 도라마루성을 공격하였다. 요다與田, 이리노入野 주변에서 싸움이 벌어졌는데, 마사야스군의 반격을 받은 모토치카군은 어쩔 수 없이 도라마루성 주변의 농경지를 황폐화시켜 병량 차단전략을 썼다. 이때 센고쿠 히데히사가 히케타성引田城(香川縣東かがわ市引田)에 입성했다는 소식을 접하자, 모토치카는 가가와 유키카게군을 히케타성으로 보냈다. 히데히사군은 히케타에서 패한 후 배로 아와지로 퇴각하였고, 소고

마사야스는 도라마루성에서 철수하여 소고성으로 입성했다.

당시 히데요시는 고마키·나가쿠테에서 오다 노부카쓰·도쿠가와 이에야스 연합군과 싸우고 있었다. 이 시기에 이에야스는 모토치카를 끌어들여 아와지로 진군할 것을 권유했는데, 이 움직임에 대응하여 히데요시는 오사카로 돌아와 방비를 강화하였다. 모토치카는 이에야스로부터 즉각 진군을 재촉받았지만 이요 토호들의 동향과 모리씨 침입에 대한 경계, 거기에 소고성이 함락되지 않아 이에야스의 요청에 응할 수 없었다.

사실 조소카베씨도 시코쿠 내에 아직 적대세력들이 있어서 바다를 건너 히데요시 측을 공격한다는 것은 현실성이 없었으나, 도해계획을 계속 선전했다. 아마도 오다 노부카쓰·도쿠가와 이에야스와의 동맹을 유지하기 위해서였을 것이다. 이 동맹을 유지하는 것은 조소카베씨에게 세 가지 점에서 유리하였다. 첫째는 동이요 가네코金子씨와의 동맹을 계속 유지할 수 있다는 점이다. 가네코씨는 중부 이요의 고노씨와 그의 동맹자 모리씨, 즉 히데요시와 동맹관계인 세력과 적대관계에 있었고, 1584년 시점에서 조소카베씨는 모리 세력의 이요 침략에 위협을 느끼고 있었다. 이러한 상황에서 조소카베씨는 자기 진영이 우세하다는 것을 선전함으로써 가네코씨의 이반을 막으려 했던 것이다. 둘째로 모리씨의 공세를 저지할 수 있다는 점이다. 모리씨와 히데요시는 화해·강화하였으나, 당시 주고쿠에서 양자의 경계가 확정되어 있지는 않았다. 그리고 모리씨에서 노부나가 측으로 이반하여, 당시 히데요시 휘하로 들어간 구루시마 미치후사來島通總가 이요 귀환을 둘러싸고 모리씨와 대립하고 있었다. 만약 히데요시가 반히데요시 진영에 패할 경우, 주고쿠 지역의 경계 확정과 구루시마의 이요 귀환 문제가 모리씨에게 유리하게 해결되기 어려웠기 때문에, 모리씨는 반히데요시 진영의 한 축인 조소카베씨를 공격할 수 없었다. 셋째는 히데요시의 시코쿠 출병을 저지할 수 있다는 점이다. 조소카베씨의 도해 공격에 대비하기 위해, 히데요시는 이즈미 지역 방비를 증강해야 했고, 노부카쓰·이에야스에 대한 대응이 명확하지 않은 모리씨 역시 경계해야 했다. 따라서 친히데요리 세력 소고씨 등에 대한 히데요시의 지원이 제약될 수 있었던 것이다. 즉 조소카베씨에게는 히데요시의 본격적인 시코쿠 공격을 회피하기 위해 위 노부카쓰·이에야스와의 동맹이 필요했던 것이다.

고마키·나가쿠테 싸움에 앞서 이에야스는 조소카베 모토치카뿐만 아니라 기이 하타케야마 사다마사, 엣추 삿사 나리마사 등에게 격문을 보내 히데요시의 배후를 공격하라고 요청하여, 히데요시 포위망을 형성했다. 히데요시는 나리마사 군사에 대비해 우에스기 가게카쓰·사나다 마사유키·니와 나가히데 등을 배치하고, 이즈미 및 아와지에는 센고쿠 히데히사·나카무라 가즈우지·하치스카 이에마사 등의 군사를 파견하여 조소카베 군사에 대비하였던 것이다.

시코쿠 통일을 서두르던 모토치카는 소고군에 속한 산가와寒川씨, 유사由佐씨 등에게 계략을 써서 자기 편으로 끌어들여 아메타키성雨瀧城(香川縣さぬき市大川町)을 비롯한 소고성 지성들을 차례로 함락시키게 했다. 그리고 마침내 1584년 6월 11일 모토치카가 직접 소고성을 함락시켜 제2차 소고성 싸움을 끝냈다. 소고 마사야스는 소고성 낙성 전날인 6월 10일 밤 성을 빠져나가 야시마屋島에서 비젠, 그리고 사카이로 도망하여 히데요시의 수하가 되었다고 한다. 모토치카의 동맹자인 노부카쓰는 8월 19일 소고성 낙성을 축하하는 서간을 보냈다. 이로써 모토치카는 완전하지는 않지만 시코쿠를 통일하였다. 즉 본거지 도사를 중심으로 아와와 사누키를 거의 제압하고, 모리씨의 영향력이 강한 이요에 대한 영향력도 강화하였다.

2) 시코쿠·엣추 평정

① 시코쿠 평정

히데요시는 노부카쓰·이에야스와의 대결에서 배후를 위협하는 모토치카를 공격할 생각이었으나, 모토치카는 히데요시와 화해를 모색했었다. 『나가모토키長元記』에 의하면, 1583년 모토치카가 히데요시에게 진물을 보내 화해를 시도하였으나, 히데요시가 사누키·이요의 반환을 요구하고 모토치카는 이요만 반환하려 하여 교섭이 결렬되었다.

한편 고마키·나가쿠테 싸움이 종료되어 상황이 바뀌자 이요를 둘러싼 모리씨와 조소카베씨의 대립이 심화되었다. 히데요시는 모리씨의 강력한 협조를 받고 있던 터라 조소카베씨와 모리씨 간의 조정을 매끄럽게 진행할 수 없었고, 자신을 따르지 않는 모토치카에게 불만을 갖고 있었다. 이에 히데요시는 모리씨에게 이요·도사를 준다고 시사하기도 하고, 그렇게 되면 모리씨 세력이 너무 강해질까 봐 도사는 조소카베씨에게 안도한다고 하기도 하며 두세 번에 걸쳐 방침을 수정하였다. 이렇듯 히데요시와 조소카베·모리와의 교섭이 결렬되자, 히데요시는 자신이 요구한 사누키·아와 반환과 모리씨가 요구하는 이요 할양을 군사행동을 통해 실현하고자 하였다. 이것이 히데요시의 시코쿠 평정으로 나타났다.

기이를 평정한 히데요시는 1585년 5월 4일 구로다 요시타카에게 시코쿠 공격 선봉대로 아와지로 출격할 것을 명하고, 히토야나기 나오스에─柳直末에게 아카시明石에서 대기하도록 명했다. 그리고 8일 히데요시는 시코쿠 출진을 위해 하시바 히데나가에게 이즈미·기이의 선박 수를 조사하라고 명했다. 또한 같은 날 기이 재지영주 시라카시씨·다마키玉置씨에게도 시코쿠 공격을 준비하고 배를 수배할 것을 명했다. 히데요시의 명령에 따라 히데나가는 9일 선박 수를 조사하고 기이·이즈미의 배를 27·28일까지 기이 마나토湊(和歌山市)에 집결하도록 명했다.

6월 히데요시는 시코쿠 출진을 결정하고, 아와지에서 아와, 비젠에서 사누키, 아키에서 이요의 3방면으로 진군할 것을 명했다. 히데요시는 6월 3일을 시코쿠 출진일로 잡았으나, 빗추에 삿사 나리마사가 아직 건재한데다 병을 얻어 자신이 직접 시코쿠로 출진하는 것은 포기하였다. 대신 동생 하시바 히데나가를 총대장, 조카 히데쓰구를 부장으로 삼아 6월 16일 자신은 기시와다성에 재진하면서 히데나가 이하 장수들을 시코쿠로 출진시켰다.

모토치카는 봄부터 히데요시의 침공에 대비하여 도사군 6,000을 포함하여 2만에서 4만의 군세를 동원하였다. 모토치카는 5월 시코쿠 4 지역의 경계에서 각 방면에 연락을 취할 수 있는 아와 서단의 하쿠치성白地城(德島縣三好市池田町)에 본진을 설치하고 전군을 지휘했다. 그리고 히데요시군이 아와 방면에서 침공할 것으로 예상하여 아와 지역 성에 중신들을 배치하여 방어를 굳건히 했다. 또한 사누키에도 우에다성植田城(香川縣高松市東植田町. 戸田城)을 축성하였다. 이러한 싸움이 한창인 7월에 히데요시는 관백에 취임하였고, 이후 시코쿠 공격은 천하평정을 위한 싸움의 일환으로 윤색되었다.

한편 우키타 히데이에가 이끄는 비젠·미마사카군에 하리마의 하치스카 마사카쓰·구로다 요시타카, 그리고 센고쿠 히데히사까지 가세하여 총 23,000(15,000이라고도 함) 군사가 야시마屋島로 상륙했다. 히데이에 등은 조소카베 측 다카마쓰 요리사토高松賴邑가 200명으로 지키는 기오카성(당시의 다카마쓰성)을 손쉽게 공략하고, 이어 고자이성香西城(香川縣高松市香西町)·무레성牟礼城(香川縣高松市牟礼)을 공략했다. 그러나 헤와 지카타케戸波親武가 지키는 우에다성은 견고하기로 유명하여 요시타카는 우에다성은 그대로 둔 채 아와 공격을 우선하자고 주장하였다. 우키타 히데이에는 요시타카의 의견에 따라 오사카고에大坂越え에서 아와로 들어가 히데나가군과 합류하고자 했다. 이는 모토치카의 히데요시 방어전략이 실패했음을 보여준다.

　모리 데루모토 휘하의 주고쿠 여덟 지역의 군세는 3만~4만(2만 5천이라고도 함)에 달했다. 데루모토는 빈고 미하라三原에 남고, 데루모토군은 6월 하순 미하라 및 아키 다다노우미忠海항을 출발하여, 27일 고바야카와 다카카게의 제1군이 이마바리우라今治浦에 상륙했다. 이어 7월 5일 깃카와 모토나가吉川元長·시시도 마토타카宍戸元孝·후쿠하라 모토토시福原元俊 등 제2군이 이마바리우라 혹은 신마新間(新航, 新居浜)로 상륙했다. 모리군의 최초 공격 목표는 우마宇摩·니이군新居郡을 지배하는 이시카와石川씨와 그의 가신단의 실력자 가네코 모토이였다. 모토이에는 동이요의 실질 지배자로, 조소카베씨와 동맹관계에 있었다. 모토이에는 다카오성高尾城(愛媛縣西條市氷見)에 있으면서, 당시 여덟 살이던 주군 이시카와 도라지쿠마루石川虎竹丸가 있는 다카토게성高峠城(愛媛縣西條市洲之內)을 곤도 나가토노카미 나오모리近藤長門守尙盛 이하 800여 군사로 지키게 하고, 가네코야마성金子山城(愛媛縣新居浜市瀧の宮町)에 동생 모토하루元春를 배치하였다. 그리고 다카오성에는 도사에서 파견된 조소카베씨 원병도 함께 농성에 가담하고 있었다.

　이마바리우라에 상륙한 다카카게는 다카오성을 공략하기 위해 1585년 7월 14일(2일) 구로카와 히로타카黑川廣隆가 지키는 다카오성의 지성 마루야마성丸山城(愛媛縣今治市玉川町)을 포위했다. 다카오성 성주 가네코 모토이에는 적정을 탐색하기 위해 30여 기로 출동하였으나 패주했고, 중과부적이라고 판단한 구로카와 히로타카는 다카카게에게 항복하여 개성하였다. 이후 구로카와 히로타카는 고바야카와군 향도를 명받아 가네코야마성·다카오성 공격에 참가하였다. 이어 다카카게는 15일부터 모토이에와 조소카베씨 원군 가타오카 미쓰쓰나片岡光綱가 농성하는 다카오성을 포위하여 17일 함락시켰고, 이때 모토이에도

사망하였다. 이어 모리군은 니이군 다카토게성을 공격하였다. 다카토
게성 병사들은 이시카와 도라지쿠마루를 도사로 도망시킨 후 노노이
치하라野々市原(現西條市)에서 모리군에 맞서 싸워 전멸하였다. 그리하여
다타토게·쇼지야마生子山·오카자키岡崎 등 니이군의 성들이 모두 모리
군에게 함락되었고, 가네코씨 본거지 가네코야마성을 지키고 있던
가네코 모토하루金子元春도 도망하여 니이군에서의 조소카베군 저항은
종식되었다(이요텐쇼의 진伊予天正의陣). 모리군은 더욱 동진하여 도사
측 멘도리妻鳥씨가 지키는 우마군宇摩郡 가와노에川之江 부쓰덴성佛殿城(愛
媛縣四國中央市川之江町)을 공격하였으나, 25일 모토치카가 항복하여 화해
하였다. 이즈음 남이요의 조소카베군도 철수하였다.

동이요를 제압한 모리군은 서쪽으로 진로를 바꾸어, 슈후周敷·구와
무라桑村·오치越智·노마野間·가자하야군風早郡을 제압하고 도고道後 평야
에 이르렀다. 8월말 유즈키성湯築城(愛媛縣松山市道後町)을 지키던 고노 미
치나오河野通直는 다카카게의 권고에 따라 유즈키성을 개성하고 도고에
칩거했다. 다카카게의 수하 가쓰라 모토쓰나桂元綱가 기타군喜多郡을
공격하여 제압하고, 사이온지 긴히로·오노 나오시게大野直昌는 다카카
게에게 항복했다. 그리고 오노 나오유키大野直之·소네 노부타카曾根宣高
등은 체포되어 이요 전역은 모리군에게 완전히 제압되었다.

하시바 히데나가가 이끄는 야마토·이즈미·기이 군세 3만은 6월 16
일 사카이에서 출발, 해로로 스모토洲本에 이르렀다. 그리고 하시바
히데쓰구가 이끄는 셋쓰·오미·단바 군세 3만은 아카시에서 아와지에
이르고, 양군은 후쿠라福良(현재의 南あわじ市)에서 합류하여 대소 800여
척의 선단으로 아와 도사 도마리土佐泊로 상륙했다. 이에 대항하는 조소
카베 측은 기즈성木津城(德島縣鳴門市撫養町)에 도조 간베에東條關兵衛, 우시키
성에 고소카베 지카야스, 이노야마성渭山城(德島縣德島市德島町. 德島城)에 요
시다 야스토시吉田康俊, 이치노미야성에 다니 다다즈미谷忠澄·에무라 지

카토시江村親俊, 이와쿠라성岩倉城(德島縣美馬市脇町田上)에 히에야마 지카오키比江山親興, 와키성脇城(德島縣美馬市脇町大字脇町)에 조소카베 지카요시長宗我部親吉 등을 각각 배치했다.

히데나가군은 아와 상륙 후 기즈성을 공격했고, 하치스카 마사카쓰는 기즈성에 식음수를 공급하는 수로를 차단하였다. 기즈성을 지키는 도조 간베에는 히데요시 측에 가담한 숙부 도조 기이노카미東條紀伊守의 설득으로 개성하였다. 간베에는 도사로 물러났지만, 분노한 모토치카가 그에게 절복을 명했다. 양군 모두 아와 싸움에 주력을 투입하였지만 전력을 이요·사누키로 분산해야 했던 조소카베 측이 불리하였다. 우시키성의 고소카베 지카야스, 이노야마성의 요시다 야스토시는 기즈성 낙성 소식을 듣자 성을 버리고 도망하였다. 조소카베 측에게 남은 거점은 이제 이치노미야·이와쿠라·와키 세 성뿐이었다. 이즈음 히데요시는 직접 출진할 의사를 내비치고, 7월 3일 그 선봉대가 아와지에 이르렀다. 그러나 히데나가는 히데요시의 출전을 만류하고, 스스로 이치노미야성 공격을 지휘하면서 히데쓰구에게 와키·이와쿠라성 공격을 맡겼다.

이치노미야성을 지키는 9,000(또는 5,000) 병사는 선전하였으나, 쓰쓰이 사다쓰구·도도 다카토라·하치스카 마사카쓰·마시타 나가모리 등 5만 히데나가군이 병량 보급선을 끊어버린데다 성에 갱도를 파서 수원까지 끊었다. 결국 7월 중순 이치노미야성은 개성하였다. 이를 전후하여 와키·이와쿠라성도 히데쓰구·구로다·하치스카 등에게 함락되었다. 이에 모토치카의 하쿠치성은 동쪽의 히데나가·히데쓰구군, 서쪽의 모리군에게 협격을 당하는 형세가 되었다.

소고성은 조소카베씨에게 넘어가 조소카베 지카타케長宗我部親武가 성주였는데, 히데나가군이 사누키로 침공하자 1585년 지카타케는 소고성에서 철수하였다. 이에 센고쿠 히데히사가 사누키를 지배하게 되고, 히데히사는 소고 마사유키에게 2만석을 주어 그를 소고성으로 들여보냈다. 그러나 1586년 규슈 정벌에 종군한 소고 마사유키가 시마즈씨와의 분고 헤즈기가와戶次川 싸움에서 사망하며 소고성은 해체되었다.

사태가 이에 이르자, 모토치카는 결사 항전도 못 해보고 항복하는 것은 치욕이라며 도사까지 공격받게 된다 해도 철저히 항전하자고 말했다. 그리고 항복을 권유한 다니 다다즈미谷忠澄를 힐책하며 할복하라고 했다고 한다. 그러나 모토치카는 다다즈미를 비롯한 중신의 설득으로 7월 25일 히데나가의 화해조건을 받아들이고 항복했다.

화해조건은 조소카베씨에게 도사 한 지역을 안도하고, 조소카베씨 당주가 히데요시에게 매회 병사 3,000을 이끌고 군역에 종사할 것, 히데요시에게 인질을 제공할 것, 그리고 이에야스와 동맹을 맺지 말 것 등이었다. 그리하여 조소카베씨는 아와·사누키·이요를 히데요시 측에 넘겼다. 이 교섭에서는 하치스카 마사카쓰가 중재 역할을 하였고, 8월 6일까지 양자의 화해가 성립되었다.

히데요시는 1585년 8월 상순 아와 대부분을 하치스카 이에마사, 아와 일부를 아카마쓰 노리후사에게 주고, 사누키의 대부분을 센고쿠 히데히사, 일부는 소고 마사야스十河存保에게 안도하였다. 이요는 고바야카와 다카카게, 안코쿠지 에케이, 구루시마 미치후사來島通總 등에게 안도하였고, 와키자카 야스하루와 가토 요시아키加藤嘉明에게도 아와 지역을 안도하였다. 그리하여 기이에 하시바 히데나가, 도사에 조소카베씨, 이요에 모리씨 휘하 다이묘, 사누키·아와·아와지에 도요토미 측 다이묘들이 배치되었다. 이렇게 시코쿠 평정의 전후를 처리한 히데나가는 8월 23일 오사카로 귀환했다.

② 엣추 평정

삿사 나리마사는 1575년 9월 노부나가가 에치젠을 평정한 후 시바타 가쓰이에의 수하 다이묘로 감시 역할을 맡았다. 이 시기 삿사 나리마사는 마에다 도시이에, 후와 미쓰하루와 함께(이 셋을 후추산닌슈府中三人衆라고 한다) 에치젠 후추府中 33,000석을 받았고, 고마루성小丸城(福井縣越前市五分市町)을 수축하여 거성으로 삼았다. 후추산닌슈는 가쓰이에의 배하 다이묘이기는 하지만 노부나가군의 반독립 유격군 같은 존재로, 이시야마 합전과 하리마 평정, 아라키 무라시게 정벌 등에 종군했었다.

삿사 나리마사는 1578년 8월 노토로 침입한 우에스기군을 공격하기 위해 시바타 가쓰이에와 함께 가가로 침입했으나, 우에스기씨가 나나오성을 함락시키자 철수하였다. 1580년부터는 진보 나가즈미의 원군으로 잇코잇키와 우에스기군에 대항하여 최전선에서 엣추 평정에 참여하고, 같은 해 가을 삿사 제방佐々堤를 쌓았다. 1581년 2월 나리마사는 정식으로 엣추의 반을 안도받고, 3월 노부나가군의 공격으로 나가즈미가 실각하자, 엣추 슈고로 임명되어 도야마성을 거성으로 삼고 도야마성을 대규모로 개수하였다.

1582년 혼노지의 변이 발생한 시기에 나리마사가 속한 호쿠리쿠 방면군은 우에스기군의 최후 거점인 우오즈성을 3개월의 싸움 끝에 공략하였다(우오즈성 싸움). 혼노지의 변 소식이 전해지자 우에스기씨의 반격으로 나리마사는 움직일 수가 없었다. 기요스 회의에서 가쓰이에와 히데요시가 대립하자 나리마사는 가쓰이에 측에 가담하였는데, 우에스기군의 움직임 때문에 직접 움직이지 못하고 숙부 삿사 히라사에몬佐々平左衛門에게 군사 600을 주어 가쓰이에 측을 돕게 했다. 그러나 위 싸움에서 마에다 도시이에가 히데요시 측으로 이반하고, 우에스기 가게카쓰의 압박도 있어서, 나리마사는 딸을 인질로 내주고 삭발 후 히데요시에게 항복하였다. 히데요시는 나리마사에게 엣추를 안도했다.

1584년 고마키·나가쿠테 싸움이 발생하자, 여름쯤 도쿠가와 이에야스 및 오다 노부카쓰 측으로 가담하여 히데요시 측에 선 마에다 도시이에의 스에모리성을 공격하였다(스에모리성 싸움). 이 시기 나리마사는 에치고 우에스기 가게카쓰와 적대하면서 도시이에에 대한 공격도 감행하였다. 즉 나리마사는 두 방면에서 동시에 작전을 수행해야 했고, 따라서 고전을 면치 못하고 있었다. 그럼에도 불구하고 나리마사는 히데요시와 노부카쓰 사이에 화해가 성립하고 이에야스가 싸움을 멈추자, 엄동의 히다 산맥飛驒山脈·다테야마 산계立山山系를 넘어 하마마쓰로 가서 이에야스에게 재거병을 촉구했다(사라사라코에さらさら越え). 그러나 이에야스를 설득하는 데 실패하고, 노부카쓰와 다키가와 이치마스에게서도 흔쾌한 답변을 얻지 못했다.

이러한 상황 속에서 히데요시가 1585년 7월 관백에 취임하고, 시코쿠 정벌이 거의 완료된 8월부터 엣추 삿사 나리마사 토벌에 나섰다. 히데요시는 오다 노부카쓰를 총대장으로 한 엣추 공격을 결단하였다. 이에 8월 4일 교토를 출발한 선봉 오다 노부카쓰군은 6일 가가 도리고에鳥越에 포진하여 삿사군과 교전을 벌였다. 7일 히데요시가 직접 대군을 이끌고 교토를 출발하자, 나리마사는 엣추 내 36 성채에서 철수시킨 병사들을 도야마성에 집중 배치하여 히데요시의 공격에 대비했다. 8월 19일 7만(10만이라고도 함)의 히데요시군이 가가 쓰바타津幡에서 엣추로 들어가 총공격을 개시하여 엣추 요소요소를 불태우고 도야마성을 포위했다. 히데요시군에 호응한 에치고 우에스기 가게카쓰도 군사를 내어 엣추 경계까지 출격했다. 나리마사의 동맹자였던 히다의 아네노코지 요리쓰나姉小路頼綱마저 가나모리 나가치카가 이끄는 별동대에 평정 당하자 나리마사는 고립무원 상태에 빠졌다.

원래 도야마성은 진즈가와神通川의 물을 끌어들여 '떠있는 성浮城'이라는 이름으로 불리는 공격하기 매우 어려운 성이었다. 히데요시는 수공으로 도야마성을 공략하려 했는데, 이때 폭풍우가 몰아쳐 야영하던 히데요시군이 큰 피해를 입었다. 그럼에도 나리마사는 히데요시군에 대항하기에는 중과부적이라고 판단하여, 8월 26일 오다 노부카쓰를 통해 히데요시에게 항복의 뜻을 밝히고, 구리카라토게俱利伽羅峠에 진을 치고 있던 히데요시를 방문하였다. 이때 나리마사는 삭발하고 가사를 걸쳐 히데요시에게 공순의 뜻을 표했다고 한다. 히데요시는 나리마사를 용서하여 그 처자와 함께 오사카로 보냈고, 그 후 엣추니이카와군新川郡을 안도하고 나머지 영지는 몰수하였다. 오사카로 온 나리마사를 히데요시는 오토기슈御伽衆(이야기 상대역)로 임명하고, 나중에 히고로 전봉하였다.

나리마사 항복 후, 히데요시는 윤8월 1일 도야마성으로 들어가 우에스기 가게카쓰에게 회담을 요청하였으나, 가게카쓰가 응하지 않자 5일 도야마성을 파각하고 엣추를 떠났다. 히데요시는 윤8월 7일 가가, 9일 에치젠, 17일 사카모토, 24일 교토, 27일 오사카로 돌아왔다. 이로써 약 50일간의 삿사 나리마사 평정이 막을 내렸다.

삿사 나리마사를 평정한 후(1584년), 히데요시는 도시이에의 적자 마에다 도시나가前田利長에게 엣추 4군 중 3군(礪波·射水·婦負)을 안도하였다. 한편 니와 나가히데(에치젠·와카사·가가 2군 등지의 123만석)가 1584년 4월 사망하고, 나가히데의 가신 중에 삿사 나리마사에 내응하는 자가 있다는 의심을 사 니와 나가시게丹羽長重는 와카사 15만석으로 감봉되었다. 이때 마에다 도시이에는 호쿠리쿠를 총괄하는 지위에 올라, 이 지역 다이묘들과 히데요시와의 창구 역할을 맡았다.

그리하여 히데요시는 고마키·나가쿠테 싸움에서 반히데요시 측에 가담한 세력들, 기이 잇코잇키, 시코쿠 조소카베씨, 엣추 삿사 나리마사 등을 차례로 제압하였다. 사실상 이 시점에서 히데요시에게 직접 대항하는 세력은 없었다. 다만 히데요시 권력의 영향력이 약한 지역의 다이묘들, 규슈의 시마즈씨, 도호쿠 지역의 다테씨, 잠재적인 적인 도쿠가와 이에야스와 호조씨 등이 있을 뿐이었다. 이들의 존재는 히데요시 권력의 동향에 따라 다이묘와 주변 지역 영주들을 규합하여 언제든지 히데요시에게 반기를 들 가능성이 있었다. 그리고 히데요시에게 종속한 다이묘라도 상황에 따라 히데요시를 이반할 가능성 역시 여전히 존재했다. 특히 아키를 중심으로 거대한 세력을 형성하고 있던 모리씨는 동쪽의 도쿠가와씨, 호조씨와 더불어 최대의 잠재적인 적대 세력으로 존재하였으나, 일단 표면상으로는 히데요시의 최대 협력자로 위치하였다.

히데요시는 시코쿠와 엣추 지역을 안정시킨 후, 1586년 9월 9일 오기마치 천황에게서 도요토미豊臣라는 성을 하사받고 12월 25일 태정 대신太政大臣에 취임하여 율령제의 정점에 올랐다. 이로써 히데요시는 노부나가 정권의 그늘에서 완전히 벗어나 명실공히 도요토미 정권을 수립하였다.

한편 1583년에 짓기 시작한 오사카성이 3년여 공사 끝에 완전하지는 않지만 1585년 그 모습을 드러냈다. 히데요시는 1583년 구로다 요시타카에게 토지 측량을 맡겼는데, 이때 혼마루를 중심으로 대규모의 곽을 동심원상으로 두르되 그 사이에 내측 해자와 외측 해자를 두며, 오사카 시가에서 천수가 잘 보이도록 천수의 위치와 도로를 설계하라고 지시했다고 한다. 오사카성은 니와 나가히데가 총책임자가 되어 건설한 아즈치성의 석단 축성법을 그대로 답습했다.

그 후 아사노 나가마사와 마시타 나가모리를 공사 책임자로, 야마무라 마사키요山村正淸를 대목수로 임명하여 축성 공사를 시작했다. 이 축성을 위해 간사이 30여 지역 다이묘들은 하루 평균 수만 명의 인부를 동원해야 했다. 오사카성 혼마루, 니노마루, 산노마루의 석단은 3리8

정(12km)이나 되었고, 크기를 맞추어 재단한 돌들을 서로 맞물리게 석단을 쌓아올렸다. 주위의 석단도 동일한 방법으로 쌓아올렸다. 이것이 오사카성의 최대 특징이다. 천수각 내부는 금박으로 장식하고 막새軒瓦도 모두 금칠을 하여 히데요시의 오동나무 문장을 빛나게 했다. 2층 이하는 두꺼운 토담, 5층은 회랑과 난간을 두르고, 난간 위는 학, 밑은 순금으로 된 호랑이 조각을 새기고 처마 이음쇠도 모두 황금으로 만들었다고 한다(현재 우리가 보는 오사카성은 1928년 철근 콘크리트로 시공하여 1931년 준공된 것으로, 높이는 54.8m, 5층 8계로 되어 있다. 4층까지는 도쿠가와 시기 형식을, 5층은 히데요시 시기 형식을 보여준다).

오사카성은 히데요시 권력의 상징으로, 완성 시기가 때마침 규슈 평정과 삿사 나리마사 평정이 완료된 시기와 맞물려 노부나가 정권의 그늘에서 완전히 벗어난 도요토미 정권의 권위와 위용을 드러내기에 충분했다고 보인다.

한편 1586년 히데요시는 오다 노부카쓰를 통해 이에야스에 대한 회유를 시도하였다. 규슈 정벌 준비로 분주하던 4월 23일, 신종을 거부하는 이에야스에게 동생 아사히히메朝日姬(南明院)를 이에야스 정실로 보냈고, 이에야스는 5월 14일 아사히히메를 정실로 맞아들였다. 10월 18일 효자로 소문난 히데요시는 어머니 오만도코로를 아사히히메의 병문안을 구실로(실제로는 인질) 오카자키로 보냈고, 이에야스는 24일 히데요시를 알현하기 위해 상경하였다. 10월 26일 오사카에 도착하여 히데나가 저택에 머물고 있던 이에야스에게 히데요시가 비밀리에 방문하여 신종을 요구했다. 이에야스는 10월 27일 오사카성에서 정식으로 히데요시를 알현하고 다이묘들이 보는 앞에서 히데요시에 대한 신종을 보였다. 이러한 경과로 보건대 히데요시는 이에야스와의 교섭에서 의외로 저자세를 취한 것 같은데, 아마도 히데요시의 규슈 정벌과 관련되어 있을 것이다.

그 후 1586년 11월 5일 이에야스는 정3위에 서임되고, 이에야스의 가신들이 다수 관위에 오른다. 11월 11일 미카와로 돌아온 이에야스는 12일 오만도코로를 오사카로 돌려보냈고, 1587년 8월 8일 종2위·곤다이나곤에 오른다.

3. 규슈 평정

1) 시마즈씨의 규슈 제패

1580년 시마즈씨와 노부나가 사이에 교섭이 시작되었다. 이것은 노부나가가 모리씨를 공격하는 데 오토모씨를 참전시키고자 오토모씨와 대립하던 시마즈씨와 오토모씨를 화해시키고자 한 것이었다. 교섭에는 조정의 고노에 사키히사가 관여했다. 이 교섭으로 시마즈 요시히사는 노부나가를 주군='우에사마上樣'로 인정하고 오토모씨와도 화해하였다. 그리고 1582년 시마즈 요시히사는 노부나가의 모리씨 공격에 가담한다는 계획을 세웠으나 혼노지의 변으로 중지하였다. 한편 1581년 구마球磨 사가라相良씨가 시마즈씨에게 항복, 귀순하였다.

여세를 몰아 1581년 시마즈씨는 히고로 북상했다. 이에 대해 류조지 다카노부가 적남 류조지 마사이에龍造寺政家와 의형제 나베시마 노부오를 파견하여 시마즈 측 아카호시 지카타카赤星親隆를 격파하고, 히고 북부 야마모토군山本郡 우치노코가 시게후사內古閑鎭房도 항복시켰다. 이로 말미암아 히고 북부의 재지영주들이 류조지씨에게 신종하였다. 그런데 다카노부의 수하인 오가와 노부타카小河信貴·도쿠시마 나가후사德島長房가 지쿠고筑後 야나가와柳川 가마치 시게나미蒲池鎭並 일족을 살해하는 사건이 일어났다. 이 때문에 지역 재지영주들이 류조지씨를 이반하였고, 지쿠고 재지영주 중 일부는 다카노부에게 반기를 들었다.

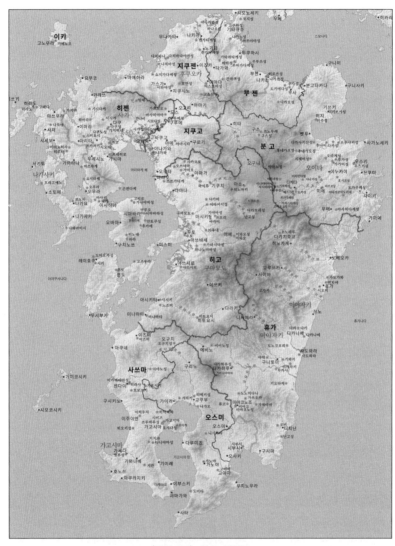

〈그림 22〉 규슈 지역도

　　류조지 다카노부의 압박에 견디다 못한 아리마 하루노부有馬晴信가
야쓰시로八代에 있던 시마즈 요시히로·시마즈 이에히사島津家久에게 원
군을 요청하였다. 이에 호응하여 시마즈군이 1582년 류조지 측 지지와

성千々石城(長崎縣雲仙市千々石町. 釜蓋城)을 공격하여 함락시켰다. 이를 계기로 하루노부는 인질을 시마즈 측으로 보내 시마즈씨에게 신종하는 태도를 보였다. 이러한 상황 속에서 1583년 아리마씨의 친척인 안토쿠 성安德城(長崎縣島原市南崩山町) 성주 안토쿠 스미토시安德純俊도 류조지씨를 이반했다. 그리하여 야쓰시로에 대기하고 있던 니이로 다다타카新納忠堯·가와카미 다다카타川上忠堅 등 시마즈군 1,000여 명의 원군이 안토쿠 성으로 들어가고, 오가 시게카쓰大神鎭勝가 지키는 후카에성深江城(長崎縣 南島原市深江町)을 공격했다.

이렇듯 재지 세력들이 시마즈씨 측으로 기울자, 다카노부는 1584년 3월 19일 시마즈 요시히사와 내통하여 다카노부를 배신한 아리마 하루노부를 치기 위해 25,000(57,000이라고도 함) 병사를 동원하여 류오자키龍王崎에서 출진, 3월 20일 시마바라 반도島原半島 북부 고지로神代로 상륙했다. 이에 하루노부가 야쓰시로에 있던 시마즈 측에 원군을 요청하였다. 당시 시마즈씨는 히고 평정에 착수해 있었기 때문에, 주력이 시마바라에 도착하자 하루노부의 원군 요청에 호응하여 군사를 파견하였다. 단 시마즈군 주력이 움직일 경우, 쇠퇴했다고는 하나 오토모씨가 남하할 가능성이 있고, 사가라 요시히를 전사시킨 아소 고레미쓰阿蘇惟光·가이 소운甲斐宗運 등의 움직임도 있어서, 시마즈 요시히사는 대군을 시마바라로 보낼 수는 없었다.

그런 연유로 요시히사는 동생 이에히사와 에이 히사토라穎娃久虎, 니이로 다다모토, 사루와타리 노부미쓰猿渡信光, 이주인 다다무네伊集院 忠棟, 가와카미 다다토모川上忠智 등을 대장으로 한 군사를 시마바라로 파견하고, 자신은 히고 미즈마타水俣까지 진출하였다. 이에히사는 3,000 병사를 이끌고 시마바라만을 건너 안토쿠성으로 들어갔다(아리마 군세를 합해 총 5,000여). 이 원군은 류조지군보다 하루 앞선 3월 22일 시마바라에 도착했다.

류조지군의 베시마 노부오는 주군 다카노부에게 시마즈군을 경계할 것, 시마즈 원군이 히고에서 철수한 후 장기 지구전으로 아리마를 공격·섬멸할 것을 건의하였다. 그러나 이미 압도적인 병력에 오만해진 나카노부는 노부오의 건의를 듣지 않았다. 시마즈·아리마군은 병력이 태부족한 상태로, 하루노부는 시마즈 대군의 후방공격을 기다려 결전할 것을 주장하였다. 그러나 이에히사는 적극적인 방어책으로 류조지군을 괴멸시키고자 했고, 전장을 시마바라 북방 오키타나와테沖田畷로 정했다.

당시 시마바라 주변은 해안선에서 마에야마前山 경사지에 걸쳐 광대한 습지와 갯벌이 펼쳐져 있었다. 마에야마와 모리타케성森岳城(長崎縣島原市城內. 시마바라성島原城) 사이의 길은 매우 비좁았는데, 오키타나와테는 이 습지대를 세로로 관통하는 좁은 샛길畷에 있었다. 시마즈·아리마군은 3월 23일 밤까지 이 샛길을 봉쇄하기 위해 대규모 경비초소大木戶를, 모리타케성에는 책을 설치하여 방비를 강화하였다. 이런 방어물들을 설치할 수 있었던 것은 다카노부의 진군이 대단히 느렸기 때문이다. 당시 시마즈·아리마군은 하루노부를 총대장으로 모리타케성에 본진을 두고, 해안선에는 이주인 다다무네 등 1,000여 명, 내륙쪽 경비초소에는 아카호시 일당一黨 50인, 이에히사군은 모리타케성 배후에 배치·잠복하고, 니이로 다다모토 등 1,000명은 마에야마 산록에 잠복했다.

3월 24일 새벽 류조지군이 오키타나와테로 진군하여 왔다. 류조지군은 산 쪽으로 나베시마 노부오가, 해변 쪽으로 다카노부의 차남 에가미 이에타네江上家種와 고토 이에노부後藤家信 등이, 중앙은 다카노부 본대가 포진하여 오키타나와테를 돌파하여 모리타케성을 공격하기로 했다. 다카노부는 모리타케성을 내려다볼 수 있는 고야마小山에 올라, 적의 병력수가 적은 것을 보고 손쉬운 승리를 점쳤다.

오전 8시경 전투가 시작되었다. 시마즈 측은 유인계략을 써서 류조

지군에 응전하지 않고 패배를 가장하여 후퇴했다. 시마즈·아리마군은 추격해 온 류조지군에게 활과 철포를 난사하여 선진을 붕괴시켰다. 선진을 구원하려 한 2진은 좌우가 깊은 늪에 좁은 길이어서 진군이 어려운 난감한 상황이 되었다. 다카노부가 상황을 살피고자 사자를 보냈으나, 사자는 목숨을 아끼지 말고 공격하라고 떠벌렸다. 이에 류조지 측 장수들이 일제히 무모한 공격을 감행했고, 이때 잠복해 있던 시마즈 측이 활과 철포를 방사했다. 류조지군의 참패였다. 오후 2시경 다카노부는 시마즈 측 가와카미 다다카타에게 발견되어 목숨을 잃었다(오키타나와테 싸움沖田畷の戰い). 이 승리를 통해 이후 규슈 최강 세력으로 군림하게 된 시마즈씨는 규슈 제패를 추진한다.

다카노부 전사 후, 오토모 소린은 시마즈씨의 세력 확대를 저지하기 위해 다치바나 도세쓰立花道雪·다카하시 조운高橋紹運 등 지쿠젠 세력을 지쿠고로 진출시켰다. 이에 대해 요시히사는 오토모씨에게 종속해 있던 히고 아소阿蘇씨를 공격하였다. 시마즈군은 니이로 다다모토와 이나토미 신스케稻富新助를 대장으로 임명하여 미후네성御船城(熊本縣上益城郡御船町)을 공격하였다. 가이 지카나오甲斐親直의 아들 가이 지카히데甲斐親英가 시마즈군에 반격을 가해 미후네성을 지켰고, 시마즈군은 미후네성을 감시하는 병력만 남겨둔 채 아소 고레미쓰阿蘇惟光의 거성 이와오성岩尾城(熊本縣上益城郡山都町)을 공격했다. 고레미쓰는 겨우 세 살배기 어린 주인으로는 시마즈군에 대항하기 어려워 가신들을 데리고 성을 탈출하였다. 이로써 아소씨는 멸망하였으나, 아소씨 유신들은 시마즈군에게 계속 저항하였다.

이와오성 북동에 위치하는 난고성南郷城(熊本縣阿蘇郡南阿蘇村)에서는 아소씨의 중신 나가노 고레히사長野惟久가 가이씨와 함께 시마즈씨에게 완강히 저항하다 1584년 10월 최후를 맞았다. 이에 주변의 성들은 동요하였고, 나가노성長野城(福岡縣北九州市小倉南區)과 시모다성下田城(福岡縣

久留米市城島町下田)이 시마즈군의 공격으로 함락되었다. 단고성 동쪽에는 아소씨 중신 다카모리 고레나오高森惟直가 지키는 다카모리성高森城(熊本縣阿蘇郡高森町)이 있었는데, 고레나오는 시마즈군의 꼬임을 거절하고, 적은 병력으로 성 밖으로 나가 싸우다 전사하였다. 이 소식을 들은 고레나오의 아들 다카모리 고레스에高森惟居가 시마즈군에게 항복했지만, 사실 이것은 고레스에의 속임수였다. 몰래 오토모씨에게 원군을 요청한 고레스에는 다카모리성에서 휴식을 취하던 시마즈군을 전광석화처럼 습격하여 시마즈군을 괴멸시켰다. 나머지 시마즈군은 오토모군과 다카모리군의 반격을 염려하여 미후네성 공략을 포기하고, 남쪽에 있는 하나노야마성花の山城(熊本縣宇城市豊野町)으로 퇴각했다.

1585년 8월 10일 가이 지카히데가 아소씨의 옛 신하들을 규합하여 하나노야마성을 공격하여 함락시켰다. 이때 기노와키 스케마사木脇祐昌와 가마타 마사토라鎌田政虎 등 시마즈씨 장수들, 그리고 하나노야마성을 구원하려던 후카미 나가토모深水長智의 적자 셋쓰노스케攝津介, 인도 나가히로犬童長廣(犬童刑部), 마키노 가게유牧野勘解由 등 사가라相良 장수들이 전사했다.

이에 대응하여 퇴각해 있던 시마즈군은 히고 슈고다이로 야쓰시로에 있던 시마즈 요시히로를 총대장으로 삼아 반격에 나섰다. 시마즈 요시히로의 주력부대가 8월 13일 아소령으로 침입하여, 가타시다성堅志田城(熊本縣下益城郡美里町中郡), 하나노야마성, 미후네성을 차례로 함락시켰다. 가이 지카히데는 삭발 항복하였고, 미후네성 북쪽에 있는 아카이성赤井城(熊本縣上益城郡益城町)과 기야마성木山城(熊本縣上益城郡益城町), 기야마성 동쪽에 있는 쓰모리성津森城(熊本縣上益城郡益城町)도 시마즈군에게 함락되었다. 그리고 쓰모리성 북쪽에 있는 이마이시성今石城(熊本縣菊池郡菊陽町)도 이시하라 요시토시石原吉利가 철저히 항전하다가 죽음을 맞았고, 이마이시성 서쪽의 다카바성竹迫城(熊本縣合志市上庄)도 함락되었다.

사태가 여기에 이르자, 전년 싸움에서 다카모리 고레스에가 탈환한 이와오·나가노·난고·시모다의 성들도 시마즈군을 두려워하여 차례차례 시마즈군에 개성하였다. 다카모리성의 다카모리 고레스에는 재기를 도모하기 위해 분고로 향하던 중, 가신의 배반으로 시마즈군의 추격을 받아 사망하고, 다카모리성은 함락되었다. 이로써 시마즈씨는 히고 평정을 완성했다.

한편 시마즈 요시히사는 아키즈키 다네자네秋月種實와 류조지씨 4가 중 1가인 류조지 이에하루龍造寺家晴 등을 지쿠고 고라산高良山으로 보내 다치바나 도세쓰 등과 대진하게 했다. 그런데 이 대진 중 1585년 9월 11일 도세쓰가 고령으로 사망하자, 오토모군은 지쿠젠으로 철수했다. 도세쓰의 죽음은 가운이 기운 오토모씨 대들보의 붕괴였다. 이 때문에 소린은 도요토미 히데요시에게 신종을 맹세하고 원군을 요청했다. 그런데 당시 히데요시는 이에야스와 교전중이라 원군을 파견할 수 없었다. 이에 히데요시는 노부나가처럼 분고·사쓰마豊薩 화해를 추진하였으나, 시마즈 요시히사가 그것을 거절했다.

요시히사는 도세쓰의 사망을 기회로 삼아 지쿠젠으로 진출하였다. 요시히사가 오토모씨의 본거지가 있는 분고를 침공하기 위해서는 지쿠젠의 유력한 오토모 측 다치바나야마성立花山城(福岡縣福岡市東區新宮町)의 다치바나 무네시게立花宗茂(統虎)와 이와야성岩屋城(福岡縣太宰府市浦城)의 다카하시 조운, 호만성寶滿城(福岡縣太宰府市大字北谷)의 다카하시 무네마스高橋統增(立花直次)를 제거해야 했다. 요시히사는 로주老中로서 오스미大隅 구시라串良 지토地頭를 맡고 있던 사촌동생 시마즈 다다나가島津忠長를 총대장으로 한 시마즈군에게 이와야성을 공격하게 했다. 그리하여 이와야성은 다카하시 조운의 분투에도 불구하고 시마즈군에게 함락되었다. 이 싸움에서 시마즈군도 많은 사상자를 냈다(이와야성 싸움岩屋城城の戰い). 시마즈군은 호만성도 함락시켰으나, 다치바나야마성은 무네시게의 분투로 함락시키지 못했다. 시마즈군은 많은 손실을 입고 사쓰마로 귀환해야 했다. 그러나 다카하시 조운의 사망으로 오토모씨 지쿠젠 세력의 시마즈씨 위협은 불식되었다.

군사를 재정비한 시마즈씨는 1586년 10월 중순 시마즈 요시히로島津義珍가 이끄는 3만 군세가 히고에서, 시마즈 이에히사가 이끄는 1만 군세가 휴가에서 각각 분고로 침공하였다. 시마즈 요시히로군이 히고에서 분고로 침공하자, 오토모 중신 뉴타 요시자네入田義實와 시가 지카노리志賀親度가 오토모씨를 이반하여 요시히로의 선도역을 맡았다. 시마즈군은 10월 22일 시가 지카쓰구志賀親次의 가신 사타 쓰네토佐田常任가 지키는 다카성高城(大分縣竹田市九重野. 緩木高城)을 수원을 단절하여 함락시킨 것을 시작으로, 가라스다케성烏岳城(大分縣豊後大野市緒方町), 쓰가무레성津賀牟礼城(大分縣竹田市入田), 다카오성高尾城(大分縣豊後大野市緒方町) 등 오노군 소재 성들을 공략했다. 그 밖에도 시마즈군은 헤쓰기성戶次城(大分縣竹田市片ヶ瀬)·다나카성田中城(大分縣豊後大野市大野町)·고마키성小牧城(大分縣豊後大野市緒方町) 등을 함락시켰다. 그러나 시가 지카노리의 적남 시가 다로치카쓰구志賀太郎親次가 지키는 오카성岡城(大分縣竹田市大字竹田)만은 시마즈씨 대군의 공격에도 함락되지 않았다. 오카성은 오노가와大野川와 이나바가와稻葉川, 그리고 다마라이가와玉來川의 천연 해자로 둘러싸인 표고 80m의 산성으로, 지카쓰구의 분투로 시마즈군을 고전케 했다.

요시히로는 오카성에 감시 병력만 남기고, 오카성의 지성들 공략에 나섰다. 그러나 기무레성騎牟礼城(大分縣竹田市飛田川) 공략에 실패하고, 다바루성駄原城(大分縣竹田市戶上駄原畑)에서는 아사쿠라 이치겐朝倉一玄의 계략에 빠져 시마즈군 사카세 부젠노카미逆瀬豊前守가 전사하였다. 사사하라메성笹原目城(大分縣竹田市久保. 篠原目城)에서는 아나미 고레히데阿南惟秀의 모략으로 시라사카 이와미노카미白坂石見守가 전사했다.

요시히로 본대의 주력을 지휘하는 니이로 다다모토는 미나미야마성南山城(大分縣竹田市久住町)을 함락시키고 나오이리군直入郡으로 들어가, 구타미 아키야스朽網鑑康가 지키는 야마노성山野城(大分縣竹田市久住町)을 공격하였다. 85세의 고령에도 시마즈군에 과감히 맞섰던 구타미 아키야스는 지성 미후네성三船城(大分縣竹田市久住町)이 시마즈군에게 함락되어도 평온을 유지하였으나 고령에 무리한 것이 잘못되어 12월 23일 사망하였다. 야마노성은 12월 24일 아키야스의 유아 구타미 시게노리朽網鎮則가 항복하여 개성되었다.

휴가에서 분고로 공격해 들어온 시마즈 이에히사군에 대항하여 최전선 아사히다케성朝日岳城(大分縣佐伯市宇目大字塩見園)을 지키던 장수는 오토모씨의 중신 시바타 쇼안柴田紹安이었는데, 쇼안은 싸우지도 않고 시마즈군에 항복하였다. 이에히사군은 10월 분고 마쓰오성松尾城(大分縣豊後大野市大野町宮迫)과 고마키성을 함락시키고, 10월 23일 이에히사는 오토모씨 유력 가신으로 분고 도가무레성栂牟礼城(大分縣佐伯市上岡)을 지키던 사에키 고레사다佐伯惟定에게 사자를 보내 항복을 권유하였다. 그런데 다수의 부성을 쌓고 사에키만佐伯灣의 해상경비를 강화하는 등 철저히 방어 준비를 하고 있던 고레사다는 11월 4일 도가무레성을 나와 가타타堅田(佐伯市堅田) 하치만야마八幡山에서 시마즈군과 교전하여 침공을 저지했다(가타타 합전堅田合戰).

한편 오토모씨는 싸우지도 않고 항복한 시바타 쇼안에 대항하여 사에키 고레사다를 파견하였다. 그런데 시마즈 이에히사도 쇼안의 의도를 의심하여 중용하지 않았고, 쇼안이 거성 호시코성星河城(大分縣臼杵市野津町)에 원군을 보내달라고 한 요청에도 응하지 않았다. 시마즈씨에게 항복한 것이 쇼안의 단독행동이었던 듯, 12월 4일 사에키 고레사다에 내응한 무장들에게 호시코성은 함락되었고, 시바타씨 일족은 살해되었다. 쇼안은 원군을 보내주지 않은 이에히사를 원망하여 시마즈씨에게 반기를 들었으나, 곧 진압되어 살해되었다.

아나가코이도리테穴囲砦(大分縣佐伯市本匠大字井ノ上. 囲ヶ岳砦, 因尾砦)는 말이 성채지 그냥 동굴 수준이었다. 이에히사는 오노군의 요충 마쓰오성을 함락시킨 후, 반조가와番匠川 연변을 북상해서 도가무레성으로 향했다. 시마즈군이 도가무레성을 침략해 오자 재지 백성들이 아나가코이도리테에서 항전하여, 시마즈 측은 성채를 공략하지 못하고 퇴각하였다.

2) 규슈 평정

① 히데요시 선발군과 시마즈씨의 싸움

위에서 보았듯이 1585년 9월 소린은 히데요시에게 신종하고, 히데요시는 시마즈씨와 오토모씨 간의 화해를 주선하였다. 그러나 시마즈씨는 화해를 거절하고, 이후 오토모씨에 대한 공세를 강화하였다. 이에 히데요시는 1586년 4년 15일 모리 데루모토에게 규슈 평정의 선도역을 명하고, 8월 6일 요시다 고리야마성으로 사자를 보내 규슈 출진을 독촉했다. 그리하여 8월 16일 데루모토가 아키에서, 8월 말 고바야카와 다카카게가 이요에서, 깃카와 모토하루가 이즈모에서 각각 규슈를 향해 출진하였다. 8월 26일 미우라 모토타다三浦元忠가 이끄는 모리군 선봉대 3,000이 부젠 모지성門司城(福岡縣北九州市門司區)을 나와 시마즈 측 다카하시 모토타네高橋元種의 지성 고쿠라성小倉城(福岡縣北九州市小倉北區)을 공략하기 위해 진군하였으나, 오사토大里(北九州市門司區) 주변에 잠복하고 있던 모토타네군을 만나 고전한데다 아키즈키 다네자네의 공격도 있어서 모지성으로 돌아왔다.

히데요시 측과 시마즈씨 측의 이 첫 교전에서 시마즈 측은 일단 방어에 성공하였다. 그러나 9월 히데요시의 명으로 소고·조소카베씨도 분고로 출진하여 오토모씨와 합류했다. 위에서 언급했듯이 9월 9일 히데요시는 조정으로부터 도요토미라는 성을 받았고, 이즈음 히데요시 진영은 부젠의 하나오성花尾城(福岡縣北九州市八幡西區)·히로쓰성廣津城(福岡縣筑上郡吉富町)·도키에다성時枝城(大分縣宇佐市下時枝)·우사성宇佐城(大分縣宇佐市), 지쿠젠의 류가타케성龍ヶ岳城(福岡縣宮若市龍德)을 복속시켰다. 그리고 10월 초 모리 데루모토는 히데요시 측의 군감軍監 구로다 요시타카, 숙부 깃카와 모토하루·고바야카와 다카카게와 함께 부젠으로 상륙해, 다카하시 모토타네의 고쿠라성, 가쿠賀來씨가 지키는 부젠 우루쓰성宇留津城(福岡縣築上郡築上町宇留津)을 공격했다. 고쿠라성 공격은 데루모토가 직접 지휘하고, 모토하루·다카카게도 고쿠라성 공격에 가담했다. 그리하여 10월 4일 고쿠라성은 성병이 모토타네 본성 가와라다케성香春岳城(福岡縣田川郡香春町)으로 도망쳐 모리군에게 함락되었다. 우마가다케성馬ヶ岳城(福岡縣行橋市大谷字馬ヶ岳), 지쿠젠 아사카와성淺川城(福岡縣北九州市八幡西區), 겐가타케성劍ヶ岳城(福岡縣鞍手郡鞍手町) 역시 모리군에게 함락되었다. 한편 구로다 요시타카는 부젠 및 지쿠젠 지역의 시마즈씨 측 무장들에게 히데요시 측에 가담하면 본령을 안도할 것이고, 적대하면 공격한다는 항복권유서를 보내 결단을 촉구했다.

사태가 이에 이르자, 시마즈 요시히사는 동규슈로 진군하여 오토모 소린의 본거지 분고를 직접 공격하여 승부를 낸다는 방침으로 전환했다. 그리하여 10월 22일 시마즈씨 당주 요시히사는 동생 시마즈 요시히로를 대장으로 한 3만여 대군을 동원하여 히고 아소에서 규슈 산지를 넘어 분고로 침공하였다. 요시히로군은 24일 쓰가무레성을 함락시키고, 그 성주 뉴타 요사자네入田義實(入田宗和)의 안내로 오카성을 공격했다. 고마쓰오성小松尾城(大分縣竹田市神原. 小松ヶ城, 神原城), 이치만다성一万田城(大分縣大野市朝地町池田) 등은 시마즈씨에 귀속하였으나, 오카성 성주 시가 지카쓰구가 격렬히 저항하며 시마즈군을 괴롭혀 전황은 교착 상태에 빠졌다.

한편 깃카와 모토하루는 시마즈씨 측 미야야마성宮山城(佐賀縣三養基郡

みやき町)을 공략한 후, 고바야카와 다카카게와 함께 다카하시 모토타네의 지성 마쓰야마성松山城(福岡縣京都郡苅田町)을 공략하였다. 그리고 11월 7일 가쿠 젠케이賀來專慶가 지키는 우루쓰성, 15일 모토타네의 지성 쇼지가다케성障子岳城(福岡縣京都郡みやこ町)도 공격했다. 모토하루는 이 싸움에서 병사하였으나, 깃키와군은 모토타네의 본성 가와라타케성에 20일에 걸쳐 맹공을 퍼부어 12월 상순 항복을 받아냈다. 이로써 부젠은 거의 히데요시 측으로 넘어가게 되고, 분고 전선만 남게 되었다.

이런 상황에서 12월 1일 히데요시는 내년(1587년) 3월을 기해 직접 시마즈씨 정벌에 나설 것이라 포고하고, 기나이 및 호쿠리쿠도北陸道·도산도東山道·도카이도東海道·산인도山陰道·산요도山陽道 등 약 37개 지역國에 총계 20만 병사를 오사카로 집결시키라고 명하였다. 그리고 고니시 류사小西隆佐·다케베 주토쿠建部壽德·요시다 기요에몬노조吉田清右衛門尉·미야모토 나가쓰구宮木長次 등 4명에게 군사 30만 명의 1년분 병량미와 군마 2만 필의 사료를 조달하도록 명하였다. 또한 히데요시의 가신 이시다 미쓰나리石田三成·오타니 요시쓰구·나쓰카 마사이에長束正家 등 3명을 병량 부교兵糧奉行로 임명하여 군량의 출납과 수송을 맡아보게 했다. 고니시 류사에게는 여러 지역의 선박을 징발하여 병량 10만 석을 아카마가세키赤間關로 수송하라고 명했다.

분고 쓰루가성은 소린의 중신 도시미쓰 소교의 거성으로, 소린의 두 거성 후나이府內 우에노하라야카타上原館(大分縣大分市上野丘西)와 우스키성을 잇는 요충지였다. 당시 소교는 히젠으로 출진하고 있어서 쓰루가성은 병사 700명 정도가 지키고 있었다. 11월 시마즈 이에히사가 소교의 적자 도시미쓰 무네히사利光統久가 지키는 쓰루가성을 공격하였다. 무네히사는 이에히사와 화해하고 아버지인 소교와 연락하였다. 소식을 들은 소교는 병사를 돌려 쓰루가성으로 돌아와, 위에서 보았듯이 11월 25일 이에히사의 본진을 야습했다. 이에 12월 6일 이에히사는 쓰루가성 공격을 개시하여 니노마루·산노마루를 점령하고 본성루本曲輪 하나만 남겨두었다. 도시미쓰군은 이에히사군에 완강히 저항하였고, 후나이를 지키는 소린의 적남 오토모 요시무네에게 시마즈군의 후방을 공격할 원군을 요청했다. 그러나 이에히사가 쓰루가성을 후나이 공격의 거점으로 삼기 위해 밤낮으로 공격을 퍼부었고, 이때 화살에 맞은 소교가 전사했다.

당시 후나이성에는 도사 조소카베 모토치카·노부치카 부자, 사누키 소고 마사야스, 그리고 군감軍監 입장에 있는 사누키 다카마쓰성 성주 센고쿠 히데히사 등 시코쿠군 6천이 주둔하고 있었고, 오토모씨 병력까지 합치면 총 1만을 상회하였다. 시코쿠군은 지구전을 염두에 두고 시마즈군을 움직이지 못하게 하라는 지시를 받았으나, 도시미쓰 소교의 사망으로 후나이가 이에히사·요시히로군에게 양 방향에서 협격을 당할 위험에 처하였다.

이에 이에히사군을 헤쓰기가와에 묶어 두기 위해 12월 11일 센고쿠 히데히사와 조소카베 노부치카가 급거 출진하여 12월 12일 헤쓰기가와에 진을 쳤다. 전략회의에서 히데히사는 강을 건너 공격하자고 주장하였으나, 모토치카는 군사를 강화하고 나서 싸워야 한다고 주장하였다. 히데히사가 모토치카의 의견에 반대하였고 소고 마사야스 역시 히데히사의 주장에 동조하여, 강을 건너 출진하는 것으로 결정되었다.

한편 이에히사는 쓰루가성 포위를 풀고 퇴각하여, 사카하라잔坂原山에 진을 쳤다. 이에히사군은 병력이 18,000으로 늘어났다. 양군은 12월 12일 저녁부터 13일에 걸쳐 교전을 벌였다. 시마즈군은 잠복해 있다가 강을 건넌 센고쿠 히데히사군을 급습하고, 허를 찔린 히데히사는 패주하였다. 때문에 조소카베 3,000병이 니이로 다이젠노스케新納大膳亮가 이끄는 5,000병과 싸우게 되었다. 모토치카와 노부치카 부자는 난전 속에서 서로 헤어졌고, 모토치카는 도망하여 이요 히부리시마日振島로 퇴각했다. 노부치카는 나카쓰中津 도메카와라留川原에 머물다가 스즈키 다이젠鈴木大膳에게 22세의 젊은 나이로 살해되었다. 노부치카를 따르던 700명도 사망하였고, 소고 마사야스도 전사하였다. 마침내 쓰루가 성도 이에히사군에게 함락되었고, 이 싸움으로 시코쿠군 6,000 중 2,000이 사망하였다. 히데요시는 히데히사의 패전에 분노하여 그의 영지 사누키를 몰수해서 비토 도모노부에게 주었다.

승기를 잡은 시마즈군 이에히사는 가가미성鏡城(大分縣大分市大字竹中)과 오타케성小岳城(大分縣大分市上判田字小岳)을 함락시키고 북상하여 12월 13일 후나이성을 함락시켰다. 오토모 요시무네는 싸움을 피해 북쪽 부젠 경계에 가까운 다카사키산성高崎山城(大分縣大分市大字神崎)까지 도망하여, 당시 부젠에 주둔하고 있던 모리 데루모토와 군감 구로다 요시타카에게 원군을 요청하였다. 이에히사는 은거한 오토모 소린이 지키는 우스키성을 포위했고, 소린은 포르투갈에서 수입한 불랑기포佛郎機砲(石火矢, '國崩し')를 사용하여 우스키성을 지켰다. 그 후 북상하는 시마즈군은 기쓰키성杵築城(大分縣杵築市杵築)을 공격하였으나, 기쓰키 시게나오木付鎭直의 격렬한 저항으로 낙성에는 실패하였다. 분고 남부에서는 오토모의 가신 사에키 고레사다가 시마즈 측에게 빼앗긴 성들을 탈환하여 후방을 차단하였다. 시가 지카쓰구는 시마즈 요시히로군을 수차례 격파하였다.

히고 아소에서 분고로 들어온 시마즈 요시히로군은 12월 14일 분고 야마노성으로 이동하여 그곳에서 겨울을 났다. 이에히사는 분고 후나이성에서, 당주 시마즈 요시히사는 휴가 시오미성塩見城(宮崎縣向日市塩見)에서 각각 세모를 보냈다.

이에히사는 우스키성을 공격하고 아울러 그 지성인 쓰루사키성鶴崎城(大分縣大分市南鶴崎) 공략을 이주인 히사노부伊集院久宣·노무라 후미쓰나野村文綱·시라하마 시게마사白浜重政에게 맡겼다. 쓰루사키성의 성주는 요시오카 무네마스吉岡統增(鎭興 아들)로, 당시 그는 우스키성에 있었고, 쓰루사키성을 지키고 있던 사람은 그의 어머니 묘린니妙林尼라는 여승이었다. 묘린니는 함정을 파고 기책을 써서 16차에 걸친 시마즈군의 공격을 막아내고 시마즈군에게 많은 피해를 입혔다. 그러나 병량이 다하여 시마즈군의 화해 요청에 응할 수밖에 없게 되자 성민들의 생명 보장을 조건으로 쓰루사키성을 개성하였다.

그런데 이미 히데요시는 전년(1586년) 11월 이에야스를 상경시켜 신종하게 하였고, 기나이의 대군을 규슈로 파견하였다. 때문에 시마즈군은 철수하고자 했고, 묘린니는 이 기회를 놓치지 않고 시마즈군이 오토즈가와乙津川 주변에 도달하자 기습을 가하였다. 이 기습으로 이주인 히사노부와 시라하마 시게마사가 전사하고, 부상당한 노무라 후미쓰나도 나중에 사망하였다(오토즈가와 싸움乙津川の戰い).

요시히로 본대는 야마노성을 함락시킨 후에도 후네가오성船ヶ尾城(大分縣由布市庄內町柿原), 시게미성繁美城(大分縣大分市野津原町太田) 등을 함락시켜 오이타군大分郡·구스군玖珠郡 등을 평정하였다. 그러나 오카성의 시가 지카쓰구가 게릴라전을 전개하여 요시히로 본대를 움직이지 못하게 했다. 어쩔 수 없이 요시히로는 니이로 다다모토에게 별동대를 편성하게 하여 오이타군과 구스군을 평정하도록 했다. 결국 요시히로군은 이누이성乾城(大分縣玖珠郡九重町田野)과 구스성玖珠城(大分縣玖珠郡玖珠町), 기가오성城ヶ尾城(大分縣玖珠郡九重町粟野字長釣) 등을 함락시켰으나, 쓰노무레성角牟礼城(大分縣玖珠郡玖珠町)에서는 슈쿠리 게키宿利外記라는 활의 명수에게 고전하여 퇴각했다. 히주성日出生城(大分縣玖珠郡玖珠町日出生)에서는 성주 호아시 아키나오帆足鑑直가 아내 오니고젠鬼御前과 함께 출격, 쓰노무레성에서 패한 후 휴식을 취하던 다다모토군을 기습하여 압도적 병력의 다다모토군을 물리쳤다.

② 히데요시의 규슈 출진

1587년 원단, 히데요시는 연하 축의 자리에서 다이묘들에게 규슈 공략을 명했다. 정월 25일 우키타 히데이에를 필두로, 2월 10일 히데요시의 동생 히데나가에 이어 3월 1일 히데요시 자신이 직접 출진했다. 칙사·공가들·오다 노부카쓰 등의 전송을 받으며 출진한 히데요시의 히고 방면군에, 도요토미 히데나가가 이끄는 휴가 방면군까지 총병력은 20만에 달했다. 히데요시는 부대를 다음과 같이 편성했다.

히고 방면(1587년 3월 25일부 히데요시 주인장朱印狀)

총대장 도요토미 히데요시

1번대 모리 요시나리毛利吉成, 다카하시 모토타네,
　　　 기이 도모후사城井朝房

2번대 마에노 나가야스前野長康, 아카마쓰 히로히데赤松廣英,
　　　 아카시 노리자네明石則實, 벳쇼 시게무네

3번대 나카가와 히데마사, 후쿠시마 마사노리,
　　　 다카야마 나가후사高山長房

4번대 호소카와 다다오키, 오카모토 요시카쓰岡本良勝

5번대 니와 나가시게, 이코마 지카마사

6번대 이케다 데루마사, 하야시 다메타다林爲忠,
　　　 이나바 사다미치稻葉貞通

7번대 하세가와 히데카즈, 아오야마 다다모토靑山忠元,
　　　 기무라 시게코레木村重茲, 오타 가즈요시太田一吉

8번대 호리 히데마사, 무라카미 요시아키라村上義明

9번대 가모 우지사토

10번대 마에다 도시이에前田利家

11번대 도요토미 히데카쓰豊臣秀勝

휴가 방면(1587년 3월 21일부 히데요시 주인장朱印狀)

총대장 도요토미 히데나가

1번대 구로다 요시타카, 하치스카 이에마사

2번대 고바야카와 다카카게, 깃카와 모토나가

3번대 모리 데루모토

4번대 우키타 히데이에, 이나바슈(미야베 게이준宮部繼潤,

　　　　가메이 고레노리, 기노시타 시게카타木下重堅,

　　　　가키베 미쓰나리垣屋光成, 난조 모토쓰구南條元續)

5번대 고바야카와 히데아키小早川秀秋

번외로 쓰쓰이 사다쓰구, 미조구치 히데카쓰溝口秀勝,

　　　　모리 다다마사森忠政, 오토모 요시무네, 와키자카 야스하루,

　　　　가토 요시아키, 구키 요시타카, 조소카베 모토치카

　히데요시의 가신 이시다 미쓰나리, 오타니 요시쓰구, 나쓰카 마사이에가 병량 부교를 맡아 병량 확보와 수송을 책임졌다. 긴키 지역에서의 수송은 셋쓰 아마가사키항尼崎港(兵庫縣尼崎市)을 주로 이용하였다.

　3월 도요토미 히데나가군이 비젠 고쿠라小倉에 선착해 있던 모리 데루모토와 우키타 히데이에, 미야베 게이준 등 산요·산인 군세와 합류하여, 히데요시 군세는 총 10만에 이르렀다. 여기에 시마즈군의 침입을 견뎌낸 오카성의 시가 지카쓰구와 도가무레성의 사에키 고레사다, 쓰루사키성의 묘린니 등이 가세하였다. 히데요시 측의 압도적인 군사력에 부젠·분고 토호들이 시마즈씨를 이반하여 히데요시 측으로 귀순하였다. 그리고 히젠 류조지 마사이에와 나베시마 나오시게鍋島直茂도 히데요시에게 귀순했다.

　시마즈 요시히사는 압도적 병력 차를 고려하여 전선을 축소하였다. 시마즈 이에히사는 헤쓰기가와 싸움戶次川の戰い 후에 점령한 후나이에

서 후방 분고 마쓰오성으로 퇴각하고, 대신 시마즈 요시히로가 후나이로 들어가 수비를 강화하였다. 히데요시는 요시히로에게 고야산 승려 모쿠지키 오고와 잇시키 아키히데一色昭秀를 파견하여 화해를 권유하였으나 요시히로가 응하지 않았다. 그런데 시마즈 측이 사에키 고레사다가 이끄는 오토모군의 공격을 받고 휴가 경계 부근의 아사히다케성朝日嶽城(大分縣佐伯市宇目大字塩見園)이 함락되어 전황이 불리해졌다. 이에 요시히로는 3월 15일 야반에 후나이성을 탈출하여 분고 마쓰오성에 주둔하고 있던 이에히사와 합류하여 분고에서 철수했다. 철수하는 시마즈군을 3월 16일 미우메가토게三梅峠에서 시가 지카쓰구, 3월 17일 아즈사토게梓峠에서 사에키 고레사다가 이끄는 오토모군이 추격하였다(아즈사토게 싸움梓越の戰い). 이 추격전으로 시마즈군은 큰 피해를 입고 휴가까지 퇴각했다.

한편 3월 1일 오사카를 출발한 히데요시는 3월 2일 고쿠라, 이후 산요도를 유유히 지나 3월 25일 아카마가세키에 도착하였고, 이곳에서 히데나가와 규슈 공격에 대해 협의하였다. 그리하여 히데나가는 동규슈 분고·휴가를 거쳐 사쓰마로 진군하고, 히데요시는 서규슈 지쿠젠·히고를 거쳐 사쓰마로 향하기로 했다. 히데요시는 아카마가세키에서 배를 타고 규슈로 건너가 지쿠젠으로 향했다. 3월 28일 고쿠라성에 도착, 29일 부젠 우마가다케馬ヶ岳(行橋市大谷)까지 진군하여 시마즈 측의 거점인 아키즈키 다네자네 본거 지쿠젠 고쇼산성古處山城(福岡縣朝倉市秋月)·부젠 간자쿠성岩石城(福岡縣田川郡添田町枡田)을 공격하기로 했다. 3월 29일 군의를 연 히데요시는 견고한 간자쿠성을 제어하기 위해 도요토미 히데카쓰·가모 우지사토·마에다 도시나가 등을 주둔시키고, 호소카와 다다오키·나카가와 히데마사·호리 히데마사에게 고쇼산성 공격을 맡기려 하였다.

그러나 우지사토·도시나가가 간자쿠성 공격을 주장하며 직접 공격에 나서겠다고 자청하였다. 이에 히데요시는 도요토미 히데카쓰를 대장으로 삼고 가모 우지사토·마에다 도시나가를 선봉장으로 임명하여 간자쿠성을 공격하게 했다. 그리하여 4월 1일 가모군이 오테구치大手口에서, 마에다군이 가라메테구치搦手口에서 간자쿠성을 공격하여 함락시켰다. 한편 시마즈씨 측의 아키즈키 다네자네는 히데요시에게 성들이 각개 격파당할 것을 염려하여 지성 마스토미성益富城(福岡縣嘉麻市中益)을 파각하고, 전군을 고쇼산성에 집결시켜 농성하게 했다. 그러나 히데요시는 파각한 마스토미성을 재빨리 수복하고 그곳을 거점으로 삼아 고쇼산성을 공격하였다. 이에 다네자네는 전의를 상실하고 4월 3일 히데요시에게 항복했다.

그 후 히데요시는 4월 10일 지쿠고 고라산高良山, 4월 16일 히고 구마모토隈本(熊本), 4월 17일 우토宇土로 진군했고, 그 사이 히데요시의 위세에 눌린 시마즈 측 토호들이 히데요시에게 귀순했다. 19일 히데요시는 히고 야쓰시로에 도착하였다. 이때 히젠 류조지씨는 수하 나베시마 나오시게가 히데요시와 일찍이 내통하고 있기도 해서 히데요시에 귀참했고, 시마바라 방면의 아리마 하루노부도 히데요시에게 회유당했다. 다카다高田(八代市高田)에 재진하고 있던 시마즈 다다토키島津忠辰도 다카다를 포기하고 사쓰마 이즈미出水(鹿兒島縣出水市)로 퇴각했다.

3월 하순, 도요토미 히데나가는 휴가로 침공하여 3월 29일 휴가 북부의 요충지 마쓰오성을 함락시키고, 휴가 남부의 요충지 다카성高城(宮崎縣兒湯郡木城町)을 포위했다. 다카성은 견고한데다 그 성의 수장이 시마즈군 제일의 용장 야마다 아리노부山田有信여서 히데나가가 대군도 쉽게 다카성을 함락시킬 수가 없었다.

한편 시마즈 요시히사는 히데요시군이 서쪽에서 남하해 오자 당황했다. 히데나가군의 공격에 대비해 사쓰마·오스미 등의 군사를 대부분 휴가 도노코리성都於郡城(宮崎縣西都市大字鹿野田字高屋)으로 집결시켜둔 상태라 규슈 서쪽지역은 수비가 상대적으로 취약했기 때문이다. 이에 요시히사는 다카성을 포위한 히데나가 군사와 일전을 벌이고자 했다. 4월 17일 야반 시마즈군이 네지로자카根白坂(=根城坂. 宮崎縣兒湯郡木城町大字 椎木)를 급습했다. 네지로자카는 다카성 남측에 위치하여, 시마즈군이 다카성을 구원하려면 꼭 확보·통과해야 하는 길이었다. 때문에 히데 나가와 구로다 요시타카 등도 시마즈군의 후방 주둔을 경계하여 네지 로자카의 수비를 강화하고 있었다.

이때의 양군 병력에 대해서는 정설이 없으나, 히데나가군이 8만, 시마즈군이 3만 5천 정도였다고 한다. 시마즈군은 대장 시마즈 요시히 로가 직접 전선으로 나가 싸웠다고 전해질 정도로 분투하였다. 그러나 히데나가군은 미야베 게이준 등을 중심으로 한 1만 군사가 물이 없는 해자 공굴空堀과 판자 벽 판병板塀 등을 사용하여 철통같이 네지로자카 를 방어하였다. 시마즈군은 이 방어벽을 돌파하지 못해 전선은 교착 상태에 빠졌다.

히데나가 본대는 미야베 게이준 등의 군사를 구원하려 하였으나, 상황을 지켜본 군감 비토 도모노부는 구원이 불가능하다고 판단하였 다. 도모노부는 시마즈군에게 대항하지 말라는 진언을 올렸고 이 의견 을 받아들인 히데나가가 미야베 게이준 구원을 중지하였다. 그런데 히데나가 휘하 도도 다카토라군 500명과 우키타 히데이에 휘하 도가와 미치야스戸川達安가 미야베 게이준을 구원하기 위해 출진하여 시마즈군 을 괴롭히고, 고바야카와·구로다군이 시마즈군을 협격하였다. 공격을 받은 시마즈군은 시마즈 다다치카島津忠隣, 사루와타리 노부미쓰猿渡信光 가 전사하는 등 심대한 피해를 입고 패주하였다. 도모노부는 이 싸움에 소극적 태도를 보였다고 하여 히데요시에게 추방되고 후에 처형된다.

그런데 1586년 말부터 수면 아래에서 아시카가 요시아키와 모쿠지 키 오고가 도요토미 히데나가의 의향을 받들어 시마즈씨와 화해공작을 추진하고 있었다. 요시히사도 1587년 4월 12일 요시아키의 사자를 만나 화해 수락 의사를 표명했다. 위에서 보았듯이 4월 17일부터 휴가 다카성 싸움과 이어진 네지로자카 싸움에서 당한 패배로 시마즈씨의 조직적 저항은 끝을 향해 가고 있었다. 마침내 4월 21일 시마즈 요시히사는 히데나가에게 이주인 다다무네와 시마즈씨 가로 히라타 마스무네平田增宗를 인질로 보내 화해를 청하였고, 26일 최후까지 저항하던 야마다 아리노부도 다카성 개성에 동의하여 29일 성을 나왔다.

앞에서 보았듯이 요시히사가 분고·휴가 방면에 군사를 집결시켰기 때문에, 규슈 서부지역은 상대적으로 수비가 취약하였다. 이 지역으로 진군한 히데요시는 4월 25일 히고 사시키佐敷(熊本縣葦北郡芦北町), 26일 히고 미즈마타水俣(熊本縣水俣市), 4월 27일 시마즈 측의 예상을 뛰어넘는 속도로 사쓰마로 진군하여 이즈미성出水城(鹿兒島縣出水市麓町), 미야노성宮之城(鹿兒島縣薩摩郡さつま町) 등을 함락시켰다. 한편 히데요시군의 선봉 고니시 유키나가, 와키자카 야스하루, 구키 요시타카, 가토 요시아키는 해로로 24일 이즈미, 25일 센다이川內(鹿兒島縣薩摩川內市)로 들어왔다. 히데요시는 사쓰마의 조도신슈淨土眞宗 세력을 이용하기 위해 혼간지 겐뇨와 함께 움직였고, 이 때문에 시시지마獅子島(鹿兒島縣出水郡長島町) 잇코 문도들의 협력을 얻어 신속히 이즈미·센다이에 도착할 수 있었다. 4월 28일 고니시·와키자카·구키군이 히라사성平佐城(鹿兒島縣薩摩川內市平佐町)을 공격하였으나, 성주 가쓰라 다다노리桂忠詮의 반격으로 고전하였다(히라사성 싸움平佐城の戰い).

한편 4월 28일 저녁 요시히사는 히라사성에서 저항하고 있던 가쓰라 다다노리에게 서장을 보내 이미 히데요시에게 항복하였으며, 더 이상의 싸움은 시마즈씨의 전후 처우에 불이익을 줄 염려가 있으니 항복하라고 하였다. 당시 히데요시군은 다시 센다이가와川內川 대안에 진을 치고 있었다. 요시히사의 서장을 받은 가쓰라 다다노리는 야마다 아리노부가 다카성을 나온 4월 29일, 와키자카 야스하루에게 인질을 보내 항복의 뜻을 전했다. 히데요시는 이 항복 소식을 들은 다음 날(5월 1일) 이즈미에서 아쿠네阿久根(鹿兒島縣阿久根市), 3일 히라사성 건너편 센다이 다이헤이지泰平寺(薩摩川內市)에 본진을 설치했다. 가쓰라 다다노리는 다이헤이지에서 히데요시를 알현하여 무용을 칭찬받고 명도名刀 호주寶壽를 하사받았다.

요시히사는 위에서 보았듯이 철저히 저항하려는 시마즈 요시히로와 니이로 다다모토 등에게 항복할 것을 설득하였고, 오고의 중재로 5월 하순 시마즈씨가 히데요시에게 완전히 항복하였다. 요시히사는 가고시마鹿兒島로 돌아와, 5월 6일 이주인伊集院(鹿兒島縣日置市) 셋소인雪窓院에서 삭발하고 출가했다(법명은 류하쿠龍伯). 그리고 5월 8일 다이헤이지에 체류하고 있던 히데요시를 방문하여 항복하고 히데요시로부터 사면을 받았다.

한편 "화목에는 시세가 있고, 이대로 지금 항복해서는 안 된다"고 주장한 시마즈 도시히사島津歲久는 요시히사·요시히로가 히데요시에게 항복한 후에도 항전을 계속했다. 그는 히데요시가 다이헤이지에서 오구치大口로 진을 옮기는 도중에 야마사키山崎에서 가신을 시켜 히데요시에게 화살을 쏘아 공격하였으나, 습격을 예상한 빈 가마여서 히데요시는 화를 면했다.

이렇듯 시마즈 도시히사의 저항이 계속되는 가운데, 히데요시는 5월 18일 다이헤이지를 떠나 6월 7일 지쿠젠 하코자키筥崎(福岡市東區箱崎)에 도착하여 하치만구八幡宮에서 규슈 전후처리를 발표했다(규슈쿠니와케령九州國分令). 시마즈씨에 대한 처분은 이미 5월중에 처리되었다.

히데요시는 5월 13일 오토모 소린에게는 휴가를 주어 이토 스케타케伊東祐兵를 그의 배하로 하고, 이주인 다다무네에게 오스미 한 군을 주고, 나머지 모든 오스미 지역을 헤쓰기가와 싸움에서 적남 노부치카를 잃은 조소카베 모토치카에게 주고자 했다. 그러나 소린과 모토치카가 이를 고사하여 실행되지는 않았다. 이에 앞서 5월 8일 소린이 은거지 분고 쓰쿠미津久見(大分縣津久見市)에서 사망하고, 그즈음 히젠 오무라 스미타다大村純忠도 사망했다.

한편 이시다 미쓰나리와 이주인 다다무네의 교섭 결과, 시마즈씨는 규슈에서 획득한 대부분의 지역을 몰수당하고, 최종적으로 사쓰마·오스미와 휴가 군현郡縣들이 안도되었다. 즉 요시히사에게 사쓰마, 요시히로에게 오스미, 요시히로의 아들 시마즈 히사야스에게 휴가 가운데 마사키인이 주어졌다. 시마즈 이에히사는 사도와라성佐土原城(宮崎縣宮崎市佐土原町上田島)을 명도하고 히데나가와 함께 상경하려 하였으나, 6월 5일 급사했다(독살이라고도 함). 이에 이에히사의 적자 시마즈 도요히사島津豊久에게 휴가 도노코리都於郡(西都市)와 사도와라佐土原가 안도되었다.

히고는 대부분 삿사 나리마사에게 주어지고, 히고의 히토요시人吉는 사가라씨 가신 후카미 나가토모深水長智의 교섭으로 사가라 요리후사賴房에게 안도되었다. 고바야카와 다카카게에게는 지쿠젠·지쿠고·히젠 1군 약 37만석, 구로다 요시타카에게는 부젠 6군(京都·仲津·築城·上毛·下毛·宇佐郡의 반) 약 12만 5천석(이제까지의 공적을 염두에 두면 보상이 적은 편인데, 히데요시가 요시타카의 야심과 군사적 재능을 두려워했기 때문이라고도 한다), 모리 요시나리森吉成에게는 부젠 기쿠군企救郡·다가와군田川郡 약 6만석, 다치바나 무네시게에게는 지쿠고 야나가와성柳川城(福岡縣柳川市本城町)에 13만 2천석, 모리 가쓰노부毛利勝信에게는 부젠 고쿠라小倉(福岡縣北九州市) 약 6만석을 안도하였다. 고바야카와 다카카게는 자신에게 주어진 영지 중 지쿠고 3군을 모리 히데카네毛利秀包에게 양여했다.

소린의 아들 오토모 요시무네에게는 분고와 부젠 우사군宇佐郡의 반, 류조지 마사이에와 오무라 스미타다의 아들 오무라 요시아키大村喜前, 마쓰우라 시게노부松浦鎮信에게는 히젠 내 소령이 안도되었고, 나베시마 나오시게는 주가 류조지씨에게서 독립하여 다이묘가 되었다. 소씨宗氏에게는 쓰시마對馬가 안도되었고, 대규모의 히데요시 직할지가 규슈에 설정되어 후에 조선침략의 전진기지 역할을 했다. 그리고 시마 즈씨와 협력하였던 지쿠젠 아키즈키 다네자네가 휴가 구시마櫛間(串間 市)와 다카나베財部(高鍋町)로 이봉되었고, 다네자네 2남 다카하시 모토 타네도 아가타縣(延岡市)와 미야자키宮崎(宮崎市)로 이봉되었다. 규슈 평정 에서 선도 역할을 한 이토 스케타케에게는 휴가 오비飫肥(宮崎縣日南市)와 소이曾井(宮崎市曾井)·기요타케淸武(宮崎市淸武町)가 주어졌으나, 오비성飫肥 城(宮崎縣日南市飫肥)에 있던 시마즈 측 우에하라 나오치카上原尙近가 성의 명도를 거부하였다. 이에 요시히사가 나오치카를 설득하여 나오치카 는 1년 후인 1588년 6월 오비성에서 퇴거했다.

히데요시는 상경 도중에 폐허가 된 하카타를 직할령으로 삼고, 그 부흥에 착수했다. 6월 11일에는 이시다 미쓰나리·다키가와 가쓰토시· 고니시 유키나가·나쓰카 마사이에·야마자키 가타이에 등 5명을 조와 리부교町割奉行에 임명하고, 가미야 소단神屋宗湛과 시마이 소시쓰島井宗室 등 조민들町衆을 동원하여 하카타 부흥을 명했다. 6월 19일 나가사키長 崎항에서 남만무역南蛮貿易을 독점하기 위해 선교사(바테른パテレン)추방령 을 내리고, 1588년 4월 교회령인 나가사키를 몰수하여 직할지로 삼았 다. 이보다 앞선 1587년 6월 15일 쓰시마 도주 소 요시시게宗義調와 그의 양자 소 요시토시宗義智에게 조선국왕을 히데요시에게 알현하게 하도록 사자를 파견하라고 명했다.

전후처리 후, 고바야카와 다카카게가 다치바나씨의 거성이었던 나 지마성名島城(福岡市東區名島)으로 입부하였고, 구로다 요시타카는 나카쓰 성中津城(大分縣中津市二ノ丁)을 본거로 삼았다. 지쿠고 야나가와의 다치바 나 무네토라立花統虎(立花宗茂)는 오토모씨에게서 독립하여 히데요시 직 신 다이묘가 되었다. 고바야카와 다카카게의 양자 모리 히데카네毛利秀

包는 이요 우와군宇和郡 오즈성大洲城(愛媛縣大洲市大洲) 3만 5천석의 다이묘가 되었으나, 다카카게에게 지쿠고 내 7만 5천석을 받아 1588년 구루메성久留米城(福岡縣久留米市篠山町)으로 입부했다.

이 전후처리로 기득권을 잃게 된 재지세력이 불만을 품고 잇키를 일으켰다. 1587년 8월 검지를 강행한 삿사 나리마사가 검지 시행에 저항하는 구마베 지카나가隈部親永를 공격하자, 재지영주·백성이 잇키를 맺어 나리마사의 본거인 구마모토성을 습격하였다(히고 고쿠진잇키肥後國人一揆). 히젠, 부젠에서도 재지영주들이 잇키를 일으켰다. 히데요시는 규슈 평정을 축하하는 기타노北野 대다회大茶湯를 10월 1일부터 10일까지 열흘 동안 개최할 예정이었다가 하루 만에 중지하였는데, 위 재지영주들의 잇키 소식을 접했기 때문이라고 한다. 한편 히데요시는 재지영주들의 잇키 책임을 물어 삿사 나리마사의 영지 히고를 몰수하고, 삿사 나리마사에게 셋쓰 아마가사키에서 절복할 것을 명하였다. 이후 히고 북반부는 가토 기요마사(19만 5천석), 남반부는 고니시 유키나가(20만석)에게 안도되었다.

4. 선교사 추방령과 주라쿠테이 건설

일본이 서양세계에 알려진 것은 마르코 폴로의 『동방견문록』에 의해서다. 마르코 폴로는 이 책에서 일본을 황금의 나라로 묘사하였는데, 태양이 떠오르는 곳 밑에 황금의 섬이 있다는 고대 그리스·로마 시대로부터 전해 내려오는 전설을 가탁한 것이라고 한다.

한편 십자군전쟁 이후 유럽의 패자로 등장한 것은 에스파니아와 포르투갈이었다. 이들 국가가 강대해진 것은 상업 중심지가 지중해에서 대서양으로 이동하는 가운데, 이 국가들이 지리적으로 지중해와 대서양을 연결하는 지점에 위치해 있었다는 점, 르네상스로 나침판, 지리학, 항해술 등의 과학기술이 발전해 있었다는 점, 동방무역의 발달로 이를 담당하는 상인들이 성장했다는 점 등을 들 수 있겠다.

에스파니아는 1492년 서인도 제도(아메리카 대륙)를 발견하고, 16세기 들어 코르테스와 피사로가 멕시코 및 페루를 정복하는 등 유럽 서쪽으로 항로를 개척했다. 이를 바탕으로 에스파니아는 멕시코의 금·은을 독점하고 16세기 중반 동양의 필리핀 제도를 영유하여 마닐라를 근거지로 동양 제국과 상업활동을 시작한다. 한편, 1487년 포르투갈인 바르톨로메우 디아스가 희망봉을 발견하고, 1498년에는 바스코 다 가마가 인도항로를 발견한다. 포르투갈은 유럽 동쪽으로 항로를 개척한 이 결과를 바탕으로 인도 고아에 총독부를 두고 동방 경영에 힘을 쏟는다. 이어 실론과 말라카를 점령하고, 1557년에는 중국 명으로부터 왜구 소탕에 기여한 공로로 마카오 거주권을 인정받아 이곳을 거점으로 동양의 물자들을 독점해 거부巨富를 창출했다.

이처럼 포르투갈과 에스파니아가 각각 유럽의 동서로 진출하게 된 것은 아프리카 지역에서 발견된 신천지의 영유권을 둘러싼 양국의 갈등을 교황이 조정한 때문이었다. 즉 교황은 1494년 6월 7일 소위 토르데시야스 조약Tratado de Tordesilhas을 통해 서아프리카로부터 서쪽으로 약 2,220km를 기점으로 동쪽은 포르투갈, 서쪽은 에스파니아에게 영유권, 기독교 포교권, 무역권의 독점을 인정한 것이다.

일본에 서양인이 도래한 것도 이러한 세계사의 규정을 받고 있는데, 처음 일본에 온 서양인은 위에서 추측할 수 있듯이 포르투갈 사람이었다. 1543년 8월 명明의 닝보寧波로 향하던 포르투갈선이 규슈九州 다네가시마種子島에 표착했다. 당시 이들을 체포한 다네가시마 도키카타種子島時堯는 포르투갈인에게서 총포를 입수하여 가신을 시켜 조종법과 제작법을 배우게 했고, 이를 계기로 매년 포르투갈선이 규슈로 오게 된다.

한편 마닐라를 점령한 에스파니아도 1584년 일본 히라토平戶에 도착하여, 이로써 일본과 서양 제국의 무역, 소위 남만南蠻무역이 시작되었다.

남만무역이 활발히 전개된 한 원인으로 중국 명을 중심으로 한 조공무역체제의 해체를 들 수 있다. 명과의 무역은 무로마치室町 막부 초기에는 정치적 성격을 강하게 띠었으나, 15세기 말 16세기 초에는 무역 이익을 중시하여 성격이 변화하기 시작한다. 그리고 오닌의 난 후, 견명선의 파견을 둘러싸고 호소카와細川씨와 오우치大內씨가 크게 대립하여 중국에서 닝보의 난이 일어났을 정도였다. 한편 무역 이익을 추구하는 경향은 밀무역의 성행으로 나타나, 명의 해금정책을 무력화시켰다. 이러한 밀무역의 성행은 중국이나 일본 모두 마찬가지였다. 밀무역에 종사하는 상인들은 대집단을 결성하고 무장한 경우가 일반적이었고, 이들을 소위 16세기의 '후기왜구'로 부른다.

한편 이 시기 동양에 진출한 포르투갈 상선들도 중국이 무역을 허락하지 않았기 때문에 왜구에 합류했다. 당시의 밀무역지로는 절강성의 섬들과 복건성을 들 수 있고, 왜구들은 무력을 수반하고 있었다. 1555년 왜구는 80여 일간 절강·안휘를 휩쓸고, 남경, 강소성江蘇省을 공격하여 4,000여 인을 살해했다. 이들 왜구대책에 고심하던 명정부는 무로마치 막부와 유력 다이묘들에게 왜구 진압을 요구하고, 왜구 토벌에 적극적으로 임하게 된다(척계광戚繼光). 이에 왜구의 활동은 쇠퇴하게 되어, 1567년 해금령이 완화되어 명의 상선은 복건성에 상세商稅를 내고 남해 각지와 교역할 수 있게 된다. 이 과정에서 왜구토벌에 협력한 포르투갈이 1557년 명에게 마카오 거주권을 인정받고, 이로써 명과 일본을 중심으로 한 동아시아 무역의 주도권을 장악하게 되었다.

당시 남만무역의 특징은 중개무역이다. 포르투갈은 무역선 파견을 국왕이 독점하고 있었으며(소위 캐피탄몰Capitão-mór), 고아-마카오-일본-마카오-고아의 루트를 계절풍을 이용해 3년에 걸쳐 왕래했다. 마카오에서 남동 계절풍을 이용해 6월이나 7월에 20일 정도 항해하여 일본에 도착하고, 10월이나 11월부터 다음 해 2월경까지 북서 계절풍을 이용하여 일본에서 마카오로 간다. 그들은 명의 생사와 견직물을 일본으로 가져와 팔고, 일본의 은·도검·해산물·칠기 등을 수입해 중국으로 가져가 거액의 이익을 챙겼다. 그리고 일본으로 총포·화약·피혁 등을 가져와 센고쿠다이묘에게 넘겨 이익을 챙겼다. 당시 다이묘들이 포르투갈 상인에게 호의적이었던 최대 이유는 총포, 화약, 그리고 초석을 구하기 위해서였다. 포르투갈은 그렇게 생긴 이익으로 동양의 향신료를 획득하고, 그것을 유럽에서 팔아 다시 거대한 이익을 챙겼다.

총포의 전래와 총포 제작기술의 전파는 이제까지의 전법과 축성법에 커다란 변화를 가져왔다. 즉 기마전법에서 집단보병전법으로 바뀌고, 성은 화기의 위력을 견뎌낼 정도로 견고히 축성하여야 했으며, 전법의 변화에 따라 다수의 병력이 움직이기 쉽도록 성을 평지에 세우게 되었다.

한편 남만무역의 또 하나의 특징은 무역과 기독교 포교활동의 밀접한 관련이다. 무역선의 입항지는 선교사의 의사에 따라 정해졌기 때문에, 포르투갈과의 무역을 희망한 다이묘들은 영내에서의 기독교 포교와 교회 신축을 인정하였다. 나아가 자신이 개종하거나 적극적으로 기독교를 보호하는 경우도 많았다(기리시탄다이묘).

1549년 예수회 선교사 프란시스코 사비에르Francisco de Xavier가 가고시마鹿兒島에 도착한다. 이는 종교개혁으로 신교 측에 압박받던 구교 측이 포교의 신천지를 동양에서 구한 것으로부터 시작된다. 그는 1542년 5월 고아에 도착하여 포교활동을 개시하고 이어 말라카Melaka에서 상당한 성과를 거두었다. 그리고 그곳에서 일본인 안지로를 만나 일본 포교를 결심하고, 가고시마에서 번주 시마즈 다카히사의 허가를 받아

1년여 동안 포교활동을 벌였다. 그러나 승려들의 반발로 다카히사가 기독교 포교 금지령을 내리자, 히라토·야마구치를 거쳐 교토로 향했다. 교토의 정정이 불안하여 다시 야마구치로 내려온 사비에르는 오우치 요시타카의 보호 아래 활발한 포교활동을 벌였고 그 결과 약 1,000여 명의 기독교 신도를 얻었다. 사비에르는 1551년 중국으로 건너가 1552년 광동에서 병사하였고, 그의 뒤를 이어 코스메 데 토레스Cosme de Torres가 야마구치로 와서 오토모 요시시게, 오무라 스미타다, 아리마 하루노부 등의 다이묘들을 개종시켰다. 이어서 가스파르 빌렐라 Gaspar Vilela, 루이스 후로이스 등이 사카이와 교토에서 포교활동을 전개했다. 특히 후로이스는 1560년 쇼군에게서 교토에서의 선교권을 인정받고, 1569년에는 오다 노부나가에게서도 선교권을 인정받아 교토에 남만사南蠻寺라는 교회도 지었다. 이즈음 사카이의 고니시 류사·유키나가 부자, 다타쓰키성 성주 다카야마 우콘도 열렬한 기독교 신자가 된다.

1579년 일본에 온 알렉산더 발리냐노 Alessandro Valignano는 선교사의 활동을 총괄하여 본격적인 포교활동에 들어간다. 그는 일본에 미야코 都(=교토)·분고·나가사키의 3관구를 설정하고 아리마·아즈치에 중학정도의 신학교인 세미나리요를, 야마구치 후나이府內에 대학정도의 신학교로 선교사 양성을 위한 코레지오를 설치·운영했다. 그리고 위 분고 지역의 다이묘 오토모, 오무라, 아리마씨의 권유로 1582년 사절을 로마에 파견한다. 그들은 나가사키를 출발하여 마카오－말라카－고아를 거쳐 리스본에 도착, 포르투갈과 에스파니아를 거쳐 1585년 로마에 도착하여 그레고리우스 13세를 알현한 후 1590년 귀국했다(덴쇼 견구 사절단天正遣歐使節團).

선교사의 포교활동에 힘입어 신자 수는 1570년 약 3만, 1579년 약 10만, 1582년에는 15만여 명으로 급속히 팽창한다. 이러한 발전의 원인은 무역과 포교가 밀접히 관련되어 있었던 점, 구태의연한 불교가 민심을 사로잡지 못했던 점, 선교사들의 헌신적 노력 등을 들 수 있겠다. 한편으로는 노부나가가 사사寺社 세력을 누르기 위한 정책적 일환으로 기독교에 관용적인 태도를 취한 것도 그 한 원인으로 볼 수 있다.

오다 노부나가의 정책을 계승하여 기독교 포교를 용인하고 있던 히데요시는 1586년 3월 16일 오사카성에서 예수회 선교사 가스파르 코엘료Gaspar Coelho를 인견하고, 5월 4일 예수회의 포교를 허가하였다. 그런데 규슈 평정 후 지쿠젠 하코자키箱崎에 체재하던 히데요시는 나가사키가 예수회가 지배하는 지역으로 요새화되어 있는 것을 보고 놀랐다. 이에 1587년 6월 18일 기독교 금지령을 내리고, 6월 19일 포르투갈 통상 책임자(캐피탄몰 Capitão-mór) 도밍고스 몬테이루Domingos Monteiro와 코엘료가 히데요시를 알현하러 나가사키로 왔을 때, 선교사 퇴거와 자유무역 허가 문서를 건네 기독교 포교 제한을 표명하였다.

기독교 금지령의 내용을 보면 다음과 같다. ① 기독교 신앙은 자신의 생각에 따른다, ② 다이묘는 절과 백성에게 기독교 신앙을 강요해서는 안 된다, ③ 다이묘의 기독교 신앙은 조정·막부에 보고하고, 그 지시에 따른다, ④ 다이묘 이하의 무사는 무슨 종교든 자신의 생각에 따른다, ⑤ 기독교 교도는 잇코잇키 이상으로 천하 지배에 장애가 된다, ⑥ 다이묘는 기독교 교도가 천하 지배에 장애가 되기 때문에 기독교 가신들을 처벌할 수 있다, ⑦ 중국, 남만, 조선에 일본인을 팔아넘기는 것은 괘씸한 일이다, ⑧ 소나 말을 매매해서 식용하는 것은 괘씸한 일이다 등이다.

기독교도 추방령 내용은 다음과 같다. ① 일본은 신국神國이기 때문에 기독교국의 사법邪法을 받아들이는 것은 괘씸한 일이다, ② 다이묘가 영지 인민에게 (기독교를 강요하여) 기독교 신자로 만들거나 사사를 파괴하는 것은 전대미문의 일이다, ③ 선교사들은 기독교 포교가 금지되었으니, 20일 후 본국으로 귀국해야 한다, ④ 무역선과 상인들의 왕래는 허락한다 등이다.

기독교 선교사 추방령을 기초한 사람은 히데요시의 측근으로 주치의였던 세야쿠인 젠소施藥院全宗라고 한다. 히데요시가 기독교 선교사를 추방한 이유에 대해서는 여러 견해가 있는데, 이를 살펴보면 다음과 같다.

① 기독교 세력이 확대하여 잇코잇키 세력처럼 반란을 일으킬 위험성이 있기 때문이라는 설(반란 위험설). 예수회 선교사 루이스 후로이스의 『니혼시』에 의하면, 일찍이 오다 노부나가를 마지막까지 괴롭힌 잇코잇키의 경우 그 구성원의 신분이 미천하였으나, 기독교는 다이묘들에게까지 널리 전교되어 있어 만약 기독교인이 봉기할 경우 해결하기 어려운 사태가 발생할 수 있다고 보았다고 한다. 히데요시가 이런 생각을 하게 된 직접 계기는 규슈를 평정하려는 히데요시 면전에서 당시 일본 예수회 준관구장 가스파르 코엘료가 스페인 함대가 자신의 지휘 아래 있다고 과시하는 말을 듣고서라고 한다. 당시 예수회 동인도 관구 순찰사로 일본에 온 알렉산더 발리냐노가 코엘료의 경솔한 언행에 대해 엄히 비난한 것을 감안하면, 코엘료에게 문제가 있었음은 분명하다.

② 기독교 교도가 신도·불교를 박해했기 때문이라는 설(신·불각 훼손설). 규슈 지역의 아리마씨와 오무라大村씨 등이 영민에게 기독교로 개종할 것을 강제하고 신사·불각을 파괴하였다. 히데요시가 코엘료에게 왜 신·불 사원을 파괴하고 신·불상을 불태우는지 질문하자, 코엘료는 "기독교인들은 선교사의 가르침을 듣고 진리를 알아, 새로이 믿는 기독교 외에는 구원받을 수 없음을 깨닫고, 신·불이 자신들의 구제에도 현세의 이익에도 도움이 되지 않는다고 여겨, 스스로 결단해

서 신·불상을 파괴하고 훼손하였다"(루이스 후로이스, 『니혼시』 4)라고 답했다.

③ 포르투갈인이 일본인을 노예로 매매하는 것을 중지시키기 위함이라는 설(인신매매설). 위 11개조 <오보에가키覺書>에 일본인을 유럽에 팔아넘기는 것을 금한다는 조항이 있으나, 다음 날 내린 '추방령'에는 이 같은 언급이 없다. 히데요시는 규슈를 중심으로 노예무역이 행해지는 것에 대해 코엘료를 불러 힐문함과 동시에 선교사 추방령을 발포했다.

한편 선교 금지령을 통고받은 예수회 선교사들은 히라토平戶에 집결하고, 이후 포교활동을 자제했다. 그러나 남만무역의 이익을 중시하였던 히데요시는 교토에 있던 남만사南蠻寺를 파각하고 나가사키 공관과 교회당을 접수하였지만 그 이상의 강경책을 쓰지는 않았다. 히데요시가 기독교에 대해 강경한 태도로 나온 것은 후에 보는 산 펠리페San Felipe호 사건 이후다. 이 사건 후 선교사들은 일본 각지로 흩어져 잠복하게 되어 선교사 추방령은 공문화空文化되었다.

규슈 평정을 마친 히데요시는 1587년 10월 1일 교토 기타노덴만구北野天滿宮 경내와 마쓰하라松原에서 센노 리큐千利休·쓰다 소규津田宗及·이마이 소큐今井宗久 등을 다회 진행자茶頭로 대규모 다회를 개최했다. 다회는 일반 서민들에게도 참가가 허락되어 성황리에 거행되었고, 히데요시는 황금다실을 일반에게 공개했다. 이 다회는 원래 열흘 동안 열릴 예정이었으나, 위에서 언급한 규슈 히젠과 부젠에서 일어난 재지 영주들의 잇키 소식에 하루 만에 끝냈다고 한다.

한편 히데요시는 헤이안쿄平安京 궁궐터에 1586년 2월 주라쿠테이聚樂第를 착공하여 1587년 9월 완성하였다. 주라쿠테이는 혼마루를 중심으로 니시노마루西の丸·미나미니노마루南二の丸 및 기타노마루北の丸 등세 성루를 세우고 해자를 두른 평성이었다. 건물에는 금박기와金箔瓦가

사용되고, 백벽루白壁樓와 천수 같은 중층건물로 이루어진 웅장한 성이었다. 히데쓰구의 가신 고마이 시게카쓰駒井重勝의 『고마이닛키駒井日記』에 의하면, 혼마루 기단 석축 위 벽은 총 486간間(1간=6척, 약 182cm), 세 성루城壘를 포함한 사방을 둘러싼 책栅은 총 1,031간이라 한다. 요시다 가네미吉田兼見의 『가네미쿄키兼見卿記』에 의하면, 해자 폭은 20간, 깊이는 3간이라 한다.

『주라쿠 고성도聚樂古城圖』에 의하면, 주라쿠테이 외곽 안쪽에 도요토미 히데나가豊臣秀長(다이나곤大和大納言), 도요토미 히데쓰구 등 히데요시 친족과 마에다 도시이에, 구로다 요시타카, 호소카와 다다오키, 가모 우지사토, 호리 히데마사 등 히데요시의 수하, 특히 히데요시의 신뢰를 받던 다이묘들의 저택이 있었고, 센노 리큐도 외곽 안쪽의 기타미카도 北御門(현재의 元誓願寺通南側, 大宮通와 黑門通 사이)에 저택을 하사받았다. 외곽 바깥쪽에는 종횡으로 큰길을 만들고, 히데요시 수하 다이묘들의 저택을 배치했다. 그 범위는 북쪽으로 전의 세이간지도리誓願寺通, 남쪽으로는 마루타마치도리丸太町通, 동쪽으로는 호리카와堀川, 서쪽으로는 센본도리千本通로 둘러싸인 지역이었다고 보인다. 후에 큰길은 호리카와 동쪽으로 확장되어 주라쿠테이와 고쇼御所 사이는 금박기와를 인 다이묘 저택들이 즐비했다고 한다.

히데요시는 이 주라쿠테이에 1588년 4월 14일 고요제이 천황後陽成天皇을 맞아 성대한 향응을 베풀었다. 천황의 행행 시점에서 히데요시의 세력범위는 기나이 이서지역이었기 때문에, 이 행행 행렬에 참가한 다이묘들은 주로 기나이 이서지역 다이묘들이었고, 간토와 도호쿠지역 다이묘들은 참가하지 않았다. 우에스기씨도 에치고에서 도호쿠지역을 대비하고 있었기 때문에 이 행렬에 참가하지 않았다. 또한 히고 재지영주들의 잇키로 말미암아 모리·시마즈·류조지 등 히고 주변의 다이묘들과 규슈에 소령을 가지고 있던 가토 기요마사·구로다 요시타카 등도 이 행렬에 참가하지 못했다. 한편 당시 산기參議 이상 관위에 있던 다이묘들 예컨대 오다 노부카쓰(우다이진, 오다 노부나가 차남), 도요토미 히데나가(다이나곤, 히데요시 동생), 도요토미 히데쓰구(주나곤, 히데요시 조카), 우키타 히데이에(산기, 히데요시 사위), 도쿠가와 이에야스(다이나곤)는 공경에 편입되어 천황의 뒤를 따랐다. 위 다섯 다이묘와 관백 행렬의 후미 행렬後駈 선두였던 마에다 도시이에는 행행 다음날 히데요시에게 충성을 맹세하는 서지誓紙를 제출했다. 같은 해에 모리 데루모토도 상경하여 히데요시에게 완전히 신종하였고, 우에스기씨도 상경하여 히데요시를 알현했다. 히데요시는 이해에 무기몰수령刀狩令과 해적정지지령海賊停止令을 발포하였다.

예수회 선교사들은 이러한 히데요시를 폭군으로 칭하면서, 일본에 비할 데 없는 절대군주로서, 500년 동안 수많은 권력자가 나타났으나 히데요시처럼 완벽한 지배를 이룬 자는 없었다고 하였다.

5. 호조씨 평정과 오슈 처분

1) 호조씨 평정

히데요시는 1585년 가나야마 소센金山宗洗을 오우로 파견하여 자신의 통일의지를 표현하였는데, 이는 당시 이에야스의 움직임과도 무관해 보이지 않는다. 1586년 가을 히데요시는 오우 영주들 사이의 화해와 이 지역 조사를 위해 가나야마 소센을 다시 오우로 파견하였다. 그후 소센은 1586년 말부터 1587년 봄, 그리고 1587년 말부터 1588년 가을까지 3회에 걸쳐 오우에서 이 지역 영주들과 절충을 꾀했다.

1585년 사타케 요시시게·우쓰노미야 구니쓰나 등이 나스 스케하루·미부 요시타케 등을 공격하자, 호조 우지마사는 나스씨 등과 손잡고 본격적으로 시모쓰케 침공을 개시하여 시모쓰케 남부를 장악하였다. 그리고 히타치 남부 에도사키성江戶崎城(茨城縣稲敷市江戶崎)에 있는 도키土岐氏와 우시쿠성牛久城(茨城縣牛久市城中)에 있는 오카미岡見氏를 지원하여 히타치 남부도 호조씨 세력 아래 두었다. 그리하여 호조씨˚ 영국은 사가미·이즈·무사시·시모사·가즈사上總·고즈케와 히타치·시모쓰케· 스루가 일부까지 240만석여에 달했다.

그런데, 1588년 히데요시가 우지마사·우지나오 부자에게 주라쿠테이 행행에 참가하라고 요구하였다가 거절을 당했다. 이 때문에 교토에서는 호조씨 토벌에 대한 풍문이 나돌았고, 호조씨는 임전태세를 취했다. 한편 동맹관계인 이에야스에 대해서도 호조씨는 의심의 눈길을 보냈다. 이에 대해 5월 21일 이에야스는 호조씨에게 ① 호조씨 부자에 대한 참언을 한 적이 없고, 호조씨 소령에 대한 욕심도 전혀 없다, ② 금월 중 호조씨 권력을 지탱하는 우지마사의 교데에슈兄弟衆를 파견할 것, ③ 호조씨가 히데요시에 대한 출사를 거부할 경우, 도쿠히메督姬를 이혼시킨다는 내용의 기청문起請文을 보내 호조씨를 설득했다.

이에야스의 중재로 8월 우지마사의 동생 우지노리가 묘다이名代로 상경하여, 호조씨와 히데요시의 관계는 일시 안정되었다. 이때 우지마사는 은거를 선언했다. 1589년 2월 호조씨 효조슈評定衆 이타베오카 고세쓰사이板部岡江雪齋가 상경하여, 사나다 마사유키와 영유권을 둘러싸고 대립하는 누마타 문제의 해결을 히데요시에게 요청했다. 1585년 이래 친히데요시 태도를 보인 마사유키는 1587년 3월 이래 히데요시를 알현하고 신종하였다. 히데요시는 누마타령의 2/3(도네가와 이동지역)를 호조씨에게 환부한다는 소위 누마타 재정裁定을 내렸다(마사유키는 대체지로 이나군伊那郡 미노와령箕輪領을 얻었다). 이에 따라 누마타령이 7월 호조측에 인도되었고, 히데요시는 12월 우지마사에게 상경 명령을 내렸다. 그러나 우지마사가 상경 시기를 1590년 봄이나 여름으로 요청하자 다시 호조씨와 히데요시 사이가 악화되었다.

이러한 상황 속에서, 1589년 10월 호조 우지쿠니의 가신 이노마타 구니노리猪俣邦憲가 마사유키가 지배하는 나구루미성名胡桃城(群馬縣利根郡 みなかみ町下津)을 탈취하는 사건이 발생했다. 구니노리는 호조 우지마사의 동생 우지쿠니에 출사하여 우지쿠니를 따라 오다와라小田原에서 무사시로 옮겨와, 이후 고즈케 침공의 선봉으로 활약하였고, 후에 우지쿠니에게 미노와성 조다이, 이어 누마타성 조다이로 임명된 인물이었다. 1589년 구니노리는 사나다 마사유키의 가신 스즈키 시게노리鈴木重則가 지키는 고즈케 나구루미성을 공략할 때, 시게노리의 가신 나카야마 구로베에中山九郎兵衛를 내응하게 하고, 가짜 서장으로 시게노리를 성 밖으로 유인한 후 구로베에로 하여금 나구루미성을 탈취하게 하였다.

우쓰노미야 주변 미부성壬生城(栃木縣下都賀郡壬生町)의 미부 요시타케壬生義雄는 친호조적이었다. 우쓰노미야씨 중신 모오카성眞岡城(栃木縣眞岡市台町) 성주 호가 다카쓰구芳賀高繼도 처음에는 호조씨에게 대항하였으나 1589년 말경 호조씨에게 굴복하였다. 또한 나스 스케하루那須資晴는 호조씨와 동맹을 맺어 사타케 요시시게·우쓰노미야 구니쓰나·유키 하루토모와 대립하면서 1590년 즈음 시모쓰케의 반 정도를 지배하고 있었다. 나아가 호조씨는 히타치 남부로도 진출하여 오슈 다테 마사무네伊達政宗와 동맹을 맺고 간토 제압을 지향하고 있었다. 이러한 상황에서 요시시게·구니쓰나·사노 후사쓰나佐野房綱 등이 히데요시에게 접근한 것이다.

구니노리의 나구루미성 탈취사건으로 호조씨와 히데요시 사이에 외교문제가 발생한 11월 이후에도, 호조씨는 구니노리에게 책임도 묻지 않고 누마타성 조다이 임무를 계속하게 했고, 1590년 정월 우지마사와 우지테루는 구니노리에게 고즈케 수비에 만전을 기하라고 하였다. 이렇듯 호조씨는 구니노리에게 최전선 지휘를 맡기고 있었다. 게다가 이 시기에 우지쿠니는 히데요시와 우호관계를 유지하고 있던 우쓰노미야로도 침공하여 세력을 확장하고 있었다. 이렇게 보면, 나구루미성 탈취사건은 구니노리의 단독행동이 아닌 '반히데요시파'인 우지마사나 우지쿠니의 지령을 받았던 듯하다.

위에서 언급했듯이 당시 히데요시는 누마타 일대를 호조령으로 인정하는 등, 호조씨가 신종만 한다면 호조령을 존속시키는 유화책을 쓰고 있었다. 그러나 호조씨의 상경 연기라든가 나구루미성 탈취사건이 발생하자, 양자 사이는 회복 불가능 상태로 빠져들었다.

히데요시는 이에야스와 가게카쓰를 상경시키고, 12월 13일 다이묘들에게 1590년 봄 호조씨 추토를 준비하라고 명했다. 그리고 쓰다 모리쓰키津田盛月·도미타 잇파쿠富田─白·사카키바리 야스마사榊原康政를 파견하여 호조씨에게 나구루미성 사건의 수모자를 처벌하고 즉각 상경할 것을 요구하였다. 이에 대해 우지나오는 우지마사를 억류하거나 이봉한다는 소문이 있어서 상경할 수 없다는 점, 이에야스가 신종할 때 아사히히메와 혼인하고 오만도코로(히데요시의 어머니)를 인질로 삼은 후 상경했을 때도 후하게 대우받았던 것과 나구루미성 사건에서 호조씨에 대한 태도에서 보인 차이를 들며 억류·이봉이 없는 상경을 요청하였다. 나구루미성 탈취사건에 대해서도 우지마사나 우지나오의 명령이 아니라, 사나다 측 나구루미성 성주가 호조 측으로 돌아서서 발생한 일로서 이미 나구루미성을 사나다 측에 반환했다고 변명했다.

호조씨가 상경하여 히데요시에게 신종의 뜻을 나타내지 않은 이유에 대해서는, 우지마사가 상경하여 히데요시에게 신종할 경우, 호조씨가 이에야스나 숙적인 가게카쓰보다 하위에 위치하게 되어 우지마사가 굴욕감을 느낀 것이 아닐까 하는 견해가 있다. 『스루가도산駿河土産』에 보면, 호조 측이 동맹인 도쿠가와씨보다 격이 더 높다는 기사가 있고, 호조씨에 대해 적대감이 강했던 우에스기 가게카쓰나 사타케 요시시게, 북간토 호족들이 일찍부터 히데요시에게 접근하여 히데요시도 호조씨에 대해 비협조·냉담했던 것으로 보인다.

나구루미성 공략이 구니노리의 단독행동이었는지의 여부는 아직 불분명하지만, 호조씨가 1590년 봄이나 여름으로 상경을 연기하려 하기는 하였다. 그러나 호조씨는 상경에 적극적이었고, 우지마사·우지나오는 재삼 히데요시에게 나구루미성을 호조씨가 탈취한 것이 아니라고 변명하였다.

그럼에도 히데요시는 우지마사의 상경 거부를 신종 거부로 판단하고, 다이묘들에게 호조씨 추토 준비 명령을 내렸던 것이다. 한편 12월 17일 스루가와 이즈의 경계가 끊어진 것을 안 우지마사·우지나오가 영국 내 가신과 타 지역 재지영주들에게 1590년 1월 15일까지 오다와라로 출진할 것을 명했다.

히데요시는 위에서 보았듯이 규슈 평정을 마무리하고 1587년 12월 가나야마 소센을 파견하여 다테·모가미·호조씨 등 간토와 오우 다이묘들에게 사전금지령私戰禁止令을 발동했다. 다이묘들 사이의 사사로운 소령 싸움을 인정하지 않겠다는 의지의 표명인데, 나구루미성 탈취는 이 사전금지령에 위배된 것이기도 했다. 이즈음부터 호조씨는 히데요시와의 일전을 예상하였을 것이다.

이에 우지마사는 만일의 사태에 대비하여 15~70세까지의 남자를 징병하고, 대포 주조를 위해 절의 종을 공출하는 등 전투 태세를 강화했다. 또 히데요시군의 진군에 대비하여 오다와라성을 확대 수축하고, 하치오지성八王子城(東京都八王子市元八王子町), 야마나카성山中城(靜岡縣三島市山中新田), 니라야마성韮山城(靜岡縣伊豆の國市韮山) 등도 수축하였다. 하코네야마箱根山 방면을 중심으로 성들을 연결하는 성채들도 정비하였다.

히데요시는 다이묘들에게 영지고에 대응하여 인적·물적 부담을 지웠다. 나쓰카 마사이에에게는 미·잡곡 약 20만석의 징발을 명하고, 덴쇼오반天正大判 1만매로 마축馬畜과 곡물 등을 사 모았다. 조소카베 모토치카와 우키타 히데이에, 구키 요시타카 등에게는 수군을 출동시켜 병량을 수송하게 했다. 히데요시는 총 20만 군세를 도카이도로 진군하는 본대와 이에야스가 이끄는 군사의 둘로 나누었다. 도산도로 진군할 마에다·우에스기·사나다군으로 구성된 북방대의 수는 3만 5천이었다. 여기에 히데요시와 우호관계를 맺은 사타케·오다·다이조大椽·마카베眞壁·유키·우쓰노미야·나스·사토미씨 등 간토군 1만 8천도 가세하였다(히데요시 측의 총세는 25만 3천이었음).

히데요시 측 주력으로 참가한 다이묘들을 보면, 도쿠가와 이에야스, 오다 노부카쓰, 가모 우지사토, 구로다 요시타카, 도요토미 히데쓰구, 우키타 히데이에, 호소카와 다다오키, 고바야카와 다카카게, 깃카와 히로이에, 호리 히데마사, 이케다 데루마사, 아사노 나가마사, 이시다 미쓰나리, 나쓰카 마사이에, 다치바나 무네시게, 오타니 요시쓰구, 이시카와 가즈마사, 마시타 니기모리, 다카야마 우콘, 쓰쓰이 사다쓰구, 하치스카 이에마사, 오토모 요시무네, 가토 기요마사, 후쿠시마 마사노리 등이다(약 17만). 수군으로는 조소카베 모토치카, 가토 요시아키, 구키 요시타카, 와키자카 야스하루 등 약 1만이었다.

히데요시군의 기본 전략은 북방대로 호조군을 견제하면서 주력 부대는 오다와라로 진군하는 길목을 저지하는 야마나카, 니라야마, 아시가라足柄 등 세 성을 돌파하고, 동시에 수군은 이즈 반도로 상륙하여 오다와라로 진격하는 것이었다. 한편 호조 측 군세는 주력이 약 5만 정도였는데, 호조 우지나오, 호조 우지마사, 호조 우지테루, 나리타 우지나가成田氏長, 하가 야스타다垪和康忠, 마쓰다 노리히데松田憲秀, 가사하라 마사하루笠原政晴, 가사하라 마사타카笠原政堯 등의 군사를 오다와라성에 배치하고, 야마나카성에 마쓰다 야스나가, 오시성에 나리타야스스에成田泰季, 니라야마성에 호조 우지노리北條氏規, 마쓰이다성에 다이도지 마사시게, 하치가타성에 호조 우지쿠니군을 배치했다. 아시가라성足柄城(靜岡縣駿東郡小山町)은 호조 우지타다가 지켰다.

히데요시군은 각 방면으로 진격하였는데, 특히 상상을 넘는 20만 대군이 도카이도를 따라 진격해 왔다. 이에 맞서 우지쿠니는 야전을 주장하였으나, 호조 측은 하코네 산중에서 지구전을 수행하는 전략을 수립했다. 이에 우지쿠니가 소수의 병력을 이끌고 하치가타성으로 돌아가고, 다이도지 마사시게는 수천 병력으로 마쓰이다성을 지키고, 다테바야시성館林城(群馬縣館林市城町)에도 수천 병력을 배치하여 북간토 방면 방어에 대비하였다.

1590년 봄 히데요시 주력군이 일찍이 미나모토노 요리토모源賴朝가 다이라가平家를 타도하기 위해 거병하였던 기세가와黃瀨川 주변으로 집결하였다. 3월 27일 히데요시는 누마쓰沼津에 도착하여 29일 진격을 개시했다. 호조 측 야마나카성 공격에는 우군 이케다 데루마사 2,500, 기무라 시게코레 2,800, 하세가와 히데카즈 3,600, 호리 히데마사 8,700, 니와 나가시게 700으로 총 18,300, 중군 19,500(도요토미 히데쓰구 17,000), 좌군 이에야스 30,000으로 총 67,800명이 가담했다.

야마나카성 수비군은 4,000명이었다. 야마나카성 성주 마쓰다 야스나가는 히데요시 대군에 용감히 맞서 싸워 히토야나기 나오스에를 전사시켰으나, 히데요시 측을 대적하기에는 역부족이었다. 마쓰다 야스나가는 호조 우지카쓰를 도망시키고 소수 병력과 함께 옥쇄하였다. 수시간의 전투 후 야마나카성은 히데요시 측에 함락되었다. 이에 야스군은 야마나카성을 함락시킨 날 다카노스성鷹之巢城(神奈川縣足柄下郡 箱根町湯本)을 함락시키고, 이어 이에야스 측의 이이 나오마사군이 4월 1일 아시가라성을 큰 싸움 없이 함락시켰다. 우지타다는 야마나카성 낙성 소식을 듣고 오다와라성으로 퇴각했다. 이에야스 선봉대는 4월

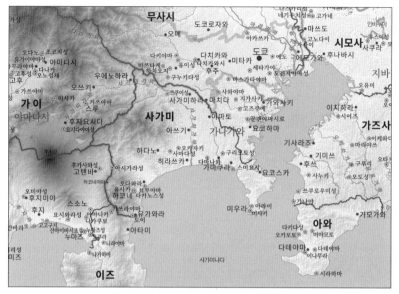

〈그림 23〉 오다와라성과 그 주변 지역도

3일 오다와라에 도착했다.

니라야마성 공격군은 우군이 가모 우지사토 4,000, 이나바 사다미치稻葉貞通 1,200을 중심으로 한 총 8,400, 중군이 쓰쓰이 사다쓰구 1,500, 이코마 치카마사 2,200, 하치스카 이에마사 2,500, 후쿠시마 마사노리 1,800, 도다 가쓰타카戶田勝隆 1,700 등등 9,700, 좌군이 호소카와 다다오키 2,700, 모리 다다마사 2,100, 나카가와 히데마사 2,000, 야마자키 가타이에·오카모토 요시카쓰 등 2,200 등 총 9,000에, 노부카쓰군 하타모토旗本 17,000까지 합해 총 44,100이었다. 이에 대항하는 니라야마성 수비군은 약 3,640(성주 호조 우지노리)이었다. 1 : 10에도 못 미치는 병력으로 수비하는 니라야마성을 노부카쓰군이 포위하였다. 히데요시는 니라야마성을 포위하기 위한 최소한의 병력만 남겨두고, 오다 노부카쓰 이하 주력군을 오다와라 쪽으로 진군시켰다.

히데요시군의 시모다성下田城(靜岡縣下田市下田港) 공격군은 수군 조소카베 모토치카, 가토 요시아키, 와키자카 야스하루, 구키 요시타카와 요시미 히로요리吉見廣賴군 약 10,000으로 구성되어 있었다. 이에 대항하는 호조 측 군세는 시모다성 수비군 약 600(성주는 시미즈 야스히데淸水康英)이었다. 히데요시 측 수군은 호조씨 수군을 격파하고 이즈 반도 연안의 성들을 함락시킨 후 오다와라로 진격했다.

오다와라성 포위전이 시작되자, 히데요시는 우지나오의 전의를 떨어뜨리기 위해 석축의 산성을 쌓고, 다도인茶道人 센노 리큐를 불러 연일 성대히 다회를 개최하고, 하코네로 온천을 하러 가는 등 여유를 과시했다.

마쓰이다성 공격군은 서부追手 우에스기 가게카쓰 약 10,000, 동부搦手 마에다 도시이에·마에다 도시나가 약 18,000, 북부 약 7,000(마쓰다이라 야스쿠니松平康國·야스사다康貞 약4,000+사나다 노부유키信幸 약 3,000), 도합 약 35,000으로 구성되었다. 이에 대항하는 호조 측 마쓰이다성 수비군은 약 2,000(성주는 다이도지 마사시게)이었다. 3월 20일 마에다·우에스기·사나다 마사유키의 북방대에 의한 마쓰이다성 공격은 실패하였다. 하지만 적남을 탈출시키고 격렬히 저항하며 약 한 달 동안 지구전을 펼쳤던 마사시게는 4월 20일(22일이라고도 함) 결국 히데요시에게 항복하고, 히데요시군의 길 안내를 맡았다. 북방대는 4월 19일 우마야바시성, 4월 23일 미노와성과 고즈케 지역 성들에 개성을 권고하여 어렵지 않게 이 지역 성들을 공략했다.

한편 히데요시는 오다와라성 포위군 중 주로 이에야스군에서 뽑아 북방대를 돕는 부대를 편성하여 무사시로 진격시켰다. 그리하여 4월 21일 다마나와성玉繩城(神奈川縣鎌倉市玉繩地域城廻), 4월 27일 에도성江戸城(東京都千代田區千代田)을 비롯한 무사시 지역 성들을 차례로 공략·함락시켰다. 그리고 군대를 둘로 나누어, 한 부대를 시모사 방면으로 진출시켰다. 아사노 나가마사·나이토 이에나가內藤家長(이에야스 가신) 등 시모사 방면군은 5월 5일 고가네성小金城(千葉縣松戶市大谷口), 5월 10일 우스이성臼井城(千葉縣佐倉市臼井田), 5월 18일 모토사쿠라성本佐倉城(千葉縣印旛郡酒々井町本佐倉)을 차례로 공략하였다. 그리고 5월 19일 아사노 나가마사는 자신이 이끄는 3,000과 이에야스 측의 혼다 다다카쓰와 함께 이와쓰키성岩槻城(埼玉縣埼玉市岩槻區. 岩付城)을 공격하여 22일 함락시켰다. 나머지 한 부대는 가와고에성河越城(埼玉縣川越市)을 함락시켰다.

위 보소房總와 무사시 지역의 성들이 이토록 쉽게 함락당한 것은 각 성의 병력이 대부분 오다와라성 농성전에 차출되어 성에는 최소한의 병력만 남아 있었기 때문이다. 고가네성 군사력은 히데요시 측이 작성한 <간토핫슈쇼조오보에가키關東八州諸城覺書>에 700기로 기록되어 있으나, 실제는 성주 다카기 다네노리高城胤則 등 대부분이 오다와라성에서 농성하고 있었고, 고가네성에는 200기와 군졸 300명뿐이었다고 한다(小金城主高城家之由來).

한편 일정하게 병력을 확보하고 있었던 하치가타성에 대한 공격은 5월 14일 개시되었다. 히데요시 공격군은 우에스기 가게카쓰 10,000, 마에다 도시이에 18,000, 아사노 나가마사 3,000, 기무라 시게코레 2,300, 사나다 마사유키 3,000의 총 36,300으로 구성되었고, 이에 대항하는 호조 측 대장은 호조 우지쿠니였다. 히데요시 측 대군에게 포위당한 우지쿠니는 3,000 군사를 지휘하여 약 1개월 동안 농성전을 전개하였으나, 역부족으로 개성하였다.

오시성 공격군은 이시다 미쓰나리 1,500, 나오에 가네쓰구直江兼續 3,000, 사나다 노부시게眞田信繁 3,000의 총 7,500으로 구성되었으며, 이에 대항하는 나리타 야스스에와 나리타 나가치카成田長親, 가이히메甲斐姬 등이 약 2,000여 병력으로 농성하였다. 6월 17일 이시다 미쓰나리石田三成가 마루하카야마丸墓山에 진을 치고 오시성을 포위했다. 오시성은 늪과 하천을 해자로 삼는 천연요새로서 견고한 성이었지만, 불행히도 히데요시 측 군대가 오시성을 포위하기 시작할 즈음 나리타 야스스에가 병사하고 나리타 나가치카가 지휘권을 넘겨받았다.

히데요시 측 이시다 미쓰나리는 오시성 공격이 여의치 않다고 보아, 빗추 다카마쓰성 싸움을 감안하여 수공을 결심했다(수공은 히데요시의 지시였다고도 한다). 이에 근변 농민들에게 쌀과 돈을 주고 굴착突貫공사에 착수하여 5일 만에 전장 28km의 이시다 제방石田堤으로 불리는 제방을 쌓고 도네가와 물을 이용하여 수공을 전개했다. 예상과 달리 혼마루가 물에 잠기지는 않았지만, 물에 떠 있는 모양을 보고 오시성을 오시忍의 떠있는 성浮き城이라고 불렀다고 한다. 6월 18일 계속된 호우로 혼마루가 수몰되는 듯하였으나, 나리타 나가치카가 시모오시下忍 수비를 맡은 혼조 유타카本庄泰展의 수하 와키모토 도시스케脇本利助와 사카모토 베에坂本兵衛 등을 시켜 야반에 제방 2개소를 파괴하였다. 이 때문에 물이 넘쳐 히데요시군 270명이 사망하였고, 더군다나 물이 빠진 오시성 주변이 늪처럼 변하여 공격이 더욱 어려워졌다.

6월 하순 미쓰나리가 오시성 공격에 고전하고 있다는 소식을 들은 아사노 나가마사, 사나다 마사유키·노부시게信繁 부자 등이 병사 6,000을 오시성 전선으로 보냈다. 이 원군이 도착하자, 성을 지키고 있던 나리타 오미노카미成田近江守와 이치타 타로市田太郎가 나가마사에게 밀사를 파견하여 내통 의사를 전했다. 그러나 나가마사에게 공을 빼앗길 것을 염려한 미쓰나리가 나가마사에게 더 확실한 내통 약속이 있으니 교다行田로 가라고 하였다. 7월 1일 사정을 전혀 모르던 나가마사는 교다로 접근했고, 이에 놀란 성병들이 맹공을 퍼붓는 바람에 패주하였다. 7월 5일 히데요시 측은 단번에 오시성을 함락시키기 위한 총공격 계획을 세웠다. 즉 시모오시에서 이시다 미쓰나리, 나가노長野에서 아사노 나가마사, 사쿠마佐間에서 오타니 요시쓰구가 오시성을 총공격한다는 것이었다.

이에 초조해진 미쓰나리가 진을 빠져 나갔고, 이 사실을 알고 격노한 나가마사가 나쓰카 마사이에군과 함께 야영하고 있던 나리타 측을 구축하고 교다로 몰려갔다. 그러나 교다를 지키고 있던 이마무라 사도노카미今村佐渡守와 시마다 데와노카미島田出羽守가 이 공격을 막아냈다. 거기에다 교다가 맹공을 받고 있다는 소식에 마사키 단바노카미正木丹波守가 아사노·나쓰카長束군의 배후로 돌아가 공격을 가하여, 나가마사 등은 손해를 입고 패주했다. 사쿠마에서 공격하고 있던 요시쓰구도 고전을 면치 못했다. 마사키 단바노카미군이 돌격하여 오타니大谷군을 공격하여 요시쓰구군을 퇴각시켰던 것이다. 진을 빠져나간 시모오시의 이시다 미쓰나리는 성벽을 기대 배수진을 친 사카마키 유키에酒卷靭負에게 사망 300, 부상 800의 대패를 당하고 할 수 없이 철수하였다. 이리하여 히데요시 측의 오시성 공격군은 나리타군에게 패하여 총공격은 실패로 돌아갔다. 그러나 이 싸움이 있던 날(7월 5일) 오다와라성은 히데요시 측에 항복·개성하여 호조씨는 멸망하였다.

1590년 6월 23일 우에스기 가게카쓰, 마에다 도시이에, 사나다 마사유키 등이 15,000 군사로 하치오지성을 공격하였다. 하치오지성 성주 우지테루 이하 가신들은 오다와라성으로 갔는데, 이곳은 조다이 요코치 겐모쓰 요시노부横地監物吉信, 가노 슈젠 이치안狩野主善一庵, 나카야마 가게유 이에노리中山勘解由家範, 곤도 데와노카미 쓰나히데近藤出羽守綱秀 등이 소수 병력과 영내에서 동원한 농민과 부녀자를 포함한 약 3,000명으로 농성하고 있었다. 히데요시 측은 동쪽大手口(元八王子町)과 북쪽絡め手(下恩方町)에서 침공하여 수비대를 구축하였으나, 격전으로 1,000명 이상의 사상자를 내고 잠시 공격을 멈추었다. 그러나 북쪽 별동대의 기습이 성공하여 하치오지성을 함락시킬 수 있었다. 우지테루의 정실 히사比佐가 성내에서 자인하였고, 성내 부녀자들이 주전主殿의 폭포에 투신하여 폭포가 3일 동안 핏빛으로 물들었다고 한다. 조다이 요코치

겐모쓰는 하치오지성 함락 전에 히노하라무라檜原村로 탈출하였으나, 오고우치무라小河內村 부근에서 절복했다.

한편 5월 9일 호조씨와 동맹을 맺고 있던 오슈 다테 마사무네가 히데요시의 참진 요청에 응해 오다와라로 향했다. 오다와라성 개성 권고는 5월 하순경부터 시작되었는데, 교섭은 오다와라성 지성을 공략하는 다이묘들이 각각 진행하였다. 오다와라성을 포위한 히데요시 주력군과 호조 측 간에 싸움다운 싸움은 거의 없었다. 기껏 오타 우지후사太田氏房가 가모군을 야습한다거나, 이이 나오마사가 성루養曲輪를 야습한다거나, 6월 25일 밤의 성루捨曲輪를 둘러싸고 공방전을 벌이는 정도였다. 그런데 5월 27일 호리 히데마사가 사망하는 등, 우세를 유지하던 히데요시 측에도 어두운 그림자가 드리워졌다.

이러한 와중에 호조씨 측을 이반하는 움직임들도 나타나기 시작했다. 6월 초순 이에야스의 공작으로 고즈케 와다씨 가중家中과 미노와성 가중家中이 성 밖으로 퇴거하였다. 6월 16일에는 마쓰다 노리히데의 장자 가사하라 마사하루가 히데요시 측과 내통하고 있다는 것을 마사하루의 동생 마쓰다 나오히데松田直秀가 우지나오에게 보고하여 마사하루가 처형되었다. 또 수일 후 우지마사 어머니 즈이케이인瑞溪院과 계실繼室 호쇼인鳳翔院이 사망하였다. 6월 26일에는 이시카키야마에 이치야성一夜城(긴급히 축조한 성)이 완성되어 호조씨 측에게 타격을 주었다. 당시 호조씨 일족과 중신들은 히데요시군에 철저히 대항할 것인지 항복할 것인지를 둘러싸고 장기간 회의를 하였으나 결론에 이르지 못하였다.

한편 6월 들어 우지후사, 우지노리, 우지나오 측근이 이에야스와 노부카쓰를 협상 창구로 하여 화해교섭을 진행하였다. 『이혼오다와라키異本小田原記』에 의하면, 이즈·사가미·무사시를 안도하는 조건으로 호조 측과 교섭하였다고 하나 불분명하다. 『구로다카후黑田家譜』에 의하면, 호조씨가 위 강화조건을 거부하여 히데요시가 구로다 요시타카에게 화해교섭을 맡겼다고 한다. 그런데 이즈음 호조령을 이에야스에게 안도하게 되어 있어서, 이즈는 4월 중순 이에야스 영국화가 개시되었다. 위에서 보았듯이 하치가타성은 6월 14일 우지쿠니가 출가하는 형태로 개성되었고, 니라야마성도 6월 24일 개성되었다. 하치오지성 낙성에 이어 하치가타성·니라야마성과 쓰쿠이성도 개성되었다. 우지노리가 히데요시에게 출사하였기 때문에, 히데요시는 요시타카와 노부카쓰 가신인 하시바 가쓰토시羽柴雄利를 우지마사·우지나오에게 사자로 파견하였다. 마침내 7월 5일 우지나오는 가쓰토시 진소로 가서, 자신의 절복과 성병의 신변안전 보장을 조건으로 한 항복 의사를 전달했다.

히데요시는 우지마사와 일가 필두인 우지테루, 호조가 가중 대표인 숙로 마쓰다 노리히데와 다이도지 마사시게에게 개전의 책임을 물어 절복을 명했다. 7월 7일부터 9일에 걸쳐 가타기리 가쓰모토, 와키자카 야스하루, 사카키바라 야스마사를 검사檢使로 임명하여 오다와라성 접수를 시작했다. 7월 9일 우지마사와 그의 동생 우지테루가 오다와라성을 나와, 7월 11일 야스마사 이하 검사들이 지켜보는 가운데 우지노리의 가이샤쿠介錯로 절복했다. 우지마사·우지테루의 가이샤쿠역을 맡았던 우지노리는 형제가 죽은 후 자인하려 했으나 실패하였다. 우지노리와 당주 우지나오는 이에야스의 사위였고, 우지노리는 이에야스의 슨푸 인질 시기에 알고지낸 사이였던 관계로 목숨을 유지하여 기이 고야산으로 추방되었다.

오다와라성 개성 후 오시성이 7월 13일(16일) 개성하여, 이로써 센고쿠다이묘 호조씨는 멸망하였다. 이는 센고쿠 시대의 종말을 의미함과 동시에 히데요시의 일본통일을 의미한다 하겠다.

한편 호조씨가 항복한 후, 히데요시는 스루가·도토미·미카와·가이·

시나노 등의 이에야스 영지를 거둬들이고, 호조씨의 구령 무사시·이즈·사가미·고즈케·가즈사·시모사·시모쓰케 일부·히타치 일부의 간토8주로 이에야스를 이봉시켰다. 이에야스의 간토 이봉 소문은 오다와라 싸움 이전부터 나돌던 것이었다. 이에야스가 호조씨에게 자신은 호조씨의 영지에 야심이 없다고 변명하였는데, 결국 그곳으로 이봉된 셈이었다. 이 이봉으로 이에야스의 소령은 150만석에서 250만석(이에야스 240만석, 유키 히데야스 10만석)으로 가증되었다.

그러나 도쿠가와씨와 인연이 깊은 미카와를 상실하게 되었고 아직 간토 지역에는 호조씨의 잔당이 남아 있어서 불안하였다. 게다가 당시 호조씨는 4공6민의 낮은 세율을 적용하였기 때문에 석고에 상응하는 수입(세금)을 얻기 어려운 상황이었다. 이 때문에 이 이봉이 히데요시의 이에야스 우대책인지 냉대책인지를 둘러싼 논의가 예로부터 벌어지고 있다. 여하튼 위 명령에 따라 이에야스는 8월 1일 간토로 들어가 에도성江戸城을 거성으로 삼게 되었다.

한편 히데요시는 구 이에야스 영지에 하시바 히데쓰구의 선봉을 맡은 마쓰다 야스나가松田康長에게 14만석을 안도, 스루가 후추로 들여보내 이에야스를 견제하는 역할을 맡겼고, 나카무라 가즈우지에게 14만석을 주어 스루가 슨푸로 들여보냈다. 미카와에는 이케다 데루마사에게 152,000석을 주어 요시다로, 다나카 요시마사田中吉政에게는 17,400석을 주어 오카자키로, 미즈노 다다시게水野忠重·가쓰나리勝成에게는 30,000석을 주어 가리야刈谷로 들여보냈다. 도토미에는 호리오 요시하루堀尾吉晴에게 12만석을 주어 하마마쓰성浜松城으로, 야마우치 가쓰토요山内一豊에게 5만석을 주어 가케가와성掛川城으로 보냈다. 그리고 가이에는 하시바, 가토, 아사노씨 등을 배치하고, 시나노도 센고쿠 히데히사仙石秀久에게 5만석(佐久)을 주어 고모로小諸로, 이시카와 가즈마사石川數正에게 8만석(安曇, 筑摩)을 주어 마쓰모토松本로, 모리 히데요리毛

利秀頼에게 이나伊那 7만석(10만석)을 주어 이이다飯田로, 히네노 다카요시日根野高吉에게 27,000석(38,000석)을 주어 스와諏訪 다카시마高島로 보냈다. 그 밖의 나머지 지역은 직할령으로 삼았다.

2) 다테 마사무네와 오슈 처분

① 다테 마사무네의 영국확대

1578년 우에스기 겐신의 사망으로 오타테御館의 난이 발발하자, 다테 데루무네伊達輝宗는 소마 요시타네相馬義胤와의 싸움을 숙부 와타리 모토무네亘理元宗에게 맡기고, 호조씨와의 동맹을 바탕으로 아시나 모리우지蘆名盛氏와 함께 우에스기 가게토라 측에 가담하여 참전했다. 오타테의 난이 가게카쓰 측의 승리로 끝나고, 아시나·다테 측은 신바타 나가아쓰新發田長敦·시게이에重家 형제의 분투로 얻은 것이 없었다. 그러나 오타테의 난 후 논공행상에서 신바타씨 형제의 군공이 가볍게 평가되었고, 중재에 나선 야스다 아키모토安田顯元도 자진했다. 그리하여 1581년 신바타 시게이에가 가게카쓰에 반기를 들자, 다테 데루무네는 아시나 모리우지의 후계자 아시나 모리타카와 함께 시게이에를 지원하였다. 이렇듯 데루무네는 신바타 가쓰이에와 협조하면서 에치고에 개입했으나, 신바타의 난은 매듭지어지지 않은 채 7년여째 지속되었다.

한편 무쓰 나메마타군行方郡을 지배하는 소마 모리타네相馬盛胤·소마 요시타네 부자는 와타리 모토무네의 공격을 잘 막아냈다. 이에 소마씨와 대립하고 있던 데루무네는 1579년 다무라 기요아키田村淸顯의 딸 요시히메愛姬를 적남 다테 마사무네伊達政宗의 정실로 맞아들여 소마 측을 견제하고자 하였다. 그런데 소마씨 가신 사토 요시노부佐藤好信가 구와오리 사마노스케桑折左馬助의 참언으로 군부교직에서 파면되고 소령도 빼앗기는 사건이 발생했다. 1579년 요시노부가 사망하자 그의 아들 사토 다메노부佐藤爲信는 다테 데루무네로부터 내응 요청을 받고 아버지의 원한을 씻고자 소마씨를 이반하기로 결심했다. 1581년 4월 고사이성小齋城(宮城縣伊具郡丸森町)으로 구와오리 사마노스케가 소수의 원군을 이끌고 오자, 다메노부는 사마노스케를 참살하고 다테 측으로 이반했다. 데루무네는 크게 환영하며 다메노부에게 고사이성과 1,000석을 안도했다.

데루무네는 1583년 5월 17일 덴몬天文의 난 이후 최대 현안이었던 요충지 마루모리성丸森城(宮城縣伊具郡丸森町渕ノ上)을 탈환하고, 1584년 1월 11일 가나야마성金山城(宮城縣伊具郡丸森町金山)도 공략하여 이구군伊具郡 전역을 회복했다. 그리고 5월 조부 다테 다네무네伊達稙宗의 은거령 중 이구군을 다테령, 우다군宇多郡을 소마령으로 정해 소마씨와 화해하였다. 이로써 다테씨는 다네무네 시기의 세력권이었던 11군을 거의 회복하여 남부 오우 전역에 지배력을 행사할 수 있게 되었다. 그런데 1583년 4월 시즈가타케 싸움에서 동맹을 맺고 있던 시바타 가쓰이에가 히데요시에게 패망하자, 1583년 6월 5일 조카 이와키 쓰네타카岩城常隆에게 서장을 보내, 히데요시 세력이 동국에까지 미치게 되면 오우 다이묘들이 단결해서 히데요시 세력에 대항하자고 하였다. 한편 후술하듯이 남오슈의 아시나령 남방 및 이와세군岩瀨郡·다무라군田村郡·나라하군楢葉郡 이남지역은 히데요시와 우호관계를 유지하는 사타케 요시시게가 장악하고 있었다.

1584년 10월 6일 데루무네의 매제인 아시나 모리타카가 구로카와성黑川城(福島縣會津若松市追手町. 若松城) 성내에서 총신 오바 산자에몬大庭三左衛門의 습격을 받아 사망하는 사건이 벌어졌다. 이에 데루무네가 생후 1개월의 조카 가메오마루龜王丸의 후견인이 되었다. 한편 데루무네의 또다른 매제 사타케 요시시게는 데루무네가 가메오마루를 후견하면서 데루무네의 차남인 고지로小次郎로 하여금 아시나가를 잇게 하려고 하자 여기에 대항했다. 위에서 언급했듯이 당시 사타케 요시시게는

〈그림 24〉 무쓰 남부 지역도

세력 확장에 힘써 주변 다이묘들로부터 경계의 대상이 되고 있었다.

그런데 호조씨와 아시나씨의 연합으로 궁지에 몰린 사타케씨는 상황을 타개하기 위해 유키씨·우쓰노미야씨 등과 혼인을 통한 동맹관계를 결성하여 호조 우지마사에 대항하였다. 그런 가운데 1580년 아시나 모리우지를 이은 모리카타가 1581년 미요다 싸움御代田合戰에서 적대하던 다무라 기요아키를 격파하자, 요시시게는 10월 구로카와성의 모리타카를 방문하여 동맹을 맺었다. 그리하여 다테령 이남지역 다이묘들은 사타케씨 휘하로 흡수되었다(오슈 일통奧州一統).

한편 가메오마루의 후견을 맡은 데루무네는 마사무네에게 다테가의 가독을 물리기로 결심하여 다테야마성館山城(山形縣米澤市館山)으로 거처를 옮기고 이후 에치고 개입에 전념하고자 하였다. 그러나 마사무네가 우에스기 가게카쓰와 화해하여 다테·아시나·모가미씨 공동으로 에치고에 개입하려던 전략을 포기하였기 때문에, 다테가에 대한 아시나씨 가신들의 불신감이 증폭되었다.

한편 1584년 10월 6일 아시나 모리타카가 사망하자, 아시나가는 내분에 휩싸였다. 당시 시오마쓰령塩松領(다테령과 니혼마쓰령, 다무라령, 소마령에 둘러싸인 완충지대다)의 오바마성小浜城(福島縣二本松市岩代) 성주 오우치 사다쓰나大內定綱는 마사무네의 정실 메고히메愛姬의 친가인 다무라씨와 심하게 대립하고 있었다. 사다쓰나는 1582년 다테 데루무네가 고사이성을 공격할 때 데루무네의 진으로 들어와 다테씨에게 복속하였고, 이후 대소마전에 자주 종군했었다. 이즈음 자신의 딸을 니혼마쓰성二本松城(福島縣二本松市郭內) 성주 니혼마쓰 요시쓰구二本松義繼의 아들 구니오마루國王丸에게 시집보내 세력기반을 다지고, 1583년 다무라령 도메키성百目木城(福島縣二本松市百目木) 성주 이시카와 미쓰마사石川光昌(石橋氏 구신)를 공격, 다무라씨와 대립하던 아시나 모리타카의 지원을 얻어 다무라 기요아키를 격파하고 독립하였다. 그러나 1584년 10월 가독을 잇게 된 마사무네가 사다쓰나에게 복속을 강요하자 아시나가를 의지하여 마사무네에게 반기를 들었다.

1585년 봄 마사무네는 장인 다무라 기요아키의 요청에 따라 다무라씨에게서 독립한 오바마성 성주 오우치 사다쓰나에게 다무라씨 신하로 돌아갈 것을 명하였다. 사다쓰나가 이 명령에 따르지 않자 1585년 4월 사다쓰나 토벌 명령이 내려졌다. 사다쓰나는 아시나 모리타카의 미망인(데루무네의 누이동생으로 가메오마루의 어머니)에게 마사무네와의 중재를 요청하였으나, 마사무네는 5월 갑자기 사다쓰나가 의지하고 있던 아시나령을 침공했다(세키시바 합전關柴合戰). 이 공격에 실패한 마사무네는 8월 27일, 오바마성 지성 오데모리성小手森城(福島縣二本松市針道)에서 무참한 살육전을 전개하였고, 사다쓰나는 오바마성을 포기하고 니혼마쓰二本松로 도망쳐 아이즈會津 아시나씨에게 의탁했다. 그런데 마사무네가 사다쓰나와 인척관계인 니혼마쓰성 하타케야마 요시쓰구畠山義繼(二本松義繼)도 공격하는 등, 급격한 전략 전환을 보여 데루무네가 구축해둔 남부 오우 지역의 외교질서가 파탄날 지경에 빠졌다.

10월 니혼마쓰성 성주 요시쓰구는 마사무네에게 항복을 청했으나, 데루무네와 다테 사네모토伊達實元의 간여로 5개촌을 제외한 영지를 몰수당하고 나서야 마사무네와 화해할 수 있었다. 10월 8일 요시쓰구가 화해에 사의를 표하기 위해 미야모리성宮森城(福島縣二本松市小浜)에 체재 중인 데루무네를 방문하였다. 데루무네가 요시쓰구와의 면회를 마치고 요시쓰구를 현관에서 배웅하려 할 때, 요시쓰구와 그의 가신들이 데루무네에게 칼을 들이대어 납치했다. 다테 시게자네伊達成實가 지은『시게자네키成實記』및 다테가의 공식기록인『다테하루이에키로쿠伊達治家記錄』에 의하면, 동석했던 시게자네와 루스 마사카게留守政景가 병사들을 이끌고 요시쓰구 일당을 멀리까지 추격하였으나, 니혼마쓰령과 경계를 이루는 아부쿠마가와阿武隈川 하반 다카다하라高田原 아와노스栗之巢(二本松市平石高田)에 이르렀을 때, 데루무네가 자신을 걱정해서 가문을 수치스럽게 만들지 말라며 요시쓰구 일당을 사살하라고 소리치자, 이를 신호로 다테군이 일제히 사격을 가하여 데루무네와 요시쓰구가 사망하고 니혼마쓰군도 전멸하였다고 한다(아와노스의 변栗之巢の變). 사냥 중이던 마사무네가 이 소식을 듣고 현장으로 달려갔을 때는 이미 모든 것이 끝난 상황이었다고 한다.

마사무네는 아버지 데루무네를 장사지내고 바로 13,000 군사를 이끌고 니혼마쓰성을 공격했다. 니혼마쓰씨(=하타게야마씨)는 요시쓰구의 유아 구니오마루國王丸(義綱)를 옹립하여 농성전을 전개했다. 11월

10일 니혼마쓰씨를 구원하기 위해 사타케 요시시게·요시노부義宣, 아시나 가메오마루, 니카이도 오나미二階堂阿南, 이와키 쓰네타카, 이시카와 아키미쓰石川昭光, 시라카와 요시치카白川義親·요시히로義廣, 소마 요시타네 등 남부 오슈 다이묘들이 거병하여 스가카와須賀川까지 진출했다. 반다테군이 접근하여 오자, 마사무네는 니혼마쓰성을 포위한 부대만 남겨두고 이들을 영격하기 위해 직접 7,000 병력을 이끌고 이와쓰노성岩角城(福島縣本宮市和田字東屋口)을 거쳐 모토미야성本宮城(福島縣本宮市本宮字館ノ越)으로 들어갔다.

11월 17일 모토미야성을 나온 마사무네는 아다치타라가와安達太良川를 건너 남방 간논도야마觀音堂山에 포진하였다. 고햐쿠가와五百川 남방 마에다사와前田澤에 포진해 있던 사타케 및 남부 오슈 다이묘 연합군은 다테 본진을 향해 북진하여, 양군은 세토가와瀨戶川(阿武隈川支流)에 놓여 있는 히토토리바시人取橋 부근에서 격돌했다. 이때 다이묘 연합군의 군세는 3만으로 다테군의 4배를 넘었다. 다이묘 연합군은 일방적으로 공격을 퍼부었고 병력이 열세였던 다테군은 괴멸 상태에 빠졌다. 다이묘 연합군이 다테 본진으로 돌입하였고, 마사무네는 화살과 총탄 5발을 맞고도 목숨은 부지하였다. 패색이 짙던 다테군은 마사무네를 도망치게 하기 위해 숙장宿將 오니니와 사게쓰사이鬼庭左月齋가 히토토리바시를 건너 적중으로 돌진하여 사망하였고, 동쪽 세토가와관瀨戶川館에 포진해 있던 다테 시게자네의 군사 500도 전투로 시간을 벌어주는 사이 마사무네는 간신히 모토미야성으로 도망하였다. 다테군의 괴멸은 분명하였으나, 일몰로 이날 전투는 끝났다.

그런데 그날(11월 17일) 밤 사타케 요시시게의 부장 고노자키 요시마사小野崎義昌(사타케 요시아쓰義篤의 아들로 요시시게의 숙부)가 진중에서 가신에게 살해되는 사건이 발생했다. 게다가 호조 측 바바성馬場城(茨城縣水戶市三の丸. 미토성水戶城) 성주 에도 시게미치江戶重通와 아와 사토미 요시요리 등이 사타케령으로 공격해 온다는 정보가 들어와 사타케군은 퇴각을 결정했다. 사타케군의 철수는 마사무네군에게는 하늘이 내린 행운으로, 마사무네는 일단 절체절명의 위기에서 벗어났다.

마사무네는 이와쓰노성에서 오바마성으로 옮겨 그곳에서 겨울을 나고, 1586년 봄 니혼마쓰 공격을 재개하였다. 그러나 니혼마쓰성 수장 신조 모리쓰구新城盛繼의 응전과 남부 오슈 다이묘들의 후방 공격에 대한 염려로 니혼마쓰성을 함락시킬 수는 없었다. 농성하는 니혼마쓰군 역시 한계에 달해, 7월 16일 소마 요시타네의 간여로 니혼마쓰군의 아이즈 퇴거를 조건으로 마사무네와의 화해가 성립되었다. 마사무네와 니혼마쓰씨의 이 화해를 계기로 다테씨와 사타케씨·아시나씨도 화해하였다.

이 싸움 후, 사타케씨와 호조씨의 대립이 격화되어 사타케씨는 다테씨에 대해 적극 공세를 취할 수 없게 되었다. 다테 시게자네는 니혼마쓰성의 성주가 되었으나, 다테 다네무네·하루무네晴宗가 구축한 남부 오우의 다테씨를 중심으로 한 정치·외교질서는 사타케씨를 중심으로 한 다이묘 연합세력에게 주도권을 빼앗겼다. 구질서에서 벗어나 오우 패권을 지향한 다테 마사무네는 니혼마쓰성을 전초기지로 삼아 영지 확장을 지향했고, 아시나령 침공은 그 일환이었다.

아시나 모리타카의 뒤를 이은 가메오마루가 1586년 세 살의 나이로 요절하자, 아시나씨 가신들은 당주로 다테 데루무네의 차남 고지로小次郎를 추거하는 아시나씨 일문 이나와시로 모리쿠니猪苗代盛國, 히라타平田씨, 도미타富田씨 등 아시나가 숙로들과 재지영주들의 다테파와, 아시나가의 중신으로 히데요시와 관련 깊은 가나가미 모리하루金上盛備 등 사타케 요시히로佐竹義廣를 추거하는 사타케파로 나뉘어 대립하였는데 사타케파(=요시히로파)가 승리하였다. 이에 사타케 요시시게의 아들 요시히로가 1587년 모리타카의 양녀와 결혼, 아시나 요시히로蘆名義廣

로 개명하고 아시나가 당주를 이었다.

그러나 타가에서 양자로 온 요시히로가 아시나씨 가신들을 완전하게 장악할 수는 없었다. 또 이것을 기화로 다테파 숙로들이 차례로 실각하고, 요시히로와 함께 온 오나와 요시토키大繩義辰 등의 가신단이 아시나씨를 지배하게 되자, 아시나씨는 마사무네와 완전히 척을 지게 되었다. 요시히로는 다테씨에 적극 대응하여 1587년 수차례에 걸쳐 나와시로다성苗代田城(福島縣本宮市岩根苗代田)을 공격하고, 다테씨와 다무라씨의 분단과 니혼마쓰 공략을 노렸다.

1587년 여름 히데요시를 지원하는 우에스기 가게카쓰가 1만여 대군을 이끌고 1581년 반란을 일으킨 신바타 시게이에의 본거지 신바타성을 포위하여 함락시키고, 주위 성들을 차례로 공략하였다. 아시나씨는 신바타 시게이에를 구원하기 위해 가나가미 모리하루군을 아카타니성赤谷城(新潟縣新發田市上赤谷)으로 파견하였으나, 우에스기 측 후지타 노부요시藤田信吉에게 막혀 퇴각하고, 아카타니성도 함락되었다. 보급로를 잃은 신바타 시게이에는 고립되어 10월 25일 자진하고, 신바타성도 우에스기씨 측에 함락되었다.

1588년 2월 다테 마사무네가 오사키大崎씨 내분에 개입하였다. 당시 오사키씨 내부에서는 당주 오사키 요시타카大崎義隆의 남색寵童 사이에 생긴 대립이 내분으로 번져나갔다. 이에 오사키씨 중신 이와데사와성岩手澤城(宮城縣大崎市岩出. 岩出山城) 성주 우지이에 요시쓰구氏家吉繼가 마사무네에게 원군 파견을 요청하였다. 1588년 1월 마사무네는 오사키씨 내분을 진압한다는 명분 아래 하마다 가게타카浜田景隆를 파견하고, 루스 마사카게留守政景·이즈미다 시게미쓰泉田重光·오야마다 요시사다小山田賴定 등에게도 출병을 명했다. 이에 맞서 오사키 요시타카는 나카니이다성中新田城(宮城縣加美郡加美町字北町)을 방어거점으로 삼고, 난조 다카노부南條隆信에게 농성전을 펴게 했다.

루스 마사카게와 이즈미다 시게미쓰가 전략을 둘러싸고 대립하는 가운데, 마사무네는 군사 약 1만(5천이라고도 함)을 오사키령으로 진군 시켰다. 2월 2일 이즈미다 시게미쓰가 이끄는 마사무네군 선진이 나카 니이다성을 공격하였으나, 성을 둘러싼 저습지대와 대설 때문에 움직 일 수 없게 되어 퇴각해야 했다. 이를 호기로 본 오사키군이 성을 나와 마사무네군을 격파했다. 게다가 마사무네 측에서 오사키 측으로 돌아선 루스 마사카게의 장인 쓰루다테성鶴楯城(宮城縣黑川郡大和町鶴巢下草. 鶴巢館) 성주 구로카와 하루우지黑川晴氏가 나카니이다성을 공격하는 마 사무네군을 후방에서 습격하였다. 협격을 당한 마사무네군은 패주하 여 신누마성新沼城(宮城縣大崎市三本木新沼)으로 철수하였으나, 추격해 온 오 사키군에게 성을 포위당하였다. 23일 신누마성에 갇힌 마사무네 측 루스 마사카게는 구로카와 하루우지의 간여로 이즈미다 시게미쓰·나 가에 가쓰카게長江勝景(가사이 하루노부葛西晴信·소마 요시타네의 의형)를 인질 로 삼는 대신 성의 포위를 푼다는 조건으로 화해하였고, 마사카게는 29일 신누마성을 나와 패잔병과 함께 후퇴했다.

　오사키씨 분가인 모가미 요시미쓰最上義光(정실은 오사키씨)는 마사무 네의 무력 개입을 인정하지 않고, 5천 병사를 이끌고 오사키군에 합류 하여 다테령 구로카와·시다志田 양군의 거점들을 공격했다. 한편 다테 령 남방에서도 2월 12일 아시나 요시히로가 오우치 사다쓰나를 파견하 여 나와시로다성을 공격하였고, 다테 측 오데모리성 성주 이시카와 미쓰마사도 소마 요시타네를 의지하여 이반하였다. 이러한 남·북에서 의 공격으로 마사무네는 진퇴양난의 위기에 빠졌고, 이 상황에 편승하 여 우에스기 가게카쓰가 히데요시의 사전금지령을 무시하고 모가미 령 쇼나이庄內로 손을 뻗쳤다(오사키 합전大崎合戰).

　한편 위와 같이 오사키씨 내분에 개입하여 소령을 확대하고자 한 마사무네의 시도가 실패로 돌아가자, 이를 호기로 본 아시나 요시히로가 오우치 사다쓰나를 선봉으로 한 병사 4,000을 다테령으로 진군시켰다. 사다쓰나는 12월 나와시로다성을 공략하고, 후속 군사와 합류하여 다테 측 고리야마성郡山城(福島縣郡山市西ノ內)·구보타성窪田城(福島縣郡山市富久山町)·다카쿠라성高倉城(福島縣郡山市日和田町)·모토미야성을 공격하였다. 다테령 남방 방어를 담당하는 니혼마쓰성 성주 다테 시게자네 군사는 오모리성大森城(福島縣福島市大森) 성주 가타쿠라 가게쓰나片倉景綱·미야모리성 성주 시로이시 무네자네白石宗實 등의 원군까지 합해도 겨우 600을 헤아렸으나 2개월에 걸친 끈질긴 저항으로 사다쓰나군을 막아냈다. 그런데 위에서 보았듯이 북방에서는 오사키 측 원군으로 참전한 모가미 요시미쓰가 다테 영내의 각 지역을 공략하고, 오데모리성 성주 이시카와 미쓰마사는 소마 요시타네를 의지하여 마사무네를 이반하였다. 이로 말미암아 소마 측에 대비해야 했던 마사무네는 남방전선으로 군사를 보낼 수 없었다.

상황을 타개하기 위해 다테 시게자네가 마사무네에게 다테군의 호바라保原·가케다懸田 등을 오우치 사다쓰나에게 소령으로 주어, 사다쓰나를 귀순시키자고 설득하였다. 마침 아시나 신하 중에 요시히로를 따라 사타케에서 들어온 신참과 아시나 후다이 가신들과의 대립이 심각해져, 사다쓰나는 시게자네의 계책에 응하여 다테 측으로 돌아섰다. 4월 18일 아시나군은 이반한 사다쓰나와 마사무네군을 치기 위해 모토미야성을 공격하였으나, 아부쿠마가와阿武隈川 하반에서 사다쓰나가 이끄는 1,000여 군사에게 공격을 받고 패주하였다.

5월 북방전선에 모가미씨가 실가인 마사무네 어머니 요시히메義姬가 개입하여 모가미 요시미쓰에게 마사무네와 정전할 것을 요구하였다. 이에 다테 영내로 침입한 모가미군이 작전을 멈추어 전선은 교착 상태로 들어갔다. 이 틈을 타 마사무네군은 체제를 정비하여 남방 아시나·소마씨에 대비하여 군사를 남쪽으로 움직이기 시작했다. 한편 5월

12일 소마 요시타네는 다무라 기요아키(마사무네의 장인. 처는 요시타네의 숙모) 사후 다테파와 소마파로 분열하여 대립하고 있던 다무라씨 소령을 확보하고, 오데모리성과 아시나군에게 후방 방어를 맡긴 후 미하루성三春城(福島縣田村郡三春町)으로 향했다. 그러나 다무라씨 신하 중 다테파인 하시모토 아키노리橋本顯德 등의 저지로 미하루성에는 입성하지 못하고 퇴거했다. 소마군이 퇴거하자, 마사무네는 직접 군사를 이끌고 이시카와 미쓰마사가 지키는 오데모리성 공략에 나섰다. 윤5월 16일 오데모리성이 마사무네군에게 함락되었고, 이시카와 미쓰마사는 소마령으로 도망하였다. 이어 마사무네군은 오쿠라성大倉城, 갓산성月山城, 도메키성, 이시사와성石澤城(福島縣田村市船引町)도 함락시켰다. 이에 요시타네가 19일 후네히키성船引城(福島縣田村市船引町)에서 퇴거하여, 동부 아다치安達 방면의 소마 측 전선이 붕괴하였다.

곤경에 처한 요시타네는 사타케 요시시게·아시나 요시히로·이와키 쓰네타카에게 구원을 요청하였고, 사타케·아시나씨는 즉시 요시타네 구원에 나섰다. 그러나 다무라령으로 침공했던 쓰네타카는 요시타네의 미하루성 입성에 반대하여 요시타네의 구원 요청을 거부했다. 다무라령은 다테·소마·이와키씨의 각축 대상지였던 것이다. 6월 들어 사타케·아시나 연합군이 고리야마 방면으로 진군했다. 이것은 미야모리성과 가까운 모토미야本宮 방면으로 침공할 것이라는 마사무네의 예상을 벗어난 진군이었으나, 마사무네도 모리야마성에서 고리야마로 진군하였다. 여기에 다무라 겟사이田村月齋·다무라 아키모리田村顯盛(田村梅雪齋)도 참전하고, 다테씨 일문 루스 마사카게도 14일에 참전했다. 6월 12일 고리야마성·구보타성을 향해 진군한 아시나군과 마사무네군이 성채를 구축하여 40여 일 동안 대치하면서 소규모 싸움을 반복했으나, 상호 대규모 군사작전은 없었다(고리야마 합전郡山合戰).

다테 측은 위 오사키·모가미군과 화해교섭을 시작했다고는 하나 북방은 여전히 예단할 수 없는 상황이었고, 오사키 합전에서의 패배로 말미암은 피해에서도 회복하지 못한 상태였다. 아시나(요시히로) 측도 사타케 요시시게가 히데요시로부터 재삼 1587년 12월에 내려진 사전 금지령에 따라 아들 요시히로와 조카 마사무네의 신속한 화해를 독촉 받고 있는 터라, 군사를 내어 마사무네를 공격하기 어려웠다. 이러한 사정들 때문에 양군의 교착 상태가 지속되었던 것이다.

7월 북방에서 오사키 합전 화해가 성립하여 모가미군이 철수하기 시작했다. 7월 21일 아시나 요시히로도 고리야마·구보타성 공략을 포기하고, 이시카와 아키미쓰石川昭光·이와키 쓰네타카岩城常隆의 중재로 군사를 철수시켰다.

데루무네 사후 공세적이었으나 수세에 몰려 있던 마사무네는 위 고리야마 합전 이후 더욱 격렬히 공세적인 태도로 나왔다. 1589년 4월 22일 마사무네는 오모리성에 든 데 이어 니혼마쓰성에 입성하여 영내 대부분의 군사를 동원하여 2만 대군을 편성했다. 5월 3일 남하하여 모토미야성으로 입성하였다. 5월 4일 가타쿠라 가게쓰나를 선봉으로 한 오우치 사다쓰나, 가타히라 지카쓰나片平親綱, 다테 시게자네 등의 마사무네군이 이나와시로코猪苗代湖에서 동쪽으로 12km 떨어진 아코가시마성安子ヶ島城(福島縣郡山市熱海町安子島字南町)으로 진군하자, 성주 아코가시마 지부安子ヶ島治部는 마사무네군에 개성하였다. 5월 5일 마사무네군은 아코가시마성에서 서쪽으로 4km 떨어진 다카다마성高玉城(福島縣郡山市熱海町高玉)을 공격하였다. 다카다마성 성주 다카다마 쓰네요리高玉常賴는 마사무네군에 맞서 용감히 싸웠으나, 압도적인 군세에 다카다마성은 함락되었다.

이대로라면 마사무네군이 에치고 가도를 따라 서쪽으로 향해 이나와나시로·구로카와로 진군하는 것이 상식이었으나, 마사무네는 진로를 바꾸어 북상해서 5월 18일 이구군 가나야마성으로 입성했다. 이곳은 반다테 세력 소마령과 연접한 지역이었다. 이때 소마 요시타네는 다테 마사무네 배후를 공격하기 위해 이와키 쓰네타카와 함께 다무라군으로 침투하려 하고 있었다. 그러나 예상치 않은 장소에 나타난 마사무네군의 주력이 5월 4일 소마령 고마가미네성駒ヶ嶺城(福島縣相馬郡新地町)을 함락시켰다. 이어 5월 20일 미노쿠비성蓑首城(福島縣相馬郡新地町)도 마사무네군에게 함락되어 조다이 이즈미다 가이泉田甲斐가 마사무네에게 항복하였다. 이 싸움에서 소마 측 스기메 미카와杉目三河와 기사키 우콘木崎右近 등이 전사하고, 소마 요시타네는 다무라씨 침공을 포기하고 철수하였다. 이때 마사무네는 이미 전후처리를 와타리 시게무네亘理重宗에게 맡기고 소마령에서 철수했다. 마사무네의 목적은 소마씨의 참전 저지에 있었기 때문이다.

마사무네는 주력군을 이끌고 남하하여 아코가시마성으로 돌아왔다. 6월 1일 이나와시로 모리쿠니가 가메마루龜丸를 인질로 보내며 마사무네 측으로 이반했다. 마사무네가 아시나씨의 거성 구로카와성을 공략하려면 이나와시로코 북쪽에 있는 이나와시로성을 함락시켜야 했다.

당시 이나와시로성 성주는 1585년 이나와시로 모리쿠니에게 가독을 물려받은 이나와시로 모리타네猪苗代盛胤였으나, 모리쿠니가 여전히 영내에 영향력을 행사하고 있었고 아시나가 가독계승 싸움에서도 다테 고지로(다테 데루무네의 차남)파와 함께했다. 모리타네와도 사이가 좋지 않았는데, 자신의 후처가 낳은 모리타네의 이복동생 가메마루를 총애하여 모리타네를 폐하고 가메마루에게 가독을 물리려 하였다.

그러던 중 1588년 5월 10일 모리타네가 구로카와성으로 출사한 사이에 모리쿠니가 이나와시로성을 탈취했고, 가신들도 대부분 모리쿠니를 따랐다. 격노한 모리타네가 아버지 모리쿠니를 공격하여 이나와시로성을 탈환하려 하였으나 실패하였다. 이에 가나가미 모리하루가 중재에 나서 부자를 화해시켰다. 이러한 상황에서 마사무네가 모리쿠니의 후처에게 접근하여 모리쿠니의 내응을 권유하였고, 이에 모리쿠니가 마사무네 측으로 이반했던 것이다.

이때 사타케씨와 니카이도二階堂씨 등 다이묘들의 군대와 합류하여 2만 가까이 증대된 아시나군이 고쿠라성까지 진출해 있었다. 그러나 모리쿠니의 이반으로 마사무네는 직접 구로카와성을 공격할 수 있게 되었다. 그런데도 마사무네는 요네자와성米澤城에서 하라다 무네토키原田宗時의 별동대를 요네자와 가도 연변으로 남하시켜 구로카와성을 공격하게 했다. 이렇게 되면 아시나씨는 동과 북에서 협격을 받는 형상이 되니, 아시나군은 어쩔 수 없이 구로카와성을 포기했다. 마사무네는 6월 3일 일몰 후 중신의 반대를 물리치고 호우가 내리는 밤에 행군을 강행하여, 6월 4일 오후 이나와시로성으로 입성했다. 그러나 하라다 무네토키가 이끄는 별동대는 아시나 측 스가와라성菅原城(群馬縣富岡市妙義町菅原)에서 저지되었다.

6월 5일 아시나군은 이나와시로성에서 서쪽으로 약 8km 떨어진 다카모리야마高森山에 본진을 치고 마사무네군을 기다리고 있었다. 아시나군은 마사무네군을 자극하기 위해 이나와시로 호반의 민가를 불살랐고, 이에 대응해 마사무네도 이나와시로성에서 출격하여 이나와시로 모리쿠니를 선봉으로 아시나군을 공격하였다. 이때 마사무네군은 23,000, 아시나군이 18,000이었다. 아시나 측은 마사무네군의 별동대를 경계하여 구로카와성에 군사를 배치하고 있었다. 양군 모두 어린 진으로 맞섰다.

아시나군을 실제로 지휘한 것은 아시나 요시히로에게 딸려온 사타케씨의 가신 오나와 요시토키大繩義辰 등이었고, 제1진은 이나와시로 모리타네, 제2진은 가나가미 모리하루와 사세 다네쓰네佐瀬種常·사세 쓰네나리佐瀬常雄, 마쓰모토 겐베에松本源兵衛, 제3진은 도미타 우지자네

富田氏實와 사타케씨 원군, 제4진은 이와키·니카이도·이시카와·도미타 다카자네富田隆實 등이었다. 이에 대항하는 마사무네군은 제1진 이나와시로 모리쿠니, 제2진 다테 시게자네와 가타쿠라 가게쓰나, 제3진 가타히라 지카쓰나, 고토 노부야스後藤信康, 이시모다 가게요리石母田景賴, 제4진 야시로 가게요리屋代景賴, 시로이시 무네자네白石宗實, 하마다 가게타카浜田景隆, 오니니와 쓰나모토鬼庭綱元 등이었다.

스리아게하라摺上原는 완만한 구릉지대로, 개전 초기에는 서에서 동으로 강풍이 불고 있었다. 따라서 동쪽에 진을 친 마사무네군은 먼지 때문에 눈을 뜰 수 없는 상황이었고, 이에 아시나군 선봉 이나와시로 모리타네가 마사무네군을 공격하여 왔다. 이나와시로씨 부자의 격돌이었다. 이 격돌은 풍향 때문에 모리타네와 모리하루의 아시나군에게 압도적으로 유리하였다. 그런데 제3진의 도미타군과 마쓰모토·히라타 등의 군사와 원군인 후방군이 움직이지 않고 방관만 한데다 풍향도 동에서 서로 바뀌었다. 그러자 수세에 몰려 있던 마사무네군이 일제히 공세로 전환했다. 쓰다 가게야스가 철포대를 이끌고 아시나군 측면에서 사격하여 아시나군의 대열을 크게 흔들었다. 거기다 방관하고 있던 도미타 우지자네가 마사무네군과 싸우지 않고 독단으로 서쪽으로 철수하기 시작했다. 아시나군은 다이묘 연합군의 성격을 띠었기 때문에, 피해를 피해 철수하였던 것이다. 이러한 경향은 위 히토리바시·고리야마 싸움에서도 나타났다. 그리고 방관하다 철수해버린 이 군 지휘관들은 사타케씨 출신인 아시나 요시히로를 양자로 맞아 가독을 상속했을 당시, 다테씨에게서 양자를 맞아 가독을 상속시키려는 의견을 가진 자들이었다. 이들은 아시나 요시히로가 가독을 상속하게 된 후 사타케씨가 보낸 가신단보다 더 냉대를 받았다.

도미타군 철수 후, 이어 니카이도군, 이시카와군도 철수하더니 마침내 요시히로까지 철수하면서 아시나군은 붕괴하였다. 그런데 스리아게하라에서 구로카와로 도망하기 위해서는 닛바시가와日橋川를 건너야 했다. 요시히로는 간신히 닛바시가와를 건넜으나, 도미타 우지자네가 자기 휘하의 군사가 다리를 모두 건너자 다리를 끊어버렸다(마사무네군 공작대에 의한 것이라는 설도 있음). 때문에 퇴각로를 잃게 된 아시나군은 마사무네군과 격렬히 싸웠다. 이 싸움에서 아시나군은 가나가미 모리하루와 사세 다네쓰네·쓰네나리 등을 비롯한 1,800, 마사무네군은 500여 명이 전사했다.

싸움에 대패한 요시히로와 근신들은 본거 구로카와성을 수비하지 못하고, 이나와 요시토키와 니혼마쓰 요시쓰나를 포함한 일행 20여 명(119명이라고도)이 6월 10일 밤 실가 사타케씨의 히타치로 도망하였다. 구로카와성은 다테씨에게 함락되고, 야마노우치 우지카쓰山內氏勝 등을 제외한 대다수의 아시나씨 구신과 재지영주들이 다테씨에게 귀순함으로써 오슈 센고쿠다이묘 아시나씨는 역사 속으로 사라졌다. 이 싸움 후 사타케씨 측 유키 요시치카·이시카와 아키미쓰·이와키 쓰네타카 등이 이어서 다테 측으로 넘어와 복속하였고, 마사무네에게 저항하던 니카이도씨 등은 마사무네에게 멸망당했다.

이리하여 마사무네는 현재의 후쿠시마켄 나카도리中通り 지역과 아이즈 지역, 그리고 야마카타켄山形縣 오키타마置賜 지역, 미야기켄宮城縣 남부를 영유하는 150만석 가까운 굴지의 다이묘 영국을 구축하였다. 여기에 더하여 시라카와白河 유키씨 등 남부 무쓰南陸奧 호족들과 현재의 미야기켄 북부와 이와테켄 일부를 지배하고 있던 오사키씨·가사이葛西씨도 마사무네의 세력권 안에 포함되었다.

② **오슈 처분**奧州仕置

한편 앞에서 보았듯이, 히데요시는 1589년 12월 13일 호조씨 정벌을 선언하고 1590년 봄부터 호조씨를 공격하였다. 이에 앞서 히데요시는 마사무네에게 상경하여 공순의 뜻을 표하라는 서간을 몇 차례 보냈다. 그 이전인 1587년 11월에는 간토·오우 지역에 사전금지령도 내렸다. 그럼에도 마사무네는 이 같은 권유를 묵살하고, 사전금지령을 어기면서 싸움들을 전개했다. 마사무네는 아버지 데루무네 시기부터 호조씨와 동맹을 맺고 있었기 때문에, 히데요시와 싸울 것인지 히데요시의 호조씨 정벌에 참전할 것인지를 고민했다고 한다.

1590년 5월 히데요시 측 아사노 나가마사가 마사무네에게 오다와라 참전을 독촉하였다. 이에 응하여 마사무네는 5월 9일 아이즈를 출발, 요네자와·오구니小國를 거쳐 동맹을 맺고 있던 우에스기 가게카쓰 소령 에치고, 시나노, 가이를 거쳐 오다와라에 도착했다.

1590년 7월 13일 호조씨를 멸망시킨 히데요시는 17일 가마쿠라鎌倉에 들러 쓰루오카 하치만구鶴岡八幡宮를 참배하고, 그곳에서 이틀을 머물렀다. 한편 7월 13일 히데요시의 5부교 중 한 명인 마시타 나가모리 수하가 우쓰노미야에 도착하여 우쓰노미야성을 접수했다고 한다. 당시 우쓰노미야성은 우쓰노미야씨의 세력 아래 있었으나, 우쓰노미야씨가 거성을 다케산성多氣山城(栃木縣宇都宮市田下町)으로 옮겼기 때문에 양자 사이에 마찰은 없었다. 히데요시는 19일 가마쿠라를 출발하여 25일 시모사 유키성에 들러 양자 히데야스(이에야스 차남)에게 유키씨를 잇도록 하고, 히데야스에게 오야마씨·미부씨 등의 구령을 안도하였다.

7월 26일에는 시모쓰케 우쓰노미야성에 입성하여 11일간 머물렀고, 8월 4일 아이즈 순찰 행군을 떠났다가 14일 다시 우쓰노미야로 돌아왔다. 7월 26일 히데요시의 우쓰노미야 착진에 앞서 히타치의 사타케 요시노부佐竹義宣, 난부南部의 난부 노부나오南部信直가 우쓰노미야로 들어오고, 28일 다테 마사무네도 히데요시를 오슈로 모시기 위해 우쓰노미야로 들어왔다. 우쓰노미야에는 가나모리 나가치카와 교고쿠 다카쓰구京極高次 등 히데요시의 가신들도 머물고 있었다.

우쓰노미야성에 든 하데요시는 미나모토노 요리토모源賴朝가 오슈 합전에서 오슈 후지와라藤原氏를 평정했을 때 한 것처럼, 우쓰노미야 다이묘진大明神을 봉폐하여 동국의 안정을 기원하였다고 하는데, 확실하지는 않다. 어쨌든 히데요시는 우쓰노미야성에서 간토와 오우 다이묘들을 우쓰노미야성으로 불러들여 소령을 안도했다. 우쓰노미야에서 소령 안도를 행한 이유는 알 수 없으나, 우쓰노미야가 스진 천황崇神天皇의 명에 따라 동국 평정을 맡은 도요키 이리히코노미코토豊城入彦命를 모셔 받드는 지역으로, 천하통일의 최후 무대로 삼기에 의미 있는 장소였다고는 할 수 있겠다.

히데요시는 7월 27일 난부 노부나오에게 난부 소령 중 7개군(糠部郡·閉伊郡·鹿角郡·久慈郡·岩手郡·紫波郡·遠野保)을 안도하고, 8월 1일 사타케 요시시게에게 히타치와 그 외의 54만석을 소령으로 안도했다. 다테 마사무네는 스리아게하라 싸움으로 아시나씨를 격파하고, 오우에 150만석 가까운 대영국을 형성하고 있었으나, 오다와라 참진에 늦었고 아이즈를 공격하여 히데요시의 사전금지령을 위반했다는 이유로 아이즈군, 이와세군岩瀬郡, 아사가군安積郡을 몰수당하고, 무쓰·데와 중 13군을 안도받아 72만석으로 감봉되었다. 몰수한 아이즈는 가모 우지사토에게 안도했다. 히데요시는 마사무네의 안내를 받으며 부교 아사노 나가마사를 필두로 하는 오슈 처분군奧州仕置軍과 함께 순찰 행군을 했다.

히데요시는 도중에 다시 우쓰노미야로 돌아왔으나, 오슈 처분군은 마사무네의 안내로 8월 6일 시라카와에 도착, 저항하는 가사이씨 가신을 물리치면서 8월 9일 아이즈 구로카와성(현재의 아이즈 와카마쓰성若松城)에 들었다. 그 후 히에누키稗貫氏가 추방당한 후의 도야가사키성鳥谷ヶ崎城(岩手縣花巻市花城町. 花卷城)에 부교 아사노 나가마사가 입성하였고, 오슈 처분군은 히라이즈미平泉 주변까지 진격하여 와가和賀씨 등 재지 영주의 성들을 제압하였다. 아이즈 지역은 아사노 나가마사의 가신이

다이칸으로 진주한 신체제로 이행되었고, 검지를 행한 후 군다이郡代, 다이칸代官을 남겨 놓고 오슈 처분군은 철수하였다. 이렇게 하여 불안하긴 하지만 히데요시의 천하통일은 완료되었다.

이때의 히데요시 조치를 정리하면 다음과 같다(오슈 처분奧州仕置).

개역 | 이시카와 아키미쓰, 에사시 시게쓰네江刺重恒, 가시이 하루노부, 오사키 요시타카, 와가 요시타다和賀義忠, 히에누키 히로타다稗貫廣忠, 구로카와 하루우지黑川晴氏, 다무라 무네아키田村宗顯, 시라카와 요시치카白河(結城)義親 등(오다와라에 참진하지 않음)

감봉 | 다테 마사무네(오우 약 150만석(114만석이라고도 함)에서 무쓰·데와 중 13군, 약 72만석으로 감봉. 게다가 다음 해 가사이·오사키잇키의 책임을 물어 약 58만석으로 감봉 이봉)

소령 안도 | 모가미 요시미쓰, 소마 요시타네, 아키타 사네스에秋田實季, 쓰가루 다메노부(오다와라 참진과 히데요시와의 친교 때문), 난부 노부나오, 도자와 모리야스戶澤盛安 등

신봉 | 가모 우지사토(히데요시 가신, 아시나씨 구령 아이즈 구로카 42만석 안도, 거기에 다음 해 재처분으로 약 92만석으로 가증), 기무라 요시키요木村吉淸(히데요시 가신, 데라이케성寺池城(宮城縣登米市登米町. 登米城)을 중심으로 한 가사이·오사키 30만석 안도, 다음 해 가사이·오사키 잇키의 책임을 물어 개역)

한편 1591년 6월 20일 오슈에서 가사이·오사키 잇키, 와가·히에누키 잇키, 센보쿠仙北 잇키, 쇼나이 후지시마藤島 잇키, 구노헤 마사자네九戶政實의 난이 발생하였다. 가사이·오사키씨는 무쓰 중부(宮城縣北部~岩手縣南部)의 센고쿠다이묘였으나, 다테 마사무네의 증조부 다네무네 시기부터 다테씨에게 종속하였고 독자로 오다와라 싸움에 파병할 상태는

아니었다. 그러나 1590년 7월 26일 가사이 하루노부·오사키 요시타카는 오다와라 싸움에 참전하지 않았다는 이유로 히데요시에게 소령을 몰수당하였다. 가사이·오사키 양씨의 소령 13군(胆澤·江刺·磐井·氣仙·本吉·登米·桃生·牡鹿·栗原·遠田·志田·玉造·加美)은 기무라 요시키요에게 안도되었다. 요시키요는 가사이씨의 거성 데라이케성을 거점으로 삼고, 아들 기무라 기요히사木村淸久는 오사키씨의 거성 묘성名生城(宮城縣大崎市古川大崎字城內)에 배치하여 영국 경영을 시작했다. 이 같은 기요히사의 지배에 대해 구 가사이·오사키씨 가신단은 강력하게 반발하였다.

아사노 나가요시淺野長吉가 오슈 처분을 마치고 떠난 직후인 10월 초순, 기무라령 가미군加美郡 고메이즈미米泉(현 加美町米泉)에서 전마역傳馬役을 둘러싸고 분쟁이 발생했다. 10월 16일 이와데사와성에서 구 성주 우지이에 요시쓰구氏家吉繼의 부하가 영민과 함께 봉기한 것을 시작으로 잇키가 전 영내로 번져나갔다. 기요히사는 데라이케성으로 가 아버지 요시키요와 함께 대책을 논의하고 묘성으로 돌아가던 도중에 사누마성佐沼城(宮城縣登米市迫町佐沼)에 들렀다가 여기에서 잇키 세력에게 포위되었다. 구원하러 온 요시키요마저 사누마성에 갇혀, 잇키 세력은 데라이케성과 묘성을 기무라 부자로부터 탈취하였다.

귀경 중이던 아사노 나가요시는 체재하던 시라카와에서 이 소식을 전해듣고 니혼마쓰성으로 되돌아왔고, 히데요시는 가모 우지사토와 다테 마사무네에게 기무라 부자의 구출을 명했다. 10월 26일 우지사토와 마사무네가 다테령 구로카와군 시타쿠사성下草城(宮城縣黑川郡大和町鶴巢. 鶴巢館)에서 협의를 하여, 11월 16일부터 함께 잇키를 진압하기로 하였다.

그런데 진압 예정 전날인 15일, 마사무네의 가신 스다 호키須田伯耆가 가모 우지사토에게 마사무네가 잇키를 선동했다고 고발했다. 게다가 마사무네의 유희쓰祐筆인 소네 시로노스케曾根四郎助가 마사무네가 잇키 측에 건네주었다는 지침을 들고 왔고, 마사무네군의 철포대가 쏘는 것이 공포탄이라는 첩보도 들어왔다.

이에 16일 우지사토는 단독으로 잇키 세력에게 함락된 묘성을 점령하고, 농성하고 있는 잇키 세력과 마사무네군에 대비하였다. 동시에 히데요시에게 사자를 보내 이 같은 정세를 보고하였다. 보고를 받은 히데요시는 이시다 미쓰나리를 우지사토에게 파견하여 대책을 논의하게 하였다.

한편 마사무네도 단독으로 다카시미즈성高淸水城(宮城縣栗原市高淸水東館)·미야사와성을 공략하고, 24일 사누마성을 함락시켜 기무라 부자를 구출한 후 우지사토의 묘성으로 보냈다. 우지사토는 기무라 부자가 구출된 후에도 마사무네에 대한 경계를 풀지 않았고, 묘성에서 농성하며 해를 넘기기로 결정하였다. 우지사토가 귀로의 안전을 확보하기 위해 마사무네에게 인질을 요구하자, 마사무네는 일문의 중신 다테 시게자네와 고쿠분 모리시게國分盛重를 우지사토에게 인질로 보냈다.

한편 이즈음 구 영주 오사키 요시타카가 상경하여 히데요시에게 오다와라 싸움에 참전하지 않은 것에 대해 사죄하고 구령 복귀를 청원하였다. 이에 히데요시는 12월 7일 검지 종료 후 요시타카에게 구령의 1/3을 안도하겠다고 약속하는 서장(=주인장)을 내렸다.

와가 요시타다, 히에누키 히로타다 등도 오다와라 싸움에 불참하여 소령을 몰수당했다. 위에서 언급했듯이 히에누키씨를 몰아낸 후 도야가사키성에는 히데요시의 부교 아사노 나가마사가 입성하였고, 오슈처분군은 히라이즈미 주변까지 진격하여 와가씨 등 재지영주의 거성들을 제압했다. 그리고 아사노 나가마사의 가신이 다이칸으로 진주하여 검지 등을 실시한 후 군다이, 다이칸을 남겨두고 철수했다.

그런데, 검지에 불만을 품은 위 오사키·가사이씨, 이사와군胆澤郡의 가시야마柏山씨 등 몰락 다이묘들의 구신과 농민들이 10월 각지에서

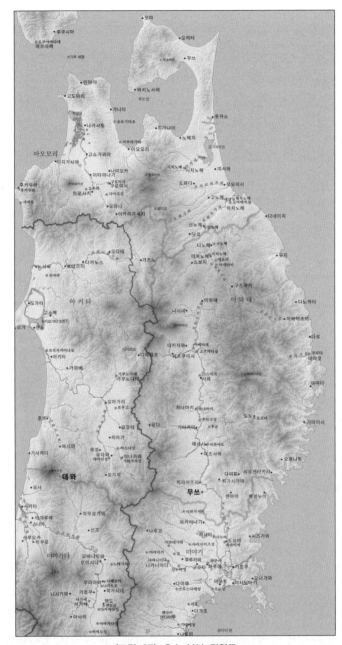

〈그림 25〉 오슈 북부 지역도

잇키를 일으켰는데, 이때 와가군과 히에누키군에서도 가사이·오사키 잇키에 동조하여 와가 요시타다와 히에누키 히로타다 등도 봉기했다.

잇키 세력은 10월 23일(28일) 와가씨의 옛 거성 후타코성二子城(岩手縣北上市二子町)의 아사노 나가마사 다이칸 고토 한시치後藤半七를 급습하여 와가씨 구령을 탈환하고, 2,000여 잇키 세력이 도야가사키성을 포위하였다. 이에 대항하는 도야가사키성 다이칸 아사노 시게요시의 병력은 100기와 보병足輕 150명 정도였으나, 성이 천연 요새지라 함락되지는 않았다.

난부 노부나오는 고즈카타성不來方城(岩手縣盛岡市. 후의 모리오카성盛岡城)에 군세를 집결시켜 직접 500기를 이끌고 도야가사키성을 구원하러 달려가, 11월 7일 성을 포위한 잇키 세력을 공격하여 포위를 풀었다. 난부군은 일단 도야가사키성에 입성하였으나, 적설기를 맞아 성을 지키기 어렵다고 판단하여 성을 버리고 아사노 시게요시 등과 함께 난부씨 거성 산노헤성三戶城(靑森縣三戶郡三戶町梅內)으로 철수했다. 그 결과 도야가사키성을 포함한 히에누키씨의 구령은 다시 잇키 세력의 수중으로 들어갔고, 히데요시 측 군다이와 다이칸은 모두 구 영주 세력에게 구축되었다.

이러한 뒤숭숭한 분위기 속에서 1591년을 맞아, 구노헤九戶씨가 산노헤성에의 정월 하례를 거절하고 난부씨 본가에 반기를 들었다. 1591년 3월 구노헤씨 측 구시비키 기요나가櫛引淸長가 도마베치성苫米地城(靑森縣三戶郡南部町苫米地)을 공격하자, 구노헤 마사자네도 5,000 병사로 거병하여 구노헤씨 측에 협력하지 않는 주위의 성들을 차례로 공격하기 시작했다. 본래 난부씨 정예였던 구노헤군은 대단히 강력하였다. 따라서 산노헤 난부 측도 기타北씨, 나쿠이名久井씨, 노다野田씨, 조호지淨法寺씨 등의 협력을 얻어 방어에 임했으나, 난부 영내의 잇키 세력에 편승한 구노헤군은 강화·확대되었다. 가중 싸움에서 승리하였음에도 은상이 없다고 생각한 가신들이 방관적인 태도로 나왔기 때문에, 산노헤 난부 측은 고전을 면치 못했다. 자력으로는 구노헤 마사자네를 토벌할 수 없다고 생각한 난부 노부나오는 아들 난부 도시나오南部利直와 기타 노부치카北信愛를 상경시켜, 6월 9일 히데요시를 알현하고 사태를 보고하게 하였다.

한편 9월 하순경 우에스기 가게카쓰가 검지를 종료하고 에치고로 돌아가려던 참에, 센보쿠 지역과 유리由利 지역에서 검지를 반대하는 잇키가 발발했다. 잇키 세력은 여러 지역을 방화하고, 마스다성增田城(秋田縣橫手市增田町)·야마다성山田城(秋田縣湯澤市山田)·가와쓰라성川連城(秋田縣湯澤市川連町)에서 24,000명의 군세로 농성했다. 이 소식을 접한 가게카쓰가 마스다를 공격하였으나, 잇키 세력은 야마다성·가와쓰라성에서 구원병을 보내 방어전을 폈다. 가게카쓰는 2,000여 병사를 마스다성 부근까지 극비리에 진군시켜 일거에 잇키 세력을 격파했다. 이에 가와쓰라·야마다에서 농성하던 잇키 세력이 항복하여 일단 잇키는 평정되었다.

10월 요코테橫手 분지 중부 로쿠고六鄕(仙北郡美鄕町六鄕)에서 오타니 요시쓰구의 수하가 검지를 실시하는데 백성들이 소송을 내고 검지를 방해하자, 오타니 수하가 백성 3명을 참살하고 5명을 체포하였다. 이에 분노한 농민들이 요시쓰구의 가신 50~60명을 살해하면서 다시 잇키가 재발하였다. 10월 14일 우에스기 가게카쓰는 오타니군을 오모리大森에 남기고 군사 12,000을 출동시켜 나베쿠라 시로鍋倉四郎 이하 2,000여 명이 농성하는 마스다관增田館을 공격하였다. 잇키 세력은 가미우라군上浦郡 각지에서 집결하여 우에스기군을 포위하였다. 가게카쓰군은 아사마이淺舞, 야나기타柳田, 가와쓰라, 야마다 등 잇키 거점을 공격하여 잇키 세력 1,580명을 살해했지만, 가게카쓰군도 200여 명이 사망하고 500여 명이 부상당했다. 이때 나카군中郡 혼도本堂씨는 오타니

씨에 종군하여 잇키 토벌에 가담하였고, 유리 지역 재지영주들도 잇키 토벌에 가담했다. 마스다관을 맡은 가게카쓰의 가신 후지타 노부요시藤田信吉는 잇키슈에게 인질을 받고, 이 인질들을 다음 해 3월까지 시키베 나가자네色部長眞·사토 진스케佐藤甚助가 주재하는 오모리성에 억류시켰다.

한편 1591년 1월 1일 마사무네에게서 인질을 취한 우지사토는 묘성을 나와 아이즈로 귀환했다. 10일 소마령에 도착한 이시다 미쓰나리는 마사무네에게 상경하라는 히데요시의 명령을 전하고, 우지사토·기무라 부자와 함께 귀경하였다. 2월 4일 상경한 마사무네에 대한 조사가 행해졌다. 마사무네는 잇키를 선동했다는 밀서는 위조된 것이며, 자신의 서장은 수결 세키레이鶺鴒의 눈에 바늘로 구멍을 낸다고 하였다. 히데요시는 마사무네의 주장을 받아들이고 마사무네에게 다시 잇키 진압을 명하였다. 5월 요네자와로 돌아온 마사무네는 6월 14일 다시 출진하여 본격적으로 잇키 진압에 나섰으나, 격렬한 저항에 부딪혀 하마다 가게타카·사토 다메노부 등 중신들을 잃었다.

위 와가·히에누키 잇키와 구노헤 마사자네의 난을 진압하기 위해 히데요시는 1591년 6월 20일 오슈 재처분군의 편성을 명했다. 오슈 재처분군은 도요토미 히데쓰구가 이끄는 3만 대군에 이에야스와 도호쿠 지역 다이묘들의 군사가 합류하여 총세 6만여, 4부대로 편성되었다. 시라카와 방면은 총대장 도요토미 히데쓰구가 이끄는 3만 대군에 이에야스와 도호쿠 지역 다이묘들의 군사가 합류 가담하고, 센보쿠 방면은 우에스기 가게카쓰와 오타니 요시쓰구가, 쓰가루津輕 방면은 마에다 도시이에, 마에다 도시나가가, 소마는 이시다 미쓰나리, 사타케 요시시게, 우쓰노미야 구니쓰나 등이 담당하고, 다테 마사무네, 모가미 요시미쓰, 오노데라 요시미치小野寺義道, 도자와 미쓰모리戶澤光盛, 아키타 사네스에秋田實季, 쓰가루 다메노부 등은 위 장수들의 지휘를 받도록 명하였다.

오슈 재처분군은 오우로 진격하여 가모 우지사토·아사노 나가마사와 합류하여 잇키를 진압하면서 북진했다. 와가씨 등은 완강히 저항하였으나 결국 진압되었는데, 와가 요시타다는 도망하던 중에 토민에게 살해되었다고 하며, 그 영지는 난부 노부나오에게 주어졌다. 이로써 와가씨, 히에누키씨는 몰락했다. 와가 요시타다의 아들 와가 다다치카忠親는 후에 다시 잇키를 일으켰다(이와사키 잇키岩崎一揆).

마침내 7월 4일 마사무네군은 데라이케성을 함락시켜, 잇키 세력의 항복을 받아내고 잇키를 종식시켰다. 8월 14일 마사무네는 모노군桃生郡 스에야마須江山에서 잇키 주모자들을 처벌하고, 12월 7일 아키우秋保씨 일족 바바 사다시게馬場定重·요리시게賴重 부자에게 오노성小野城(宮城縣東松松島市小野) 성주 나가에 가쓰카게를 살해하라고 명했다.

히데요시는 기무라 요시키요를 잇키 발생의 책임을 물어 개역하고, 요시키요는 우지사토를 의지한 객장客將이 되었다. 기무라령 가사이·오사키씨 소령이었던 13군은 히데요시가 마사무네에게 주기로 약속했기 때문에, 전년 오사키 요시타카에게 내린 주인장은 무효화되었다. 따라서 오사키씨의 다이묘 복귀는 물거품이 되었다. 9월 23일 히데요시에게 위 가사이·오사키 13군 검지와 성채 개수를 명받은 이에야스는 위 처분을 마치고 마사무네에게 새 영지를 인도했다. 마사무네는 이와데사와성을 이와데야마성岩出山城으로 개명하고 1601년까지 거성으로 삼았다.

마사무네가가 잇키에 간여하지 않았다는 의견의 근거로는 우지사토의 책략, 스다 호키의 무고, 잇키슈의 선전공작 등을 들고 있다. 그러나 마사무네가 잇키를 선동했다는 견해가 유력하다. 오슈 처분으로 사전금지령 후에 획득한 아이즈 외 8군을 몰수당한 마사무네가 실지회복의 수단으로 잇키를 선동하여 신 영주 기무라를 실각시키고,

잇키를 진압한 공적으로 가사이·오사키씨 구령을 획득하려 했다는 것이다. 스에야마須江山에서 잇키 주모자를 참살한 것 역시 증거 인멸을 위해서였다고 한다.

히데요시도 마사무네의 변명을 표면상 인정하였으나, 가사이·오사키 13군 30만석을 마사무네에게 주는 대신 본래 소령 12군여 72만석 중 6군(長井·信夫·다테·安達·田村·刈田) 44만석을 몰수하여 우지사토에게 주었다. 그리하여 마사무네의 소령은 19군여 58만석으로 삭감되었다. 마사무네가 받은 가사이·오사키 13군(30만석)은 위의 잇키로 황폐하였고, 특히 200여 년을 지배해 온 소령 다테·노부오信夫·나가이長井 3개군을 몰수당한 것은 경제적 손실을 가져오고 일시나마 소령지배의 기반을 약화시켰다고 보인다. 이러한 조치는 마사무네에 대한 징벌 조치임이 분명하다. 이것은 히데요시가 마사무네의 선동을 잇키 발발의 원인으로 판단하였음을 나타낸다 하겠다.

전봉과 동시에 다테 가중의 지행도 재편 및 감봉되어 가신들에의 지행고도 삭감되었다. 특히 새로 받은 지행지에는 황무지 등이 많았기 때문에 곤궁해진 가신단의 불만이 높아졌다. 그리하여 전봉을 거부한 아와노 시게쿠니粟野重國의 거성 기타메성北目城(宮城縣仙台市太白區郡山)이 함락되었고, 다테 시게자네·고쿠분 모리시게·오니니와 쓰나모토·엔도 무네노부遠藤宗信 등 중신들의 이산이 이어졌다.

3장 조선침략

1. 조선침략기의 히데요시 정권

이 같은 과정을 통해 히데요시는 일본 전국을 통일하였지만, 1591년은 히데요시 정권에게 매우 불안한 해이기도 했다. 이해에 히데요시의 동생이자 정권의 제2인자였던 도요토미 히데나가가 사망했다. 히데나가는 1590년 1월경부터 병이 악화되어 오다와라 정벌에도 참전하지 못하였고, 10월경 히데쓰구가 히데나가의 건강 회복을 위해 단잔진자談山神社를 방문하여 기도를 올리기도 했다. 그러나 1591년 1월 22일 히데나가는 향년 52세로 야마토 고리야마성에서 병사하였고, 대를 이을 아들이 없어 양자였던 조카(히데쓰구 동생) 도요토미 히데야스豊臣秀保가 가독을 이어받았다. 고리야마성에는 금 56,000여 매, 은은 2간 사방의 방에 가득하였다고 한다.

2월 23일 히데요시는 돌연 센노 리큐千利休를 교토에서 사카이로 추방하고, 자택 근신을 명했다. 이에 대한 공식 이유는 리큐가 기거하고 있는 다이토쿠지大德寺를 2년 전 사비로 수축할 때, 문 위에 리큐의 목상을 세우고 그 밑으로 히데요시를 지나가게 했다는 것이었다. 마에다 도시이에, 리큐 제자들 중 후루타 오리베古田織部, 호소카와 다다오키 등의 다이묘들이 리큐를 구하고자 애썼으나, 히데요시는 리큐를 교토로 불러들여 주라쿠 저택聚樂屋敷에서 절복할 것을 명하였다. 리큐의 목은 이치조 모도리바시戻橋에 걸렸다.

리큐의 절복 이유에 대한 설들을 보면, ① 값싼 다기류를 고가로

팔아 다대한 이익을 취했기 때문이라는 설, ② 니조에 있는 천황릉을 훼손하여 석재를 가져다가 그것으로 정원을 꾸몄기 때문이라는 설, ③ 히데요시와 다도에 대한 생각이 대립했다는 설, ④ 히데요시는 원래 다도를 싫어하여 리큐에게 불만이 있었는데, 히데요시가 리큐에게 다완의 처분을 명했음에도 리큐가 이를 거역하여 역린을 건드렸기 때문이라는 설, ⑤ 히데요시가 리큐의 딸을 첩으로 들이려 했는데 리큐가 거절했기 때문이라는 설, ⑥ 히데나가 사후 정치불안에서 오는 정치투쟁에 휘말렸다는 설, ⑦ 리큐가 히데요시의 조선출병을 비판했기 때문이라는 설, ⑧ 권력자 히데요시와 예술가 리큐의 자부심 대결의 결과라는 설, ⑨ 교역을 독점하려는 히데요시와 사카이의 권익을 지키려는 리큐가 대립하여 서로 소원해졌기 때문이라는 설, ⑩ 리큐가 수행하고 있던 난슈지南宗寺가 도쿠가와 이에야스와 관련되어 있고, 이에야스의 첩자가 다유茶湯에 독을 풀어 히데요시를 암살하려 했기 때문이라는 설 등등 구구하다.

1589년 5월 27일 태어나 4개월 만에 히데요시의 후계자로 지목되었던 아들 쓰루마쓰鶴松가 1591년 8월 5일 병사했다. 자주 병마에 시달리던 쓰루마쓰가 1591년 7월 27일 병상에 눕자, 히데요시는 전국의 신사·사찰에 쓰루마쓰의 건강 회복을 기원하도록 명하고, 가스가진자春日神社에 300석을 기진하여 기도를 올리게 했다. 그 덕분인지 잠시 건강을 회복한 것 같았으나, 8월 2일 다시 병이 도졌다. 히데요시는 다시 전국 신사·사찰에 쓰루마쓰 건강 회복 기도를 명하고, 가스가진자에 또 700석을 기진하였다. 가스가진자는 1588년 오만도코로의 건강 회복 기도료로 7,000석을 기진받은 적이 있었다. 히데요시는 가스가진자에 다시 1,000석을 기진하겠다고 약속하고 쓰루마쓰의 건강 회복을 위한 기도를 올리게 하고, 자신도 도후쿠지에서 기도를 올렸다. 거기에다 가신과 영민에 이르기까지 쓰루마쓰를 위한 기도를 올리게 하고,

천하의 명의들을 불러 쓰루마쓰를 치료하게 하였다. 그러나 8월 5일 쓰루마쓰는 병사하였다.

이러한 어수선한 상황 속에서 히데요시는 1591년 8월 내년(1592년)에 조선침략을 결행하겠다고 공포하고, 히젠 나고야名護屋에 조선침략의 거점으로 나고야성名護屋城(佐賀縣唐津市)을 수축하기 시작했다.

후계자를 잃은 히데요시는 11월 히데쓰구를 양자로 맞아 후계자로 삼고, 관백직을 물려주었다. 히데쓰구에게 일본 국내 통치를 맡기고, 자신은 조선침략에 전념하려고 했다고 한다. 12월 28일 히데쓰구가 관백에 취임하고, 도요토미가의 씨장자氏長者에 올랐다. 관백 취임 후, 히데쓰구는 주로 주라쿠테이에 거주하면서 정무를 보았으나, 히데요시가 정한 <고핫토御法度>, <온오키메御置目>를 따르게 하여, 다이코太閤 히데요시는 여전히 통치자로 군림하고 있었다. 한편 히데쓰구는 1592년 1월 29일 사다이진左大臣에 보임되고, 2월 주라쿠테이에서 천황을 맞아(두 번째 천황 행행) 히데쓰구에의 권력세습을 내외에 드러냈다.

1592년 3월 15일 마침내 히데요시는 석고 1만석당 시코쿠·규슈 지역 다이묘들은 600명, 주고쿠·기이 지역 다이묘들은 500명, 5기나이 다이묘들은 400명, 오미·오와리·미노·이세 지역 다이묘들은 350명, 도토미·미카와·스루가·이즈 지역까지는 300명, 그 이동의 다이묘들은 200명, 와카사 이북·노토 지역 다이묘들은 300명, 에치고·데와 지역 다이묘들은 200명씩 병사를 징발하여 12월까지 오사카로 집결할 것을 명했다. 그러나 이 군역 할당량은 개별 다이묘들의 사정에 따라 증감되어 일률적이지는 않았고, 이때 동원된 군사 수는 위 기준의 약 8할 정도였다고 한다. 서일본 지역(西海道, 南海道, 山陰道, 山陽道)의 경우는 비교적 위의 기준에 입각하여 군사가 동원되었으나, 동일본 지역(기나이 이동)은 감소되었다. 특히 조선으로 출진한 것은 주로 서일본 지역의 다이묘들이었고, 도쿠가와 이에야스 등 동일본 지역의 다이묘들은 히젠 나고야에 주둔하였다.

당시 군사 수는 다이묘들의 석고량에 따라 할당되었기 때문에 동원된 군사 수는 각양각색이었다. 군사들은 많은 군사를 동원한 다이묘에게 소속되어 편성되었고, 히데요시의 후다이 다이묘인 가토 기요마사와 고니시 유키나가 등이 도자마 다이묘인 나베시마 나오시게·소 요시토시·마쓰우라 시게노부松浦鎭信를 지휘하기도 했다. 당시 일본 전체 총석고는 약 2,000만석으로 1만석당 군사 250명을 동원할 수 있다고 보면, 총 동원 가능 인력은 약 50만이다. 임진왜란에 동원된 인원은 대략 그 절반 정도였다고 하겠다.

히데요시는 나고야성 주변에 하타모토 27,695명, 이에야스 등 예비군 73,620명 총계 약 10만 명을 주둔시키고, 9대로 편성된 총 158,800명, 수군 8,750명을 조선으로 출진시켰다. 단, 이 동원 인원에는 인부와 수부 같은 비전투원들도 포함되어 있었다. 시마즈군에는 비전투원이 약 4할, 다치바나군에는 약 5할, 고토五島군은 약 7할 정도였다고 한다. 이 비전투원들은 원칙적으로 전투에 참가하지 않게 되어 있었으나, 전투원으로 전용되는 경우가 많았다(임진왜란·정유재란에 대한 자세한 내용은 장을 바꾸어 서술).

한편 관백으로 도요토미가의 씨장자인 히데쓰구는 1592년 4월 7일 마에다 도시이에, 마에다 도시마사前田利政, 사타케 요시노부, 사토미 요시야스里見義康, 무라이 사다카쓰, 사나다 마사유키 등에게 관위를 수여하였다. 관위 임명 절차를 보면 히데요시(다이코)가 히데쓰구(관백)에게 위 인물들의 관위 서임에 대해 동의를 얻고, 이를 히데쓰구가 조정에 상주하는 형식을 취했다. 지시를 내린 것은 히데요시였지만, 관백 히데쓰구의 지위가 독자 권력으로 발전할 가능성을 내포하고 있었다고도 보인다. 12월 8일 연호가 덴쇼天正에서 분로쿠文祿로 바뀌었다. 이 시기 천황 즉위나 천재지변 등 연호를 개정할 만한 사정이 없었음에도 개원이 이루어진 것은 히데쓰구의 관백 세습과 관련되어 있었던 듯하다.

그런데 1593년 8월 3일 오사카성 니노마루에서 측실 요도도노淀殿가 히데요리秀賴를 낳았다. 이 소식을 들은 히데요시는 대단히 기뻐하여 8월 15일 나고야성을 출발하여 25일 오사카에 도착하였다. 야마시나 도키쓰네의『도키쓰네쿄키言経卿記』에 의하면, 9월 4일 히데요시는 일본을 5등분하여 그 4/5를 히데쓰구에게, 1/5을 히데요리에게 양여하려 하였다고 한다. 고마이 시게카쓰駒井重勝의『고마이닛키駒井日記』10월 1일조에 의하면, 장래 마에다 도시이에 부처를 중매인으로 하여 히데쓰구의 딸 로게쓰인露月院과 히데요리를 결혼시켜, 히데쓰구와 히데요리에게 정권을 물릴 생각이었다고 한다.

하지만 히데쓰구는 히데요리의 탄생으로 관백 자리에서 쫓겨나지 않을까 매우 초조하고 불안해하였다. 히데요리가 태어난 이후 천식 증상이 심해진 히데쓰구는 치유차 아타미熱海로 떠났다가 11월 귀환하였다. 하지만 히데쓰구의 병세는 히데요시의 노골적인 히데요리 편애로 더욱 심해졌다.

물론 겉으로는 히데요시와 히데쓰구 사이는 양호했다. 1594년 2월 8일 히데쓰구는 기타노만도코로北政所(네네)와 함께 요시노吉野로 꽃구경을 가고, 9일 오사카성에서 히데요시와 함께 노를 관람했다. 13일부터 20일까지 히데요시와 히데쓰구는 후시미성伏見城(京都府京都市伏見區桃山町大藏)에서 연회를 열고, 27일 함께 요시노로 꽃구경을 갔다. 이러한 상황은 그 뒤에도 지속되었다.

히데요시는 히데쓰구를 주라쿠테이에, 히데요리를 오사카성에 거주하게 하고, 자신은 후시미성에 머물면서 히데쓰구·히데요리와의 상호 관계를 유지하려 하였다. 후시미성은 히데요시가 은거하기 위해 지은 성이었으나, 당시 많은 다이묘들의 저택이 후시미에 들어서서 히데쓰구를 감시하는 역할을 했다. 히데요시는 4월 모자와 함께 신축된 후시미성으로 거처를 옮기려 하였으나, 요도도노가 이전에 두 살로 사망한 쓰루마쓰를 생각하여 지금 움직이는 것은 연기緣起가 나쁘다고 주장하여, 입성을 다음 해(1595년) 3월로 연기하였다.

한편 히데쓰구는 1593년 조선으로 출진할 예정이었으나, 병으로 취소되었다. 당시 구로다 요시타카(=黑田如水)는 히데쓰구에게 히데요시 대신 조선으로 도해할 것을 건의하면서 만약 그렇게 하지 않으면 관백의 지위를 잃게 될 것이라고 말하였다. 그러나 히데쓰구는 이 건의를 받아들이지 않고 방탕한 생활을 하였다고 한다.

1595년 6월 말 히데쓰구의 모반 의혹이 불거졌다. 히데쓰구가 사냥을 구실로 산중에서 모반을 모의했다는 것이다. 7월 3일 이시다 미쓰나리·마에다 겐이·마시타 나가모리·미야베 게이준·도미타 잇파쿠富田一白 등 5인이 주라쿠테이의 히데쓰구를 방문하여 모반 의혹에 대해 힐문하고 서지의 제출을 요구했다. 히데쓰구는 모반 의혹을 부정하고, 히데요시에게 기청문起請文을 제출하여 역심이 없음을 보였다. 그런데 히데쓰구는 같은 날(7월 3일) 백은白銀을 조정에 3,000매, 제1황자=가쿠신홋신노覺深法親王에게 500매, 주산구准三宮(勸修寺晴子)와 고노에 사키코近衛前子에게 각각 500매, 하치조노미야 도시히토신노八條宮智仁親王에게 300매, 쇼고인 도초聖護院道澄에게 500매를 헌상했다. 이는 히데쓰구가 조정에 모종의 공작을 한 것으로 보여, 모반 의심은 더욱 짙어졌다.

한편 7월 5일 히데쓰구가 전년 봄 가신 시라에 나리사다白江成定를 모리 데루모토에게 파견하여 독자로 서약하는 연판장을 작성했다는 보고가 있었다. 이것을 이시다 미쓰나리가 히데요시에게 보고하였다. 히데요시는 히데쓰구 소환을 명하였고, 8일 다시 사자가 히데쓰구를 방문하여 후시미로 출두하라고 독촉하였다. 히데쓰구는 후시미성으로 갔으나, 히데요시를 인견하지도 못한 채 기노시타 요시타카木下吉隆

의 집에 유치되었다. 그날 밤 히데쓰구는 삭발을 명받고, 고야산 세이
간지靑巖寺로 칩거하였다. 15일 조시上使 후쿠시마 마사노리·이케다 히
데카쓰池田秀雄·후쿠하라 나가타카福原長堯 등이 히데쓰구를 방문하여
절복 명령을 전하고, 같은 날 히데쓰구는 절복하였다. 히데쓰구의
목은 8월 2일 산조가와라三條河原에 걸리고, 그의 유아들과 측실·시녀
등 29명도 처형되었다.

이 같은 히데쓰구 제거 이유=모반설에 대해 당시 기록들은 많은
의문을 표했고, 패전 후 역사학자들 사이에도 히데쓰구 제거 이유에
대한 정설은 존재하지 않는다. 히데쓰구 제거 이유에 대한 학설들을
보면, ① 이시다 미쓰나리 참언설, ② 악역설(악행설), ③ 히데요시와
히데쓰구의 확집설, ④ 히데요시 정권 내의 이료파와 도자마 다이묘의
대립설 등등이 있다. 이 밖에도 히데요시와 히데쓰구 사이에 통치권을
둘러싼 대립설, 히데요리의 탄생과 더불어 히데쓰구와 소원해진 히데
요시가 히데요리를 제거했다는 익애설溺愛說, 히데요리 공급 유용설
등등이 있다.

한편 1596년 8월 28일 무역선 산 펠리페호가 멕시코로 향하던 중
동중국해에서 태풍을 만나 심한 피해를 입고 도사 오키土佐沖에 표착했
다. 이 소식을 접한 조소카베 모토치카는 산 펠리페호를 우라도만浦戸湾
안으로 예인하려 하였으나 도중에 좌초되고, 선원들은 나가하마長浜(高
知市)로 데려왔다. 당시 무역선에는 통상 선교사들이 동승하였는데,
산 펠리페호에도 프란시스코회 선교사 3명, 아우구스티노회 선교사
4명, 도미니크회 선교사 1명이 타고 있었다. 선장 마티아스 데 란데초
Matias de Landecho는 히데요시에게 사자를 보내 선박의 수선과 신병의
안전을 구했다. 그러나 산 펠리페호 사자들은 히데요시 알현을 허가받
지 못했고, 대신 마시타 나가모리가 우라도로 파견되었다. 그런데
위의 사자들 중 한 명이 나가하마로 돌아와 화물은 몰수될 것이고

선원들은 억류되었다가 처형될 가능성이 있다고 전했다.

우라도로 온 나가모리는 인원 명부와 화물 목록을 작성하여 화물과 소지품을 몰수하고 선원들을 억류하였다. 이에 화가 난 항해장 오란디아Francisco de Holandia가 세계지도를 펴놓고, 나가모리에게 스페인은 광대한 영토를 영유한 나라고 일본은 너무도 작은 나라라고 말했다 한다. 이에 모리나가가 스페인은 어떻게 그렇게 광대한 영토를 영유하게 되었는지 묻자, 오란디아는 스페인 국왕이 세계에 선교사를 파견하여 선교와 더불어 정복사업을 한다고 하면서, 우선 정복 대상지의 토민을 선교하여 그들을 내응시키고 병력을 파견해서 정복 대상지를 병탄한다고 했다. 나가모리는 위의 내용과 함께 "스페인 사람들은 모두 해적이며, 페루, 멕시코(노비스파니아), 필리핀을 무력으로 제압했듯이 일본을 제압하기 위해 측량하러 왔음에 틀림없다는 이야기를 교토에 있는 포르투갈 사람들(3명)에게 들었다"고 히데요시에게 보고했다(이 내용은 신용하기 어려운 점이 많다).

이 보고를 받은 히데요시는 1596년 12월 8일 기독교 금지령을 다시 내리고, 교토와 오사카에 있던 프란시스코회 선교사 3명과 수도사 3명, 일본인 신도 20명을 체포하여 나가사키로 보내 12월 19일 처형하였다(26성인).

선장 란데초는 선박 수선을 위해 히데요시를 알현하고 싶다고 했고, 조소카베 모토치카는 그의 상경을 허가하였다. 그러나 교섭 중개를 의뢰하려던 프란시스코회 선교사들이 체포된 후라서 선원들 스스로 선박 수선을 히데요시에게 요구하였다. 히데요시는 이들의 요구를 받아들여 산 펠리페호의 수리에 착수하였다. 산 펠리페호는 1597년 4월 우라도를 출항, 5월 마닐라에 도착했고, 마닐라에서 상세히 조사를 받았다. 그 결과 1597년 9월 스페인 사절 나바레테Navarrete, Luis Fajardo 등이 일본에 파견되어 산 펠리페호의 화물 반환과 선교사 유체의 인도를 요구하였다. 이 요구는 거절되었다.

한편 히데요시는 전국에 병농분리兵農分離의 기본원칙을 1587년 공포했다. 이 법령에서 "급인에게 주어지는 지행지는 당좌(히데요시)의 것이며, 급인은 바로바로 지행지를 바꾸어 가는 것"이라 한 것은 조상 대대로 전래해 온 영주의 본령지 지배를 부정한 것이며, 영주와 영민 사이의 개별적 주종관계를 부정한 것이었다. 이는 무사들로부터 본령지를 박탈하고 국가권력이 무사들을 전국 규모로 일원적·통일적으로 편성하는 원리로서, 석고石高 지행제의 시행과 함께 그와 맞물려 군역 부과를 실현할 수 있게 하는 근세 일본의 기본적이고 근본적인 체제 구성의 원리다.

위의 석고제의 전제가 된 것이 바로 다이코 검지太閤檢地다. 검지란 일종의 토지조사로서 고대 이래 행해져 온 것인데, 센고쿠다이묘들은 다이묘 영국을 형성하면서 과세 자료를 확보하기 위해 실시하였다. 그러나 대부분의 다이묘들은 가신단과 유력 일족들의 저항 때문에 전 영국을 대상으로 한 검지를 실시하지는 못했고, 대부분 새로 획득한 지역에 검지를 실시했다. 센고쿠기로 한정하면, 호조 소운이 1506년 사가미에서 최초로 검지를 실시하였고, 이후 호조씨 당주들도 검지를 실시했다. 소운이 센고쿠기 최초로 검지를 실시할 수 있었던 것은 외부에서 들어와 재지 세력과 이해관계에 얽매이지 않고 센고쿠다이묘로 발전하였기 때문으로 보인다. 노부나가도 영역을 확대하면서 검지를 실시했는데, 히데요시도 이 노부나가의 검지에 관여했다. 1582년 아케치 미쓰히데를 야마자키에서 토벌한 후 사사령 관련 토지대장들을 모아 토지에 대한 권리관계를 명확히 했던 것이다.

이후 노부나가 권력을 이은 히데요시는 전국을 대상으로 하는 다이코 검지를 실시했다. 그것을 연도별로 보면, 1582년 3개 지역國, 1583년 4개 지역, 1584년 7개 지역, 1585년 5개 지역, 1586년 2개 지역, 1587년

6개 지역, 1588년 8개 지역, 1589년 16개 지역, 1590년 19개 지역, 1591년 20개 지역, 1592년 10개 지역, 1593년 9개 지역, 1594년 14개 지역, 1595년 20개 지역, 1596년 8개 지역, 1597년 5개 지역, 1598년 10개 지역이다. 이 검지들을 모두 다이코 검지라고 칭하지만, 1590년까지의 검지는 통치영역의 확대=통일 과정과 관련된 것이고, 1591년 검지는 주목적이 다이묘들의 영지고를 확인하여 조선침략 준비에 필요한 병량과 군역을 차출하기 위한 것이었다고 보인다.

한편 히데요시는 1589년 미노 지역에 검지를 행할 때, 1간=6척 3촌(약 181cm), 1간 사방=1보步, 30보=1무畝, 10무=1반反, 10반=1정町으로 하고, 논밭의 생산량은 상·중·하·하하로 표시하고, 되는 교토 되京升를 사용하며, 생산량은 모두 석고石高로 표시하라고 명했다(관고제貫高制를 석고제石高制로 전환).

여기에서 주목해야 할 것은 히데요시 검지(=다이코 검지)가 전국 규모로 실시되었다는 점, 전국의 양척을 통일했다는 점, 센고쿠기의 관고제에서 석고제로 전환했다는 점이다. 특히 센고쿠기의 검지가 재지에서 보고하는 형식의 사시다시 검지指出檢地였는데 원칙상 검지관의 입회 아래 실제 측량을 통해 이루어지는 방식으로 바뀐 것은, 다이코 검지의 질이 센고쿠기의 검지와는 크게 다르다는 사실을 보여준다.

또한 다이코 검지장은 노부나가의 검지가 재지영주를 검지장에 기록해서 재지영주의 권익을 인정하였던 것과는 다르게, 경작농민만을 기록하고 있다. 이는 중세 이래 토지와 관련한 중세의 중층적 이해관계=시키職를 부정하고, 한 토지는 한 농민만이 경작하는 일지일작제一地一作制를 관철하여 농민을 일원적으로 장악·지배하며, 무사들의 재지지배를 부정하는 의도를 나타낸다. 센고쿠기부터 나타난 병농분리의 원칙이 검지를 통해 관철되었던 것이다.

다이코 검지에 대한 학설로는 아라키 모리아키安良城盛昭의 혁명·혁신설, 미야카와 미쓰루宮川滿의 상대적 혁신설, 그리고 고토 요이치後藤陽一의 역옥役屋체제론 등이 있다. 아라키 모리아키는 다이코 검지를 일직지배一職支配와 묘슈직名主職 보유자의 중간착취를 부정하여 소농민의 자립을 촉진하고, 중세 말기의 복잡한 토지소유관계를 부정하여 새로운 봉건적 소유관계=보유관계의 체제적 기초를 만든 혁명적 토지정책으로 평가했다. 한편 미야카와 미쓰루는 다이코 검지를 종래 1필지 경지에 병존하고 있던 묘슈층의 가지시加持子 득분권과 가독을 상속하지 않은 소농민의 경작권 중에서 후자만을 인정하여 소농민의 자립 재생산을 지향한 정책으로 토호·묘슈의 부역 경영과 센고쿠다이묘의 권력 기반을 없애려는 의도와 지향을 나타내는 상대적 혁신성을 가진 정책이었다고 평가했다. 고토 요이치는 다이코 검지가 부역을 부담하는 역옥의 설정을 정책기조로 하고 있다고 했다.

한편 히데요시는 1591년 8월 무사, 무가 봉공인中間(小子)이 농민이나 상인이 되는 것, 백성이 경지를 버리고 상인이나 일용층이 되는 것, 도망한 봉공인을 무가가 고용하는 것 등을 금지시킨 소위 신분통제령을 공포한다. 이 법령은 조선침략에 대비하여 무가 봉공인과 세수를 확보하기 위한 것이기는 하나, 인민의 신분을 고정시키려는 의도를 포함하고 있다. 그리고 1592년 3월 인소령人掃令(히토바라이령)을 내려 촌 단위로 인구를 조사하고, 농민과 상인을 구별해서 보고하게 했다. 이 법령도 조선침략과 관련하여 차출 가능한 병력과 인부를 파악하기 위한 법령이지만, 병농분리를 전제로 한 것이었다. 따라서 검지를 통해 병농분리를 관철한다는 것은 논리상 농민=농촌, 사·공·상=도시의 분리이기도 하다. 그러한 측면에서 검지, 병농분리, 석고제, 신분통제는 상호 내적 연관성을 가지고 있다.

즉 병농분리제는 토착성을 상실한 무사의 창출임과 동시에 농민의 무사적 성격을 부정한 농민의 창출이다. 무사적 성격을 부정한 농민의 창출이란 결국 농민의 무장해체, 백성신분과 무사신분의 사적 주종관계 부정(무사와 영민의 주종관계 부정), 경작 강제, 백성(농민)을 토지에 얽매어 놓는 구조를 의미한다. 이러한 의도를 가진 정책들이 1586년에서 1588년까지 공포된다. 1586년의 <백성은 인접 지역·타향으로 이동해서는 안 된다>, 1587년의 <급인은 바뀌지만 백성은 바뀌지 않는다>, 1588년의 농민의 무장해체를 지시한 <무기몰수령刀狩令(가타나가리령)> 등이 그러한 것들이다.

그런데 석고石高(고쿠다카)는 각 토지의 기준생산량으로서 농민에 대한 과세기준으로 참고하였을 것으로 보이나, 과세 부과는 매년의 풍흉에 따른 생산량을 기준으로 하였기 때문에 석고와 과세의 완전한 정합성은 보이지 않는다. 그러나 석고제는 다이묘·무사들에게는 영지의 기준생산량='영지 규모' 혹은 수입량, 농·공·상인들에게는 경영 규모를 나타낸다. 이것은 넓게 보아 석고제가 경제사회의 시스템으로 기능하고 있음을 나타낸다 하겠다.

이러한 병농분리제와 석고제는 근세 막번체제를 구성하는 근간으로 기능한다. 히데요시의 검지가 위에서 언급한 원칙과 방향을 취하고 있음은 분명하나, 실제로 그 같은 원칙에 입각하여 실시되었던 것은 아니다. 특히 다이묘의 영지고는 정치 상황에 따라 정해지는 경우가 많았다.

한편 1595년 히데쓰구 사건으로 히데요시 정권은 위기에 처하였다. 히데요시는 히데쓰구 사건의 배후에 결혼관계를 통해 도당을 결성해서 모반을 준비한 다이묘들이 있다고 의심하고, 관계 다이묘들을 연좌시키려 하였다. 이에 이에야스가 히데요시의 의심을 풀기 위해 노력하였다 한다. 히데요시의 의심을 해소하는 방안으로 히데요시는 당시 유력 다이묘들 29인에게 히데요리에 대한 충성을 혈판으로 맹세하게 했다.

그리고 다이묘들은 히데요시의 허락 없이 통혼하지 말 것, 다이묘 간의 서지 교환을 금지할 것, 싸움과 말다툼에서는 참는 자가 도리에 합당함, 참언하는 자가 있으면 쌍방을 불러 반드시 규명할 것, 가마는 이에야스·도시이에·가게키쓰·데루모토·다카카게만 탈 것 등을 내용으로 하는 5개조 <온오키테御掟>와, 공가나 백성에 대한 통제와 관련된 <온오키테 추가御掟追加>를 유력 다이묘 도쿠가와 이에야스(256만석), 모리 데루모토(120만석), 우에스기 가게카쓰(91만석), 마에다 도시이에(83만석), 우키타 히데이에(57만석), 고바야카와 다카카게(37만석) 등 6인에게 연서하게 했다. 이후 위 6인을 도요토미 정권의 다이로大老라 한다(다카카게는 1597년 사망하여 5다이로제).

한편 히데요시 정권의 행정을 위해 1585년경 5부교제五奉行制를 두었다(히데요시 사망 직전인 1598년 7월 설치하였다고도 함). 부교는 때에 따라 인원 수도 사람도 달랐으나, 재정출납, 치안유지, 도자마 다이묘 특히 이에야스에 대한 대책 등을 담당했다고 하며, 아사노 나가마사(22만석)가 사법, 마에다 겐이(5만석)가 종교, 이시다 미쓰나리(19만석)가 행정, 마시타 나가모리(6만석)가 토목, 나쓰카 마사이에(5만석)가 재정을 주로 담당하였다. 이들을 5부교라고 불렀다.

한편 1598년 3월 아이즈를 지배하고 있던 가모 히데유키가 우쓰노미야(18만석, 12만석이라고도)로 이봉하자, 히데요시는 아이즈 90만석을 중심으로 우에스기 가게카쓰에게 120만석을 안도했다. 이것은 도호쿠 지역 다이묘들과 이에야스를 감시·견제하기 위한 조치였다. 이로써 후술하는 5부교제와 5다이로제가 완성되었다.

그런데 1598년 3월 후시미 다이고지醍醐寺에서 히데요리와 아내 오네와 함께 꽃놀이를 즐겼던 히데요시가 5월경부터 병마에 시달리게 된다. 마침내 5월 15일 이에야스, 도시이에·도시나가, 히데이에, 가게카쓰, 데루모토 등 5다이로와 그들의 적남, 5부교 중 겐이, 마사이에에게

11개조 유언장을 보내고, 이들은 혈판으로 유언 내용을 지키겠다고
맹세했다. 히데요시의 유언 내용은, 5다이로가 히데요리를 보좌할
것, 5부교는 싸움이나 말다툼이 발생했을 때 쌍방의 의견을 들어 중재
할 것, 5부교가 수입을 결재한 후 이에야스와 도시이에에게 다시 보고·
확인할 것, 여러 내용들에 대해 이에야스와 도시이에에게 의견을 구하
고 이들의 의견에 따를 것, 이에야스는 후시미성에서 정무를 보고,
겐이와 마사이에는 후시미성 루스이역留守居役을 담당할 것, 도시이에
는 오사카성에서 히데요리를 지킬 것 등이다. 위 내용을 종합하면,
이에야스는 전국에 걸친 정무를 담당하고, 도시이에는 도요토미가의
내정을 총괄하라는 것이었다. 그리고 자신을 하치만신八幡神으로 신격
화할 것과 매장할 것을 유언했다고 한다.

　7월 4일 죽음을 직감한 히데요시는 이에야스 등 다이묘들을 불러들
여 히데요리의 후견인으로 이에야스를 지목하고, 8월 5일 다시 5다이
로에게 유언서를 전했다. 그리고 1598년 8월 18일 후시미성에서 62세
의 일기로 생애를 마감했다.

2. 조선침략=임진왜란

1) 히데요시의 조선침략 준비와 외교교섭

① 히데요시의 조선침략 발언과 쓰시마 도주 소씨의 대조선 교섭

　루이스 후로이스의『니혼시』에 의하면, 오다 노부나가도 중국침략
의 의도를 가지고 있었다고 한다. 이에 대한 사료 증거가 없어서 자세
한 것은 알 수 없으나, 이는 대외침략이 전국통일 과정과 연관되어
있음을 시사한다. 도요토미 히데요시가 조선침략을 처음 언급한 시기
는 관백에 취임한 직후인 1585년 9월이다. 즉 가신 히토쓰야나기 스에

야스—柳末安에게 "일본은 말할 것도 없고, 가라코쿠唐國까지 (정벌을) 명령하려는 마음"이라고 하였다. 여기에서 가라코쿠가 명明을 의미하는지 조선을 의미하는지는 명확하지 않다. 이 언급은 히데요시가 가토 사쿠나이加藤作內가 영지에 비해 과도한 무사 세력을 유지하고 있다고 처벌을 내리며 직신들에게 보낸 서장 가운데, 히데요시의 명령에 잘 따르면 영지를 확보하여 그에 상응하는 보답을 해줄 것이라 공언한다는 문맥에서 나온 대목이다. 따라서 이 대륙침략에 대한 언급은 센고쿠 다이묘의 재생산을 방지하고, 가신단의 결속과 히데요시에 대한 충성을 유도하기 위한 것으로 볼 수 있다. 이 시기의 가라코쿠 정복 언급은 히데요시의 '꿈'을 나타내는 추상적인 성격을 띠고 있다 하겠다.

히데요시는 1586년 3월 가스파르 코엘료에게 일본을 통일해서 일본은 히데나가에게 맡기고 자신은 조선과 중국을 정벌할 계획이며, 이때 군함 2척과 승무원을 제공해줄 것을 제안했다. 그리고 만약 자신이 중국을 정벌하면 일본과 중국에 기독교 포교를 인정하겠다고 했다. 이는 히데요시가 남만무역의 거점인 규슈 평정을 앞두고 자신의 포부를 드러내어, 포르투갈이 일본의 명 침략에 협조한다면 무역의 이익과 포교를 보장한다는 의미다. 그런데 이 언급이 규슈 평정을 앞두고 이루어진 것임을 염두에 두면, 이는 포르투갈이 규슈 세력에 협력하는 것을 경계하는 의미를 내포하고 있었다고 보인다.

히데요시의 조선침략 언급은 규슈 평정이 시작되기 전인 1586년 4월 10일에도 보인다. 즉 히데요시가 규슈 평정에 앞서 모리 데루모토에게 내린 오보에覺에 '고려도해高麗御渡海'라고 기록되어 있다. 이는 규슈 평정 후의 구상과 관련하여 조선침략 계획을 나타낸 것으로 보인다. 이어 8월 5일 모리 데루모토·안코쿠지 에케이·구로다 요시타카 등에게 규슈 평정이 끝난 후 '조선도해'와 '명 정복'을 준비하라고 명했다. 이것도 규슈 평정에 앞서 정벌의 중심세력에게 정벌 후의 다음 정복

목표를 제시하여 충성을 다하게 하려는 수사로 보인다.

조선과의 관계가 가시권에 들어오기 시작한 시기는 규슈 평정이 시작되고 쓰시마 소씨宗氏가 히데요시에게 복속을 표시한 시점, 즉 1587년 5월이다. 히데요시는 5월 4일 기타노만도코로 네네에게 잇키·쓰시마가 자신에게 복속했다는 점, 조선 국왕에게 일본 천황에 대한 참락參洛을 명했으며 만약 참락하지 않는다면 내년에 정벌하겠다는 점, 그리고 자기 생전에 명을 정복할 것이라는 점을 서신으로 알렸다. 이어 소씨에게도 조선침략을 언명한다. 즉 1586년 6월 16일 소 요시시게宗義調에게 보낸 명령서御內書에 규슈를 평정한 후 조선을 정벌할 예정이며, 충성을 다한다면 조선에 영지를 주겠다고 했다. 그러자 소씨의 가신 야나가와 시게노부柳川調信가 히데요시에게 조선침략의 연기를 건의하였고, 이에 대해 히데요시는 소씨에게 조선 국왕으로 하여금 일본에 인질을 파견하게 하라고 했다. 이 같은 내용을 반영하여 히데요시는 소씨에게 1587년 6월 15일 쓰시마를 안도하고, 조선 국왕을 일본에 참락하게 하라고 명하고, 조선 국왕의 참락이 지연될 경우 조선을 침략할 것이고, 연후에 쓰시마에게 조선지역 영지를 안도할 것이라고 했다. 이어서 히데요시는 1588년 8월 12일 시마즈 요시히사를 통해 류큐琉球에 복속을 요구하였다.

이와 같이 히데요시는 정복지가 정해지면 그 다음 정복지를 설정하여 정복에 가담한 자들을 격려하고, 정복당한 자들에게도 그 다음 정복지를 설정하여 그들을 격려하는 정책을 폈다. 이후 히데요시는 1590년까지 일본 전국을 통일한다. 그런데 히데요시의 전국 통일 과정을 보면, 군사력을 직접 사용하기보다는 외교적 교섭을 선행한다는 특징이 두드러진다. 이는 정복지의 다이묘가 히데요시에게 복속을 약속하면 그 지역의 지배권을 인정하는 정책이었다. 히데요시는 시코쿠四國, 규슈九州, 도호쿠東北 지역 등에 군사를 동원했으나, 히데요시에게 반기를 든 오우치大內씨와 호조씨를 제외하면 모두 영지 규모의 조정이 있기는 했지만 원래의 영지를 안도했다.

그리하여 히데요시는 노부나가가 장악하였던 긴키를 중심으로 한 직할지 220만여 석을 영유하고, 그 외 지역은 사실상 전과 동일하게 센고쿠다이묘 영국의 구조를 유지하였다. 이러한 구조는 센고쿠 시대의 다이묘 영국의 확대판, 즉 '전국 규모의 센고쿠다이묘 영국戰國大名領國'='전국 규모의 다이묘 연합정권' 구조와 유사하다. 따라서 히데요시 권력은 센고쿠 시대의 가신 간의 갈등=도자마 다이묘 간의 갈등, 직신과 가신 간의 갈등=후다이 다이묘와 도자마 다이묘 간의 갈등을 그 내부에 포함하고 있었다. 히데요시로서는 이 같은 갈등(모순)을 해결하기 위해, 센고쿠다이묘가 영국 내부의 갈등을 해결하기 위해 외부와 전쟁을 수행한 것처럼 대외적 긴장을 필요로 했다. 히데요시가 정복목표가 정해지면 다음 정복 목표를 제시한 것도 이 때문이다. 이 같은 논리의 재생산은 외국인 조선·명에게도 적용되었다. 대외침략마저 통일전략의 연장·일환으로 자리매김한 것인데, 히데요시의 조선침략 발언은 그 같은 의미를 표현한 것이라고 하겠다. 이는 '전국 규모의 센고쿠다이묘 영국'이라는 구조가 해소되지 않는 한, 히데요시 정권을 유지하기 위해서는 어떤 형태로든 군사적 긴장관계가 필요했음을 의미한다.

임진왜란의 원인에 대한 학설은 구구하며, 정설도 없다. 기존의 임진왜란 원인에 대한 학설은 ① 쓰루마쓰 사망설(울분설 : 近衛信尹, 林羅山), ② 공명심설(호전설·정복욕설 : 貝原益軒, 德富蘇峰), ③ 동란외전설動亂外轉說(賴山陽), ④ 영토 확장설(中村榮孝), ⑤ 감합무역설(田保橋潔, 田中義成, 辻善之助, 柏原昌三), ⑥ 국내 집권화설(제한 없는 군역설 : 佐々木潤之介, 朝尾直弘, 貫井正之, 山口啓二), ⑦ 국내 통일 연장설(藤木久志), ⑧ 동아시아 신질서론(岸本美緒), ⑨ 기타(기독교 다이묘 배척설, 원구元寇 복수설) 등등이 있다.

내용상 위 ①·②·④는 히데요시 개인의 성향이나 영웅관에 입각한 학설이고, ⑤는 명·일 교섭 과정에서 언급된 감합무역을 근거로 삼고 있다. 시기적으로 보면 ①·②·③은 에도시대에 주장된 것이고, ④·⑤는 모두 패전 전에 주장된 학설로 일본 제국주의를 정당화하는 맥락에서 설명한 것이다. ③은 패전 전 유일하게 막번체제 성립기에 주목하여 임진왜란의 원인을 설명하고자 한 주장이나, 일본 제국주의의 입장에 선 학자들에게 패배주의로 비판받았다(池內宏, 德富蘇峰).

⑥은 임진왜란을 막번체제의 성립과 관련시켜 살펴본 것으로, 주안점을 막번체제의 성립에 두고 있어 정면으로 임진왜란 원인을 추구한 학설은 아니다. ⑦은 히데요시가 천하통일=평화를 지향하는 국내 통일 전략='총무사령惣無事令'을 취했다고 주장하면서, 임진왜란을 일본 통일의 연장선상에 위치시킨 학설이다. ⑧은 임진왜란을 메이지 유신 전사로 바라보면서(명확한 언급은 없지만), 히데요시가 기존의 명 중심의 동아시아 질서를 파괴 혹은 재편하려 했다는 주장이다(구체적으로는 히데요시가 명 책봉을 부정했다는 담론의 연장선상에 명과 대치하는 일본, 서양에 대치하는 동양을 주장한 것이다). 한편 1990년대 기시모토 미호岸本美緒와 무라이 쇼스케村井章介의 관점에서 16·17세기를 동아시아 질서의 재편기로 평가하면서 임진왜란을 자리매김했다. 이 학설은 관점은 다르지만, 제국주의 국제정세론(일본의 조선식민지화를 결과적으로 정당화하는 이론)과 맥락을 같이한다. 즉 침략을 정당화하고 침략 책임을 회피하는 맥락이 내포되어 있어 타자 없는 역사상을 구성할 위험성이 내재되어 있다 하겠다.

한편 1587년 9월 소씨는 가신 다치바나 야스히로橘康廣를 '일본국왕사'라 칭하여 부산포에 파견한다. 1587년 9월 24일 경상좌수사의 계본啓本에 의하면, "일본국의 첨지 다치바나 야스히로譎康年(廣)가 말하기를 일본 국왕이 미우迷愚하여 소찰昭察하지 못해 이를 폐하고 신왕(히데요시)을 세웠는데, (히데요시가) 가까운 시일에 통사通仕하고자 한다"라고 하였다. 이는 조선의 입조(복속)를 요구하는 히데요시의 의사와는 사뭇 다르다.

조선은 일본이 조선에 사신을 파견한 것에 대해 일본 국내의 환란을 염려하여 명을 침략하고자 하는데, 절강을 통한 침략은 어려우니 조선을 점거해서 육지로 진병하여 요계遼薊를 엿보려 한 때문으로 인식하고 있다. 따라서 선조는 유주幼主를 찬탈하고 시해한 나라의 사신을 받아들여 접대할 수 없으니 대의로 타일러 돌려보내라는 의견을 피력하고, 종2품 이상의 정신廷臣들에게 의견을 구했다. 이에 정신들은 화외化外의 미개한 나라에서 보낸 사신이라 예의로만 책하기는 불가하니 관례에 따라 접대할 것을 건의했다.

그럼에도 조선에서는 일본의 통신사 내일來日 요구에 대한 대책을 세우지 않고 있다. 1587년 12월 22일 좌의정 정유길鄭惟吉이 일본이 요구하는 매를 보내줄 것을 상소하니 선조가 이를 허락하였다. 1588년 정월 3일 별좌 이명생李命生이 주군을 폐한 일본이 세견례歲遣禮를 핑계로 틈을 보아 흉계를 도모하려는 술책이 어찌 없다고 할 수 있겠는가, 내조한 사신을 구류하고 명에 보고한 다음 일본을 정벌하자는 내용의 상소를 올렸다. 수교에 대해 본격적인 논의가 이루어진 것은 다치바나 야스히로가 조선에 파견된 6개월여 후인 1588년 3월 4일이다. 이날 결정된 내용은 일본에 통신사를 파견할 수 없다는 것이었고, 선조는 이에 따르라 했다. 그리하여 다치바나의 조선통신사 파견 요구는 무산되었다.

그런데 소 요시시게는 히데요시로부터 조선국왕의 일본 입조를 실현하라는 독촉을 받고 있었다. 이에 요시시게의 뒤를 이은 소 요시토시는 1588년 12월 하카타 세이주지聖住寺 주지 겐소玄蘇를 정사, 소 요시토시 자신을 부사, 가신인 야나가와 시게노부柳川調信를 도선주, 그리고 하카타 상인 시마이 소시쓰島井宗室 등 25인을 '일본국왕사'라 칭하여 조선으로 파견한다. 이에 조선은 6월 이조정랑 이덕형을 부산에 파견하여 사신 일행을 접대한다.

이즈음 일본과의 수교에 가장 강력하게 반발한 사람은 공주교수 조헌이었다. 조헌은 만언소를 올려 소위 4불비론(敎導의 非人, 激勵의 無方, 禁防의 無術, 補翼의 非宜)을 주장하면서 통신사 파견에 반대하였다. 그 후에도 여러 차례 수교 반대 상소를 올려, 그로 인해 길주 영동역嶺東驛으로 유배된다.

조선 조정은 8월 1일 석강에서 일본과의 통신에 대해 논의하였다. 변협邊協은 쓰시마가 조선에서 얻는 이익이 후하고 다시 통교를 간청하고 있음을 볼 때 단교하지는 않을 것이라는 의견을 제시했다. 허성許筬은 통신사 파견을 거절하면 병란이 일어 변경이 시끄러워질 것이 염려되니 통신사를 파견하는 것이 좋을 듯하다고 하였다. 이날 선조는 1555년의 왜구 침입 규모에 대해 변협에게 묻고 있다. 이는 일본이 조선에 병란을 일으킬 경우 그 규모가 어느 정도일지 타진한 것으로, 아마 일본군의 전면 공격은 없을 것이라 판단하였던 것 같다. 그리하여 선조는 8월 4일 해로의 어려움을 이유로 들어 통신사 파견을 거절하였다. 그러나 그것도 예의가 아니고, 계속 통신사 파견을 거절할 경우 조선 강토를 침략해서 원한을 풀려 할 것이니 후일 환난이 닥칠 것이다, 그러니 (히데요시가) 1587년 1월에 즉위하였다고 하는데, 1587년 2월 왜구가 들어와 주민을 살해하고 포로로 잡아간 사건의 주모자 4~5인과 조선인 포로를 송환하고, 왜구에 협력한 조선인 사을포동沙乙蒲同(沙火同)을 압송한다면, 통신사를 파견하겠다고 회답하면 어떻겠는가라고 제안한다. 이는 히데요시가 진정 양국의 화평을 원하는 통신사 파견을 희망하는지를 타진해 보려는 것으로, 선조가 말하듯이 조선포로의 송환과 왜구 주모자의 박송에 답하는 형식의 통신사는 '무단으로

통신사를 파견하여 역적의 조정(일본)에 머리를 조아리는 것은 아닌'非
無端遣使稽顙獻琛於逆賊之庭也 것이 된다. 즉 선조는 통신사 파견의 명분을
세우려고 했다.

이에 조정은 8월 11일 2품 이상의 조신들이 모여 선조의 제안을
놓고 논의하였다. 그리하여 1589년 8월 28일 일본 사신들이 선조를
알현하고, 겐소는 통신사 파견 조건으로 사을포동과 일본인 주모자,
그리고 일본으로 끌려간 조선인의 송환은 어려운 일이 아니라고 답변
했다. 조선은 9월 21일 종2품 이상 중신의 의견을 모아 통신사 파견에
대한 찬성을 선조에 보고하고, 선조는 이를 허락한다. 그리고 일본의
왜구 주모자 박송과 조선인 포로의 송환이 있기 전인 11월 18일, 통신
상사에 황윤길, 통신부사 김성일, 서장관 허성을 임명한다.

한편 통신사의 파견 조건을 이행하기 위해 일본으로 돌아갔던 소
요시토시가 1590년 2월 조선에 온다. 그는 사을포동과 정해년(1587)의
왜구 주모자 3인을 박송하고, 김대기·공대원 등 조선인 116명을 송환
하여 왔다. 이에 통신사 일행이 3월 6일 한성을 출발, 4월 29일 부산을
거쳐 도일하였다.

이제까지의 교섭에서 보이는 특징은 히데요시가 요구한 조선 국왕
의 일본 입조에 대해 쓰시마 측은 공식적으로는 한 마디도 꺼내지
않았다는 점이다. 이 교섭을 배후에서 지휘한 것은 고니시 유키나가였
던 것으로 보인다. 그럼에도 불구하고 히데요시의 요구를 언급하지
않은 것은 조선의 일본 입조를 거론하는 순간 통신사 파견은 불가능하
다는 사실을 알고 있었기 때문이다. 쓰시마 도주로서는 일단 통
신사를 일본에 유치하여 히데요시의 책망을 피하고, 조선으로부터도
자신은 조선과의 전쟁을 피하려 노력했다는 평가를 받으려 했을
것이다.

② 통신사 파견

조선통신사 일행이 교토에 도착한 것은 7월 21일이다. 당시 히데요시는 호조씨를 정벌 중이었는데 9월에 교토로 돌아와 통신사 일행을 고요제이 천황에게 알현시키려 했으나, 공가들의 반대와 궁궐이 완성되지 않았다는 이유로 실현되지 않았다고 한다. 그러나 실제로는 히데요시가 공가와 궁궐의 미완성을 핑계로 통신사와 천황의 만남을 저지하였기 때문으로 보인다. 11월 7일 통신사 일행은 주라쿠테이에서 히데요시를 만났는데, 그 도중에 히데요시가 쓰루마쓰를 안고 나왔다.

히데요시와의 만남을 마친 통신사는 답서가 없자 일본에 답서를 요구하고, 일단 교토를 떠나 사카이에 머물면서 답서를 기다렸다. 그런데 11월 20일 통신사 일행에게 전달된 답서에는 전하를 '합하', 예물을 '방물方物'이라 하고, "한 번 뛰어 곧장 대명국으로 들어가欲一超直入大明國"와 "귀국(조선)이 선구하여 (일본에) 입조한다면貴國先驅入朝"이라는 문구가 들어 있었다. 이에 통신사는 일본 측에 시정改書을 요구하였고, 겐소는 합하와 방물에 대한 실수를 인정하여 합하를 전하로, 방물을 예폐로 고쳤다. 그러나 입조入朝란 말은 일본이 명에 입조한다라는 의미라며 고치기를 거부하였다. 통신사 일행은 어쩔 수 없이 국서를 수리하여 귀국길에 올라 1591년 정월 28일 부산에 도착하였다.

히데요시의 국서에서 주목되는 점은 자신의 태몽, 즉 태양설화를 기술한 것으로 자신이 태양의 아들로서 일본 전국을 통일하였음을 강조하였다. 또한 명에 대한 침입을 명확히 하였는데, 명을 복속시키켜 한 것은 자신의 가명佳名을 삼국에 떨치려 함에 있다고 하였다.

통신사의 일본 방문과 관련하여 주목할 대목은 히데요시가 통신사의 천황의 알현을 거부한 점, 일본의 명 침입에 대해 언급하고 문맥상 조선의 일본 입조入朝가 분명한데도 일본의 명 입조를 의미하는 것이라고 고집한 점이다. 통신사가 천황 알현을 인정한 것은 일본의 주권자가 누구인가를 확인하기 위한 의도로 보이며, 히데요시가 이를 거부한 것은 히데요시 자신이 일본국의 주권자=외교권자임을 표명한 것으로 보인다. 일본이 명 침략을 언급한 것에 대해 통신사가 이의를 제기하지 않은 것은 명에 대한 침입은 히데요시의 의도만을 나타낸 것으로 이를 실현하겠다는 의미로 받아들이지 않았기 때문이기도 하지만, 일본과 명 사이의 문제이니 관여하지 않겠다는 의도로도 풀이된다. 입조를 그대로 인정한 것은 겐소가 주장하듯이 일본이 명에 입조한다는 의미로도 해석할 수 있었기 때문이다.

그런데 쓰루마쓰를 안고 들어온 히데요시의 행동은 어떻게 보아야 할까. 보통은 이것을 외교상의 무례 정도로 해석하지만, 그렇게 간단한 문제가 아니다. 앞에서 언급한 합하·방물이라는 용어는 조선 국왕과 조선 지역이 이미 일본에 예속되어 있다는 히데요시의 의식을 드러낸다. 그러한 인식 하에 행한 쓰루마쓰 퍼포먼스는 통신사를 자기 수하인 신하의 사자 정도로 자리매김하려는 의도를 내포한 것이라고 할 수 있다. 그리고 의례의 장에서 행한 이러한 행위는 더욱 상징적 의도를 드러낸다고 보인다. 즉 수하들이 지켜보는 가운데 행한 이 퍼포먼스는 신하들에게 자신의 지위와 권위를 각인시키는 효과를 나타내기 위해서라고 보아도 무방하다. 이는 역으로 히데요시의 권력과 권위가 아직 완전하게 확립되어 있지 않았다는 것을 의미하기도 한다.

한편 소 요시토시는 통신사 일행의 귀국길에 겐소·시게노부를 동행시켜 조선에 파견한다. 이들은 다음 해 윤3월 1일 상경하게 된다. 조선은 홍문관 오억령吳億齡을 선위사로 임명하여 이들을 접대하였는데, 이때 겐소는 내년에 조선에 길을 빌려(정명가도征明假道) 명을 침범할 것이라고 확언했다. 이에 오억령은 조정에 보고하길, 일본 사절이 한성에 들어오기 전 겐소가 중국이 오랫동안 일본의 조공을 거절하여 (명과) 전쟁을 일으키려 하니, 조선에서 먼저 명에 주문하여 (일본이 명에) 조공할 수 있는 길入貢假道을 열어준다면 조선은 반드시 무사할 것이다, 그리고 고려가 원나라 병사를 인도하여 일본을 쳤으니 조선에 원한을 갚고자 하는 것은 당연한 일이라고 말했다고 하였다. 이미 황윤길과 김성일은 귀국하여 3월 히데요시의 조선침략 여하에 대한 상반된 견해를 보고한 바 있었다.

이상의 대화에서 알 수 있듯이, 겐소는 이미 정명향도를 입명가도로 바꾸어 그것을 기정사실로 하고, 조선이 일본의 명에 대한 조공을 위해 길을 열어주지 않는다면 조선을 침략할 것이라 위협했다. 그런데 겐소의 입명가도론에는 입공가도론이 내재되어 있어, 입명 목적이 입공에 있다고 하면서 조선은 일본이 입공을 하든 입명을 하든 상관없이 일본에 가도假道해야 한다고 주장하고 있다. 여기에서 조선은 가도를 용납할 것인가 말 것인가의 문제에 봉착하게 된다. 조선이 일본에 가도를 허용한다면 조선은 일본에 입조한 것이 되고, 가도를 거부하면 일본의 침략을 받게 되는 것이다. 명의 입장에서 본다면 조선이 가도를 허용하면 조선과 일본의 '음결'이 되고, 가도를 거부하면 명의 번병 역할을 다하는 것이 된다. 한편 일본은 조선통신사의 일본방문을 조선의 일본입조로 자리매김함으로써 국서에 방물이나 합하 같은 언어를 사용하고(비록 그것을 예폐와 전하로 바꾸기는 했으나), "一超直入大明", "貴國先驅而入朝"을 고집했던 것이다.

사태가 여기에 이르자, 조선은 명에 이 사실을 상주할 것인가 말 것인가를 두고 논의하기 시작하였고, 1591년 10월 24일 일본의 정명가도 요구에 대한 주청사를 파견하였다. 이전에도 조선은 성절사 김응남을 통해 일본이 명을 침범할 의도를 갖고 있다고 명 예부에 자문咨文을 보낸 적이 있었다. 그러나 이미 류큐가 명에 일본이 명을 침략하려 하고 있으며, 조선은 이미 일본에 항복하여 명 침략을 향도할 것이라는 소식을 전했다. 이에 명 병부가 요동을 통해 조선에 자문을 보내 실상을 물어왔기 때문에, 조선은 주청사를 파견해서 조선 향도론嚮導論을 해명하고자 했던 것이다.

2) 침략과 저항

① 파죽의 진격

1590년 11월, 조선 통신사와 도요토미 정권의 교섭이 파탄난 시점에서 전쟁은 필연의 사실이 되었다. 도요토미 히데요시는 1592년 3월 13일, 158,800의 병력을 9대로 편성하여 조선으로 건너가도록 명령했다(158,800명 중 제8대 10,000은 쓰시마, 제9대 11,500은 이키에 재진할 것을 명하여 임진왜란 초기 조선에 상륙한 군사는 137,300이었다). 18,700 병력을 이끄는 제1대의 고니시 유키나가는 쓰시마 도주 소 요시토시와 함께 13일 부산으로 향한다. 고니시는 14일 부산, 15일 동래, 19일 밀양을 점령하고, 이로써 조선침략의 전초기지를 확보했다. 이어서 22,800을 이끄는 가토 기요마사의 제2대가 4월 17일 부산에 상륙하여 19일 언양, 21일 경주를 점령했다. 11,000 병사로 편성된 구로다 나가마사의 제3대도 4월 17일 부산에 상륙, 18일에 김해를 점령한다. 그 후 제1대는 4월 25일 상주, 26일 문경을 점령한 후 조령을 넘어 28일에는 충주에 이르렀다(중로 : 부산-밀양-대구-선산). 제2대는 경주 점령 후 신녕에서 조령을 넘어 충주로 향했다(좌로 : 부산-경주-영천-안동). 제3대는 김해에서 추풍령을 넘어 청주로 향했다(우로 : 부산-합천-영동-금산).

한편 조선조정은 군무를 총괄하는 도순변사로 신립을 임명하여 일본군의 진격을 막아내려 하였다. 신립은 4월 26일 충청도 병력 약 8천을 이끌고 조령으로 가다가, 변경을 순찰하는 순변사 이일이 문경에서 패배하였고 조령은 이미 일본군 제1대에게 점령되었다는 오보를 접하자, 27일 충주성을 나와 탄금대로 가서 배수진을 쳤다. 고니시는

〈표 2〉 일본군 편성도

	다이묘	병력수	참고	
제1대	소 요시토시	5,000	쓰시마	10,000석
	고니시 유키나가	7,000	히고	240,000석
	마쓰우라 시게노부	3,000	히젠	63,000석
	아리마 하루노부	2,000	히젠	40,000석
	오무라 요시아키	1,000	히젠	25,000석
	고토 스미하루	700	고토	14,000석
	소계	18,700		
제2대	가토 기요마사	10,000	히고	250,000석
	나베시마 나오시게	12,000	히젠	360,000석
	사가라 나가쓰네	800	히고	22,000석
	소계	22,800		
제3대	구로다 나가마사	5,000	부젠	125,000석
	오토모 요시무네	6,000	분고, 부젠	370,000석
	소계	11,000		
제4대	모리 요시나리	2,000	부젠	60,000석
	시마즈 요시히로	10,000	사쓰마	600,000석
	다카하시 모토타네	2,000	휴가	53,000석
	아키쓰키 다네나가		휴가	30,000석
	이토 스케타카		휴가	36,000석
	시마즈 도요히사			
	소계	14,000		
제5대	후쿠시마 마사노리	4,800	이요	113,000석
	도다 가쓰타카	3,900	이요	70,000석
	조소카베 모토치카	3,000	도사	100,000석
	하치스카 이에마사	7,200	아와	180,000석
	이코마 치카마사	5,500	아와지	171,800석
	구루시마 형제	700	이요	14,000석
	소계	25,100		
제6대	고바야카와 다카카게	10,000	지쿠젠 등등	590,000석
	모리 히데카네	1,500	지쿠고	75,000석
	다치바나 무네시게	2,500	지쿠고	132,000석
	다카하시 나오쓰구	800	지쿠고	18,000석
	지쿠시 히로카도	900	지쿠고	18,000석
	소계	15,700		

제7대	모리 데루모토	30,000	아키 등등	1,420,000석
	소계	30,000		
제8대	우키타 히데이에	10,000	비젠	610,000석 (쓰시마 재진)
	소계	10,000		
제9대	하시바 히데카쓰	기후 8,000	야마토	1,000,000석 (이키 재진)
	호소카와 다다오키	3,500	단고	120,000석 (이키 재진)
	소계	11,500		
총계		158,800		

선박 관리자船奉行　　수군 1만
조선　　하야카와 나가마사早川長政, 모리 다카마사毛利高政, 모리 시게마사毛利重政
쓰시마　핫토리 가즈타다服部一忠, 구키 요시타카九鬼嘉隆, 와키자카 야스하루脇坂安治
이키　　히토야나기 가유一柳可遊, 가토 요시아키加藤嘉明, 도도 다카토라藤堂高虎
나고야　이시다 미쓰나리石田三成, 오타니 요시쓰구大谷吉繼, 오카모토 시게마사岡本重政,
　　　　마키무라 마사요시牧村政吉

* 참고란에 표시한 지역과 영지고는 개략적인 것으로 불확실함.
  일시 이키, 쓰시마에 재진하고 있던 군사뿐 아니라 선박을 관리하던 일부 다이묘들(수
  군), 그리고 위 편성표에 없는 다이묘들도 전투에 참가하였다. 따라서 임진왜란에
  참가한 정확한 다이묘들과 군사 수(부역 종사자들을 제외해도)를 정확히 어림하기는
  어렵다. 또한 위의 군사 수가 모두 부역농민을 제외한 것만이라고도 할 수 없다.

예비대 약 3,700을 충주성에 주둔시키고 군사를 좌익 3,000(마쓰라 시게
노부松浦鎭信), 우익 5,000(소 요시토시), 중군 7,000(고니시)으로 나누어 신
립군을 뒤쫓았다. 이 싸움에서도 조선군은 참패했다. 그 후 고니시군
은 4월 30일에 충주에서 여주로 진출, 양근(현 양평)을 거쳐, 5월 2일에는
용진도(현 양서면)에서 북한강을 건너 한성(현 서울)으로 향하였다. 한편
가토군은 충주에서 음성, 죽산, 용인을 거쳐 5월 2일에는 한강변에
이른다. 이리하여 제1대는 5월 3일 흥인문, 제2대는 숭례문을 통하여
한성에 무혈 입성했다.
　이어서 제3대, 제4대(시마즈 요시히로), 제8대(우키타 히데이에)도 한성

으로 들어와 각 부대의 지휘관과 앞으로의 작전을 가다듬는다. 그들은 5월 13일 내려진 히데요시의 <조선지배방침高麗國八州之石納覺之事>에 따라, 제1대는 평양, 제2대는 함경도, 제4대는 강원도 방면으로 나아갔고, 제3대는 제1대를 후방 지원하는 형태를 취했다. 위 문서에는 경상도 2,887,790석은 제7대 모리 데루모토, 전라도 2,269,379석은 제6대 고바야카와 다카카게, 충청도 987,514석은 제6대 시코쿠 다이묘들, 강원도 402,289석은 제4대 모리 요시나리, 경기도 775,133석은 우키타 히데이에, 황해도 728,867석은 제3대 구로다 나가마사, 함경도 2,074,128석은 가토 기요마사, 평안도 1,794,186석은 고니시 유키나가 등 그들의 희망에 따라 지배하게 한다고 하고 있다(조선 석고 총계는 11,919,286석).

한편 조선은 임진강에서 일본군을 막기 위해, 일정 지역의 병권을 쥐고 있는 도원수 김명원 이하 제장에게 명하여, 군사 13,000여를 모아 대탄(현 연천)과 임진강 북안에 배치했지만, 일본군을 막아내지는 못하였다. 이리하여 일본군은 강원도와 함경도로 가는 진격로를 확보했다.

한편 히데요시는 한성 함락 소식을 접하고 한껏 고무되었다. 그리하여 5월 16일 히데쓰구에게 보내는 주인장에서 ① 명나라까지 침공할 예정이며 히데쓰구를 대당관백大唐關白직에 임명할 예정이다, ② 히데쓰구는 3만 병력을 준비하라, ③ 북경으로 천황을 1593년 이주시키고, 천황에게 북경 부근 10여 지역國을 기진할 예정이며, 부수하는 공가들에게 (당시 보유하고 있는 석고의) 10배를 안도할 예정이다, ④ 대당관백이 된 히데쓰구에게는 북경 주변 100여 지역을 안도하고, 일본 관백은 도요토미 히데야스豊臣秀保(히데나가 양자)나 우키타 히데이에를 임명한다, ⑤ 일본 천황은 와카미야若宮(가타히토신노良仁親王)나 하치조토노八條殿(도시히토신노智仁親王)로 한다, ⑥ 조선은 도요토미 히데카쓰나 우키타 히데이에에게 안도하고, 호소카와 다다오키에게는 규슈를 안도한다,

⑦ (명 공략 후) 천황이 인도를 행행行幸할 예정이라고 했다. 이어 18일 유히쓰右筆 야마나카 나가토시山中長俊(山中橘內)에게 보낸 서장에서는 위 내용과 더불어 ① 북경에 고요제이 천황과 관백 히데쓰구를 두고, 히데요시 자신은 닝보寧波로 이주하여, ② (명을 공략한 후) 인도를 공략할 예정이라 했다. 소위 3국분할계획三國割計畵이다. 물론 위 문서들은 일본의 조선지배와 히데요시의 도해를 전제로 하고 있다.

히데요시는 6월 3일, 가토 기요마사와 나베시마 나오시게에게 주인장을 보냈다. 그 내용을 보면, 자신은 500기 천기의 소병으로 대병을 격파하여 일본 전체를 복속시켰고 … 용맹하고 훌륭한 병사와 쇼군을 거느린 자는 …'처녀와 같은 명'을 주벌하는 것은 산으로 계란을 누르는 것과 같고, 인도, 남만도 마찬가지라고 했다. 그리고 같은 날 조선침략군을 중심으로 한 13만의 명 침략 선봉을 명하면서, 자신은 '무력弓箭이 강한 일본'도 500~1,000 군사로 통일하였으니, 수많은 군사를 거느린 너희들이 '장삼長衫의 명'을 공략하는 것이야 일도 아니라고 했다.

즉 히데요시는 일본=무력이 강한 나라, 명=문약하고 처녀 같은 나라라고 표현하면서 전장의 장수들을 격려하고, 앞에서도 보았듯이 선교사추방령에서는 일본을 '신국'으로 표현했다. 이를 종합하면, 일본은 신국으로 무력이 강한 나라이며, 명은 문약한 장삼의 나라로 처녀와 같이 약한 나라라는 것이다. 그리고 조선은 위 일본과의 교섭 과정에서 보았듯이 일본에 마땅히 복속해야 할 나라=일본이 지배해야 할 나라로 위치한다.

한편 이 조선 침략전쟁의 배후에는 센고쿠 시기 이래의 천하관天下觀이 존재한다. 천하관은 천도天道사상에 의거하는데, 이 시기의 천도사상은 계속되는 싸움에서의 승패는 하늘의 뜻으로 받아들이는 운명관에 기초한다. 이는 하늘=천을 하나의 인격체로 바라보는 태도다. 이러한 관념을 바탕으로 오다 노부나가는 자신의 능력으로 지배하거나,

지배해야 할 지역을 '천하'라고 칭하고, 중세 천황의 천하를 노부나가의 '천하'로 바꾸어 자신의 권력을 천황과 관련 없는 '천하인' 권력天下人權力이라고 주장하였다. 이러한 천하 사상에는 지배영역의 확대와 더불어 그 자체에 확장의 논리가 포함되어 있다. 노부나가의 후계자 히데요시 역시 '천하인' 권력으로 확장의 논리를 체내에 흡수하고 있었다고 보인다. 이러한 확장의 논리는 조선·명 침략과 명 침략 종료 후의 삼국분할계획으로 나타나며, 나아가 인도침략에 대한 언급으로 표현된다 하겠다.

이것은 일본 고대 이래의 세계관인 삼국관三國觀의 변용으로, 이 같은 인식의 변화 배후에는 서양의 동양 진출이 있다. 삼국관이란 불교의 본지수적本地垂迹 입장에서 인도·중국·일본을 세계의 중심에 위치시킨 세계관이다. 이러한 세계관은 서양의 동양 진출에 의해 변용된다. 즉 기독교 세계와의 접촉에 의해 새로운 세계를 발견하게 되고, 여기에서 불교적 세계와 기독교적 세계가 대치하는 형국이 만들어진다. 위에서 본 것처럼 천하의 범위를 인도로까지 확대한 것은 불교적 세계를 통합하려는 인식의 무의식적 표현이라 하겠다.

이 같은 불교적 세계의 확대는 기본적으로 중국에 대한 인식의 변화를 수반한다. 히데요시가 명을 장삼의 나라大明之長袖國, 처녀와 같은 대명국如處女大明國이라 한 것이 그것이다. 장삼의 나라란 장삼을 입고 있는 문관 중심의 나라를 일컫는 것으로, 일본 국내에서는 유약하고 통치 능력 없는 공가公家, 승려, 유자를 비하해서 부르는 말이다. 처녀라는 말도 힘없고 유약하며 복종적인 이미지를 가진다. 반면 일본은 무력이 강한 나라弓箭きびしき國로 표현하여, 조선·명의 정복은 산으로 계란을 누르듯 간단한 것이라 하고 있다. 이상에서 알 수 있듯이 중국을 중심으로 한 중화사상은 붕괴되어 가고 있었다. 그러나 이 같은 히데요시의 대외 인식·사상은 정합화되거나 체계성을 확보하지 못한

국내 선전용에 불과하다는 한계를 안고 있다.

한편 한성에 주둔하고 있던 제1대의 고니시 유키나가 등은 5월 29일 임진강을 건너 개성에 무혈 입성하였고, 6월 7일에 황해도 안성역에 이르렀다. 여기서 제2대의 가토 기요마사·나베시마 나오시게 등은 함경도로, 고니시 등 제1대와 제3대는 평양으로 향한다. 제1대는 6월 10일 대동강변의 대동원 부근에 진을 쳤다. 이처럼 급박한 움직임 속에서 선조가 10일 평양을 떠나 영변으로 향한다. 이때 조선은 군·민 약 4천여로 평양성을 지키고 있었다. 조선군은 11일 일본군을 급습했으나 실패로 끝나고, 일본군은 15일 왕성탄을 건너 평양에 무혈 입성했다.

명은 조선 국왕이 일본의 침략으로 한성을 떠나 평양으로 들어갔다는 소식을 접하고, 그 진위를 확인하기 위하여 요동진무 임세록을 조선으로 파견했다. 당시 명에서는 조선이 가왕을 세워 향도한다는 소문이 퍼지고 있어서 선조와 면식이 있는 임세록을 파견하여 사실 여부를 확인하려 한 것이다. 임세록은 6월 5일 평양성 대동관에서 선조를 만나 일본군의 현황을 확인한다. 6월 10일 선조는 정주에 이르러, 사태가 급박함에도 불구하고 명군의 내원이 없는 것을 걱정하여 대사헌 이덕형을 요동으로 급파한다. 이덕형은 일본군의 조선침략 때문에 요동지역을 순행하는 순무도어사 학걸에게 지원군을 간청했다.

학걸은 조선이 원군을 요청하였으며 선조가 명에 들어가려 하고 있다(內附)는 것을 신종에게 상주하였고, 명의 병부상서 석성이 명군의 조선파병을 건의하자 신종은 정병 2지대의 조선파병을 승인했다. 그리하여 7월 부총병 조승훈이 3천 병사를 이끌고 압록강을 건너 조선으로 들어온다.

6월 15일 평양에 입성한 일본군 제1대는 7월이 되어도 움직이지 않았다. 이는 지나치게 빠른 진격으로 인한 평양 이남지역의 병력 배치와 전선의 확인, 의병을 포함한 조선군의 반격, 그리고 조선수군의 움직임과 커다란 관련이 있다. 한편 명군의 내원에 따라 조·명군은 평양성 공격을 기도한다. 김명원이 이끄는 3천 병력과 조승훈이 이끄는 기병을 중심으로 한 약 4천 병사가 7월 17일 평양성을 공격하였으나, 고니시는 기마전에 대비하여 조·명군을 성내로 유인하여 시가전으로 맞섰다. 이 전투에서 조·명군은 대패했다. 이 패배 후 조선은 순안에서 평안도 관찰사 이원익이 이끄는 5천, 대동강 동쪽의 순변사 이일이 이끄는 5천, 대동강 서쪽의 김응서가 이끄는 1만, 방위사 김억추가 이끄는 수군 약간, 합하여 약 2만 병력을 평양 주변에 배치했다. 그 후 1593년 정월에 전투가 벌어지기 전까지 약 5개월 동안 일본군 제1대는 한 발짝도 움직이지 않았다. 이는 자칫 1592년 9월 초부터 시작되는 명의 심유경과 맺은 50일 휴전협정 때문으로 이해되기 쉽지만, 실은 그 무렵의 전선 상황과도 관련이 있다.

한편 6월 초순 제4대의 시마즈 요시히로 등은 강원도를 지키라는 명령을 받아, 모리 요시나리·아키즈키 다네나가·다카하시 모토타네가 약 4천의 병력을 이끌고 한성에서 강원도로 향하였다. 이렇게 하여 시마즈 요시히로가 이끄는 제4대의 주력은 원주에 주둔하게 되었다. 모리 요시나리 등이 이끄는 한 부대는 6월 12일 함경남도 철령을 지키고 있던 남병사 이혼이 이끄는 1천 병력을 무혈로 해산시키고 강원도 통천에 이른다. 임진강 전투 후 함경도로 향하던 가토 기요마사는 황해도 금천군 우봉에서 강원도 이천을 거쳐 함경남도 노리령을 넘는데, 철령전투의 승리로 저항도 받지 않고 함경도로 들어가 7월 18일 마천령을 넘어 북상을 계속한다.

8월께 고니시 유키나가 등은 평양에서 조·명군과 대치하고 있었다. 제1대를 후방에서 지원하는 형태로 봉산·해주에 제3대 오토모 요시무네·구로다 나가마사군이 주둔해 있었고, 한성에는 제8대 우키타 히데이에, 개성에는 제5대에 소속된 도다 가쓰타카(나중에 상주로 옮기고 대신

선산에 주둔해 있던 제6대 고바야카와 다카카게가 개성으로 옮긴다), 죽산에는
제5대의 후쿠시마 마사노리, 충주에는 제5대의 하치스카 이에마사,
청주에는 제5대의 이코마 지카마사군이 배치되었다. 강원도 북부에는
제4대의 시마즈 요시히로·도요히사가 주둔하고, 개령에는 6월 12일
성주에서 옮겨온 제7대의 모리 데루모토, 부산에는 제9대의 하시바
히데카쓰羽柴秀勝가 주둔하였다.

② 조·명군의 반격

일본군의 지배는 지역지배에는 이르지 못했고, 병력은 위에서 보듯
주요 거점도시를 중심으로 분산 배치되어 있었다. 병력 배치의 특징을
보면, 제7대와 제9대를 제외한 모든 부대가 충청도 이북에 배치된
결과 경상도 지역의 병력은 충분하지 않았다. 특히 충청도·전라도의
대부분 지역에는 병력을 배치할 수 없었다. 이 시기의 전선이 임진·정
유 재란을 통털어 가장 길다. 이 길어진 전선이 일본군의 진격에 장해
로 작용하게 된 것은 한성 함락 직전부터였지만, 평양·함경도·강원도
방면으로의 진격 때문에 경기도를 포함한 그 이남지역에서의 전투력
은 더욱 약화되었다. 그 결과 길어진 병참선·교통로는 끊어질 가능성
을 안고 있었고, 각 부대 간의 협동작전도 어렵게 만들었다. 이는
조선군에게 반격의 기회가 되었다.

더구나 일본군에 우려해야 할 사태가 발생하게 된다. 우선 일본군의
북진과 함께 남해안 지역에 대한 대비 태세가 약화되었고, 이 때문에
일본수군이 육지로부터의 지원과 협력을 얻기 어렵게 되었다. 고니시·
가토 등이 한성에 무혈 입성했을 무렵 조·일 수군의 전투가 시작된다.
1592년 5월 7일부터 8일까지 옥포, 합포, 적진포에서 해전이 벌어졌다.
이 해전으로 일본군과 규슈를 연결하는 해역은 가덕도에서 부산포까
지로 좁아졌다. 그리고 이 해전이 펼쳐질 무렵, 곽재우를 비롯한 의병

활동이 시작된다.

일본군이 임진강을 건너 개성으로 향할 무렵, 일본수군은 부산·가덕도에서 서쪽으로 전라도 해안에 진출하고자 했다. 그러나 일본수군은 5월 29일부터 6월 7일까지 전라좌수사 이순신이 이끄는 조선수군의 공격으로 사

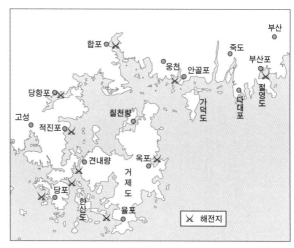

〈그림 26〉 이순신 장군 해전지

천·당포·당항포·율포 해전에서 대패했다. 이 패배에도 불구하고 일본수군은 또다시 남해안으로 진출을 기도하여 부산·가덕도를 중심으로 세력을 집결했지만, 이순신이 이끄는 수군에게 견내량·안골포에서 다시 패배한다. 이 두 전투의 결과, 가덕도 이서의 제해권은 조선수군이 장악하게 되었으며, 이 때문에 해로를 이용하여 전라도·서해안으로 나아가려 했던 일본군의 진격이 불가능해졌다.

이 무렵의 육전을 보자. 일찍이 1592년 6월부터 시작된 의병활동은 특히 7월부터 경상도를 중심으로 활발해졌다. 임진강 전투 이후 1593년 1월 평양성 전투 직전까지의 상황을 보면, 일본군은 진격하면서 승리를 거두었지만, 후방 각지에서는 지리적 이점을 살린 조선 관군·의병의 공격에 패하는 일이 많았다.

이 시기에 주목되는 것이 우선 5월 28일부터 6월 6일까지 전개된 용인 부근의 전투다(용인 전투). 조선군은 와키자카 야스하루의 기습 공격에 패배하였지만, 여기에서 주목할 점은 5만이나 되는 병력이 모였다는 사실이다. 이는 일본군이 충청남도와 전라도에 침입하려고

해도, 이 지역에 분산 배치된 일본군만으로는 불가능하고, 설사 이들 지역에 침입했다고 해도 후방이 위험해질 가능성이 높아졌다는 것을 의미한다. 그래서 일본군은 수비중심의 전략을 쓸 수밖에 없었다.

그렇지만 일본군은 충청도와 전라도에 들어가지 않으면 전선이 언제나 습격당할 위험성이 있었고, 거꾸로 조선은 충청·전라도로 들어오려는 일본군을 전력을 다해 격퇴할 필요가 있었다. 그래서 조선군은 충청도 남부와 전라도 북부의 거점인 금산에 주둔해 있던 일본군을 공격하게 된다. 이것이 관군·의병 합동의 제1차 금산성 전투다. 이 금산성 전투에서 최후까지 싸웠던 의병장 고경명을 비롯한 약 7천 의병군은 괴멸적 타격을 입었다. 일본군은 이 전투의 승리로 충청·전라도로 진격하는 거점을 지켰다. 일본군의 진격을 막고 있던 것이 경상도 지역에서 활발하게 전개된 곽재우를 중심으로 한 의병들의 활동이었고, 따라서 의병장 조헌이 또다시 금산성 탈환을 기도하였다. 이것이 8월 17일의 제2차 금산성 전투다. 이 전투에서도 일본군이 승리하여 현상을 유지했다.

다음으로 성주성을 둘러싼 세 차례의 전투가 주목된다. 8월 17일에 시작된 제1차 성주성 전투는 관군과 의병을 합하여 약 2만이 동원된 대규모 공격전이었다. 이에 대항하는 일본군은 모리가 가신 가쓰라 모토즈미桂元澄가 이끄는 약 1만이었다. 이 전투에서 조선군은 비록 성을 탈환하지는 못했지만, 군사 동원 능력을 충분히 보여주었다. 게다가 제2차, 3차로 이어지는 조선군의 공격에 일본군은 방어전 일변도로 나왔다. 결국 9월 8일, 경상도의 또 하나의 거점인 경주성을 경상좌병사 박진과 의병장 정세아의 합동작전으로 탈환하는 데 성공한다(경주성 전투). 이들 전투에서 주목할 점은 조선군이 싸움을 거는 공격전이었다는 것인데, 이 시점에서 전국이 일본군에 불리하게 돌아가고 있음을 의미한다. 그즈음 9월 1일 부산포 해전에서 일본수군이 패배하면서 일본군과 규슈를 연결하는 교통로가 끊길 위험성이 증대하였다.

일본군은 전라도로 침공하지 않고서는 전국을 되돌릴 수 없다고 판단하여 가능한 모든 전력을 동원하여 진주성 공격을 꾀하였다. 이 무렵 진주성에는 진주목사 김시민 등 관병 약 3,800이 주둔하고, 그 외곽에 곽재우 등이 이끄는 의병 약 2,000이 주둔하여 일본군의 공격에 대비하고 있었다. 호소카와 다다오키·기무라 시게코레·하세가와 히데카즈 등은 약 2만 병력을 3대로 나누어 10월 6일 일제히 진주성을 공격했으나 대패하였다(진주성 전투).

이 총력전의 실패는 경상남도에 주둔하는 일본군의 한계를, 또 9월 1일 부산포 해전에서의 일본군의 패배도 일본수군의 한계를 드러낸 것이었다. 함경도로 향하던 가토군도 의병장 정문부 등의 활약으로 고전을 했는데, 이 또한 조선 동북지역에 대한 침공의 한계라 할 수 있을 것이다. 이리하여 일본군은 좌로와 우로의 보급로를 잃고 이제 남아 있는 것은 중로를 잇는 루트뿐이었다. 이 루트도 동서 양쪽에서 조여들고 있어서 경상·충청의 일본군 지대는 고립무원의 상황에 빠질 가능성도 있었다.

한편 일본군은 조·명군의 평양성 탈환전에서 승리했지만, 조선 부교로 파견된 이시다 미쓰나리는 8월 14일 장수들을 한성으로 소집하여 지휘관 회의를 열고 명군의 개입에 대처할 방안을 의논했다. 이때 구로다 요시타카(=黑田如水)는 명의 조선 내원과 일본군의 병참로와 병량의 확보를 고려하여 한성까지 후퇴하여 한성 수비에 만전을 기해야 한다고 주장했다. 하지만 평양 주둔을 주장한 고니시의 의견이 받아들여졌는데, 그 배경에는 평양성에서 획득한 군량 10만석과 연전연승에 의한 자신감이 있었다고 보인다.

평양성 패배는 명에게도 커다란 충격을 주었다. 이 전투가 방위전이기는 했지만, 명은 일본이 명을 침공하려 하고 있다고 생각하게 되었다. 이에 명은 7월 26일 일본군을 괴멸시킬 수 있는 병력 약 7만을 조선에 파견하기로 결정했는데, 실제 파견된 것은 약 4만 8천이었다. 또 명의 병부상서 석성은 일본군의 형편을 탐지하는 한편, 강화를 통해 조선에서 일본군을 철퇴시키기 위해 유격 심유경을 조선에 파견하였다.

명 조정은 10월 16일 일본의 조선·명 침략을 막을 최고 책임자인 경략 송응창에게 진군을 서두르게 하고, 제독 이여송을 조선에 파견했다. 12월 말경 조선에 도착한 이여송은 1593년 1월 6일 조선군 약 1만과 명군 약 4만을 지휘하여 평양성을 공격했다. 명은 압도적 병력과 대포의 위력을 발휘하여 일본군에 많은 사상자를 냈지만 명군 역시 사상자가 많이 나왔다. 1월 8일 이여송은 통역 장대선을 고니시에게 보내 철퇴를 권했고, 고니시는 이를 받아들여 명군이 열어준 퇴로를 이용, 한성까지 퇴각하였다.

평양성 전투에서 패한 후 총대장으로 한성에 주둔하고 있던 우키타 히데이에는 전군을 한성까지 퇴각시켜 한성 방위를 강화하려고 했다. 한성에는 제1대, 제3대, 제6대, 제8대를 중심으로 하는 약 5만 병력이 집결해 있었다. 평양성에서 승리를 거둔 조·명군의 일부는 1월 25일 임진강을 건너 한성에서 남으로 약 30km 거리에 있는 경기도 오산에까지 이르렀다. 이에 대항하여 임진강으로 향한 일본군의 전력은 다치바나 무네시게·다카하시 무네마스 등이 이끄는 약 3천 선봉대를 비롯하여 6대로 편성된 약 4만 병력이었다. 27일, 양군의 선봉대가 벽제관 근처에서 맞붙었다(벽제관 전투). 이 전투에서 명의 선봉대가 일본군의 유인작전에 말려들어 대패했다. 이 전투의 승리로 일본군은 한성 방위에 유리한 거점을 확보하였지만 북진할 여력은 없었다.

한편 가토군을 뒤따르며 진군하고 있던 나베시마 나오시게도 6월

18일 안변에 이르렀고, 그 후 함흥에 본진을 두고 덕원에서 홍원에 이르는 여러 지역에 병력을 배치했다. 가토도 북청에서 길주까지 병력을 분산 배치해 가면서 군대를 인솔하여 7월 23일 회령에 이르렀고, 조선 반민에게 붙잡혀 있던 왕자(임해군·순화군)의 신병을 인수했다. 그 후 여진의 '오랑캐' 지역으로 들어간 뒤, 종성에 이르러 두만강을 따라 온성, 경원, 경흥으로 나아갔다가, 인질로 잡혀 있던 조선 왕자들과 함께 종성에서 남하하여 9월 상순 북청, 함흥을 거쳐 11일 본진이 있는 안변으로 후퇴하였다. 가토는 길주·성진·단천·이원·북청 등지에 1,500에서 500의 군사를 분산 배치하여 현지 지배를 굳건히 하려고 했다. 이 각 부대는 정문부 등 의병의 공격대상이 되어 9월 중순 이후 경성·길주·함흥 등지에서 조선의 관군과 의병들에게 시달렸다. 1593년 1월 중순 이후 가토군은 길주, 단천에서 싸웠지만 28일의 백탑교 전투에서 패하자, 할 수 없이 한성으로 철수했다.

평양성 전투 무렵, 남부지역의 의병을 포함한 조선군의 상황은 어떠하였을까. 당시 제2대와 제4대에 대치하는 조선군 병력은 12,200, 평양을 방위하는 병력은 17,000, 황해도·경기도를 중심으로 한성을 포위하는 형세를 취하고 있는 병력은 약 35,000이었다. 안동·울산에 35,000, 진주·창원을 중심으로 42,000의 병력이, 그리고 순천에는 15,000의 수군이 배치되어 있어, 그 밖의 병력까지 합하면 172,000여 병력이 각지에 배치되어 있었다. 이들 병력은 일본군 제2대, 제4대를 고립시키고 아울러 한성 탈환을 목표로 삼았을 것이다. 특히 경상남·북도의 병력 배치는 대구·부산 지역의 일본군을 공격함과 아울러 충청북도 지역에 배치된 일본군의 견제·고립을 노렸다고 할 수 있다. 이미 보았던 것처럼 1592년 10월 무렵 일본군에게 남은 보급로는 중로밖에 없었다. 더욱이 겨울이 되면서 일본군은 겪어보지 못한 추위를 견디기 어려웠고, 오랜 싸움으로 피로가 누적되어 염전 분위기가 감돌아 지리

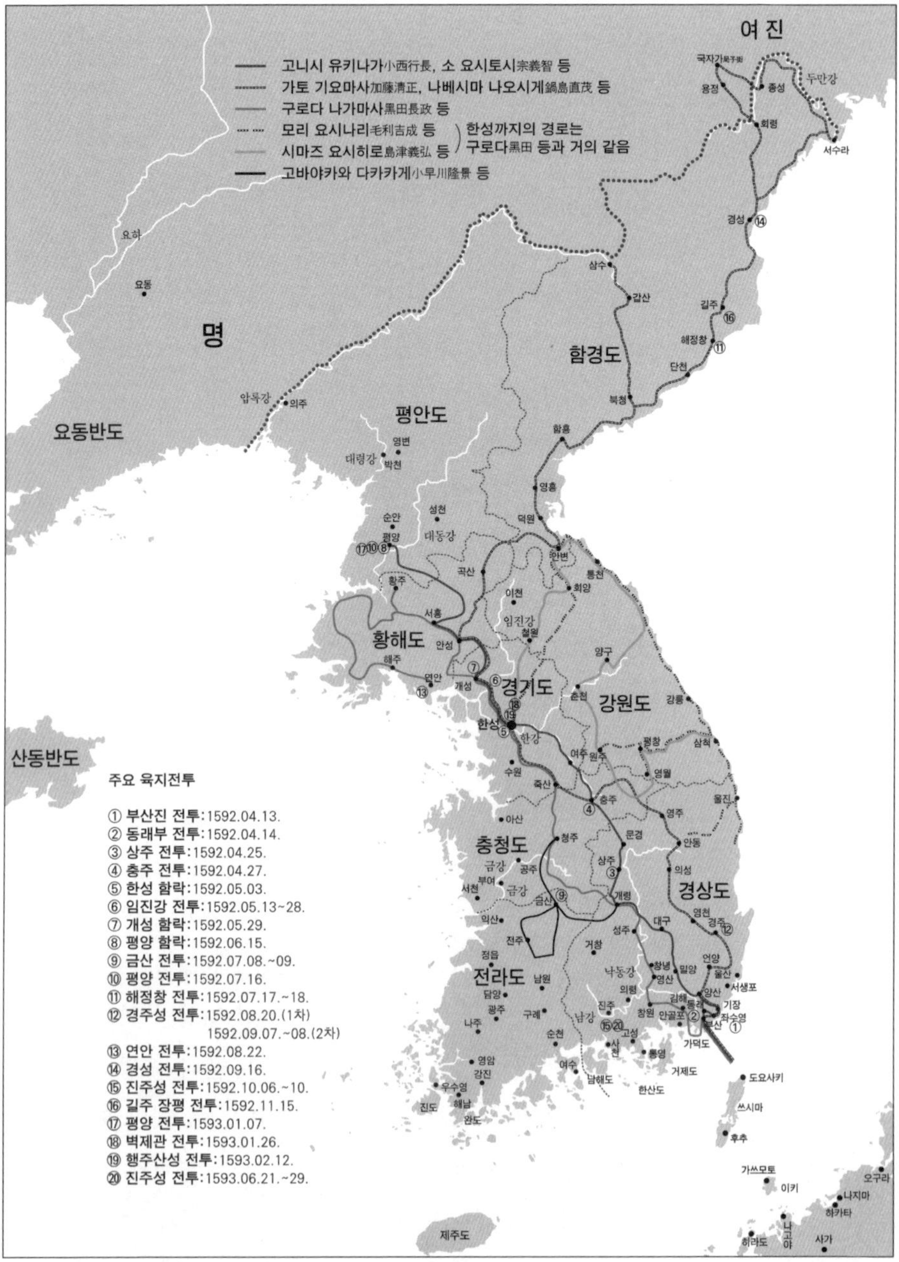
고니시 유키나가小西行長, 소 요시토시宗義智 등
가토 기요마사加藤清正, 나베시마 나오시게鍋島直茂 등
구로다 나가마사黑田長政 등
모리 요시나리毛利吉成 등
시마즈 요시히로島津義弘 등
한성까지의 경로는 구로다黑田 등과 거의 같음
고바야카와 다카카게小早川隆景 등
여진
명
요동반도
산동반도
평안도
함경도
황해도
경기도
강원도
충청도
경상도
전라도
요하
요동
압록강
의주
두만강
서수라
회령
종성
용정
경성
길주
해정창
단천
북청
함흥
영흥
덕원
안변
통천
회양
삼수
갑산
영변
대령강
박천
순안
성천
평양
대동강
황주
곡산
이천
임진강
철원
서흥
안성
해주
연안
개성
한성
한강
양구
춘천
강릉
평창
삼척
원주
여주
영월
수원
죽산
충주
울진
영주
아산
청주
문경
안동
상주
의성
금강
공주
부여
서천
금산
개령
대구
영천
경주
익산
전주
성주
거창
정읍
남원
담양
광주
구례
나주
순천
낙동강
창녕
밀양
언양
울산
서생포
의령
영산
김해
양산
동래
기장
좌수영
부산
진주
창원
안골포
가덕도
남강
고성
사천
통영
거제도
영암
강진
여수
남해도
한산도
우수영
해남
진도
완도
제주도
도요사키
쓰시마
후추
가쓰모토
이키
오구라
나지마
하카타
나고야
히라도
사가
주요 육지전투
① 부산진 전투:1592.04.13.
② 동래부 전투:1592.04.14.
③ 상주 전투:1592.04.25.
④ 충주 전투:1592.04.27.
⑤ 한성 함락:1592.05.03.
⑥ 임진강 전투:1592.05.13~28.
⑦ 개성 함락:1592.05.29.
⑧ 평양 함락:1592.06.15.
⑨ 금산 전투:1592.07.08.~09.
⑩ 평양 전투:1592.07.16.
⑪ 해정창 전투:1592.07.17.~18.
⑫ 경주성 전투:1592.08.20.(1차)
1592.09.07.~08.(2차)
⑬ 연안 전투:1592.08.22.
⑭ 경성 전투:1592.09.16.
⑮ 진주성 전투:1592.10.06.~10.
⑯ 길주 장평 전투:1592.11.15.
⑰ 평양 전투:1593.01.07.
⑱ 벽제관 전투:1593.01.26.
⑲ 행주산성 전투:1593.02.12.
⑳ 진주성 전투:1593.06.21.~29.

〈그림 27〉 임진왜란기 일본군 침략도

의 이점을 살려 싸우는 조선군을 이길 가망은 없었다.

이런 상황 속에서, 일본군은 철수를 고려하면서도 후방에서 추격해오는 조선군에게 일격을 가하고자 했다. 그래서 일본군은 임진강 전선을 지키고자 행주산성 공격을 계획했다. 행주산성에는 전라도 순찰사 권율이 한성을 탈환하기 위해 2,300의 병력으로 진을 치고 있었고, 산성 주변 지역에는 의병장 김천일, 승병 처영 등을 포함하여 약 8천 병력이 배치되어 있었다. 일본군은 행주산성을 공략하기 위해 약 3만 병력을 고니시 부대를 비롯한 7대로 편성하여 행주산성을 공격했다. 조선군은 권율과 처영의 지휘 아래 2월 12일 새벽부터 저녁때까지, 7개 부대가 교대로 쉬지 않고 공격해오는 일본군과 싸워 대승을 거두었다(행주산성 전투). 1593년 2월 무렵, 일본군은 모든 전선에서 패색이 짙어져 철수할 수밖에 없었다.

한편 행주산성에서 패한 후인 1593년 2월 27일 일본군 장수들은 한성에 모여 히데요시에게 조선 도해의 연기를 건의하기로 하고, 한성을 포기하고 부산까지 철군하여 그 철퇴 사정을 설명하자고 논의했다. 한편 2월 28일 나베시마 나오시게, 29일 가토 기요마사 군사가 한성으로 들어왔다. 한성으로 들어온 일본군은 3월 20일 시점에서 다음 〈표 3〉과 같다.

한편 평양성 전투의 패배 소식을 전해들은 히데요시는 공격일변도의 전략을 변경하여 개성·한성을 중심으로 한 방위전략을 명했다. 그리하여 우키타 히데이에에게 전군 지휘권을 주고, 고바야카와 다카카게·마에노 나가야스·가토 미쓰야스가 그를 지원하는 형태로 군을 재편하고, 모리 데루모토를 부산 방면으로 남하시켜 일본으로부터의 보급로를 확보하려 했다. 그러나 히데요시의 이 명령이 조선에 주둔해 있던 여러 장수들에게 도달하기 전에 행주산성에서 패배하였기 때문에, 개성은커녕 임진강 전선의 방어마저 무너져 한성 방어도 위험해졌

〈표 3〉 한성 주둔 일본군

군	다이묘	한성 주둔군	참고
제1대	고니시 유키나가	★ 6,626	374명 감소
제2대	가토 기요마사	5,492	4,508명 감소
	나베시마 나오시게	7,644	4,356명 감소
제3대	구로다 나가마사	5,269	269명 증가
	오토모 요시무네	2,052	3,948명 감소
제4대	시마즈 도요히사	293	도요히사 이하 3명 570명 감소
	이토 스케타카	597	
	다카하시 모토타네	288	
	아키쓰키 다네나가	252	
제6대	다치바나 무네시게	1,132	1,368명 감소
	지쿠시 히로카도	327	573명 감소
	깃카와 히로이에*, 고바야카와 다카카게	9,552	오키 등등 140,000석 448명 감소
제8대	우키타 히데이에	5,352	4,648명 감소
수군	오오타니 요시쓰게	1,505	에치젠 50,000석
	이시다 미쓰나리	1,546	오미 50,000석
	마시타 나가모리*	1,629	오미 60,000석
	가토 미쓰야스*	1,400	가이 24만석
	마에노 나가야스*	717	다지마 53,000석
계		53,098	

1) 석고량은 개략적임.
2) 군사 수의 감소를 전사자 수로 확정할 수는 없으나, 1593년 3월 10일, 5월 20일부 히데요시 주인장과 비교해 보면, 당시 일본군 전사자는 전체 병력의 약 30% 정도로 추정된다.
3) 다이묘란의 *는 임진왜란 군 편성도에 없었던 인물임.
4) 한성 주둔군단의 ★에는 소 요시토시의 군사가 포함되어 있는 것으로 보임.

다. 이에 3월 10일 히데요시는 전군을 상주까지 후퇴시키고, 마에다 도시이에, 우에스기 가게카쓰 등의 동국지역 다이묘들을 포함한 군사를 새로이 파견하여 진주성을 공략하고자 했다.

한편 벽제관 전투 이후 후술할 심유경과 고니시 유키나가 사이에 교섭이 시작되는데, 3월 10일의 히데요시의 철퇴 명령이 한성의 일본군에게 전해졌다. 이런 가운데 철퇴하는 동안은 공격하지 않는다는 조건으로 일본군이 1593년 4월 한성에서 철수하기 시작하였다. 명군은 조선에게 철퇴하는 일본군을 공격하지 말라는 엄명을 내렸고, 조선

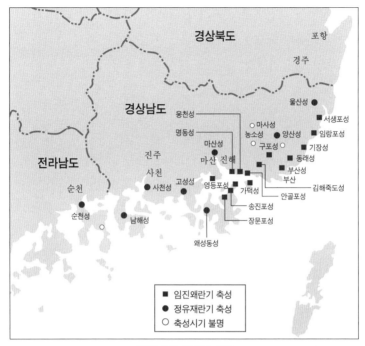

<그림 28> 왜성의 위치

군은 이를 준수했다.

한편 1592년 5월에 제기된 히데요시의 조선 도해 문제는 도쿠가와 이에야스 등 나고야에 재진한 다이묘들이 강력히 말렸고, 고요제이 천황도 나서서 반대하였다(6월 2일 히데요시 조선 도해 연기 결정). 이러한 상황에서 평양성 전투, 행주산성 전투 등의 패배 소식을 들은 히데요시 는 명과의 강화를 추진하면서 1593년 5월 20일 우에스기 가게카쓰, 다테 마사무네 등 동국지역 다이묘들을 포함한 군사를 조선에 파견함 과 동시에 조선 재진군 약 10만을 동원하여 진주성을 공격하고자 계획 했다. 그리고 나머지 조선 재진군과 추가로 파병한 약 26,000 병력을 부산포, 김해, 기장, 거제도, 가덕도 등지에 배치하고자 했다.

히데요시는 진주성 공격 명령을 여러 차례 반복해서 내렸다. 제1차 진주성 전투의 대참패를 설욕하기 위해 일본군은 6월 19일 가토 기요마사를 비롯하여 93,000 병력을 6대로 편성하여 진주성 공격을 개시했다. 진주성에는 의병장 김천일, 경상우병사 최경회, 충청병사 황진 등이 이끄는 3,400의 병력(민중을 포함하면 약 1만)이 방위에 임했다. 조선군은 29일까지 10일 동안 원군 없이 선전했지만, 병사는 말할 것도 없고 민중 전원이 모두 일본군에게 살해되었다. 당시 명군은 일본군이 후퇴함에 따라 대구(유연·오유충), 상주(왕필적), 남원(낙상지·송대빈)에 주둔하고 있었지만, 이 같은 격렬한 전투에도 조선군을 지원하지 않았다. 진주지역을 확보하자 히데요시는 조선의 장수들에게 조선 남해안에 성곽(왜성)을 건설하도록 명하고, 이들 지역에 여러 부대를 장기 주둔시키는 '구류지계久留之計'를 세웠다. 즉 7월 29일 명과의 강화교섭이 한창인 가운데 7월 29일 조선주둔군 5만을 철수시키고, 약 2만 병력을 남해안 일대 왜성에 배치했던 것이다.

3) 강화 없는 '강화교섭'

① 명군과 일본군의 위사파견

고니시 유키나가는 1592년 4월 상주·충주에서 조선과 접촉을 시도했다. 그리고 5월 16일 한성을 점령하고 있던 고니시는 조선에 조선 국왕의 한성 귀환(조선의 일본 입조)과 일·명 강화교섭의 알선을 요구했다. 당시 야나가와 시게노부는 서간에서 히데요시의 명령을 거역할 수 없어 조선을 침략했지만, 명을 침략할 의사는 없으며 조선과 화친을 희망하고 있고, 조선의 주선으로 명과 강화할 수 있다면 삼국은 평화스러워질 것이라고 했다. 이는 일본군의 진격이 너무나 빨라서 후방지역에 병력을 배치하고 병참선을 확보하기 위해 그 이상 북으로의 진격이 곤란했던 실정을 반영한 전략적인 것이었다고 생각된다. 그리고 이 발언은 일본의 조선침략 목적이 명에 대한 침입이 아니라 조선의 일본 입조에 있음을 나타내고 있다.

그렇지만 고니시의 입장은 여전히 입명이었다. 개성에 무혈입성한 고니시는 6월 1일 또다시 소 요시토시를 조선 조정에 보내 교섭을 요구하였는데, 전란의 책임을 조선에 전가하며 조선은 일본과 싸울 것인지 아니면 일본과 협력해서 명을 칠 것인지 택하라고 다그쳤다. 게다가 평양성 공략을 앞두고 있던 6월 8일에는 조선을 향해 대동강에서 회담할 것을 요구했다. 이에 조선은 이덕형을 파견하였고, 6월 9일 대동강에서 게이테쓰 겐소(쓰시마에서 조선외교를 담당해온 승려)와 이덕형이 회담을 했다. 이 자리에서 겐소는 일본이 동래·상주·용인 등지에서 서계를 보내 회담을 요구했으나 조선이 응하지 않아 전쟁이 계속되고 있다면서, 조선 국왕은 평안도를 떠나 몸을 숨기고, 요동으로 가는 길을 일본군에게 열어달라고 요구했다. 이에 대하여 이덕형은 일본이 명을 침략하려고 했다면 절강으로 갔을 터인데 조선을 침략한 것은 조선을 멸망시키려는 것이며, 조·명은 부자관계이니 일본군에게 요동 진격의 길을 열어줄 수 없다고 회답했다. 회담은 결렬되었다. 6월 11일 고니시와 쓰시마 도주 소씨가 다시 이덕형에게 서계를 보내 회담 개최를 압박했다. 내용은 6월 1일 서계와 비슷하였으나 강화조건으로 왕족과 고관(인질)의 일본 파견을 덧붙였다. 이는 6월 9일의 회담 결렬 후, 일본군이 조선남부를 완전 장악했음을 강조하여, 조선에게 일본 입조를 전제로 한 강화에 임하게 하려고 한 것이다. 여기서 알 수 있듯이 전란 초기부터 명의 내원이 있기 전까지 고니시의 대조선 교섭은 조선의 일본 입조를 전제로 한 '입명가도'론에 입각해 있다.

명의 조선원군은 명 본토를 지키기 위하여 조선에서 일본군을 방어한다는 전략에 따른 것이다('순망치한론', '문정론'). 따라서 명은 조선에 원군을 파견하기 전에 동북지역의 방위를 강화했고, 조선원병은 그 연장선 위에 자리잡고 있었다. 이는 조선에서 일본군을 완전히 격퇴하지 못할 경우 조선에서 일본군과 대치하며 명의 안전을 확보한다는 것으로, 명군이 일본군과의 전투에서 소극적이라는 것을 의미한다. 벽제관 싸움 뒤 명군이 보여준 움직임은 이를 잘 말해준다. 이 같은 인식은 조선도 가지고 있었다. 따라서 명의 조선원군은 조선의 군사지휘권과 조선의 대명·일 외교권을 크게 제약하였고, 이 때문에 명은 조선에 원군을 파견하면서도 일본군과 강화를 모색했던 것이다.

1592년 9월 1일의 심유경·고니시 회담에서 겐소는 이 전란이 일본의 '입공가도'를 조선이 방해했기 때문에 일어났다고 주장했다. 당시 일본군은 명군을 평양성에서 격퇴하기는 했지만, 그 이상의 진군이 불가능한 상태였다. 그래서 고니시는 전란의 책임을 조선에 전가하고 입명을 입공으로 바꾸어 명과의 교섭에 임하였고, 명은 앞의 조선전략에 입각하여 시간을 벌기 위하여 교섭을 진행했을 것이다. 일본의 강화조건은 대동강 이남은 일본 영유, 대동강 이북은 명에 양보, 명 입공의 허가였다. 심유경이 제시한 조건은 두 왕자와 조선인 포로의 송환, 조선영토의 회복(일본군 철퇴) 등이었다. 심유경은 일본의 명 입공에는 명 조정의 허가를 필요로 한다며 50일간의 휴전을 요구했고, 고니시는 이 요구를 받아들였다. 그러나 이는 고니시와 심유경 사이의 합의에 지나지 않았기 때문에 다른 전선에서는 전투가 계속되었다.

심유경·고니시 사이에 교섭이 본격화된 것은 명군이 벽제관 전투에서 패하고 나서부터였다. 일본군은 행주산성에서의 패배로 전군을 한성까지 철수해야 했다. 그런데도 1593년 2월 15일 명군은 안변으로 후퇴해 있던 가토에게 명장 풍중영을 파견하여 교섭을 하였다. 이때 가토가 제시한 강화조건은 조선영토의 할양이었다. 가토는 풍중영이 요구한 왕자 2인의 소환은 이미 히데요시에게 보고되었기 때문에 불가능하니, 한성에서 다시 강화에 대하여 교섭하자고 했다. 한편 송응창이 일본군과 강화를 맺을 의향이 있으며, 그리하여 일본군이 한성에서

두 왕자를 석방한다는 소식이 조선 조정에 알려졌다. 조선은 일본군의 왕릉 도굴사건도 있었던 터라 이 강화교섭에 강하게 반대했고, 명과 일본의 강화가 실패하리라 예측하면서 송응창이 조선에 강화를 강요하고 있었기 때문에 방관하는 태도를 취하였다.

이런 가운데 고니시는 겐소에게 명하여 명·조선에 강화를 요청하고, 조선에 서장을 보냈다. 송응창은 강화를 성공시키기 위하여 심유경을 한성에 파견, 3월 15일 용산에서 회담이 이루어졌다. 심유경은 ① 조선 전 영토의 반환(조선에서 일본군의 완전 철수), ② 조선의 두 왕자와 조정 신하들의 송환, ③ 히데요시가 명에 사죄문을 보내는 것을 전제로 히데요시를 일본 국왕에 책봉하도록 진언한다는 것을 조건으로 제시했다. 이에 대하여 고니시는 ① 우선 명은 일본에 강화사를 파견하며, ② 명군은 요동으로 철퇴하고, ③ 두 왕자를 송환하며, ④ 일본군은 4월 8일 한성에서 철퇴한다는 조건을 제시했다.

이 교섭에서 조선영토의 할양과 조선의 일본 입조라는 조건은 보이지 않는다. 교섭의 현실적 목적이 명군이 요동으로 철퇴하고 일본군이 한성에서 철퇴하는 일이었기 때문이다. 일본군의 한성 철퇴는 이미 피할 수 없는 상황이어서, 송응창은 일본군이 한성에서 철퇴한다면 책봉문제는 일·명 교섭을 통해 해결할 수 있다고 판단했음에 틀림없다. 일·명의 이해관계가 전략적인 면에서 일치했던 것이다. 3월 8일 송응창은 명 조정에 일본군이 조선에서 완전히 철퇴함과 동시에 두 왕자를 송환하며, 히데요시가 명에 사죄문을 보내는 것을 전제로 히데요시를 일본 국왕에 책봉하도록 하자고 진언하였다. 또 심유경은 송응창에게 일본군을 한성에서 철수시키기 위하여 히데요시를 책봉할 필요가 있으니, 명에서 일본으로 '강화사'를 파견하는 것이 필요하다고 역설했다. 한편, 송응창은 3월 25일 사용재와 서일관을 강화사로 꾸며서 일본으로 파견하여 히데요시의 항복서를 받아오도록 했다. 일본군이 한성에서 철퇴하기로 약속한 날인 4월 8일, 심유경과 고니시가 또다시 한성에서 회담을 하였다. 심유경의 일본군 철퇴 요구에 대해 고니시는 명군의 요동 철퇴와 강화사 파견이 없다는 이유로 철퇴를 거부했다. 4월 17일 사용재와 서일관 등 위사가 한성에 도착하자, 일본군은 20일 조선 왕자와 조선인 포로를 인질로 삼고 한성에서 철퇴하였다.

이 철퇴 교섭에는 또 하나의 조건이 있었다. 평양성 싸움 후 조선은 명장들에게 일본군을 추격하여 섬멸할 것을 요구했지만, 명군은 여기에 응하지 않은 것은 물론 조선이 단독으로 일본군을 추격할 경우 강화에 방해가 된다며 이를 저지했다. 그것은 철퇴하는 일본군을 공격하지 않는다는 명군과 일본군 사이의 약속 때문이었다.

사·서 등 위사는 5월 15일 히젠 나고야에 도착하여 23일 히데요시를 접견하였다. 한편 이 시기 히데요시는 위에서 보았듯이 20일 진주성 공격과 남해안 일대에 일본군 주둔이라는 계획을 하달했다. 그럼에도 나고야에서 사·서와 절충을 맡았던 겐소는 일본군이 조선 남부에 주둔하고 있는 것은 조선군이 진주성 등을 거점으로 일본군을 추격하려 하기 때문이라면서, 명이 조선을 억제해 준다면 일본은 명의 속국이 되어 여진을 정벌하고, 이를 명에 귀속시킬 것이라고 제안했다. 이에 대하여 사·서는 조선군의 움직임을 확인할 것이고, 여진은 이미 10년 전에 정벌이 끝났으니 조선에서 일본군을 철퇴시키라고 요구했다. 또 겐소는 일본의 명 입공을 조선이 알선한다고 하면서도 회답이 없어서 일본이 어쩔 수 없이 조선에 출병했다고 주장했다. 이에 대하여 사·서는 히데요시의 통호 의향을 명에 전하겠다고 대응했다. 전자는 히데요시의 진주성 공격계획을 염두에 둔 발언이고, 후자는 이전 주장의 되풀이였다. 한편 난젠지南禪寺의 겐포 레이산玄圃靈三이 명 황녀의 강가降嫁와 조선4도의 할양을 요구했다. 사·서는 명에서는 황녀를 강가하는 예가 없고, 조선의 전 영토는 명에 속한다고 하여 모두 거절했다. 겐포 레이산의 주장은 5월 1일 내려온 히데요시의 강화조건과 진주성 공략계획을 반영한 것이었다. 이 명령에 따라 일본군은 위에서 보았듯이 6월 19일 진주성을 공격하였던 것이다.

6월 28일 일본은 사·서에게 <화의조건 7개조>를 건넸다. 내용은 ① 명 황제의 황녀를 일본의 후비로 보낼 것, ② 명·일 간의 감합무역을 재개할 것, ③ 명·일 대신들이 통호보증의 서사를 교환할 것, ④ 조선4도를 일본에 할양할 것, ⑤ 조선 대신을 인질로서 일본으로 파견할 것, ⑥ 조선의 두 왕자를 송환함, ⑦ 조선 권신이 일본에 서사를 바칠 것 등이다. 이 7개조는 사·서가 나고야에 도착하기 전인 5월 1일 히데요시가 아사노 나가마사·구로다 요시타카·마시타 나가모리·이시다 미쓰나리·오타니 요시쓰구 등에게 내려보낸 문서의 내용과 동일한 것으로, 진주성 공략과 전라도 침공, 명과의 강화교섭에 (속지 않도록) 주의하라는 내용도 포함되어 있었다.

게다가 <대명칙사에 대하여 보고해야 할 조목>도 사·서에게 건네주었다. 그 전문에는 일본은 신국神國이며, 히데요시 자신은 '태양日輪의 아들'이라 적고, 제1조에 명에서 횡행하던 왜구를 토벌한 데 대하여 명이 히데요시에게 사의를 표명하지 않아 명 정벌을 계획하였고, 조선은 이 명 정벌에 협력하려고 하였으며, 제2조에 조선이 일·명 간의 회담을 알선하겠다고 해놓고도 이를 깨뜨렸기 때문에 조선에 출병하였는데, 조선이 저항하였고, 제3조에 명이 조선의 급난을 구하려고 하였지만 그 이익을 잃었으니, 그 책임도 조선에 있다고 적고 있다.

이 강화교섭은 전쟁이나 강화에 대한 히데요시의 태도와 처지가 명확하게 드러나 있다는 점에서 주목된다. 평양성 전투 이후 전 전선에 걸쳐 일본이 불리한 상황에 처해 있음을 알면서도, 히데요시는 명이 강화사를 파견하여 사죄한다고 하면서 '황녀 강가'라는 조건을 제시했다. 또 명을 침략하는 명분도 왜구토벌에 대한 감사 표시가 없어서라고 하면서, 감합무역의 부활을 요구했다. 이는 일본이 동아시아무역에 공식적으로 참가하여 일본의 국제적 지위를 인정받으려 했던 것으로 보인다.

단, 책봉에 대해서는 언급하지 않았다. 이는 명을 중심으로 한 동아시아의 국제질서=책봉체제에 엮이고 싶어하지 않기 때문으로도 보이지만, 히데요시가 명과의 전쟁에서 승리했다는 명분 하에 공식적인 책봉을 요구하지 않았다고도 보인다. 이렇게 보면 히데요시가 명에 요구했던 것은 동아시아에서 일본을 '전승국'으로 자리매김하는 것이었다고 할 수 있다. 이때 '황녀 강가'는 인질의 성격을 갖는다 하겠다. 이를 통하여 히데요시는 전쟁에 대한 민중의 불만을 진정시키고, 스스로의 권위를 높여 권력의 안태를 도모하려 했을 것이다. 일본 국내를 향하여 이 전쟁에서 승리했음을 보여야만 했던 것이다.

이는 동아시아 국제질서에서 조선을 자리매김하는 것과도 관련된다. 히데요시는 명과의 강화를 통해 조선침략을 정당화하고, 명·조선과의 전쟁을 '승리'라고 치장하여 명에 조선4도의 할양을 요구하였다. 인질과 대신의 서사 요구는 조선을 일본에 입조하는 나라로 자리매김하려 했던 것을 나타낸다. 히데요시는 일본을 명의 하위로 자리매김하면서 조선보다는 상위에 자리매김하려 했고, 이는 자신의 정권에 대한 권위 부여와 안태를 위한 것이었음은 말할 나위도 없다. 거꾸로 말하자면, 이 주장은 전쟁을 승리로 장식해야 할 히데요시의 위기감과 초조감을 반영한 것이라고 하겠다.

이 강화교섭은 송응창의 대일전략(일본군의 한성 철퇴)에 따라 이루어진 것이어서 명 조정에는 보고되지 않았다. 위 내용이 명 조정에 전해진 것은 명의 책봉사 이종성이 부산의 일본진영을 탈주하기 직전인 1596년 3월 무렵이다.

위의 강화교섭이 교착 상태에 빠지고 진주성 싸움이 있던 6월 말쯤 고니시와 심유경은 또다시 강화교섭을 시작한다. 교섭의 결과는 ① 고니시의 부하 나이토 뇨안內藤如安(본명은 나이토 다다토시內藤忠俊고, 뇨안은 세례명)을 '항복사절'로 삼아 항복을 나타내는 '납관표'를 지참시켜 명에 파견, ② 일본의 요구는 조선영토의 분할, ③ 조선의 일본 입조를 전제로 한 조선과 일본의 화친, ④ 일본이 명에 조공하도록 허가, ⑤ 책봉 형식을 나타내는 인장과 망룡의 및 충천관의 하사였다.

이에 대하여 송응창은 나이토 뇨안 등을 요동에 머물게 하면서 고니시에게 <관백항표關白降表>를 요구했다. 그 내용을 보면 ① 일본은 명 조정의 신민이 되고자 하여 이를 조선을 통해 명에 전하려 하였지만 조선이 이를 이행하지 않아 병란을 일으켰다, ② 평양에서 심유경과 고니시가 정전협정을 맺었는데도 조선이 전쟁을 걸어 왔다, ③ 심유경과의 약속에 따라 일본은 성곽·병량·조선영토를 조선에 반환하였다, ④ 명에 파견한 나이토 뇨안은 일본 사정을 있는 그대로 전할 것이며, 히데요시는 명에게 책봉 받기를 원하며, 책봉을 받는다면 금후 '번리지신'으로서 조공을 바칠 것이라고 하였다.

이들 내용은 명에게 책봉을 받아 감합무역을 하고 싶다는 히데요시의 의도를 반영한 것이라고 보아도 될 것이다. 이는 히데요시의 주장을 충분히 찰지하였을 고니시가 강화를 추진한 점에서 추찰할 수 있다. 그리고 위의 내용을 통하여 히데요시가 명·일 강화와 조·일 강화를 나누어서 처리하려 했음도 알 수 있다. 즉 일본이 조선을 침략한 이유와 평양에서의 휴전회담 후 일어난 전투의 책임이 조선에 있다는 점을 강조하여, 조·명 간의 밀접한 관계를 끊고, 명·일 관계를 강화함으로써 조선을 고립시키고 동시에 조·일 관계에서 일본이 우위를 확보하려 한 전략이다. 특히 평양회담을 강조한 것은 조선4도의 할양과 관련이 있다. 또 이는 '입명가도'를 '입공가도'로 바꿔치기하는 논리의 연장선상에서 '책봉', '조공'을 자리매김하고 있음을 보여준다. 이렇게 하여 일본은 조선에게 전쟁책임을 물어 강화교섭에서 유리한 위치를 확보해 나가면서 조선4도의 할양을 주장하였다. 동시에 조선을 일본의 입조국으로 자리매김하여 동아시아에서 일본을 조선보다 위에 위치시키려 했던 것이다.

한편 히데요시는 1593년 11월 소유구小琉球(필리핀)와 고산국高山國(타이완)에 국서를 보낸다. 그 내용은 히데요시 자신은 태양의 아들로서感生說話 일본을 통일하고, 입조 약속을 어긴 조선을 '정벌'하였으며, 조선을 구원하기 위해 파병한 명을 격파하였으며, 현재 명이 화친을 요구하여 명과 교섭하는 중이다, 만약 자신이 제시한 교섭조건이 받아들여지지 않는다면 명을 칠 예정이다, 그러니 귀국은 입조하여 안전을 지키라(입조하지 않으면 정벌하겠다)는 것이었다. 필리핀과 타이완에 보낸 이 국서는 자신의 무공을 널리 선전하면서 남만무역을 강화하려는 의도를 나타냄과 동시에 이들 지역이 명과 연합하거나 협력하는 것을 경계하려는 의도를 나타낸다.

한편 1594년 1월 14일 조선은 명의 장수들에게서 지난해 10월 3일에 명이 조선에서 철병하기로 했다는 정보를 들었고, 1월 17일 심유경의 강화조건에 4도의 할양이 포함되어 있다는 사실을 알았다. 송응창 대신 조선에 부임한 경략 고양겸은 4월 23일 조선이 일본의 명 봉공을 허락한다는 내용의 주문을 명 조정에 올리도록 강요하였다. 명의 참장 호택 역시 5월 11일 선조를 만나 위 내용의 상주를 강요하면서, 그렇게 하지 않으면 명군은 압록강까지 철퇴하겠다고 위협했다.

이런 상황 아래서 조선 조정에서도 일본이 명에 봉공하는 것에 찬동하는 움직임이 나타나, 6월로 접어들 무렵 선조도 일본의 명 봉공을 인정하게 된다. 이에 조선은 9월 12일, 명에 허욱을 주청사로 파견하여 일본이 명에 봉공하는 것을 허락해줄 것을 요청했다. 단, 이는 일본군의 완전철수를 전제로 한 것이었다.

이렇게 고니시는 명과 강화교섭을 진행해 나가면서, 1594년 10월 16일 경상우병사 김응서에게 서간을 보내 강화에 대한 의논을 제안했다. 소 요시토시도 철병의 전제조건으로 조선이 나서서 일본이 명에 봉공할 용의가 있음을 명에 주청해줄 것을 요구하면서, 그렇지 않으면 내년에 출병하여 명을 침략하겠다고 위협했다. 11월 3일 야나가와 시게노부도 김응서에게 서간을 보내 회답을 요구했고, 22일 창원에서 양자가 회견했다. 고니시는 일본이 봉공을 원하고 있으니 그것을 명에 주청해주기 바란다고 했다. 김응서는 명이 일본의 명 봉공을 정지한 것은 일본이 조선을 공격하여 주둔하고 있기 때문이지, 조선이 일본의 명에 대한 봉공을 방해했기 때문은 아니라고 답했다. 이 조·일 교섭은 명·일 간의 강화교섭 조건=영토할양과 조선의 일본 입조를 조선이 받아들이게 하려는 책략으로 보인다.

② 책봉사 파견과 히데요시의 대응

명 조정은 일본군이 조선에서 완전히 퇴각한다는 것을 전제로, 명에게 책봉을 받고자 하는 히데요시의 성의를 인정하고 신종에게 히데요시의 봉호 수여를 상주하여 신종으로부터 허가를 받았다. 그리하여 1595년 12월 30일, 신종은 이종성을 책봉일본정사로, 양방형을 부사로 임명하였다.

그런데 1596년 4월 3일 명의 이종성李宗城이 부산의 일본군영에서 탈주하는 사건이 일어나 조선과 명에 큰 파문을 일으켰다. 그러면서도 석성石星이 명·일 강화교섭을 전관하여 성공시키겠다고 명 병부에 상소하고, 그에 따라 명 조정은 5월 7일 양방형을 정사로, 일본에 체재중인 심유경을 부사로 임명하여 책봉사를 일본에 파견하기로 결정하였다. 한편 심유경은 조선에 통신사 파견을 재촉하였고, 야나가와 시게

노부도 통사를 통하여 이를 조선에 재촉했다. 조선의 통신사 파견은 일본 입장에서는 조선의 일본 입조를 의미했다. 6월 26일 조선은 책봉사를 수행한다는 명목 하에 품계가 낮은 돈녕도정 황신과 거창현감 권황을 일본에 보내기로 결정하였다가, 권황 대신 전 대구부사 박홍장을 보내기로 했다. 명 사절의 수행을 명분으로 한 사신 파견은 책봉사의 강한 요구에 따라 국서와 국폐(예물) 등을 지참하게 되었고, 그 성격도 정식 통신사로 바뀌었다.

명 책봉사가 7월 8일 부산을 출발했다. 조선통신사는 야나가와 시게노부와 함께 8월 14일 부산을 떠나 8월 18일 사카이에서 먼저 도착해 있던 책봉사와 합류했다. 히데요시는 왕자 귀환에 대한 사례가 없고, 파견된 사신이 고관이 아니며, 공물과 조빙朝聘이 없으며, 명 책봉사를 도망치게 한 점 등을 들어 조선통신사를 질책하고 접견조차 하지 않았다. 한편 책봉사는 9월 2일 오사카성에서 히데요시를 접견하고 관복과 금인, 칙유를 전수하였고, 히데요시는 5배3고두五拜三叩頭로써 명 신종에 대한 망궐사은望闕謝恩의 의례를 행하였다. 이로써 히데요시는 명으로부터 책봉을 받게 되었다(명의 칙서에 히데요시를 일본국왕으로 책봉한다는 문구가 있는 것에 화가 나서 히데요시가 책봉을 거부했다는 설도 있으나, 현재는 히데요시가 책봉을 받았다는 설에 대부분 동의하고 있다). 그렇지만 일본 강화교섭의 전제조건이었던 조선4도의 할양과 조선의 일본 입조를 전제로 한 왕자 또는 고관의 일본 파견 등이 실현되지 않아 히데요시는 또다시 조선침략전쟁을 기도하게 된다.

4) 정유재란

고니시 유키나가는 1596년 10월 상순 명 사절과 함께 히젠 나고야에 도착하였고, 명 사절은 12월께 부산으로 돌아왔다. 고니시는 또다시 조선과 강화를 모색하여, 조선통신사에게 조선 왕자를 일본에 파견하여 히데요시에게 사례할 것을 요구했다. 한편 11월 상순 구마모토를 떠나 나고야를 거쳐 조선으로 들어온 가토 기요마사는 1597년 1월 13일 다대포로 와서 조선 유정에게 회담을 요구했다. 유정과 가토의 회담은 3월 9일에 이루어지는데, 가토도 역시 조선왕자 임해군의 내일 을 요구하였다. 고니시·가토가 명이 아닌 조선에 강화를 요구한 것은 히데요시의 책봉으로 일·명 관계는 해결되었다고 보고, 일본의 조선 재침략은 조선이 일·명 강화의 전제조건이었던 조선의 일본 입조, 조선4도의 할양, 왕자의 내일 등을 이행하지 않았기 때문이라 할 수 있다. 그럼에도 불구하고 위의 강화조건에 조선4도의 할양이 보이지 않는 것은 아직 재침략이 본격화되지 않은 시점에서 조선을 자극하지 않으면서 시간을 벌기 위한 것으로, 그 사이 조선군의 공격을 늦추려는 전략이었다고 할 수 있다.

　한편 황신은 1596년 11월 6일 일본과의 강화가 실패했다고 조정에 전하고, 12월 21일에는 조정에 서신을 보내 이제까지의 상황을 보고하 였다. 보고를 접한 조선은 또다시 명에 원병을 청하고, 선조는 우부승 지 허성을 시켜 고니시에게 강화 의향이 있는지를 타진하도록 지시하 고, 일본에 사신을 파견하려는 의지를 분명히 했다. 이는 신종이 일본 에 사신을 보낸다면 일본군이 바로 철수할 것이라고 했던 앞의 칙유가 있었기 때문이지만, 일본이 재침략의 구실로 조선이 일본에 고관을 파견하지 않은 점을 들었기 때문일 것이다. 그러나 이러한 조선의 강화 시도는 가토 기요마사의 재침략으로 중단되었다.

　조선은 좌의정 이원익을 경상도로 파견하여 현지의 군비 상황을 확인하게 했다. 전라도 병마절도사 원균은 1597년 1월 22일 수륙합동 작전으로 일본군을 해상에서 격퇴하자고 제안하였고, 권율·이원익·이 순신도 이 전략에 동의했다. 한편 고니시는 부하 요시라를 김응서에게 보내 상륙하는 가토군을 치도록 권고했다. 조선 조정은 황신을 통하여 이 계략을 이순신에게 유시했는데, 이순신은 해로가 곤란하고 일본이 틀림없이 복병을 두었을 것이라며 따르지 않았다. 고니시가 가토를 치라고 권한 것은 전라도 침공에 앞서 조선수군을 격파하기 위해서였을 것인데, 이순신이 이를 꿰뚫어본 것이다. 이순신의 출진 거부에 대로한 선조는 조정의 명을 거역한 죄목으로 이순신을 한성으로 압송하여 가두었다. 이원익과 이덕형 등의 구명 호소로 간신히 죽음을 면한 이순신은 백의종군하라는 명령을 받게 되고, 이순신 대신 원균이 삼도수군통제사로 임명된다.

히데요시는 1597년 2월 21일 재침략의 군사 편성을 발령한다. 선봉 가토 기요마사군 1만, 제2대 고니시 유키나가 등 14,700, 제3대 구로다 나가마사 등 1만, 제4대 나베시마 나오시게 12,000, 제5대 시마즈 요시히로 등 10,000, 제6대 조소카베 모토치카 등 13,300, 제7대 하치스카 이에마사 등 11,100, 제8대 모리 히데모토 30,000, 제9대 우키타 히데이에 10,000, 총원 121,100의 동원령을 내렸다. 여기에 조선 남부에 주둔하고 있던 2만여 명을 더하면 총원 약 141,500명을 동원한 것이다.

히데요시는 이 군사 편성과 함께 작전 명령도 내렸다. 그 주된 내용은 ① 전라도 지역을 집중 공략하되, 가능하면 충청도·경기도를 공략할 것, ② 수군 작전 시에는 도도 다카토라와 가토 요시아키, 와키자카 야스하루 등 두세 명의 지시 하에 시코쿠와 그 밖의 군선을 참가시킬 것, ③ 명의 대군이 한성에서 5~6일 거리까지 육박하면 서로 연락하여 신속히 히데요시에게 보고할 것, 사태가 여기에 이르면 히데요시가 직접 바다를 건너 명을 공략할 예정임, ④ 안골포에 다치바나 무네시게, 가덕도에 다카하시 무네마사·지쿠시 히로후미, 김해 죽도에 고바야카와 히데카네, 서생포에 아사노 요시나가를 주둔시킬 것, ⑤ 작전이 끝나면 각각 축성 구역에 따라 성주를 정하여 성 보수공사를 담당할 것 등이다. 이처럼 히데요시는 조선 재침략의 현실적인 주목표를 조선

<표 4> 정유재란 군사 편성도

군	다이묘	병력수	참고
제1대(선봉대)	가토 기요마사	10,000	
제2대	고니시 유키나가	7,000	
	소 요시토시	1,000	4,000명 감소
	마쓰우라 시게노부	3,000	
	아리마 하루노부	2,000	
	오무라 요시아키	1,000	
	고토 하루마사	700	
	소계	14,700	
제3대	구로다 나가마사	5,000	
	모리 요시나리	2,000	
	시마즈 도요히사	800	
	다카하시 모토타네	600	모토타네 이하 4명, 200명 증가
	아키즈키 타네나나	300	
	이토 스케타카	500	
	사가라 요리후사	800	
	소계	10,000	1,000명 감소
제4대	나베시마 나오시게 나베시마 기요시게	12,000	
제5대	시마즈 요시히로	10,000	
제6대	조소카베 모토치카	3,000	
	*도도 다카토라	2,800	이요 50,000석
	*이케다 히데카쓰	2,800	이요 52,000석
	*가토 요시아키	2,400	이요 60,000석
	구루시마 미치후사	600	100명 감소
	*나카가와 히데나리	1,500	분고 74,000석
	*스가 미치나가	200	이요 10,000석(15,000석?)
	소계	13,300	
제7대	하치스카 이에마사	7,200	
	이코마 가즈마사	2,700	치키마사아들, 2,800명감소
	*와키자카 야스하루	1,200	아와지 30,000석
	소계	11,100	
제8대	모리 히데모토	30,000	
제9대	우키타 히데이에	10,000	
조선파견군 총계		121,100	
재진군 부산포성	고바야카와 히데아키	10,000	
	*오타 가즈요시	390	감시역, 분고 65,000석

안골포성	다치바나 무네시게	5,000	2,500명 증가
가덕성	다카하시 나오쓰구	500	300명 감소
	지쿠시 히로카도	500	400명 감소
죽도성	고바야카와(모리) 히데카네	1,000	
서생포성	*아사노 나가요시(요시나가)	3,000	가이 160,000석
재진군 소계		20,300	
조선침략군 총계		141,490	

* 정유재란 때 새로 출진한 다이묘
** 임진왜란 때는 출진했으나, 정유재란 출진 때 빠진 다이묘들 :
오토모 요시무네(임진왜란 때 평양성 구원에 나서지 않고 봉산성을 포기한 죄로
유폐), 후쿠시마 마사노리(1595년 7월 이요에서 오와리 24만석으로 이봉), 도다
카쓰타카(1594년 12월 사망), 하시바 히데카쓰(1592년 10월 사망, 히데요시 조카이자
양자), 호소카와 다다오키(1595년 히데쓰구 사건에 연루되었기 때문일까).

그리고 임진왜란 때와 마찬가지로 위에서 기술하지 않은 다이묘들도 전투에 참가하고
있어 정유재란 때의 다이묘들과 군사 수를 정확히 가늠하기는 어렵다. 아사노 나가요
시는 나고야성에서 3,000 군사를 이끌고 있었던 것으로 보이는데, 가토 미쓰야스(加藤
光泰, 가이 24만석)가 1593년 9월 서생포에서 사망하면서 가이(16만석, 아사노가
전체는 22만5천석)로 이봉했다. 동국 다이묘로 출진한 것은 의외로도 보인다.

남부 4도의 점령 및 지배에 두고, 명군과의 전투는 되도록 피하려고
했다.

일본군은 1597년 1월부터 재상륙하기 시작하였다. 도원수 권율은
2월 경상도 우병사 김응서에게 정병을 이끌고 경주와 울산에 진주하도
록 명했다. 급박한 정세 속에서 조선은 2월 16일 정엽을 급고사로
명에 파견하여 원병을 요청했다. 명은 일본의 침략에 대비하여 전략을
세우고, 그 연장선상에서 요동, 절강, 광동 등지의 병사를 내어 조선원
군으로 파견하기로 하고, 마귀를 비왜총병관제독, 양호를 경리조선군
무, 형개를 경략어왜에 임명했다.

일본군 주력이 조선에 들어온 것은 1597년 5월 중순부터 하순께다.
한편 명군의 파병 소식은 3월 2일 조선에 전해졌는데, 당시 이 원군에
수군이 포함되었다는 데 특징이 있다. 조선수군이 건재하고 있었던
점을 감안하면, 이는 일본수군의 서해 진출을 염두에 둔 것이었다.

명은 일본군의 조선 재침략을 명 침략의 전초전으로 인식하여, 서해를 통한 일본군의 명 침입을 서해에서 차단한다는 전략 아래 수군을 포함한 조선의 전 군사권을 장악함과 동시에 명군의 장기 주둔을 위한 둔전책을 실시하려 했다.

부총병 양원이 이끄는 명군 1진이 5월 8일 한성에 도착하였고, 부총병 오유충이 이끄는 4,000은 6월 14일, 부총병 이여매도 1,470명을 이끌고 7월 19일 한성으로 들어왔다. 7월 3일 제독 마귀, 9월 3일 경리 양호가 한성에 도착했다. 당시 원군의 규모는 여러 지역의 병력 21,000, 막료군 22,000, 경리 양호의 본진 4,000이었다. 양원은 5월 21일 병력 3,000을 이끌고 한성을 출발하여 6월 18일에 남원에 도착하였다. 그는 교룡산성에서 일본군을 막자는 조선의 요구를 물리치고 남원성에서 일본군을 막기로 했다.

조·일군의 대격돌은 수군에서 먼저 시작되었다. 7월 14일부터 16일에 걸친 칠천량 해전이 그것이다. 이 전투는 일본수군의 완벽한 승리로 끝났다. 원균은 전사하고, 조선수군은 회복 불능 상태에 빠졌으며(남은 조선함선은 12척뿐이었다), 조선 남부지역은 무방비 상태가 되었다. 상황이 여기에 이르러서야 조선 조정은 7월 22일 이순신을 삼도수군통제사로 다시 임명했다. 그리고 일본군의 수륙병진책에 대비하여 경상우병사 김응서를 합천, 도원수 권율을 성주·금산, 도체찰사 이원익을 선산의 금오산성, 구례현감 이원춘을 남원성에 배치했다.

칠천량 해전에서 대승을 거둔 일본군은 전군을 좌군·우군·수군으로 편성하여 대대적인 공세를 펼친다. 6만여 우군은 모리 히데모토 지휘 아래 전주로 향한다. 서생포에 주둔해 있던 가토 기요마사(제1대)는 우군의 선봉이 되어 서생포-밀양-초계-거창을 거쳐 서북진하여 전주로 향했는데, 8월 16일 안음현감 곽준과 함양군수였던 조종도가 지키는 황석산성을 고전 끝에 공략하고 전주로 진격했다. 나베시마

나오시게(제4대)는 8월 16일 의령에서 삼가를 거쳐 성주로 향하던 도중, 고령에서 상주목사 정기룡이 이끄는 조선군을 만나 패배했다. 한편 우키타 히데이에(제9대)가 이끄는 좌군은 남원으로 향했다. 고니시(제2대)를 선봉으로 하여 총 56,000여 명으로 편성된 좌군은 8월 15일 명장 양원이 지키던 남원성을 공략한 뒤 전주로 진격했다(남원성 전투).

좌군 선봉 고니시가 전주로 진격하자, 전주를 지키고 있던 명장 진우충이 성을 버리고 도망쳐버려 고니시는 8월 19일 전주성에 무혈입성했다(전주성 전투). 이어서 가토도 8월 25일 전주에 입성했다. 그리하여 일본군은 전주에서 작전회의를 열고, 모리 히데모토(제8대)·가토 기요마사·구로다 나가마사(제3대) 등 우군의 주력은 충청도 공주로 북진하여 경기도를 공략하며, 좌군은 우키타·고니시군이 경상도로 남하하고, 시마즈 요시히로군(제5대)은 전라도를 공략하기로 결정했다(전주회의).

한편 형개는 7월 중순 칠천량 해전에서 조선이 패배하자, 여순의 수군 3,000을 조선에 파견하여 한강과 대동강구를 지키게 하여 천진·등주·내주로 통하는 해로를 확보하려고 했다. 그리고 조선은 강화도 방비책을 세운다. 그런데 남원과 전주 전투에서 패배한 명군은 한성까지 철퇴하여 한강에서 일본군과 맞서 싸우려 했고, 더욱이 마귀는 한성을 포기하고 압록강까지 후퇴하려고 했다. 그러나 양호가 마귀의 의견에 반대하여 부총병 해생 등 네 장수를 직산으로 파견했다.

일본 우군은 전주를 점령한 뒤 여산-은진-부여-공주-천안을 거쳐 북상, 9월 7일 구로다가 이끄는 5천여 명이 직산 부근에 이르러, 그곳에 주둔하고 있던 1만여 명군과 교전하여 대패했다(직산 전투). 우군은 어쩔 수 없이 천안으로 후퇴한 뒤 경상도로 남하했다. 가토는 9월 20일 보은에서 정기룡과 명 참장 팽우덕군에게 패배하고, 함창-상주-칠곡-인동을 거쳐 대구 공산성으로 들어갔고, 본대는 옥천을

〈그림 29〉 정유재란기 일본군 침략도

거쳐 성주로 후퇴했다. 우키타는 전주－익산－부여－임천－한산을 침공했지만, 직산 전투 패배 소식을 듣고 용안－함열－익산을 거쳐 김제로 후퇴하고, 9월 14일 전라도 조방장 원신과 김언공의 공격을 받아 패하자, 태인을 거쳐 정읍으로 후퇴했다.

한편 좌군은 전주에서 임실－남원으로 남하하고, 고니시는 구례에서 순천으로 남하하여 왜교성을 축성하였다. 시마즈 요시히로는 전주에서 정읍(9월 16일)－강진(10월 11일)에 이르렀고, 강진에서 남원(10월 23일)을 거쳐 사천(10월 29일)으로 이동하여, 그곳에 주둔하였다. 시마즈는 정읍에서 작전회의를 열어 ① 전라도 각지에 군을 주둔시키고, 그 지역을 지배하기 위한 축성공사를 행하고, ② 고니시는 순천에 축성하며, ③ 모리 요시나리는 부산포에 주둔하고 수비를 강화할 것을 결정했다.

전주 공략 뒤에 일본수군은 전라도를 지배하기 위해 전라남도 해안

길을 따라 서진하였는데, 남쪽에서 전라도 공략을 지원하기 위해서였을 것이다. 그리하여 8월 말부터 9월 초순께 일본수군은 회령포에서 전라남도 서단 어란포까지 배로 진군했다. 한편 이순신은 8월 17일 전라남도 구말, 24일 어란포에 도착했고, 9월 7일부터 일본수군을 추격하기 시작했다. 16일 13척뿐인 함선을 이끌고 명량에 진을 친 조선수군은 도도 다카토라·가토 요시아키·와키자카 야스하루 등이 이끄는 일본수군 함선 330여 척을 대파했다(명량 해전). 이 해전의 승리로 조선수군은 남해안 제해권을 되찾았을 뿐 아니라, 전라도 지배를 노리던 시마즈 요시히로군에 대한 해안에서의 지원을 차단했다. 그리하여 위에서 보았듯이 10월 시마즈군은 후퇴하여 사천에 주둔하게 된다. 직산 전투와 명량 해전으로 수세에 몰리게 된 일본군은 후퇴하여 사천(시마즈 요시히로·조소카베 모토치카 등), 순천(고니시 유키나가·우키타 히데이에 등), 김해 죽도(나베시마 나오시게 등) 등지에 주둔하게 된다. 10월 8일 가토 기요마사는 공산성(대구)—경주를 거쳐 서생포·울산에, 모리 데루모토는 대구—밀양을 거쳐 양산성에, 구로다 나가마사는 동래성에 주류하게 된다.

이러한 일본군의 후퇴는 단순히 전투 패배 때문이라고만 할 수 없다. 전선이 길어지면서 의병을 포함한 조·명군의 공격이 예상되어 임진왜란 때와 똑같은 곤경에 빠지지 않는다고 할 수 없었다. 더욱이 계절까지 겨울로 접어들고 있어 임진왜란 때의 쓰라린 기억도 되살아났을 터지만, 그 이상으로 일본군 내에 염전 분위기가 떠돌았기 때문이라고 생각된다.

일본군이 주로 경상남도 해안지역에 성을 쌓고 장기 주둔을 계획하고 있던 무렵, 명은 대대적인 공세계획을 세웠다. 형개는 1597년 11월 양호에게 반격계획을 가다듬도록 명했다. 명군을 좌·우·중협으로 편성, 좌협군 12,600은 부총병 이여매, 우협군 11,630은 부총병 이방춘,

중협군 11,690은 부총병 고책에게 지휘를 맡기고, 양호는 마귀와 함께 좌·우협군을 이끌고 충주-안동-경주를 거쳐 가토가 지키고 있던 울산을 공격하고, 중협군은 천안-전주-남원을 거쳐 고니시가 지키고 있던 순천성을 공격하여 가토에 대한 지원을 끊으려고 했다. 이 공세에서 충청병사 이시언이 좌협군, 경상좌병사 성윤문과 경상좌병 조방사 권응수가 중협군, 경상우병사 정기룡·경상우병 조방사 고언백이 우협군에 협력하도록 했다. 나아가 12월 초순 천진순무 만세덕은 수병 10,000과 마·보병 6,000을 여순·등주·내주에 배치하고, 유격장 계금에게 수군 3,000을 주어 조선으로 파견, 이순신에게 협력하도록 했다.

명군은 12월 초순께 한성을 출발하여 12월 21일 조령을 넘어 경주에 이르렀다. 여기서 군사를 3대로 나누어 22일 울산으로 진격했고, 고니시를 공격할 예정이던 중협군도 울산공격에 가담했다. 이리하여 12월 23일부터 다음 해 1월 4일까지 40,000여 명군과 10,000여 조선군, 도합 50,000여 군사가 울산성을 지키는 10,000여 가토군에게 대대적인 공격을 퍼부었다(울산성 전투). 이 전투에서 쌍방 모두 큰 피해를 입었지만 결말을 내지 못했다. 이 전투 후 명군은 성주, 남원, 안동 등지에 군사를 나누어 주둔시켰다. 한편 명군이 울산을 향해 진격하고 있던 무렵인 12월 18일 전라병사 이광악, 구례현감 김응서가 고니시를 공격했다. 이는 고니시가 가토를 구원하는 것을 저지하기 위한 유격전 성격을 띤 전투였다.

이후 조·명군이 공세를 이어가는 가운데 철병교섭이 이루어진다. 가토 기요마사는 1598년 1월 1일과 3일 양호의 제의에 답하여 울산 남산에서 양호와 만나 강화회담을 제안하였지만 양호에게 거절당했다. 명장과 가토의 강화교섭 소식은 2월 11일 조선에 전해졌다. 2월 22일에는 가토도 강화교섭을 요구하는데, 자신의 강화 요구를 고니시의 요구와 구별하면서 강화 요구는 누년의 주둔으로 인한 군병의 피로 때문이며 자신과 강화하게 되면 삼국의 평화를 가져올 것이라는 서신을 양호에게 보냈다. 또 조선인이 강화를 위해 자신의 진으로 들어올 경우, 신변안전을 보증할 것이며, 명장이 강화교섭에 응한다면 직접 명장이 지정하는 장소로 나갈 용의도 있다고 하였다. 나아가 포로를 사자로 파견하여 식수난을 흘리면서 자신의 강화 요구가 진심임을 전하였다. 당시 가토가 명장과 강화를 맺으려 했던 것은 히데요시가 병상에 있어 오래지 않아 일본군이 철퇴하게 될 것이라는 판단 때문이었을 것이다. 거기에 강해지는 조·명군의 공세도 무시할 수 없었다.

고니시 유키나가도 1598년 2월 무렵부터 명의 부총병 오종도·이대간과 강화교섭을 시작한다. 교섭에는 데라자와 마사나리(히로타카)도 관여했다. 5월 무렵까지 교섭이 구체화되어 고니시와 데라자와는 양호에게, 야나가와 시게노부는 조선 예조에 서계를 보냈다. 그 내용은 ① 명장에게서 강화 요구가 있었으며, ② 이 강화에 대하여 히데요시는 아직 허락하지 않았고, ③ 일본은 명에 조공할 의사가 있으며, ④ 임진왜란·정유재란의 발발 책임은 조선에 있다 등이다. 강화의 전제조건은 조선이 이 전쟁의 책임을 인정하고 일본에 중신을 파견하여 사죄하고, 조선이 명으로 가는 조공로를 제공한다면 일본은 조선과 강화를 맺는다였다. 또 명장이 철병을 요구하면 일본군은 철병하며, 조선과 일본의 직접 강화가 불가능하다면 명의 개입도 인정하겠다고 하였다. 강화교섭을 가장한 철병교섭이었다.

가토는 7월 5일 오유충에게 강화요구서를 보냈는데, 그 내용은 일본은 내년에 대군을 움직여 조선을 공격할 계획이 있으며, 금년은 병사들을 잠시 휴식시키지만 만약 대군을 동원하여 조선을 또다시 공격한다면 조선·요동 인민은 죽음을 면하지 못할 것이니, 자신이 이를 가련하게 여겨 삼국의 평화를 제안한다는 것이었다. 가토의 조선과의 강화조건에는 조선이 일본에 조공하는 것이 포함되어 있었지만, 이때는 철병을 목적으로 한 강화교섭이라 조선의 일본 입공을 주장하지는 않았다. 이 같은 명·일 장수 사이의 강화교섭에 대하여 선조는 일본 장수들이 명·일 강화교섭을 통하여 조선을 곤궁한 처지에 빠뜨리고, 또다시 조선을 침략하려 하고 있다고 생각했다.

강화에 대한 고니시·가토의 견해에는 차이가 있다. 가토는 삼국평화를 전제로 이전의 강화를 무효라고 인식하였다. 이에 비해 고니시는 이전의 강화는 유효하며, 명·일 관계는 책봉으로 이미 해결되었다는 입장이었다. 따라서 고니시의 강화교섭은 조·일의 전쟁종결과 이후의 양국관계에 중심이 놓여 있다. 강화와 관련하여 양자에게 보이는 공통점이라면 강화조건에 4도 할양이 빠져 있는 것이지만, 양자 모두 여전히 조선의 일본 입공을 주장하고 있다. 이 교섭에 대해 선조는 경계심을 드러냈고, 양호 역시 상황이 변했다고 여겨 조건을 붙인 강화에는 응하지 않겠다는 입장을 취했다.

이러한 상황 속에서 '정응태 무주誣奏사건'이 일어난다. 명의 정응태는 명 조정의 장위·심일관과 조선파견 명군 양호·마귀·이여매, 그리고 그들과 조선 국왕·신하 등이 결당하고 있으며, 양호와 가토의 강화교섭을 '밀통'이라고 하였다. 더욱이 김응서는 군사기밀을 흘렸고, 이원익과 권율 등은 일본군과 싸우려 하지 않으며 조선왕자가 가토와 서로 내통하고, 류성룡·이원익은 가토와 통교하고 있다고 하면서 조·일의 결탁(조일음결朝日陰結)을 주장했다.

정응태 무주사건은 명 조정에서 강화파(조지고)가 세력을 얻어 주전파(장위)와 대립하는 가운데 발생한 사건이다. 정응태의 주장은 명의 강화파 입지를 강화함과 동시에, 조선의 강화 반대 분위기를 억제하여 명·일, 조·일 강화를 실현시키려 한 것이었다. 따라서 정응태의 무주에는 조선의 외교·군사권을 명의 통제 하에 두려는 의도가 숨어 있었다.

이에 대하여 조선은 두 번에 걸쳐 진주사를 파견하여 신종과 명 조정에 변명했다.

그런데 1598년 8월 5일, 히데요시가 사망했다는 소문이 조선에 전해졌고, 일본에서 내전이 발생했다던가, 남만(서양)이 일본에 침입하여 일본 장수들이 철퇴하려 하고 있다는 등의 소문이 퍼졌다. 한편 신종의 명으로 형개가 한성에 와서 명군을 지휘하게 되는데, 그의 지휘 아래 8월 18일 남하한 조·명군이 가토군을 향해 총공세를 시작하였다. 하지만 명군은 승리를 거두지 못하였다.

한편, 8월 말에서 9월 초 히데요시의 사망 소식이 일본군에게 전해졌다. 이 소식을 접한 가토는 명장에게 일본은 조·명과 강화하려고 하였으나 조선에서 아직까지 답을 주지 않는다고 불만을 드러내면서 강화를 재촉하였다. 고니시와 유연의 강화교섭도 시작되었다. 유연은 고니시가 있는 순천성을 공격하기 위해 남원으로 진군하던 도중에 고니시에게 서장을 보내 강화를 요구했다. 이 강화교섭에서도 고니시는 조선의 일본조공을 강화조건으로 들었고, 20일에 만나기로 약속하였다. 유연은 거기에서 고니시를 생포하려 했지만 실패한다.

이 시기 정응태는 신종의 명령으로 재차 조선을 방문한 뒤 또다시 명 조정에 상주하기를, ① 이 전란은 조선이 구토를 회복하기 위하여 일본과 결탁(조일음결)해서 일으킨 것으로, 조선에게 일본과의 외교권을 인정한 데서 기인한 것이니, 조선에게 일본과의 외교권을 인정해서는 안 된다, ② 양호 등이 가토와 서로 통하는 것은 조선과 양호가 결탁한 것을 나타내며, 이는 명 조정이 일·명 간의 강화교섭을 확실히 하지 않았기 때문이다, ③ 양호가 조선에게 성을 쌓게 한 것은 명에게는 재앙이니, 조선군사권을 명의 통제 아래 두어야 한다고 주장하였다.

이 정응태의 2차 무주는 조선에게는 최악이었다. 정응태 일파의 강화 구상은 조선의 외교·군사권을 명이 장악하여 조·일 사이에 생기는 문제를 차단하고, 명·일이 강화를 맺어 전쟁을 끝내는 것이었다. 이에 선조는 양위, 정사 중단, 진주사 파견 등 가능한 모든 수단을 동원하여 조선의 독립을 지키고, 일·명 강화교섭을 차단하려 하였다.

한편 히데요시 사후 정권을 잡은 도쿠가와 이에야스는 1598년 9월 조선에 주둔하고 있는 모든 장수에게 다음과 같은 지시를 내렸다. ① 철병 교섭자로 가토를 지명하며, 그것이 불가능하다면 어느 누구든 철병 교섭을 성공시킬 것, ② 조선왕자를 인질로서 일본으로 데려올 것, ③ 그것이 가능하지 않다면 조공물을 많이 받아낼 것, ④ 조선이 강화교섭에 전혀 응하지 않을 경우 부산지역의 성을 아무것이나 점령해둘 것 등이다. 이 소식은 1598년 10월 1일 부산에 있는 일본 장수 모두에게 전해졌고, 이를 접한 시마즈 요시히로는 15일 명 제독 훈일원薰一元과 철병 교섭을 시작하였다. 훈일원은 조선포로를 석방한다면 강화에 응하겠다고 대답했다. 그 뒤에도 요시히로와 명장 모국기, 팽우덕과의 교섭이 이어지는데, 이때의 철병조건은 주로 포로 송환과 인질 제공이었다.

유연과 고니시 사이에서도 다시 철병 교섭이 시작된다. 일전을 벌이고 난 후 10월 16일, 고니시는 사천의 시마즈에게 전황이 불리하다는 사실을 알리고 동시에 유연에게 사자를 보내 철병 교섭에 응할 것을 요구했다. 철병조건은 명이 일본 측에 인질을 보내는 것이었는데, 유연이 여기에 응하여 고니시에게 인질을 보냈다. 나아가 고니시는 명 수군 진린에게도 철병 교섭을 요구하여 양해를 얻었다. 이리하여 진린은 11월 13일 병장기 수리를 구실 삼아 진을 풀었고, 유연은 11월 14일 일본군을 유인한다는 구실을 붙여 순천과 왜교에서 철수하였다. 교섭에 의한 일본군 철퇴는 11월 19일 이순신과 진린의 일본군 공격으로 좌절되지만(진린은 고니시의 철병 교섭을 양해하고 있었기 때문에 이 전투에 소극적이었다), 노량 해전에서 이순신이 전사함으로써 일본군은 무사히

철병할 수 있게 되었다.

　일본의 조선 재침략(정유재란)은 강화교섭의 파탄에 의한 것이었지만, 근본적으로 임진왜란과 정유재란 모두 히데요시 정권의 모순=다이묘들을 압도할 수 있는 군사력의 불비, 일본 전국을 지배할 수 있는 국가제도의 미확립, 다이묘들의 상대적으로 높은 자립성 등으로 인해 '전국 규모의 센고쿠다이묘 영국' 구조를 해결할 수 없어서 발생한 것이었다. 그 때문에 애초부터 히데요시 정권은 임진왜란과 정유재란에서 승리하여 조선에서 영토를 확보하거나 적어도 조선의 일본 '입공'이 없을 경우 정권이 몰락할 수밖에 없는 성격을 띠고 있었다.

나오며

항상 그렇지만, 필자는 이 부분을 쓸 때면 부끄러워 숨을 곳을 찾는다. 멋지고 늠름한 호랑이를 그리려다 못생긴 고양이를 그린 느낌 때문이다. 못생긴 고양이를 그린 것은 필자의 게으름과 천재비학 때문일 것이다. 그렇다고 마냥 붙잡고 있다 한들 달리 방도가 없어 본서를 상재할 수밖에 없지만, 위로가 되는 것은 아니다. 오히려 회한과 서러움이 북받칠 뿐이다.

그럼에도 이 책을 상재하는 것은 <들어가며>에서 서술한 이유 때문이다. 그런데 이 책이 위의 목적을 달성하지 못했다는 것은 분명하다. 그래도 이 책이 독자들에게 약간이나마 일본역사에 대한 이해에 도움을 주고, 역사적 상상력을 자극하여 인간과 사회를 이해하는 데 도움이 될 수 있을 것이란 희망으로 이 책을 상재한다. 부디 어여뻐 여겨주길 바랄 뿐이다.

그나마 필자가 한 가지 위로로 삼을 수 있는 것은 안개 속에 가려진 센고쿠기에 대한 이해의 실마리를 얻었다는 점이다. 즉 이 책을 집필하면서 필자는 일본학자들의 의도와 논리를 비판할 수 있는 근거는 마련하였다. 물론 이 점을 이 책 안에서 관철시키려 하지는 않았고, 앞으로도 이를 통해 논문을 쓰거나 하지는 않을 것이다. 다만 비공식의 우연한 자리에서 그런 것들에 대해 대화를 나눌 계기가 생긴다면, 기탄없이 의견을 교환하고 싶을 뿐이다.

그리고 이 자리에서 독자들에게 사과해야 할 점은 역사 사실들을 최대한 논리나 평가를 배제하고 담담히 서술하겠다고 하고서는 곳곳에서 필자의 의견을 때로는 강하게 때로는 약하게 피력하였다는 것이다. 이는 역사학을 공부했던 필자의 버릇이 배어나온 것으로, 담담히 서술하는 방법을 천착하지 못한 결과다. 이것들로 말미암아 독자의 사유, 상상, 그리고 논리를 제약하였다면, 미리 사과하고 싶다.

이제 마지막으로 이 책이 세상에 나올 수 있도록 도와주신 모든 분들께 감사를 전한다. 그리고 후학들이 더욱 정진하여 훌륭한 업적을 내고, 필자와 같은 의무감에 사로잡힌 연구자가 되지 않기를 바란다. 진정 인간을 사랑하고, 이웃한 인간을 존재 그 자체로 바라보는, 그리고 그들의 삶을 평등한 가치로 인정하는 마음으로 역사를 보아주기를 기대한다.

2019년 10월
담배 연기 가득한 연구실에서

부록

일본 주요 성 일람표

	성이름	한글표기	위치	별명	한글표기
001	舟山城	후나야마성	岡山縣加賀郡吉備中央町		
002	龜山城	가메야마성	岡山縣岡山市東區沼	沼城	누마성
003	加茂城	가모성	岡山縣岡山市北區加茂		
004	高松城	다카마쓰성	岡山縣岡山市北區高松		
005	岡山城	오카야마성	岡山縣岡山市北區區丸の內		
006	庭瀬城	니와세성	岡山縣岡山市北區庭瀬		
007	中島城	나카시마성	岡山縣岡山市北區中島		
008	冠山城	간무리야마성	岡山縣岡山市北區下足守		
009	龍ノ口城	다쓰노구치성	岡山縣岡山市中區祇園		
010	中井城	나카이성	岡山縣岡山市中區中井		
011	明善寺城	묘젠지성	岡山縣岡山市中區澤田		
012	松山城	마쓰야마성	岡山縣高梁市內山下		
013	鶴首城	가쿠슈성	岡山縣高梁市成羽町		
014	國吉城	구니요시성	岡山縣高梁市川上町		
015	三星城	미쓰보시성	岡山縣美作市明見		
016	三石城	미쓰이시성	岡山縣備前市三石		
017	常山城	쓰네야마성	岡山縣玉野市用吉		
018	八浜城	하치하마성	岡山縣玉野市八浜町		
019	岩屋城	이와야성	岡山縣津山市中北上		
020	高田城	다카다성	岡山縣眞庭市勝山	勝山城	가쓰야마성
021	齊田城	사이타성	岡山縣眞庭市下中津井	佐井田城	사이타성
022	松島城	마쓰시마성	岡山縣倉敷市松島		
023	畑山城	하타야마성	岡山縣倉敷市玉島柏島		
024	日幡城	히바타성	岡山縣倉敷市日畑		
025	猿掛城	사루카케성	岡山縣倉敷市眞備町		
026	天神山城	덴진야마성	岡山縣和氣郡和氣町		
027	靈山城	료젠성	京都府京都市東山區淸閑寺靈山町		
028	淀城	요도성	京都府京都市伏見區淀本町		
029	嵐山城	아라시야마성	京都府京都市西京區嵐山元祿山町		
030	將軍山城	쇼군야마성	京都府京都市左京區北白川淸澤口町		
031	中尾城	나카오성	京都府京都市左京區淨土寺大山町		
032	二條城	니조성	京都府京都市中京區二條通堀川		
033	神尾山城	간노산성	京都府龜岡市宮前町		
034	龜山城	가메야마성	京都府龜岡市荒塚町		
035	阿彌陀ヶ峰城	아미타가미네성	京都府宮津市成相寺別所		

036	今熊野城	이마쿠마노성	京都府宮津市中野行者谷		
037	宮津城	미야즈성	京都府宮津市鶴賀		
038	田邊城	다나베성	京都府舞鶴市南田邊		
039	夜久野城	야쿠노성	京都府福知山市夜久野町		
040	笠置城	가사기성	京都府相樂郡笠置町		
041	加悅城	가야성	京都府與謝郡加悅町		
042	槙島城	마키시마성	京都府宇治市槙島町		
043	山崎城	야마자키성	京都府乙訓郡大山崎町	寶寺城	호지성
044	勝龍寺城	쇼류지성	京都府長岡京市勝龍寺		
045	長浜城	나가하마성	高知縣高知市長浜		
046	朝倉城	아사쿠라성	高知縣高知市朝倉		
047	種崎城	다네자키성	高知縣高知市種崎		
048	吉良城	기라성	高知縣高知市春野町		
049	浦戶城	우라도성	高知縣高知市浦戶		
050	岡豊城	오코성	高知縣南國市岡豊町		
051	栗本城	구리모토성	高知縣四万十市赤松町		
052	中村城	나카무라성	高知縣四万十市中村丸の內		
053	畑山城	하타야마성	高知縣安芸市畑山		
054	安芸城	아키성	高知縣安芸市土居		
055	本山城	모토야마성	高知縣長岡郡本山町		
056	瓜生野城	우류노성	高知縣長岡郡本山町		
057	加久見城	가쿠미성	高知縣土佐清水市加久見		
058	己斐城	고이성	廣島縣廣島市西區己斐上		
059	銀山城	가나야마성	廣島縣廣島市安佐南區		
060	頭崎城	가시라자키성	廣島縣東廣島市高屋町貞重		
061	鏡山城	가가미야마성	廣島縣東廣島市西條町		
062	槌山城	쓰치야마성	廣島縣東廣島市八本松町吉川		
063	本鄕城	혼고성	廣島縣福山市本鄕町	大場山城	다이요산성
064	有田城	아리타성	廣島縣山縣郡北廣島町		
065	高山城	다카야마성	廣島縣三原市本鄕町		
066	旗返山城	하타가에시야마성	廣島縣三次市三若町		
067	甲立城	고타치성	廣島縣安芸高田市甲立	五龍城	고류성
068	郡山城	고리야마성	廣島縣安芸高田市吉田町		
069	桂城	가쓰라성	廣島縣安芸高田市吉田町桂		
070	猿掛城	사루카케성	廣島縣安芸高田市吉田町多治比	多治比城	다키치성
071	鈴尾城	스즈오성	廣島縣安芸高田市福原		

072	日下津城	히게쓰성	廣島縣安芸高田市向原町	坂城	사카성
073	岩山城	이와야마성	廣島縣吳市鄕原町		
074	門山城	가도야마성	廣島縣廿日市市大野		
075	櫻尾城	사쿠라오성	廣島縣廿日市市櫻尾本町		
076	多賀山城	다가야마성	廣島縣庄原市高野町		
077	蔀山城	시토미야마성	廣島縣庄原市高野町新市		
078	御覽田城	고란다성	群馬縣みどり市東町		
079	和田城	와다성	群馬縣高崎市高松町	高崎城	다카사키성
080	箕輪城	미노와성	群馬縣高崎市箕鄕町		
081	倉賀野城	구라가노성	群馬縣高崎市倉賀野町		
082	館林城	다테바야시성	群馬縣館林市城町		
083	山上城	야마가미성	群馬縣桐生市新里町		
084	平井城	히라이성	群馬縣藤岡市西平井		
085	名胡桃城	나구루미성	群馬縣利根郡みなかみ町下津		
086	菅原城	스가와라성	群馬縣富岡市妙義町		
087	白井城	시로이성	群馬縣澁川市白井字本丸		
088	沼須城	누마즈성	群馬縣沼田市上沼須町		
089	松井田城	마쓰이다성	群馬縣安中市松井田町		
090	手子丸城	데코마루성	群馬縣吾妻郡東吾妻町		
091	岩櫃城	이와비쓰성	群馬縣吾妻郡東吾妻町		
092	岩下城	이와시타성	群馬縣吾妻郡東吾妻町		
093	小泉城	고이즈미성	群馬縣邑樂郡大泉町		
094	那波城	나와성	群馬縣伊勢崎市堀口町		
095	廐橋城	우마야바시성	群馬縣前橋市大手町	前橋城	마에바시성
096	女淵城	오나부치성	群馬縣前橋市粕川町		
097	膳城	젠성	群馬縣前橋市粕川町		
098	金山城	가나야마성	群馬縣太田市金山町		
099	飯野城	이이노성	宮崎縣えびの市飯野		
100	佐土原城	사도와라성	宮崎縣宮崎市佐土原町		
101	都之城	미야코노성	宮崎縣都城市都島町		
102	都於郡城	도노코리성	宮崎縣西都市大字鹿野田字高屋		
103	高原城	다카하루성	宮崎縣西諸縣郡高原町		
104	高城	다카성	宮崎縣兒湯郡木城町		
105	南鄕城	난고성	宮崎縣日南市南鄕町		
106	飫肥城	오비성	宮崎縣日南市飫肥		
107	中新田城	나카니이다성	宮城縣加美郡加美町字北町		
108	名生城	묘성	宮城縣大崎市古川大崎字城內		

109	新沼城	신누마성	宮城縣大崎市三本木新沼		
110	岩手澤城	이와테사와성	宮城縣大崎市岩出	岩出山城	이와테야마성
111	小野城	오노성	宮城縣東松島市小野		
112	寺池城	데라이케성	宮城縣登米市登米町	登米城	도메성
113	佐沼城	사누마성	宮城縣登米市迫町佐沼		
114	高淸水城	다카시미즈성	宮城縣栗原市高淸水東館		
115	北目城	기타메성	宮城縣仙台市太白區郡山		
116	金山城	가나야마성	宮城縣伊具郡丸森町		
117	小齋城	고사이성	宮城縣伊具郡丸森町		
118	丸森城	마루모리성	宮城縣伊具郡丸森町		
119	鶴巢館城	쓰루스다테성	宮城縣黑川郡大和町鶴巢下草	下草城, 鶴楯城	시타쿠사성
120	加治田城	가지타성	岐阜縣加茂郡富加町加治田		
121	堂洞城	도호라성	岐阜縣加茂郡富加町夕田		
122	兼山城	가네야마성	岐阜縣可兒市兼山	金山城	가나야마성
123	明智城	아케치성	岐阜縣可兒市瀨田長山		
124	關城	세키성	岐阜縣關市安櫻山		
125	加納城	가노성	岐阜縣岐阜市加納丸の內		
126	岐阜城	기후성	岐阜縣岐阜市金華山	稻葉山城	이나바야마성
127	鷺山城	사기야마성	岐阜縣岐阜市鷺山		
128	城田寺城	기다이지성	岐阜縣岐阜市城田寺		
129	船田城	후나다성	岐阜縣岐阜市水主町		
130	革手城	가와테성	岐阜縣岐阜市正法寺町		
131	大垣城	오가키성	岐阜縣大垣市郭町		
132	墨俣城	스노마타성	岐阜縣大垣市墨俣町墨俣		
133	北方城	기타가타성	岐阜縣本巢郡北方町		
134	祐向山城	이코야마성	岐阜縣本巢市本巢市		
135	大桑城	오가성	岐阜縣山縣市大桑洞		
136	小里城	오리성	岐阜縣瑞浪市稻津町		
137	竹ヶ鼻城	다케가하나성	岐阜縣羽島市竹ヶ鼻町		
138	明知城	아케치성	岐阜縣羽島市下中町加賀野井	加賀野井城	가가노이성
139	相羽城	아이바성	岐阜縣揖斐郡大野町		
140	揖斐城	이비성	岐阜縣揖斐郡揖斐川町	白樫城	시라카시성
141	岩村城	이와무라성	岐阜縣惠那市岩村町		
142	騎西城	기사이성	埼玉縣加須市騎西		
143	菖蒲城	쇼부성	埼玉縣久喜市菖蒲町		
144	岩槻城	이와쓰키성	埼玉縣埼玉市岩槻區	岩付城	이와쓰키성

145	鉢形城	하치가타성	埼玉縣大里郡寄居町		
146	松山城	마쓰야마성	埼玉縣比企郡吉見町		
147	大佛城	다이부쓰성	埼玉縣兒玉郡美里町		
148	廣木城	히로키성	埼玉縣兒玉郡美里町		
149	金窪城	가나쿠보성	埼玉縣兒玉郡上里町		
150	羽生城	하뉴성	埼玉縣羽生市東		
151	毛呂城	게로성	埼玉縣入間郡毛呂山町	山根城	야마네성
152	高松城	다카마쓰성	埼玉縣秩父郡皆野町日野澤字高松		
153	日尾城	히오성	埼玉縣秩父郡小鹿野町		
154	天神山城	덴진야마성	埼玉縣秩父郡長瀞町岩田		
155	河越城	가와고에성	埼玉縣川越市郭町		
156	幸手城	삿테성	埼玉縣幸手市中		
157	忍城	오시성	埼玉縣行田市本丸		
158	鳥取城	돗토리성	鳥取縣鳥取市東町		
159	二上山城	니조잔성	奈良縣葛城市加守		
160	辰市城	다쓰이치성	奈良縣奈良市東九條町		
161	多聞山城	다몬야마성	奈良縣奈良市法蓮町		
162	筒井城	쓰쓰이성	奈良縣大和郡山市筒井町		
163	片岡城	가타오카성	奈良縣北葛城郡上牧町		
164	信貴山城	시기산성	奈良縣生駒郡平群町信貴畑		
165	臼杵城	우스키성	大分縣臼杵市大字臼杵字丹生島	丹生島城	니우지마성
166	星河城	호시코성	大分縣臼杵市野津町		
167	玖珠城	구스성	大分縣玖珠郡玖珠町		
168	角牟禮城	쓰노무레성	大分縣玖珠郡玖珠町		
169	日出生城	히주성	大分縣玖珠郡玖珠町		
170	鶴崎城	쓰루사키성	大分縣大分市南鶴崎		
171	鶴賀城	쓰루가성	大分縣大分市大字上戶次		
172	高崎山城	다카사키산성	大分縣大分市大字神崎		
173	鏡城	가가미성	大分縣大分市大字竹中		
174	小岳城	오타케성	大分縣大分市上判田字小岳		
175	繁美城	시게미성	大分縣大分市野津原町太田		
176	府內城	후나이성	大分縣大分市荷揚町		
177	小牧城	고마키성	大分縣大野市緒方町		
178	一万田城	이치만다성	大分縣大野市朝地町池田		
179	宇佐城	우사성	大分縣宇佐市		
180	時枝城	도키에다성	大分縣宇佐市下時枝		
181	船ヶ尾城	후네가오성	大分縣由布市庄内町		

182	杵築城	기쓰키성	大分縣杵築市杵築		
183	穴圍砦	아나가코이도리테	大分縣佐伯市本匠大字井ノ上	圍ヶ岳砦	가코이사도리테
184	栂牟禮城	도가무레성	大分縣佐伯市上岡		
185	朝日岳城	아사히다케성	大分縣佐伯市宇目大字鹽見園		
186	笹原目城	사사하라메성	大分縣竹田市久保	篠原目城	시노하라메성
187	南山城	미나미야마성	大分縣竹田市久住町		
188	三船城	미후네성	大分縣竹田市久住町		
189	山野城	야마노성	大分縣竹田市久住町		
190	高城	다카성	大分縣竹田市九重野	緩木高城	유루기타성
191	岡城	오카성	大分縣竹田市大字竹田		
192	騎牟禮城	기무레성	大分縣竹田市飛田川		
193	小松尾城	고마쓰오성	大分縣竹田市神原	神原城	간바라성
194	津賀牟禮城	쓰가무레성	大分縣竹田市入田		
195	戶次城	헤쓰기성	大分縣竹田市片ヶ瀬		
196	駄原城	다바루성	大分縣竹田市戶上駄原畑		
197	中津城	나카쓰성	大分縣中津市二ノ丁		
198	田中城	다나카성	大分縣豊後大野市大野町		
199	松尾城	마쓰오성	大分縣豊後大野市大野町		
200	烏岳城	가라스다케성	大分縣豊後大野市緒方町		
201	小牧城	고마키성	大分縣豊後大野市緒方町		
202	高尾城	다카오성	大分縣豊後大野市緒方町		
203	堅田城	가타타성	大津市本堅田町		
204	深井城	후카이성	大阪府堺市中區深井中町		
205	高槻城	다카쓰기성	大阪府高槻市城內町		
206	芥川山城	아쿠타가와야마성	大阪府高槻市原字城山		
207	飯盛山城	이이모리야마성	大阪府大東市北條		
208	野田城	노다성	大阪府大阪市福島區		
209	福島城	후쿠시마성	大阪府大阪市福島區福島		
210	浦江城	우라에성	大阪府大阪市北區大淀中	手好城	데코성
211	榎竝城	에나미성	大阪府大阪市城東區		
212	新堀城	니이보리성	大阪府大阪市住吉區		
213	大坂城	오사카성	大阪府大阪市中央區		
214	若江城	와카에성	大阪府東大阪市若江南町		
215	古橋城	후루하시성	大阪府門眞市御堂町		
216	岸和田城	기시와다성	大阪府岸和田市岸城町		

217	高屋城	다카야성	大阪府羽曳野市古市		
218	譽田城	요덴성	大阪府羽曳野市譽田		
219	三宅城	미야케성	大阪府茨木市大正町		
220	安威城	아이성	大阪府茨木市安威		
221	茨木城	이바라키성	大阪府茨木市片桐町		
222	池田城	이케다성	大阪府池田市城山町		
223	佐野砦	사노 성채	大阪府泉佐野市		
224	積善寺城	샤쿠젠지성	大阪府貝塚市橋本		
225	畠中城	하타케나카성	大阪府貝塚市畠中		
226	椋橋城	구라하시성	大阪府豊中市庄本町		
227	原田城	하라다성	大阪府豊中市曾根西町		
228	堀城	호리성	大阪市淀川區十三本町	中嶋城	나카시마성
229	大塚城	오쓰카성	大阪市天王寺區茶臼山町		
230	正區寺城	쇼카쿠지성	大阪市平野區加美正覺寺		
231	渭山城	이노야마성	德島縣德島市德島町	德島城	도쿠시마성
232	一宮城	이치노미야성	德島縣德島市一宮町		
233	夷山城	에비스야마성	德島縣德島市八万町		
234	泊城	도마리성	德島縣鳴門市鳴門町土佐泊浦		
235	木津城	기즈성	德島縣鳴門市撫養町木津		
236	脇城	와키성	德島縣美馬市脇町大字脇町		
237	岩倉城	이와쿠라성	德島縣美馬市脇町田上		
238	大西城	오오니시성	德島縣三好市池田町		
239	白地城	하쿠치성	德島縣三好市池田町		
240	牛岐城	우시키성	德島縣阿南市富岡町		
241	桑野城	구와노성	德島縣阿南市桑野町		
242	勝瑞城	쇼즈이성	德島縣板野郡藍住町勝瑞		
243	勝興寺城	쇼코지성	德島縣板野郡藍住町矢上	矢上城	야카미성
244	海部城	가이후성	德島縣海部郡海陽町		
245	鰐走城	와니하시성	島根縣大田市久手町柳原		
246	山吹城	야마부키성	島根縣大田市大森町		
247	赤穴城	아카나성	島根縣飯石郡飯南町		
248	白鹿城	시라가성	島根縣松江市法吉町		
249	新山城	신야마성	島根縣松江市法吉町	矢山城	신야마성
250	滿願寺城	만간지성	島根縣松江市西佐田町		
251	松枝城	마쓰에성	島根縣松江市殿町		
252	熊野城	구마노성	島根縣松江市八雲町		
253	富田城	도다성	島根縣安來市廣瀨町		

254	十神山城	도카미야마성	島根縣安來市新十神町		
255	阿用城	아요성	島根縣雲南市大東町		
256	溫湯城	누쿠유성	島根縣邑智郡川本町		
257	高瀨城	다카세성	島根縣出雲市斐川町		
258	手崎城	데사키성	島根縣出雲市平田町		
259	葛西城	가사이성	東京都葛飾區淸戶		
260	江戶城	에도성	東京都千代田區千代田		
261	瀧山城	다키야마성	東京都八王子市丹木町		
262	由井城	유이성	東京都八王子市丹木町		
263	八王子城	하치오지성	東京都八王子市元八王子町		
264	椚田城	구누키다성	東京都八王子市初澤町	初澤城	하쓰자와성
265	谷山城	다니야마성	鹿兒島市下福元町		
266	別府城	벳푸성	鹿兒島縣南さつま市加世田		
267	吉田城	요시다성	鹿兒島縣鹿兒島市		
268	鶴丸城	쓰루마루성	鹿兒島縣鹿兒島市城山町	鹿兒島城	가고시마성
269	淸水城	시미즈성	鹿兒島縣鹿兒島市淸水町		
270	嬉木城	히메키성	鹿兒島縣霧島市國分姫城		
271	宮之城	미야노성	鹿兒島縣薩摩郡さつま町		
272	碇山城	이카리야마성	鹿兒島縣薩摩川內市天辰町		
273	平佐城	히라사성	鹿兒島縣薩摩川內市平佐町		
274	加治木城	가지키성	鹿兒島縣始良市加治木町		
275	大口城	오구치성	鹿兒島縣伊佐市大口		
276	一宇治城	이치우지성	鹿兒島縣日置町伊集院町大田		
277	日置城	히오키성	鹿兒島縣日置市日吉町日置城		
278	志布志城	시부시성	鹿兒島縣志布志市志布志町		
279	出水城	이즈미성	鹿兒島縣出水市麓町		
280	龍野城	다쓰노성	兵庫縣たつの市龍野町		
281	城山城	기노야마성	兵庫縣たつの市新宮町		
282	加古川城	가코가와성	兵庫縣加古川市加古川町本町		
283	別府城	벳푸성	兵庫縣加古川市別府町西脇		
284	野口城	노구치성	兵庫縣加古川市野口町		
285	高砂城	다카사고성	兵庫縣高砂市高砂町東宮町		
286	志知城	시치성	兵庫縣南あわじ市志知松本		
287	富松城	도마쓰성	兵庫縣尼崎市富松町		
288	尼崎城	아마가사키성	兵庫縣尼崎市北城內	大物城	다이모쓰성
289	後屋城	고야성	兵庫縣丹波市氷上町		
290	高見城	다카미성	兵庫縣丹波市氷上町		

291	山垣城	야마가이성	兵庫縣丹波市靑垣町		
292	黑井城	구로이성	兵庫縣丹波市春日町		
293	三尾城	미오노성	兵庫縣丹波市春日町		
294	千丈寺砦	센조지 성채	兵庫縣丹波市春日町		
295	大路城	오지성	兵庫縣丹波市春日町		
296	魚住城	우오즈미성	兵庫縣明石市大久保町		
297	鷹尾山城	다카오야마성	兵庫縣三木市福井		
298	三木城	미키성	兵庫縣三木市上の丸町		
299	下田中城	시모노타나카성	兵庫縣三田市下田中		
300	神呪寺城	간노지성	兵庫縣西宮市甲山		
301	越水城	고시미즈성	兵庫縣西宮市越水町		
302	瓦林城	가와라바야시성	兵庫縣西宮市日野町		
303	籾井城	모미이성	兵庫縣篠山市福住		
304	笹山城	사사야마성	兵庫縣篠山市北新町		
305	金山城	긴잔성	兵庫縣篠山市追入		
306	八上城	야카미성	兵庫縣篠山市八上內		
307	豊地城	도이치성	兵庫縣小野市中谷町	依藤城	요리후지성
308	淡河城	오고성	兵庫縣神戸市北區淡河町		
309	端谷城	하시타니성	兵庫縣神戸市西區櫨谷町		
310	小寺城	고데라성	兵庫縣神戸市西區伊川谷町		
311	花隈城	하나쿠마성	兵庫縣神戸市中央區花隈町		
312	八木城	야기성	兵庫縣養父市八鹿		
313	伊丹城	이타미성	兵庫縣伊丹市伊丹	有岡城	아리오카성
314	上月城	고즈키성	兵庫縣佐用郡佐用町		
315	洲本城	스모토성	兵庫縣洲本市小路谷		
316	由良城	유라성	兵庫縣洲本市由良町		
317	置鹽城	오키시오성	兵庫縣姬路市夢前町		
318	姬路城	히메지성	兵庫縣姬路市本町		
319	坂本城	사카모토성	兵庫縣姬路市書寫		
320	英賀城	아가성	兵庫縣姬路市飾磨區英賀宮町		
321	御着城	고챠쿠성	兵庫縣姬路市御國野町		
322	一庫城	히토쿠라성	兵庫縣川西市山下	山下城, 龍尾城	야마시타성, 류오성
323	有子山城	아리코야마성	兵庫縣豊岡市出石		
324	此隅山城	고노스미야마성	兵庫縣豊岡市出石町		

325	鷹尾城	다카오성	兵庫縣芦屋市城山		
326	名島城	나지마성	福岡市東區名島		
327	盆富城	마스토미성	福岡縣嘉麻市中盆		
328	障子岳城	쇼지가다케성	福岡縣京都郡みやこ町		
329	松山城	마쓰야마성	福岡縣京都郡苅田町		
330	久留米城	구루메성	福岡縣久留米市篠山町		
331	龍ヶ岳城	류가타케성	福岡縣宮若市龍德		
332	柳川城	야나가와성	福岡縣柳川市本城町		
333	立花山城	다치바나야마성	福岡縣福岡市東區新宮町		
334	門司城	모지성	福岡縣北九州市門司區		
335	長野城	나가노성	福岡縣北九州市小倉南區		
336	小倉城	고쿠라성	福岡縣北九州市小倉北區		
337	淺川城	아사카와성	福岡縣北九州市八幡西區		
338	花尾城	하나오성	福岡縣北九州市八幡西區		
339	劍ヶ岳城	겐가타케성	福岡縣鞍手郡鞍手町		
340	岩石城	간자쿠성	福岡縣田川郡添田町		
341	香春岳城	가와라타케성	福岡縣田川郡香春町		
342	古處山城	고쇼산성	福岡縣朝倉市秋月		
343	廣津城	히로쓰성	福岡縣筑上郡吉富町		
344	宇留津城	우루쓰성	福岡縣築上郡築上町宇留津		
345	寶滿城	호만성	福岡縣太宰府市大字北谷		
346	岩屋城	이와야성	福岡縣太宰府市浦城		
347	馬ヶ岳城	우마가다케성	福岡縣行橋市大谷字馬ヶ岳		
348	窪田城	구보타성	福島縣郡山市富久山町		
349	郡山城	고리야마성	福島縣郡山市西ノ内		
350	高玉城	다카다마성	福島縣郡山市熱海町高玉		
351	安子ヶ島城	아코가시마성	福島縣郡山市熱海町安子島字南町		
352	高倉城	다카쿠라성	福島縣郡山市日和田町		
353	大森城	오모리성	福島縣福島市大森		
354	本宮城	모토미야성	福島縣本宮市本宮字館ノ越		
355	苗代田城	나와시로다성	福島縣本宮市岩根苗代田		
356	岩角城	이와쓰노성	福島縣本宮市和田字東屋口		
357	駒ヶ嶺城	고마가미네성	福島縣相馬郡新地町		
358	蓑首城	미노쿠비성	福島縣相馬郡新地町		
359	西山城	니시야마성	福島縣伊達郡桑折町		
360	梁川城	야나가와성	福島縣伊達市梁川町		

361	懸田城	가케다성	福島縣伊達市靈山町掛田		
362	二本松城	니혼마쓰성	福島縣二本松市郭內		
363	百目木城	도메키성	福島縣二本松市百目木		
364	宮森城	미야모리성	福島縣二本松市小浜		
365	小浜城	오바마성	福島縣二本松市岩代		
366	小手森城	오데모리성	福島縣二本松市針道		
367	三春城	미하루성	福島縣田村郡三春町		
368	黑川城	구로카와성	福島縣會津若松市追手町	若松城	와카마쓰성
369	穴間城	아나마성	福井縣大野市朝日		
370	金ヶ崎城	가네가사키성	福井縣敦賀市金ヶ崎町		
371	手筒山城	데즈쓰야마성	福井縣敦賀市泉		
372	疋壇城	히키다성	福井縣敦賀市疋田		
373	一乘谷城	이치조다니성	福井縣福井市城戶ノ內町		
374	北之庄城	기타노쇼성	福井縣福井市中央1丁目		
375	土橋城	도바시성	福井縣福井市土橋町		
376	小丸城	고마루성	福井縣越前市五分市町		
377	守山城	모리야마성	富山縣高岡市東海老坂		
378	木舟城	기후네성	富山縣高岡市福岡町木舟		
379	增山城	마스야마성	富山縣礪波市增山		
380	瀧山城	다키야마성	富山縣富山市舊婦中町		
381	今泉城	이마이즈미성	富山縣富山市今泉		
382	白鳥城	시라토리성	富山縣富山市吉作		
383	津毛城	쓰게성	富山縣富山市東福澤		
384	新庄城	신조성	富山縣富山市新庄町		
385	願海寺城	간카이지성	富山縣富山市願海寺		
386	梅尾城	도가오성	富山縣富山市舟倉	猿倉城	사루쿠라성
387	富山城	도야마성	富山縣富山市丸の內		
388	湯山城	유야마성	富山縣氷見市森寺	森寺城	모리데라성
389	日宮城	히노미야성	富山縣射水市下條		
390	蓮沼城	하스누마성	富山縣小矢部市蓮沼		
391	松倉城	마쓰쿠라성	富山縣魚津市本町		
392	魚津城	우오즈성	富山縣魚津市本町		
393	天神山城	덴진야마성	富山縣魚津市天神山		
394	宮崎城	미야자키성	富山縣下新川郡朝日町		
395	霜降城	시모후리성	山口縣宇部市大字吉見		
396	深川城	후카가와성	山口縣長門市深川		
397	若山城	와카야마성	山口縣周南市福川		

398	躑躅ヶ崎館	쓰쓰지가사키야카타	山梨縣甲府市古府中		
399	要害山城	요가이야마성	山梨縣甲府市上積翠寺町		
400	勝山城	가쓰야마성	山梨縣甲府市上曾根町		
401	甲府城	고후성	山梨縣甲府市丸の內		
402	新府城	신푸성	山梨縣韮崎市中田町中條		
403	富田城	도다성	山梨縣南アルプス市戶田		
404	菅沼城	스가누마성	山梨縣南巨摩郡身延町		
405	御坂城	미사카성	山梨縣南都留郡富士河口湖町		
406	吉田山城	요시다야마성	山梨縣富士吉田市新屋		
407	丁衙城	데우가성	山梨縣北杜市須玉町		
408	獅子吼城	시시쿠성	山梨縣北杜市須玉町	江草城	에쿠사성
409	浦城	우라성	山梨縣北杜市須玉町		
410	若神子城	와카미코성	山梨縣北杜市須玉町若神子		
411	大野砦	오노 성채	山梨縣山梨市大野		
412	小田野城	오다노성	山梨縣山梨市牧丘町		
413	淨居寺城	조코지성	山梨縣山梨市牧丘町	中牧城	나카마키성
414	小松城	고마쓰성	山形縣東置賜郡川西町		
415	館山城	다테야마성	山形縣米澤市館山		
416	長谷堂城	하세도성	山形縣山形市長谷堂		
417	山形城	야마가타성	山形縣山形市霞城町		
418	上山城	가미노야마성	山形縣上山市元城內		
419	高擶城	다카마다성	山形縣天童市高擶		
420	天童城	덴도성	山形縣天童市天童		
421	寒河江城	사가에성	山形縣寒河江市丸內		
422	梅戶城	우메도성	三重縣いなべ市大安町		
423	龜山城	가메야마성	三重縣龜山市本丸町		
424	峰城	미네성	三重縣龜山市川崎町		
425	澤城	사와성	三重縣鈴鹿市飯野寺家町		
426	神戶城	간베성	三重縣鈴鹿市神戶本多町		
427	柏原城	가시와라성	三重縣名張市赤目町		
428	赤堀城	아카호리성	三重縣四日市市城東町		
429	伊坂城	이사카성	三重縣四日市市伊坂町		
430	浜田城	하마다성	三重縣四日市市鵜の森		
431	萱生城	가요성	三重縣四日市市萱生町		
432	千種城	치구사성	三重縣三重郡菰野町千草		
433	篠橋城	시노하시성	三重縣桑名郡長島町小島		

434	桑名城	구와나성	三重縣桑名市吉之丸		
435	大鳥居城	오토리이성	三重縣桑名市多度町大鳥居		
436	桑部南城	구와베미나미성	三重縣桑名市桑部字城下		
437	近藤城	곤도성	三重縣桑名市上深谷部		
438	坂井城	사카이성	三重縣桑名市上深谷部		
439	西別所城	니시벳쇼성	三重縣桑名市西別所		
440	白山城	시라야마성	三重縣桑名市西別所		
441	屋長島城	야나가시마성	三重縣桑名市西汰上		
442	矢田城	야타성	三重縣桑名市矢田		
443	長島城	나가시마성	三重縣桑名市長島町		
444	中江城	나카에성	三重縣桑名市播磨		
445	大河內城	오카와치성	三重縣松阪市大河內町		
446	松ヶ島城	마쓰가시마성	三重縣松阪市松ヶ島町		
447	長深城	나가후케성	三重縣員弁郡東員町長深		
448	丸山城	마루야마성	三重縣伊賀市枅川		
449	比自山城	비지야마성	三重縣伊賀市長田		
450	霧山城	기리야마성	三重縣津市美杉町		
451	戶木城	베키성	三重縣津市戶木町		
452	朝日山城	아사히야마성	石川縣金澤市加賀朝日町		
453	高尾城	다카오성	石川縣金澤市高尾町		
454	和田山城	와다야마성	石川縣能美市和田町		
455	石動山城	세키도야마성	石川縣鹿島郡中能登町		
456	松任城	맛토성	石川縣白山市古城町		
457	末森城	스에모리성	石川縣寶達志水町		
458	甲山城	가부토야마성	石川縣鳳珠郡穴水町		
459	穴水城	아나미즈성	石川縣鳳珠郡穴水町		
460	富來城	도기성	石川縣羽咋郡志賀町		
461	正院川尻城	쇼인카와시리성	石川縣珠洲市正院町		
462	七尾城	나나오성	石川縣七尾市古城町		
463	熊木城	구마키성	石川縣七尾市中島町上町		
464	玉繩城	다마나와성	神奈川縣鎌倉市玉繩		
465	住吉城	스미요시성	神奈川縣逗子市小坪		
466	三崎城	미사키성	神奈川縣三浦市城山町	新井城	아라이성
467	津久井城	쓰쿠이성	神奈川縣相模原市綠區		
468	小田原城	오다와라성	神奈川縣小田原市城內		

458

469	岡崎城	오카자키성	神奈川縣伊勢原市岡崎		
470	鷹之巢城	가타노스성	神奈川縣足柄下郡箱根町湯本		
471	枡形城	마스가타성	神奈川縣川崎市多摩區		
472	實田城	사마다성	神奈川縣平塚市眞田	眞田城	사나다성
473	權現山城	곤겐야마성	神奈川縣横浜市神奈川區		
474	小机城	고즈쿠에성	神奈川縣横浜市港北區小机町		
475	板木城	이타기성	新潟縣南魚沼市板木		
476	坂戸城	사카도성	新潟縣南魚沼市坂戸		
477	鮫ヶ尾城	사메가오성	新潟縣妙高市大字宮内		
478	北條城	기타조성	新潟縣柏崎市大字北條		
479	上條城	조조성	新潟縣柏崎市上條		
480	琵琶島城	비와지마성	新潟縣柏崎市元城町		
481	三條城	산조성	新潟縣三條市上須頃		
482	府内城	후나이성	新潟縣上越市		
483	小野城	오노성	新潟縣上越市柿崎區		
484	春日山城	가스가야마성	新潟縣上越市中屋敷字春日山	鉢ヶ峯城	하쓰가미네성
485	黑瀧城	구로타기성	新潟縣西蒲原郡彌彦村		
486	新發田城	신바타성	新潟縣新發田市大手町		
487	赤谷城	아카타니성	新潟縣新發田市上赤谷		
488	赤田城	아카다성	新潟縣刈羽郡刈羽村大字赤田町		
489	栖吉城	스요시성	新潟縣長岡市栖吉町		
490	藏王堂城	자오도성	新潟縣長岡市西藏王		
491	與板城	요이타성	新潟縣長岡市與板町與板		
492	櫨尾城	도치오성	新潟縣長岡市櫨尾		
493	鳥坂城	돗사카성	新潟縣胎内市羽黑		
494	黑川城	구로카와성	新潟縣胎内市下館字浦山		
495	二子城	후타코성	岩手縣北上市二子町		
496	不來方城	고즈카타성	岩手縣盛岡市内丸	盛岡城	모리오카성
497	大洲城	오즈성	愛媛縣大洲市大洲		
498	佛殿城	부쓰덴성	愛媛縣四國中央市川之江町		
499	高尾城	다카오성	愛媛縣西條市氷見		
500	高峠城	다카토게성	愛媛縣西條市洲之内		
501	湯築城	유즈키성	愛媛縣松山市道後町		
502	松山城	마쓰야마성	愛媛縣松山市丸之内		
503	金子山城	가네코야마성	愛媛縣新居浜市瀧の宮町		
504	岡崎城	오카자키성	愛知縣岡崎市康生町		
505	保久城	홋큐성	愛知縣岡崎市保久町		

506	岩津城	이와쓰성	愛知縣岡崎市岩津町		
507	木ノ下城	기노시타성	愛知縣犬山市犬山		
508	犬山城	이누야마성	愛知縣犬山市大字犬山		
509	樂田城	가쿠덴성	愛知縣犬山市樂田		
510	下津城	오리즈성	愛知縣澤市下津高戶町		
511	笠寺城	가사데라성	愛知縣名古屋市南區立脇町		
512	大高城	오다카성	愛知縣名古屋市綠區大高		
513	丸根砦	마루네 성채	愛知縣名古屋市綠區大高町		
514	鷲津砦	와시즈 성채	愛知縣名古屋市綠區大高町		
515	中嶋砦	나카시마 성채	愛知縣名古屋市綠區鳴海町		
516	丹下砦	단게 성채	愛知縣名古屋市綠區鳴海町		
517	善照寺砦	젠소지 성채	愛知縣名古屋市綠區鳴海町		
518	守山城	모리야마성	愛知縣名古屋市守山區		
519	小幡城	오바타성	愛知縣名古屋市守山區		
520	那古野城	나고야성	愛知縣名古屋市中區	名古屋城	나고야성
521	古渡城	후루와타리성	愛知縣名古屋市中區		
522	前田城	마에다성	愛知縣名古屋市中川區前田西町		
523	末森城	스에모리성	愛知縣名古屋市千種區		
524	小島城	오지마성	愛知縣西尾市小島町	尾島城	오지마성
525	小牧城	고마키성	愛知縣小牧市堀の内		
526	小牧山城	고마키야마성	愛知縣小牧市堀の内		
527	鳶ヶ巢山砦	도비가스야마 성채	愛知縣新城市乘本		
528	長篠城	나가시노성	愛知縣新城市長篠		
529	野田城	노다성	愛知縣新城市豊島		
530	安祥城	안조성	愛知縣安城市安城町		
531	櫻井城	사쿠라이성	愛知縣安城市櫻井町		
532	岩倉城	이와쿠라성	愛知縣岩倉市下本町		
533	小木江城	고키에성	愛知縣愛西市森川町		
534	勝幡城	쇼바타성	愛知縣愛西市勝幡町		
535	刈谷城	가리야성	愛知縣刈谷市城町		
536	野府城	노부성	愛知縣一宮市開明字城堀		
537	奧城	오쿠성	愛知縣一宮市奧町下口西		
538	岩崎城	이와사키성	愛知縣日進市岩崎町		
539	田原城	다하라성	愛知縣田原市田原町		
540	村木砦	무라키 성채	愛知縣知多郡東浦町		
541	緖川城	오가와성	愛知縣知多郡東浦町		

542	寺本城	데라모토성	愛知縣知多市八幡町		
543	原城	하라성	愛知縣知立市上重原町		
544	淸洲城	기요스성	愛知縣淸須市一場		
545	上條城	조조성	愛知縣春日井市上條		
546	吉田城	요시다성	愛知縣豊橋市今橋町		
547	沓掛城	구쓰카케성	愛知縣豊明市沓掛町		
548	武節城	부세쓰성	愛知縣豊田市武節町		
549	下市場城	시모이치바성	愛知縣豊田市市場町		
550	足助城	아스케성	愛知縣豊田市足助町		
551	牛久保城	우시쿠보성	愛知縣豊川市牛久保町		
552	一宮砦	이치노미야 성채	愛知縣豊川市一宮町		
553	岩略寺城	간랴쿠지성	愛知縣豊川市長澤町		
554	長澤城	나가사와성	愛知縣豊川市長澤町		
555	蟹江城	가니에성	愛知縣海部郡蟹江町		
556	今石城	이마이시성	熊本縣菊池郡菊陽町		
557	岩尾城	이와오성	熊本縣上益城郡山都町		
558	御船城	미후네성	熊本縣上益城郡御船町		
559	木山城	기야마성	熊本縣上益城郡益城町		
560	赤井城	아카이성	熊本縣上益城郡益城町		
561	津森城	쓰모리성	熊本縣上益城郡益城町		
562	高森城	다카모리성	熊本縣阿蘇郡高森町		
563	南郷城	난고성	熊本縣阿蘇郡南阿蘇村		
564	花の山城	하나노야마성	熊本縣宇城市豊野町		
565	人吉城	히토요시성	熊本縣人吉市麓町		
566	富岡城	도미오카성	熊本縣天草郡苓北町富岡		
567	堅志田城	가타시다성	熊本縣下益城郡美里町中郡		
568	竹迫城	다카바성	熊本縣合志市上庄		
569	多氣城	다키성	茨城縣つくば市北條小字多氣		
570	結城	유키성	茨城縣結城市結城		
571	古河城	고가성	茨城縣古河市中央町		
572	江戸崎城	에도사키성	茨城縣稻敷市江戸崎		
573	馬場城	바바성	茨城縣水戸市三の丸		
574	牛久城	우시쿠성	茨城縣牛久市城中		
575	栗橋城	구리하시성	茨城縣猿島郡五霞町		
576	小栗城	오구리성	茨城縣筑西市小栗		
577	伊佐城	이사성	茨城縣筑西市中館		

578	別府城	벳푸성	滋賀縣甲賀市甲賀町		
579	山岡城	야마오카성	滋賀縣甲賀市甲賀町		
580	和田城	와다성	滋賀縣甲賀市甲賀町		
581	金剛寺城	곤고지성	滋賀縣近江八幡市金剛寺町		
582	水莖岡山城	미즈구키오카야마성	滋賀縣近江八幡市牧町		
583	觀音寺城	간논지성	滋賀縣近江八幡市安土町		
584	安土城	아즈치성	滋賀縣近江八幡市安土町		
585	長光寺城	조코지성	滋賀縣近江八幡市長福寺町		
586	宇佐山城	우사야마성	滋賀縣大津市南滋賀町		
587	勢多城	세다성	滋賀縣大津市瀨田		
588	坂本城	사카모토성	滋賀縣大津市下阪本		
589	箕作城	미쓰쿠리성	滋賀縣東近江市五個莊山本町		
590	和田山城	와다야마성	滋賀縣東近江市五個莊和田町		
591	苅安尾城	가리야스오성	滋賀縣米原市彌高		
592	長比城	나가히성	滋賀縣米原市長久寺		
593	永原城	나가하라성	滋賀縣野洲市永原		
594	佐和山城	사와야마성	滋賀縣彦根市古澤町		
595	肥田城	히다성	滋賀縣彦根市肥田町		
596	長浜城	나가하마성	滋賀縣長浜市公園町		
597	横山城	요코야마성	滋賀縣長浜市堀部町		
598	賤ヶ岳砦	시즈가타케성채	滋賀縣長浜市木之本町		
599	大嶽城	오즈쿠성	滋賀縣長浜市小谷丁野町		
600	大岩山砦	오이와야마성채	滋賀縣長浜市余吳町		
601	月ヶ瀨城	쓰키가세성	滋賀縣長浜市月ヶ瀨町		
602	小谷城	오다니성	滋賀縣長浜市湖北町		
603	山本山城	야마모토야마성	滋賀縣長浜市湖北町山本	阿閉城	이쓰지성
604	丁野山城	요노야마성	滋賀縣長浜市湖北町丁野		
605	青地城	아오지성	滋賀縣草津市青地町		
606	日野城	히노성	滋賀縣蒲生郡日野町		
607	音羽城	오토와성	滋賀縣蒲生郡日野町大字音羽		
608	深江城	후카에성	長崎縣南島原市深江町		
609	安德城	안토쿠성	長崎縣島原市南崩山町		
610	島原城	시마바라성	長崎縣島原市城內	森岳城	모리타케성
611	千々石城	지지와성	長崎縣雲仙市千々石町	釜蓋城	가마부타성

462

612	靑柳城	아오야기성	長野縣東筑摩郡筑北村		
613	妻籠城	쓰마고성	長野縣木曾郡南木曾町		
614	福島城	후쿠시마성	長野縣木曾郡木曾町		
615	飯山城	이이야마성	長野縣飯山市飯山		
616	松尾城	마쓰오성	長野縣飯田市松尾		
617	飯田城	이이다성	長野縣飯田市追手町		
618	小谷城	오다니성	長野縣北安曇郡小谷村中谷平倉山	平倉城	히라쿠라성
619	福與城	후쿠요성	長野縣上伊那郡箕輪町		
620	砥石城	도이시성	長野縣上田市上野		
621	上田城	우에다성	長野縣上田市二の丸		
622	鹽田城	시오다성	長野縣上田市前山		
623	矢澤城	야자와성	長野縣上田市殿城		
624	小諸城	고모로성	長野縣小諸市丁		
625	長窪城	나가쿠보성	長野縣小縣郡長和町		
626	林城	하야시성	長野縣松本市大字里山邊		
627	原城	하라성	長野縣松本市刈谷原町錦部		
628	松本城	마쓰모토성	長野縣松本市丸の内	深志城	후카시성
629	葛尾城	가쓰라오성	長野縣埴科郡坂城町		
630	高遠城	다카토성	長野縣伊那市高遠町		
631	春日城	가스가성	長野縣伊那市西町		
632	旭山城	아사히야마성	長野縣長野市大字平柴		
633	葛山城	가쓰라야마성	長野縣長野市茂菅		
634	鹽崎城	시오자키성	長野縣長野市篠ノ井鹽崎		
635	海津城	가이즈성	長野縣長野市松代町松代	松代城, 尼巖城	마쓰요성, 아마가자리성
636	春日城	가스가성	長野縣佐久市春日字憧法寺		
637	荒砥城	아라토성	長野縣千曲市上山田		
638	高島城	다카시마성	長野縣諏訪市高島		
639	大島城	오시마성	長野縣下伊那郡松川町		
640	掛川城	가케가와성	靜岡縣掛川市掛川		
641	高天神城	다카덴진성	靜岡縣掛川市上土方嶺向		
642	金壽城	긴스성	靜岡縣菊川市東橫地	橫地城	요코치성
643	馬伏塚城	마무시즈카성	靜岡縣袋井市淺名		
644	田中城	다나카성	靜岡縣藤枝市田中		
645	花倉城	하나구라성	靜岡縣藤枝市花倉		
646	勝間田城	가쓰마타성	靜岡縣牧之原市勝田		
647	見付城	미쓰케성	靜岡縣磐田市見付		

648	大宮城	오미야성	靜岡縣富士宮市元城町		
649	吉原城	요시와라성	靜岡縣富士市永田町		
650	刑部城	오사카베성	靜岡縣浜松市北區細江町		
651	井伊谷城	이이노야성	靜岡縣浜松市北區引佐町		
652	浜松城	하마마쓰성	靜岡縣浜松市中區元城町	曳間城, 引間城	히쿠마성
653	二俣城	후타마타성	靜岡縣浜松市天龍區二俣町		
654	只來城	다다라이성	靜岡縣浜松市天龍區只來		
655	犬居城	이누이성	靜岡縣浜松市天龍區春野町		
656	山中城	야마나카성	靜岡縣三島市山中新田		
657	坂城	사카성	靜岡縣燒津市		
658	興國寺城	고코쿠지성	靜岡縣沼津市根古屋		
659	三枚橋城	산마이바시성	靜岡縣沼津市大手町		
660	石脇城	이시와키성	靜岡縣燒津市石脇		
661	小川城	고가와성	靜岡縣燒津市小川		
662	方ノ上城	다카노카미성	靜岡縣燒津市策牛		
663	深澤城	후카사와성	靜岡縣御殿場市深澤		
664	韮山城	니라야마성	靜岡縣伊豆の國市韮山		
665	愛宕山城	아타고야마성	靜岡縣靜岡市葵區沓谷		
666	駿府城	슨푸성	靜岡縣靜岡市葵區城內		
667	持船城	모치부네성	靜岡縣靜岡市駿河區用宗城山町		
668	八幡城	야하타성	靜岡縣靜岡市駿河區八幡山		
669	丸子城	마루코성	靜岡縣靜岡市駿河區丸子		
670	江尻城	에지리성	靜岡縣靜岡市淸水區江尻町		
671	足柄城	아시가라성	靜岡縣駿東郡小山町		
672	長久保城	나가쿠보성	靜岡縣駿東郡長泉町		
673	戶倉城	도쿠라성	靜岡縣駿東郡淸水町德倉		
674	小山城	오야마성	靜岡縣榛原郡吉田町		
675	深根城	후카네성	靜岡縣下田市堀之內		
676	下田城	시모다성	靜岡縣下田市下田港		
677	白須賀城	시라스카성	靜岡縣湖西市鷲津		
678	八橋城	야바세성	鳥取縣東伯郡琴浦町		
679	羽衣石城	우에시성	鳥取縣東伯郡湯梨浜町		
680	尾高城	오다카성	鳥取縣米子市尾高		
681	末吉城	스에키치성	鳥取縣西伯郡大山町		
682	桐山城	기리야마성	鳥取縣岩美郡岩美町		
683	中島城	나카시마성	鳥取縣岩美郡岩美町		

684	江美城	에비성	鳥取縣日野郡江府町		
685	甑山城	고시키야마성	鳥取縣鳥取市國府町		
686	鳥取城	돗토리성	鳥取縣鳥取市東町		
687	鹿野城	시카노성	鳥取縣鳥取市鹿野町)		
688	岩倉城	이와쿠라성	鳥取縣倉吉市岩倉		
689	若櫻鬼ヶ城	와카사오니가성	鳥取縣八頭郡若櫻町		
690	私部城	기사베성	鳥取縣八頭郡八頭町		
691	市場城	이치바성	鳥取縣八頭郡八頭町		
692	多久城	다쿠노성	佐賀縣多久市多久町		
693	宮山城	미야야마성	佐賀縣三養基郡みやき町		
694	佐嘉城	사가성	佐賀縣佐賀市城內		
695	栗本城	구리모토성	知縣四万十市赤松町		
696	今橋城	이마하시성	知縣豊橋市今橋町		
697	稻村城	이나무라성	千葉縣館山市稻付		
698	久留里城	구루리성	千葉縣君津市久留里		
699	大戶城	오도성	千葉縣君津市東吾妻町		
700	瀧田城	다키다성	千葉縣南房總市上瀧田		
701	名都借城	나즈카리성	千葉縣流山市名都借		
702	金谷城	가나야성	千葉縣富津市金谷		
703	佐貫城	사누키성	千葉縣富津市佐貫		
704	造海城	쓰쿠로우미성	千葉縣富津市竹岡	百首城	하쿠슈성
705	飯櫃城	이비쓰성	千葉縣山武郡芝山町		
706	根木內城	네기우치성	千葉縣松戶市根木內字城ノ內		
707	小金城	고가네성	千葉縣松戶市大谷口		
708	椎津城	시이즈성	千葉縣市原市椎津		
709	關宿城	세키야도성	千葉縣野田市關宿		
710	本佐倉城	모토사쿠라성	千葉縣印旛郡酒々井町		
711	臼井城	우스이성	千葉縣佐倉市臼井田		
712	小弓城	오유미성	千葉縣千葉市中央區南生實町		
713	苫米地城	도마베치성	靑森縣三戶郡南部町苫米地		
714	三戶城	산노헤성	靑森縣三戶郡三戶町梅內		
715	山田城	야마다성	秋田縣湯澤市山田		
716	川連城	가와쓰라성	秋田縣湯澤市川連町		
717	增田城	마스다성	秋田縣橫手市增田町		
718	雨瀧城	아메타키성	香川縣さぬき市大川町		
719	喜岡城	기오카성	香川縣高松市高松町		

720	植田城	우에타성	香川縣高松市東植田町	戶田城	도다성
721	牟禮城	무레성	香川縣高松市牟禮		
722	十河城	소고성	香川縣高松市十川東町		
723	屋島城	야시마성	香川縣高松市屋島		
724	前田城	마에다성	香川縣高松市前田西町		
725	藤尾城	후지오성	香川縣高松市香西本町		
726	香西城	고자이성	香川縣高松市香西町		
727	虎丸城	도라마루성	香川縣東かがわ市與田山		
728	引田城	히케타성	香川縣東かがわ市引田		
729	天霧城	아마기리성	香川縣仲多度郡多度津町		
730	龍松山城	류쇼잔성	和歌山縣西牟婁郡上富田町		
731	龜山城	가메야마성	和歌山縣御坊市湯川町丸山		
732	鳥屋城	도야성	和歌山縣有田郡有田川町		
733	岩室城	이와무로성	和歌山縣有田市宮原町		
734	手取城	데도리성	和歌山縣日高郡日高川町		
735	泊城	도마리성	和歌山縣田邊市芳養町		
736	龍神山城	류진산성	和歌山縣田邊市上芳養	龍ノ山城	다쓰노야마성
737	和歌山城	와카야마성	和歌山縣和歌山市一番丁		
738	彌勒寺山城	미로쿠지야마성	和歌山縣和歌山市秋葉町		
739	東禪寺山城	도젠지야마성	和歌山縣和歌山市打越町		
740	太田城	오타성	和歌山縣和歌山市太田		
741	雜賀城	사이카성	和歌山縣和歌山市和歌浦		
742	川井城	가와이성	櫪木縣那須烏山市下川井		
743	祇園城	기온성	櫪木縣小山市城山町	小山城	고야마성
744	小山城	오야마성	櫪木縣小山市城山町		
745	宇都宮城	우쓰노미야성	櫪木縣宇都宮市本丸町		
746	多氣山城	다게산성	櫪木縣宇都宮市田下町		
747	勸農城	간노성	櫪木縣足利市岩井町		
748	唐澤山城	가라사와야마성	櫪木縣佐野市富士町		
749	眞岡城	모오카성	櫪木縣眞岡市台町		
750	壬生城	미부성	櫪木縣下都賀郡壬生町		
751	岩船陣城	이와부네진성	櫪木縣櫪木市岩舟町		

찾아보기

470